高等学校工程管理专业系列教材

# 投资项目决策与管理

杨晓冬　主　编
张家玉　副主编
刘洪玉　主　审

中国建筑工业出版社

图书在版编目（CIP）数据

投资项目决策与管理 / 杨晓冬主编；张家玉副主编
. —北京：中国建筑工业出版社，2023.12
高等学校工程管理专业系列教材
ISBN 978-7-112-29310-0

Ⅰ.①投… Ⅱ.①杨… ②张… Ⅲ.①投资项目—项目决策—高等学校—教材②投资项目—项目管理—高等学校—教材 Ⅳ.①F830.59

中国国家版本馆CIP数据核字（2023）第208055号

本教材分为投资项目决策篇和投资项目管理篇两篇，共计11章。其中，投资项目决策篇包括：资金的时间价值；项目投资估算；项目的财务评价；项目的不确定性与风险分析；项目方案比选；项目的可行性研究与投资决策。该篇章旨在反映投资项目决策过程中完整的理论与方法体系，有助于学生掌握投资项目经济分析与投资决策的必备知识与技能。投资项目管理篇包括：项目管理的原则与知识体系；项目管理的价值交付系统；项目的过程、计划及范围管理；项目组织管理；项目进度、成本、质量及风险管理。该篇章旨在根据投资项目管理的经验，着重体现投资项目管理过程中所需的理论、技能与方法，有助于学生具备投资项目管理的思想与必备技能。

本书在各个章节配备了关键概念与复习思考题，有利于学生对知识的复习与掌握。本书各章节还配备了典型案例和思考感悟，有利于学生在学以致用的同时，通过课程思政树立正确的人生观和价值观。

为了更好地支持相应课程的教学，我们向采用本书作为教材的教师提供教学课件，有需要者可与出版社联系，邮箱：jckj@cabp.com.cn，电话：(010)58337285，建工书院 https://edu.cabplink.com(PC端)。

责任编辑：张　晶　冯之倩
责任校对：赵　颖

高等学校工程管理专业系列教材
**投资项目决策与管理**
杨晓冬　主　编
张家玉　副主编
刘洪玉　主　审

\*

中国建筑工业出版社出版、发行（北京海淀三里河路9号）
各地新华书店、建筑书店经销
北京红光制版公司制版
廊坊市海涛印刷有限公司印刷

\*

开本：787毫米×1092毫米　1/16　印张：20¼　字数：501千字
2023年12月第一版　　2023年12月第一次印刷
定价：49.00元（赠教师课件）
ISBN 978-7-112-29310-0
（41997）

**版权所有　翻印必究**
如有内容及印装质量问题，请联系本社读者服务中心退换
电话：(010) 58337283　　QQ：2885381756
（地址：北京海淀三里河路9号中国建筑工业出版社604室　邮政编码：100037）

# 前　言

当前，中国加速步入龙头经济时代，"互联网＋"和人工智能等"新引擎"将拉动新一轮的投资项目建设。培养一批紧跟国际投资项目管理学术前沿、满足国家建设行业发展需求、专业基础知识扎实与专业素质过硬，具备现代投资项目决策与管理能力的复合型、创新型、开拓型新工科人才刻不容缓。基于此，本教材按照"投资项目决策篇—投资项目管理篇"的逻辑框架进行编写，适用于与投资项目决策与管理有关的课程。

"投资项目决策篇"是运用工程经济学的基本理论，参考《国家发展改革委关于印发投资项目可行性研究报告编写大纲及说明的通知》（发改投资规〔2023〕304号），结合投资项目决策的特点，力图反映投资项目决策过程中完整的理论与方法体系，使学生掌握投资项目经济分析与投资决策的必备知识与技能。本篇的重点内容包括：资金的时间价值；项目投资估算；项目财务评价；项目的不确定性与风险分析；项目方案比选；项目的可行性研究与投资决策等重要内容。

"投资项目管理篇"主要以美国项目管理协会（PMI）于2021年发布的《项目管理知识体系（PMBOK）（第七版）》为参考，结合中国项目管理研究委员会（PMRC）的知识体系和内容，中西合璧、融会贯通，根据投资项目管理的经验，着重体现投资项目管理过程中所需的理论、技能与方法。这部分知识将有助于学生具备投资项目管理思想与必备技能。本篇的重点内容包括：项目管理的原则与知识体系；项目管理的价值交付系统；项目的过程、计划及范围管理；项目组织管理；项目进度、成本、质量及风险管理等重要内容。

本教材在编写过程中既注重内容体系的科学性，又注重理论与案例的结合性，还注重"思政"元素的有机融入。书中给出了大量翔实的项目案例，可以帮助读者更加清楚地了解投资项目决策与管理的理论和方法的应用，具有较强的指导性与实用性；各章节配备典型案例、复习思考题，有助于读者理解、消化和应用所学的知识。同时，本教材根据教育部印发的《高等学校课程思政建设指导纲要》，在各个重点章节均配备"思考感悟"，服务于课程思政高质量建设。

本教材结合编者多年相关教学、科研与培训经验编写而成。本教材除适合作为本科和研究生教材外，也涵盖了咨询工程师、建造师、监理工程师、房地产估价师等执业资格考试"工程经济"与"项目管理"科目的大部分知识点，可为相关人员应试提供帮助。此外，本教材还可供从事投资项目决策与管理领域的政府部门工作人员、业界工作者学习参考。

本教材由哈尔滨工业大学杨晓冬担任主编。全书的具体编写分工如下：绪论及第1

章~第 6 章由哈尔滨工业大学杨晓冬编写，第 7 章~第 10 章由哈尔滨工业大学张家玉编写，第 11 章由哈尔滨工业大学杨晓冬和张家玉共同编写。全书由杨晓冬统稿。哈尔滨工业大学研究生李慧莉、郝鎏杰、牛淑义、陈潇宇、田雨禾、雷鑫钰、周润峰、刘晨颖、牛虹莹、夏曼曼和李文波等参与了书稿的资料收集、文字整理与校对、数字化资源制作等工作。

本教材在编写过程中参考了一些同行与专家的教材与专著，在此谨对各位作者表示感谢。

由于编写时间和作者编写水平有限，书中难免存在错误和不妥之处，敬请广大读者和专家批评指正。

杨晓冬
yangxd@hit.edu.cn

# 目 录

0 绪论 ································································································· 1
  0.1 投资项目决策与管理的基本概念 ······················································ 1
  0.2 投资项目决策与管理的产生及发展 ···················································· 3
  0.3 投资项目决策与管理的研究对象及研究方法 ········································ 7
  0.4 投资项目决策与管理研究的基本原则 ················································ 13
  关键概念 ··························································································· 16
  复习思考题 ························································································ 16

## 第1篇 投资项目决策篇

1 资金的时间价值 ················································································ 19
  1.1 概述 ······················································································· 19
  1.2 利息与利率 ············································································· 20
  1.3 现金流量与资金等值 ································································ 23
  1.4 资金时间价值的计算 ································································ 24
  关键概念 ·························································································· 29
  复习思考题 ······················································································· 30
  典型案例：关于个人房贷的新利率 ························································ 31
  思考感悟：从资金的时间价值应用树立正确的价值观 ······························· 31
2 项目投资估算 ··················································································· 33
  2.1 概述 ······················································································ 33
  2.2 简单投资估算方法 ··································································· 40
  2.3 项目总投资的构成 ··································································· 45
  2.4 投资的分类估算方法 ································································ 46
  关键概念 ·························································································· 55
  复习思考题 ······················································································· 55
  典型案例 ·························································································· 55
  思考感悟：项目投资估算的效益观 ························································ 56
3 项目的财务评价 ················································································ 58
  3.1 概述 ······················································································ 58
  3.2 项目的盈利能力分析 ································································ 59
  3.3 项目的偿债能力分析 ································································ 74
  3.4 项目的可持续能力分析 ····························································· 77

关键概念 ················································································· 79
　　复习思考题 ············································································· 79
　　典型案例：某投资项目财务评价 ················································· 80
　　思考感悟：项目财务评价中的科学精神 ········································ 83

**4 项目的不确定性与风险分析** ···························································· 87
　4.1 概述 ··················································································· 87
　4.2 盈亏平衡分析 ······································································· 89
　4.3 敏感性分析 ·········································································· 93
　4.4 风险分析 ············································································· 97
　　关键概念 ················································································ 106
　　复习思考题 ············································································ 106
　　典型案例 ··············································································· 107
　　思考感悟：从不确定性与风险分析中锻炼批判性思维 ····················· 108

**5 项目方案比选** ············································································· 109
　5.1 概述 ··················································································· 109
　5.2 投资方案之间的关系 ····························································· 109
　5.3 互斥型方案的比选方法 ·························································· 111
　5.4 独立型方案的比选方法 ·························································· 118
　5.5 相关型方案的比选方法 ·························································· 121
　5.6 多方案比选的总结 ································································ 121
　　关键概念 ················································································ 122
　　复习思考题 ············································································ 122
　　典型案例 ··············································································· 123
　　思考感悟：在投资方案比选中融入企业社会责任感 ························ 123

**6 项目的可行性研究与投资决策** ························································ 125
　6.1 概述 ··················································································· 125
　6.2 市场分析 ············································································· 132
　6.3 可行性研究报告的编制 ·························································· 139
　6.4 项目常用的投资决策方法 ······················································· 144
　　关键概念 ················································································ 146
　　复习思考题 ············································································ 146
　　典型案例：某汽车站项目可行性研究案例 ···································· 147
　　思考感悟：提升可行性研究质量的重要性 ···································· 157

# 第2篇　投资项目管理篇

**7 项目管理的原则与知识体系** ···························································· 161
　7.1 概述 ··················································································· 161
　7.2 项目管理的原则 ···································································· 163

  7.3 项目管理的知识体系 ·········································································· 174
  关键概念 ·································································································· 180
  复习思考题 ······························································································ 180
  典型案例 ·································································································· 180
  思考感悟：中国古代的投资项目管理智慧 ················································· 181
8 项目管理的价值交付系统 ················································································ 182
  8.1 概述 ································································································· 182
  8.2 项目管理的基本职能 ········································································· 185
  8.3 项目管理的环境 ················································································ 188
  关键概念 ·································································································· 191
  复习思考题 ······························································································ 191
  典型案例 ·································································································· 191
  思考感悟：价值交付是项目管理的精髓所在 ·············································· 192
9 项目的过程、计划及范围管理 ········································································· 194
  9.1 项目的过程管理与项目生命周期 ······················································· 194
  9.2 项目的计划 ······················································································· 200
  9.3 项目的范围管理 ················································································ 204
  关键概念 ·································································································· 218
  复习思考题 ······························································································ 218
  典型案例 ·································································································· 218
  思考感悟：投资项目管理实践中的全局观 ················································· 219
10 项目组织管理 ································································································· 220
  10.1 概述 ································································································ 220
  10.2 项目管理的干系人 ··········································································· 223
  10.3 项目管理的组织结构 ······································································· 227
  10.4 项目管理的团队 ·············································································· 235
  关键概念 ·································································································· 240
  复习思考题 ······························································································ 240
  典型案例 ·································································································· 241
  思考感悟：投资项目中的职业精神——以"工匠精神"为例 ······················ 241
11 项目进度、成本、质量及风险管理 ································································ 243
  11.1 项目进度管理 ·················································································· 243
  11.2 项目成本管理 ·················································································· 266
  11.3 项目质量管理 ·················································································· 280
  11.4 项目风险管理 ·················································································· 296
  关键概念 ·································································································· 309
  复习思考题 ······························································································ 309
  典型案例 ·································································································· 309
  思考感悟：中国大型工程项目建设的风险管理与责任担当 ························ 311
参考文献 ··················································································································· 313

# 0 绪 论

## 0.1 投资项目决策与管理的基本概念

### 0.1.1 投资项目

随着经济的高速发展,投资活动的日益增多,现代投资形式的多元化使得大众对投资概念的理解不尽相同。但即便如此,我们仍不难发现,各种投资活动本身是具有共性的,它们的本质特征是一致的。只有把握投资的本质,遵守客观经济规律,科学研判投资环境,慎重选择投资项目,才能有助于投资人作出合理的投资决策。同时,只有对投资项目的全生命周期进行科学管理,投资活动主体的经济利益才能得以实现。

**1. 投资**

投资是指经济主体将一定的资金或资源投入某项事业,以获得未来经济效益的经济活动。在投资中,投资主体、投资目标、投资要素、投资形式、投资领域、投资行为、投入与产出之间的关系等诸多因素具有高度的内在统一。这里的"资金"是广义的范畴,既包括货币资金,也包括可以用货币来衡量的各种资源(如技术、科学方法等无形的生产要素)。

**2. 项目**

(1) 项目的含义

项目是指在一定约束条件下(资源、时间、质量等),具有明确目标的一次性组织或事业。通常来说,项目是系统中被管理对象的单次性任务,是单次性活动的一种组织管理形式,或是为达到一个特定目的而开展的临时性工作。

(2) 项目的特征

1) 项目具有特定的目标和成果,这是项目的重要特征。

2) 项目是一次性的,具有非例行性和非重复性。项目的实施就是从准备投资到投资建设与项目经营的一个完整的过程,不具有重复性。

3) 项目存在明显的约束条件。从人、财、物的约束到时间控制和质量标准的规定都需要项目执行者密切关注。这也是项目实施成功与否的衡量尺度。

4) 项目的组织是综合人力和各项资源共同推动的一个暂时性组织。项目结束后,原有项目中各个类型的组织关系可能会被打散,直到新的项目形成,再重新构建组织。

**3. 投资项目**

投资项目作为承担投资活动的项目,既符合项目的一般要求,也体现了投资的固有特性。项目一般具有两大特征:一是主观方面的特征,即项目作为管理主体的被管理对象和管理手段而存在;二是客观方面的特征,即项目客观上必须具备单次性任务的特点。鉴于以上两点,融合投资的特性,投资项目是指在一定的技术和社会经济条件下,在规定的期限内,为完成某项投资目标而开展的项目。投资项目需要花费一定的资金以获得预期收益，同时投资项目具有独特的时间（项目寿命期）和空间（完成投资项目所需的场所）特点。通常，一个投资项目包括以下内容：

（1）具有明确的对象。投资项目的对象包括对土建工程和（或）设备及其安装的资本投资。

（2）具备技术支持。在项目实施过程中，能够提供工程设计、技术方案、施工及监督、改善经营和维修等方面的服务。

（3）设立管理机构。投资项目需要一个负责管理各项活动实施的组织机构，能够整合各种资源，协调各方的关系。

（4）明确的经济目标。投资项目要关注与价格、税收、补贴和成本回收等相关的政策，使项目与所属行业、部门和国家的经济发展目标保持一致，并能够切实提高项目自身的经济效益。

（5）具有明确的项目目标和具体的实施计划，对时间和质量的约束条件较为严格。

### 0.1.2 投资项目决策

决策就是人们为了达到一定目标，在掌握充分的信息和对有关情况进行深刻分析的基础上，用科学的方法拟订并评估各种可行方案，权衡各种矛盾、相互影响的因素，从中选出合理方案的过程。投资项目决策是指决策主体（政府、企业、组织或个人）按照客观的项目建设程序，根据投资方向、投资布局的战略构想，充分考虑国家有关方针政策，在广泛占有信息资料的基础上，对拟建项目进行技术经济分析和多种角度的综合分析评价。这包括决定项目是否建设，在什么地方建设，选择并确定项目建设的合适方案等。在一定时期，无论是政府还是企业，可利用的资源都是有限的。合理配置资源、提高资源的利用效率就显得非常重要。一方面，投资者要审慎地选择项目，以实现资源最优配置，使得生产效益最大化；另一方面，进行投资不能单凭热情，更需要冷静的头脑。所有的投资都建立在对未来收益的预测上，这就需要投资者在项目投资之前进行科学的决策，充分估计未来的不确定性，使投入取得最佳回报。投资决策是指根据预期的投资目标，拟订若干个有价值的投资方案，并运用科学的方法或工具对这些方案进行分析、比较和遴选，以确定最佳方案的过程。

### 0.1.3 投资项目管理

投资项目管理是根据客观经济规律对投资项目建设全过程开展有效的计划、组织、控制、协调的系统管理活动。投资项目管理的目标是运用各种知识、技能、手段和方法去满足投资项目各利益干系人的要求与期望。为此，在投资项目管理过程中，需要理解五个层面的内容：一是投资项目具有哪些利益干系人；二是他们具有哪些方面的要求与期望；三是他们在每个方面的要求与期望是什么；四是这些要求与期望具有怎样的冲突；五是要运用各种知识、技能、手段和方法协调这些冲突并力求满足他们的要求与期望。

从内容上看，它是投资项目建设全过程或全生命周期的管理，即从项目建议书、可行性研究、设计、投资实施到竣工投产全过程的管理。任何一个投资项目都有其自身的生命周期，它的投资建设都需要一个过程，这个过程是分阶段进行的。这不是由人们主观臆造出来的，而是项目建设的客观要求。中华人民共和国成立 70 多年来的项目建设实践证明，项目建设程序是对项目建设全过程的科学反映和总结。因此，投资项目要按照项目建设程序来管理。

从性质上看，项目管理是以项目为直接对象的一种纵向管理，因此，项目管理是固定资产投资管理的微观基础。投资项目建设是利用投资完成具有一定生产能力或使用功能的建筑产品的过程，是国民经济发展计划的具体化，是固定资产再生产的一种具体形式。它通过项目的建成投产使垫付的资金得以回收并获得增值。

## 0.2 投资项目决策与管理的产生及发展

### 0.2.1 国外投资项目决策与管理的产生及发展

近代投资项目决策与管理萌芽于20世纪四五十年代的国防和军工项目。美国把研制第一颗原子弹的任务作为一个投资项目来管理，这一投资项目被命名为"曼哈顿计划"。美国退伍将军莱斯利·R·格罗夫斯（L. R. Groves）后来写了一本回忆录《现在可以说了：曼哈顿项目的故事》*Now it can be told：The story of the Manhattan Project*，详细记载了这个项目的经过。投资项目决策与管理的突破性成就出现在20世纪50年代。20世纪50年代后期，关键路径法（Critical Path Method，CPM）和计划评审技术（Program Evaluation and Review Technique，PERT）在美国诞生。1957年，由于生产过程的要求，美国的路易斯维化工厂必须每年都安排一定的时间停下生产线进行全面检修。过去的检修时间一般为125小时，后来，工人们把检修流程精细分解，竟然发现在整个检修过程中所经过的不同路线上的总时间是不一样的，通过缩短最长路线上工序的工期，就能够缩短整个检修的时间。他们经过反复优化，最后只用78个小时就完成了检修，节省了38%的时间，当年产生效益达100多万美元。这就是沿用至今的著名的时间管理技术——CPM。与此同时，第二次世界大战结束之后，随着西方社会经济逐渐复兴，工业投资项目急剧增加，资金短缺的问题日益显现。因此，如何在众多投资项目中进行取舍，使有限的资金得到更有效地利用成为投资者与经营者普遍关心的问题。在这种背景下，受到凯恩斯主义经济理论的影响，投资项目决策与管理的研究内容从单纯的工程费用效益分析扩大到市场供求和投资分配方面，并取得了重大进展。1951年，乔尔·迪安（J. Dean）教授出版的《管理经济学》*Management Economics* 一书开创了应用经济学新领域，计算现金流的现值方法逐渐应用到资本支出的分析上，在投资收益与风险分析方面起到了重要作用。更重大的转折发生于1961年，乔尔·迪安教授的《投资预算》*Investment Budget* 一书，不仅发展了现金流量的贴现方法，而且开创了资本限额分配的现代分析方法，进一步创立了投资项目经济分析的现值法，这是整个动态分析方法的核心。投资项目决策与管理在20世纪下半叶得到了进一步完善。1965年，以欧洲国家为主的国际项目管理协会（International Project Management Association，IPMA）在瑞士成立。四年后，国际性组织项目管理协会（Project Management Institute，PMI）在美国成立。这一组织的成立开启了投资项目决策与管理的现代化。首先，学术界对静态分析方法和动态分析方法的各种形式进行了更深入的研究。到20世纪60年代末，动态分析方法已成为投资项目经济学分析采用的主要方法。此后又进一步扩展到盈亏平衡分析、敏感性分析以及概率分析等领域。对于投资项目决策的研究，则扩展到公用事业投资决策、固定资产更新决策、多阶段投资决策以及多目标决策等方面。美国的三位教授德加莫（Degamo）、卡纳达（Canada）和塔奎因（Taquien）都为这一时期投资项目经济分析的发展作出了巨大的贡献。德加莫偏重于研究企业的经济决策分析，他于1968年出版的《工程经济学》Engineering Economics 对投资形态和决策方案的比较研究，开辟了投资项目决策对经济计划和公用事业的应用研究途径；卡纳达则重视外资经济因素和风险性投资分析；塔奎因等人则强调投资方案的比选，他们提出的多种经济评价原则已经成为美国工程经济学教材中的主要理论。1976年，PMI提出了制定项目管理标准的设想。1978年，L·E·布西(L.E. Bussey)全面系统地总结了投资项目的资金筹措、经济评价、优化决策以及风险和不确定性分析等基本方法与理论。1982年，曾任世界生产力科学联合会主席的J·L·里格斯(J.L. Rigs)出版的《工程经济学》Engineering Economics 则系统地阐明了货币的时间价值、货币管理经济决策、风险和不确定性分析等内容，将基于经济学的投资项目决策研究水平向前推进了一大步。经过十多年的努力，PMI于1987年推出了《项目管理知识体系指南》Project Management Body of Knowledge, PMBOK，提出了项目管理的知识领域，这是投资项目管理领域的又一个里程碑。这些发展使投资项目决策与管理的理论体系和方法逐渐趋于完善。

进入21世纪后，随着数学和计算机技术的飞速发展与普及，运筹学、概率论和数理统计等方法得到充分应用，系统工程、计量经济学、最优化技术实现飞跃发展，已促使投资项目决策与管理的研究有了新的进展，且与相关学科的交流与发展逐步加强。投资项目决策与管理的内容更加丰富，理论体系也更为完善。

### 0.2.2 我国投资项目决策与管理的产生及发展

在中华人民共和国成立以后，我国投资项目决策的理论与实践，经历了由不完善到比较完善，由初步应用、两次被冲击、两次恢复到逐步提高这样一个曲折发展的过程。投资项目决策采用系统的经济评价方法，则是在党的十一届三中全会以后，在改革开放的形势下出现的新事物。

"一五"时期采用技术经济论证方法选择建设项目。"一五"计划开始了以156个重点建设项目为中心的大规模经济建设，先后成立了国家建设委员会、中国人民建设银行等管理机构，基本建设项目的投资决策管理工作在实践中逐步得到了完善和发展。从1955年3月到1956年5月，国家建委、国家建工部就基本建设项目投资决策和计划统计问题，先后颁发了四个办法及规程。其规定安排建设项目时，要进行技术经济论证，考虑供、产、销、运的综合平衡，坚持先勘察后设计，先设计后施工。同时还把项目建设前期工作划分为"设计任务书—初步设计—技术设计—施工图设计"四个工作环节。综合来看，"一五"期间对项目建设前期工作比较重视，项目决策比较慎重。但随后投资项目的技术经济论证方法被摒弃，投资项目决策工作陷入混乱。20世纪60年代初期，华罗庚教授引进和推广了网络计划技术，并结合我国"统筹兼顾、全面安排"的指导思想，将这一技术称为"统筹法"。当时，华罗庚组织并带领小分队深入重点工程项目进行推广应用，取得了良好的经济效益。我国项目管理学科的发展由此起源，中国项目管理学科体系也因统筹法的应用而逐渐形成。1962年5月，国务院先后颁发了与加强基本建设计划、设计管理等内容有关的三项决定；同年12月，中共中央、国务院颁发了《关于严格执行基本建设程序，严格执行经济合同的通知》；1963年1月，国家计委颁发了《关于认真编审基本建设设计任务书的通知》，同年3月又颁发了《关于编制和审批设计任务书和设计文件的通知》。这一系列的文件和规定，恢复了"一五"时期行之有效的技术经济论证方法，重新明确了投资项目决策与管理各工作环节的内容和深度。然而，随后的一段时期基本建设项目的前期工作没有得到重视，技术经济学的研究工作全部停止，建设中以主观意愿取代客观经济规律，投资项目过分追求项目建设速度，甚至提倡"边设计、边施工、边投产"的理念，违背了基本建设程序，给国民经济造成了严重的损失。1978年4月，根据当时基本建设工作中存在的问题，国家计委、国家建委、财政部制定和颁发了《关于基本建设程序的若干规定》等五个文件。同年7月，经国务院批准同意，国家建委吸收了1962年国务院颁发的《关于基本建设设计文件编制和审批办法的几项规定》的主要精神，经过修改补充，重新印发了《设计文件的编制和审批办法》。1979年，中共中央、国务院批转了《关于改进当前基本建设工作的若干意见》，同年5月，国家计委、国家建委联合颁发了《关于做好基本建设前期工作的通知》。这一系列文件重新把按基本建设程序办事提到了经济建设工作的重要议事日程，突出强调了"先勘察、后设计，先设计、后施工"的工作要求，形成了"计划任务书—初步设计—施工—验收交付使用"四个阶段的基本建设工作程序，并要求对投资项目进行技术经济综合分析。新的基本建设程序对投资项目决策与管理工作作出如下具体的规定：

（1）根据国家发展和国民经济的长远规划与建设布局，编制计划任务书作为确定基本建设项目、编制设计文件的依据。

（2）通过详细认真地调查原料、燃料、工程地质、水文地质、交通、电力、水源、水质等建设条件，在综合研究和多方案比较的基础上，提出项目选址报告，确定项目的建设地点。

（3）根据批准的建设项目计划任务书和选址报告编制设计文件，为安排建设项目和组织工程施工提供依据。

（4）建设项目计划任务书批准后，进行各项建设准备工作，组织设备订货，落实水、电、运等外部条件和施工力量。

（5）根据批准的初步设计和总概算，对项目进行计划安排，列入年度计划。这一时期，在投资项目决策工作中，特别重视项目建设厂址的多方案比较，强调进行技术经济综合分析，同时强调提高产品质量。

十一届三中全会以后，经济体制改革全面展开，市场经济制度在我国得到了飞速发展。这就要求采用适合于市场经济发展需要的投资项目决策与管理方法。在这一背景下，经济评价成为投资项目决策与管理的重要组成部分。20世纪80年代，随着现代化管理方法在我国的推广应用，进一步促进了统筹法在项目管理过程中的应用。1981年3月，国务院在《关于加强基本建设计划管理，控制基本建设规模的若干规定》中规定，所有利用外资进行基本建设的项目都要有批准的项目建议书、可行性研究报告以及设计任务书（有些项目的设计任务书可由可行性研究报告代替）。项目的可行性研究报告中包括了经济评价的内容，这就第一次从国家法规上把经济评价纳入项目可行性研究工作中。1983年2月，国家计委颁发了《关于建设项目进行可行性研究的试行管理办法》（以下简称《管理办法》），第一次对进行可行性研究的建设项目的范围、可行性研究报告的编制程序、项目经济评价应包括的内容、可行性研究报告的预审和复审等问题作出了系统的规定。《管理办法》规定，在可行性研究阶段，如果项目不经济、不合理，应该予以否决。从这时起，在投资项目决策工作中，经济评价方法逐步得到推广。

自1982年以后，以中国投资银行为先导，中国建设银行和中国国际工程咨询公司为主体所开展的项目评估工作，推进了我国项目经济评价方法的研究，扩大了经济评价方法的应用范围。1986年7月,国家计委组织国内有关大学、科研机构、设计规划部门和业务主管部门从事项目经济评价的理论研究和应用工作的专家、学者和实际工作者共20余人,组成了《建设项目经济评价方法与参数》编制组,开始进行经济评价方法与参数的研究工作。1987年10月,国家计委颁布出版《建设项目经济评价方法与参数》,包括《建设项目经济评价方法》《建设项目经济评价参数》《中外合资经营项目经济评价方法》和《关于建设项目经济评价工作的暂行规定》四个规定性文件。这些文件对经济评价工作的管理与经济评价的程序、方法、指标等都作了明确而系统的规定和说明,并第一次发布了经济评价的国家级参数,在评价的基础理论和方法论方面也作了必要的阐述。《建设项目经济评价方法与参数》的颁布,填补了我国建设项目经济评价方法的空白。之后,有关工业部门、金融机构、工程设计咨询单位相继制定了实施细则,推动了我国建设项目经济评价的实际应用工作。另一方面,自1988年下半年开始,建设部标准定额研究所及《建设项目经济评价方法与参数》编制组又采用问卷调查的方式,广泛调查了解了国内各有关工业部门、工程设计咨询单位、金融机构等对《建设项目经济评价方法与参数》的应用情况及其对《建设项目经济评价方法与参数》的修改意见。通过对问卷调查反馈意见和建议进行归类整理。至1989年底,共归纳出各种修改意见和建议350多条。在对这些意见进行甄别、研究的基础上,建设部标准定额研究所和《建设项目经济评价方法与参数》编制组对《建设项目经济评价方法与参数》进行了详细、充分的补充和修改,并根据1992年财政部颁发的《企业财务通则》和《企业会计通则》对涉及的财务会计问题和税务问题作了相应的调整。1993年4月,《建设项目经济评价方法与参数(第二版)》出版,成为投资项目经济评价的规范文本。

为贯彻落实党的二十大精神,加强对项目前期工作的政策指导,巩固和深化投融资体制改革成果,推动投资高质量发展,国家发展改革委在2002年《投资项目可行性研究指南(试用版)》的基础上,研究制定了《政府投资项目可行性研究报告编写通用大纲(2023年版)》《企业投资项目可行性研究报告编写参考大纲(2023年版)》和《关于投资项目可行性研究报告编写大纲的说明(2023年版)》,并于2023年4月正式通知发布。

我国的投资项目管理实践活动及研究工作起步也源于20世纪60年代初期。20世纪80年代,投资项目管理有了科学的、系统的方法,但当时主要应用于国防和建筑业,项目管理的任务主要强调的是项目进度、费用与质量三个目标。1982年,在我国利用世界银行贷款建设的鲁布革水电站引水导流工程中,日本建筑企业运用项目管理方法对这一投资项目的施工进行了有效的管理,缩短了工期,降低了造价,取得了明显的经济效益。当时这给我国整个投资建设领域带来了很大的冲击,让人们确实看到了投资项目管理技术的作用。从这时起,国内一些高校及专家学者开始开展投资项目管理的教育与研究。如天津大学率先向本校学生开设了"项目管理"课程,并于1988年出版了《工程建设项目管理》。中国石油大学翻译出版了R·J·格雷厄姆(R. J. Graham)的《项目管理组织与组织行为》一书。上海财经大学于20世纪80年代中期在投资经济管理本科专业开设了"建设项目管理"课程,随后开设了"投资项目管理"课程。与此同时,我国也开始了应用项目管理的实践。基于鲁布革水电站项目的经验,1987年,国家计委、建设部等有关部门联合发出通知,在一批试点企业和建设单位要求采用项目管理施工法,并开始建立中国的项目经理认证制度。

1991年,建设部进一步提出把试点工作转变为全行业推进的综合改革,全面推广项目管理和项目经理负责制。在二滩水电站、三峡水利枢纽建设和其他大型工程建设中都采用了项目管理这一有效手段，而且都取得了良好的效果。20 世纪 90 年代初，在西北工业大学等单位的倡导下成立了我国第一个跨学科的项目管理专业学术组织——中国项目管理研究委员会（Project Management Research Committee，China，PMRC）。PMRC 的成立是中国项目管理学科体系开始走向成熟的标志。PMRC 自成立至今做了大量的开创性工作，为推动我国项目管理事业的发展和学科体系的建立，促进我国项目管理与国际项目管理专业领域的沟通与交流起到了积极的作用，特别是在推进我国项目管理专业化与国际化发展方面。

2000 年 1 月 1 日，我国正式实施全国人大通过的《中华人民共和国招标投标法》。这个法律涉及项目管理的诸多方面，为我国项目管理的健康发展提供了法律保障。从 2001 年起，为了加强项目管理人才的培养，我国推出了项目管理职称系列，同时针对投资项目管理相继推出了资格认证。截至目前，许多行业纷纷成立了相应的项目管理组织，如中国建筑业协会工程项目管理委员会、中国国际工程咨询协会项目管理工作委员会、中国工程咨询协会项目管理指导工作委员会等。PMRC 于 2001 年在其成立 10 周年之际也正式推出了《中国项目管理知识体系（C-PMBOK）》。自此，中国的投资项目管理无论从学科体系还是实践应用上都取得了突飞猛进的发展。

### 0.2.3 我国投资项目决策与管理的国际地位

建筑工程和国防工程是我国最早应用投资项目决策与管理的行业领域。随着科技的发展、市场竞争的激烈，投资项目决策与管理的应用已经渗透到各行各业。软件、信息、机械、文化、石化、钢铁等领域的企业均采用了投资项目决策与管理的模式。项目的概念在工程项目的基础上进行扩展，一切投资行为按照投资项目进行科学决策与管理成为各类企业和各行各业发展的共识。一方面，为了适应经济全球化的国际需要，中国积极遵守通用的国际投资项目决策与管理规范，比如国际工程承包中必须遵守的 FIDIC 条款及各种通用条款；另一方面，我国在投资项目决策与管理的工作实践中也总结出了大量的先进经验，并出台了相应的制度和规范。

随着"一带一路"重点工程的全面铺开，在投资项目决策与管理领域的"中国经验"也逐渐走出国门成为"世界经验"。我国大型企业在参与众多海外投资项目的决策与管理工作中也提升了自身的国际影响力和竞争力。在高铁、公路、桥梁、矿业等领域，我国已逐渐成为国际投资项目决策与管理工作标准的制定者和行业引领者。

## 0.3 投资项目决策与管理的研究对象及研究方法

### 0.3.1 研究对象及范围

投资项目决策与管理的本质包括：研究不同项目在投资效益上的差异，从而作出科学的投资决策；研究如何有效利用工程技术资源，以较少的资源投入追求最大化的方案产出；寻求工程技术方案与经济效益的最佳结合点，并通过科学有效的管理手段，保障投资项目的顺利进行，最终达到预期的投资目标。投资项目决策与管理的研究对象是投资项目，主要研究投资项目的资金时间价值、投资估算、不确定性与风险分析、方案比选、可行性分析、项目管理基础知识、过程管理、计划管理、范围管理、组织管理、进度管理、成本管理、质量管理与风险管理等内容。这里所说的投资项目是指投入一定资源的计划、规则或方案，并具有相对独立功能的，可以进行分析和评价的单元。因此，投资项目的含义是很广泛的，它可以是一个报建中的工厂、车间，也可以是一项技术革新或改造的计划；可以是设备，甚至是设备中某部件的更换方案，还可以是一项巨大的水利枢纽或交通设施工程。任何投资项目都可以划分成更小的、便于进行分析和评价的子项目。通常，一个投资项目需要有独立的功能和明确的费用投入者。例如，报建的汽车工厂，采用的是通用轮胎，轮胎可以由本厂制造，也可以向其他工厂购进甚至进口，这样轮胎一项就可以作为一个独立项目进行专门研究。但是，如果是某项水利工程，其水坝和引水渠道等在规划、设计和效益发挥上密不可分，把它们分成两个项目就不合适了。

投资项目决策与管理的研究范围包含但不限于以下几个方面：

(1) 现金流量与资金的时间价值

现金流量是拟建项目在整个项目计算期内各个时间点上实际发生的现金流入量与现金流出量的统称。资金的时间价值是进行投资项目经济分析的基础，具体内容包括资金时间价值的内涵、利率与利息的计算方法、资金时间价值复利计算的方法等。

(2) 经济要素与项目投资估算

投资项目的经济要素是进行投资项目评估与决策不可缺少的基本数据和资料，具体内容包括投资项目经济要素的构成、资金的构成与估算、产品成本和费用的构成与估算、现行税金的构成等。投资估算是制定融资方案、筹措资金的重要参考依据。投资估算方法包括生产能力指数法、比例估算法、系数估算法、朗格系数法等各种方法。同时开展各种费用的估算也是财务评价的基础。

(3) 投资项目财务评价

投资项目财务评价是投资项目决策的核心内容，目的在于确保投资决策的正确性和科学性，最大限度地降低项目投资的风险，提高项目收益。其基本方法包括投资项目经济评价（静态评价与动态评价）指标方法、投资项目评价基本报表等。

(4) 不确定性与风险分析

投资项目经济评价采用的数据大部分来自估算和预测，具有一定的不确定性和风险性，且投资项目在实施过程中也会面临各种各样风险因素的干扰。投资项目的不确定性与风险分析是为了弄清和减少不确定性因素对投资项目决策的影响，具体内容包括盈亏平衡分析、敏感性分析、概率分析和风险决策等。

(5) 投资项目的方案比选

投资项目的方案比选是依据投资项目经济评价和不确定性与风险分析结果，从多个可行的投资项目中选择最优的项目进行投资的决策过程。其主要包括互斥型（动态、静态）、独立型和相关型投资项目的比选方法。

(6) 项目的可行性研究与投资决策

可行性研究是投资项目经济分析理论在投资项目决策阶段的具体应用，是对投资项目前景进行科学预测和项目方案细化的必要过程。具体内容包括可行性研究的程序，可行性研究的依据、作用与内容，可行性研究报告的编制，可行性研究中的市场研究和技术可行性分析等。在项目开展投资决策时还会用到多种决策方法，如表格法、正态分布表法等。

(7) 投资项目管理的要素

投资项目管理的要素是投资项目管理的基本内容，具体包括投资项目管理的知识体系、投资项目管理的基本职能和环境、投资项目管理的价值交付系统等。

(8) 投资项目的全生命周期管理

投资项目的管理工作贯穿项目始终，对投资项目实施全生命周期的管理，是投资项目实现预期经济效益和社会效益的重要保障。投资项目的全生命周期管理包括计划管理、过程管理和范围管理。

(9) 投资项目的组织管理

投资项目需要由项目组织开展特定业务。对投资项目组织进行科学、高效的管理是投资项目成功的关键，也是确保投资项目各项工作顺利、高效进行的必要前提。投资项目的组织管理主要包括投资项目组织要素及结构、投资项目管理的干系人、投资项目管理团队等方面的内容。

(10) 投资项目管理的具体内容

投资项目管理工作涵盖了投资项目实施过程中的方方面面，对投资项目的各项要素进行精细管理，能够最大限度地保障投资项目按期高质量完成。具体而言，投资项目管理的内容可以细分为投资项目的进度管理、成本管理、质量管理和风险管理。

### 0.3.2 学科特点

投资项目决策与管理是为了适应市场经济的需要而产生的一门决策学、管理学与经济学多学科相互渗透的交叉学科。具体来说，它是以技术经济系统为核心，研究投资项目的经济效益、经济效率和经济规律，作出最优决策并进行有效管理的学科。在当代众多的管理学科中，投资项目决策与管理具有自身鲜明的特点。

(1) 综合性

投资项目决策与管理既是一门横跨自然科学和社会科学的新兴学科，又是与单一专业学科不尽相同的交叉学科。由于投资项目决策与管理的研究领域非常广泛，科学方法较多，在投资项目决策与管理的理论中融合了数学、统计学、概率论、运筹学等各种理论基础知识，同时又涉及技术、经济、管理、法律等知识，因而它是一门综合性较强的学科。

(2) 系统性

影响投资项目决策与管理的相关因素非常复杂，涉及社会、生态、文化等多个方面。这些因素都是不断运动和变化的，它们是一个互相关联、互相制约和互相促进的复杂系统。因此，必须运用系统工程的理论方法进行全面的系统分析和论证，将影响其效果的全部因素纳入一个系统中综合考虑，才能全面揭示所研究问题的实质。

(3) 实用性

投资项目决策与管理研究与国民经济发展中各种项目的决策与管理问题直接相关，是实实在在的实用型科学。投资项目决策与管理研究的内容、分析的方案都来源于项目生产建设实际，并紧密结合生产技术和经济活动进行。它所分析和研究的成果直接用于生产，并通过实践来验证分析结果是否正确。从投资项目决策与管理的产生到其飞速发展，无不与经济的发展、技术的选择、资源的综合利用、生产力的合理布局等社会实践紧密相连。由于它主要用于解决项目与经济结合中的实际问题，既为实践服务又接受实践检验，所以具有很强的实用性。

(4) 预测性

投资项目决策与管理研究的问题，大多是在事情发生之前或正在决策过程中。选择是否投资某一项目，或判断是否值得采用某项技术，必须要进行全面的技术经济论证，这将涉及许多内容。由于预测是在事件实际发生之前进行的，所以必须有一定的假设条件，或以过去的统计数据为依据，它所提供的结果只能是近似值，而不是实际值。在处理资料数据时，要去粗取精、去伪存真，方法要科学、实用。正是由于这种不确定性的存在，投资项目决策与管理才发展了一个专门的领域——不确定性分析，即对投资项目未来各种因素变化带来的风险大小的预测。

（5）定量性

投资项目决策与管理的研究方法以定量分析为主，即使有些难以定量分析的因素，也要予以量化估计。通过对各种方案进行客观、合理、完善的评价，用定量分析结果为定性分析提供科学依据。如果没有定量分析，诸多投资方案之间也无法进行比较和优选，因而也就无法作出最优的决策。因此，在分析和研究过程中，要用到很多数学方法，并建立数学模型，然后借助计算机进行计算。

（6）比较性

在对不同的投资方案取舍之前，都应找出可类比的方案，而任何一项投资项目又可以找出若干不同的采纳方式、采纳条件。因此，决定取舍某个方案时，可以综合各方面的因素进行比较，以便选择出最恰当的方案，并赋以最适当的条件。

### 0.3.3 研究方法及研究程序

**1. 投资项目决策与管理的研究方法**

投资项目决策与管理是一门自然科学与社会科学相互交融的综合性学科，也是一门与生产建设、经济发展有着直接联系的应用型学科。投资项目的决策、运行和管理涉及不同的领域，对社会、经济、生态环境会产生多方面的影响，为了全面、正确地评价其效果，在进行投资项目决策与管理的研究时，主要采用以下基本方法：

（1）对比分析法

对投资项目方案进行比较、选优是投资项目决策与管理的基本内容，方案比较方法贯穿投资项目决策的始终。对于同一个投资项目的多种实施方案或多个投资项目，投资项目决策与管理运用方案的可比性原则及方案比较的具体方法，在对多种方案的技术、经济和社会效果进行计算、分析和评价的基础上，根据投资项目发展的目标，比较项目的优劣关系，从中选出最优方案。对比法包括"有无对比"和"前后对比"。在对投资项目进行经济分析时一般应遵循"有无对比"的原则，正确识别和估算"有项目"和"无项目"状态的效益和费用。

"有无对比"是指"有项目"相对于"无项目"的对比分析。"无项目"是指不对该项目进行投资时，在计算期内，与项目有关的资产、费用与收益的预计发展情况；"有项目"是指对该项目进行投资后，在计算期内，与项目有关的资产、费用与收益的预计发展情况。"有无对比"求出项目的增量效益，排除了投资项目实施以前各种条件的影响，突出项目活动的效果。在"有项目"与"无项目"两种情况下，效益和费用的计算范围、计算期应保持一致，具有可比性。

"前后对比"是指投资项目实施前和实施后对有关资产、费用与收益的实际发展情况的对比分析。与"有无对比"相比，"前后对比"是基于实际发生的情况，因而更加符合实际。但在资产费用与收益方面应前后保持一致，排除项目以外的影响。例如，在灌溉工程评估中，农作物的增产效益分析可能也包括农药、化肥、作物品种等投入量的增加，而这些投入并不是灌溉工程的投入。

(2) 定量分析与定性分析相结合的方法

投资项目的经济分析采取以定量分析为主、定性分析为辅的方法。定性分析是通过文字、声像等综合描述项目投入、产出和影响及其相互关系的方法。投资项目系统中存在大量无法完全定量化的因素，在很大程度上只能采用定性方法加以描述和分析，如运用定性分析方法进行项目后评价、项目可行性研究中的资源评价、建设规模与产品方案、实施进度、无形效果等非经济效果内容的分析。而定量分析则是通过量化的数据及其变化规律反映项目的投入、产出和影响及其相互关系的方法。投资项目的经济分析与评价是一个系统工程，对方案的描述及分析、评价涉及技术、经济和社会等多个复杂层面，对其中可以定量描述的内容采用定量分析方法，如进行投资项目经济评价、不确定性分析、财务评价与国民经济评价、设备更新的经济分析等。许多项目尤其是大型建设工程项目，影响范围大，涉及的问题多且复杂，有许多费用与效益不能用货币表示，甚至不能量化，进行综合经济评价时应采用定量分析与定性分析相结合的方法，以全面反映其费用、效益和影响。

(3) 动态分析与静态分析相结合的方法

动态分析与静态分析是投资项目进行经济分析时常用的两种方法。动态分析是在考虑资金时间价值的前提下，对事物的整个发展历程或某发展阶段进行全面系统的评价；静态分析是对事物在某个确定时间下的状态进行分析和评价。这两种分析方法各有侧重点，能够从不同角度反映项目状况，将二者结合起来对投资项目展开综合分析，是投资项目决策与管理常用的方法。其不仅发展和完善了动态分析的内涵和方法，同时实现了动态评价方法与静态评价方法的良好结合。

(4) 系统分析法

从系统工程的角度来看，投资项目由一系列既相互联系又相互区别的独立子系统组成。通过系统地分析这些子系统之间的关系以及子系统与外界环境之间的关系，即可确定投资项目系统的目标与分析边界。在用系统分析方法分析投资项目时，首先，必须明确项目发展的主要目标，即技术目标、微观经济效益目标、宏观国民经济效益目标与社会发展目标；其次，分析投资项目系统内部的技术子系统、经济子系统、社会子系统结构及其相互之间的关系；最后，确定投资项目的技术、经济与社会各子系统的发展目标、项目总目标以及相互之间的作用关系。在系统分析投资项目时，不仅要分析项目本身的效益，还要评价项目产生的社会效益和环境效益，以实现投资项目和社会环境与国民经济的和谐发展。

(5) 多目标协调与主目标优化相结合的方法

许多投资项目具有多种功能与用途，能够为不同目标的部门服务。如大型综合利用水利工程具有防洪、灌溉、发电、航运、水产、旅游等多种功能，其综合经济效益由各功能效益组成。但大型综合利用水利工程往往有一、两个目标是主要目标，它对大型综合利用水利工程的兴建起关键性作用。例如，长江三峡主要是为了解决长江中下游的防洪问题兴建的。20世纪五六十年代兴建的丹江口工程、三门峡工程，是为了解决汉江、黄河的防洪问题而兴建的。因此，对大型综合利用水利工程的综合经济分析与评价应采取多目标协调与主目标优化相结合的方法。通过协调平衡，从宏观上拟定能正确处理各部门之间、各地区之间关系的合理方案，通过计算分析选出综合效益最大和主目标最优的方案。

#### （6）多维经济评价方法

投资项目往往涉及技术、经济和社会等多方面的问题，对大型投资项目应采用多维经济评价方法。要在充分研究费用及其效益的基础上，高度重视投资项目与地区、国家社会经济发展的相互影响，从微观和宏观上分析与评价投资项目对行业地区，甚至全国社会经济发展的作用和影响。

#### （7）统计预测与不确定性分析方法

对投资项目进行经济分析时，投资、成本、收益等数据只能依靠预测来获得。评价结论的准确性与预测数据的可靠性有密切关系。用来推算相应的数据指标的统计预测方法包括因果关系分析方法和时间序列分析方法。由于影响未来的因素众多，许多因素在不断地变化发展，因此还需要对项目的经济指标进行不确定性分析。

#### （8）逆向反证法

逆向思维是一种重要的思维方式，它是对人们司空见惯的、似乎已成定论的事物或观点反过来思考的一种思维方式，让思维向对立面的方向发展，从问题的相反面进行更深入的探索。人们习惯于沿着事物发展的正方向去思考问题并寻求解决办法。其实，对于某些问题，尤其是一些特殊问题，从结论往回推，倒过来思考，从求解回到已知条件，反过去想可能会使问题简单化，甚至轻而易举地发现结果。而反证法是从反面的角度思考问题的证明方法。它先假设"结论"不成立，然后把"结论"的反面当作已知条件，进行正确的逻辑推理，得出与已知的结论相矛盾的结论，从而说明假设不成立。在投资项目决策与管理中，逆向反证法就是从与项目方案合理性、期望效果相反的观点中思考问题，寻求答案。重新判别方案的合理性，以使选定的方案更加完善；或者放弃已有的方案，寻找新的方案。

### 2. 投资项目决策与管理的研究程序

投资项目决策与管理一般可分为五个阶段：准备阶段、寻求投资机会、设计投资方案、综合评价投资项目和投资项目过程控制。一般研究程序如图0-1所示。

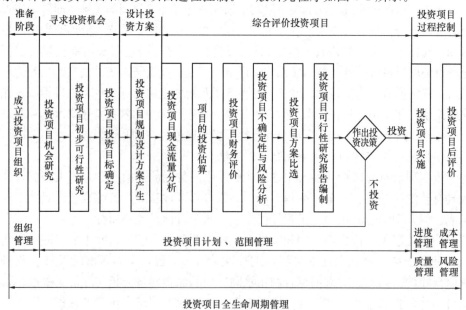

图0-1 投资项目决策与管理的研究程序

## 0.4 投资项目决策与管理研究的基本原则

通过合理的方法对投资项目的技术方案进行分析、比较和评价，是投资项目经济分析的基本目的。对特定的投资项目，能够列举出多种技术方案，从经济分析的角度考察，这些方案未必都能满足技术上先进、经济上合理、生产上适用的要求。各方案由于所要考虑和解决的问题侧重点不同，有时会存在技术、经济、资源、环境和社会等多方面的问题。处理这些问题所带来的影响，需要对项目方案依据一定的基本分析原则进行合理取舍与评价，进而确定最优方案。在投资项目决策与管理过程中，对投资项目或技术方案进行经济分析的基本原则主要有以下几点。这些基本原则分别从不同角度对项目或方案进行评价，从而得到科学、合理的评价结果。

**1. 技术与经济相结合原则**

技术和经济是辩证统一的关系，既相互统一，又相互矛盾。技术是经济发展的重要手段，技术进步是推动经济前进的强大动力，同时技术也是在一定的经济条件下产生和发展的，技术的进步要受经济情况和条件的制约，经济上的需求是推动技术发展的动力。技术与经济之间的这种相互依赖、相互促进和相互制约的关系构成了投资项目的经济评价。但由于各种因素的影响，技术先进性与经济合理性之间存在一定的矛盾。例如，有不少技术具有一定的先进水平，但其经济效果不如其他技术，那么这种技术就不能在生产实践中广泛使用。因此，在应用投资项目决策与管理理论来评价投资项目时，既要分析其技术上的先进性，评价其技术能力和技术意义，同时也要分析经济上的合理性，评价其经济特性和经济价值，力求做到二者统一，寻找符合国家政策、满足发展方向需要且能给企业带来发展的项目或方案，使之能够最大限度地创造效益，促进技术进步与经济发展。

**2. 定量分析与定性分析相结合原则，以定量分析为主**

定量分析与定性分析从不同评价角度反映了决策方式。定量分析以客观、具体的计算结果为依据，以得出投资项目的各项经济效益指标为尺度，对投资项目进行数字指标的评价。这种评价方法的优点是能够使评价结构更加精确，减少投资项目经济分析工作中的经验决策成分，有利于在定量分析中发现研究对象的实质和规律。定性分析是依据国家的法律法规、国家发展布局及发展方向，分析投资项目对国家发展所起的作用和发展趋势的经验性评价。在实际评价工作中，由于问题的复杂性，很多内容难以用数量方式表达，这种情况下定量分析不适用，定性分析就显得十分必要。定性分析以主观判断为基础，属于经验型决策，在很大程度上依赖于评价人员的经验积累。投资项目的经济分析坚持采取定量分析与定性分析相结合的原则，有助于发挥两种分析方法的优势，并互为补充。

**3. 动态分析与静态分析相结合原则，以动态分析为主**

动态分析是在投资项目决策分析与评价时考虑资金的时间价值，对项目整个计算期内的费用与效益进行折现现金流量分析。动态分析方法将不同时点的现金流入和流出换算成同一时点的价值，可以对不同方案和不同项目进行比选。静态分析又称非折现现金流量分析，是在投资项目决策分析与评价时不考虑资金的时间价值，把不同时点的现金流入和流出看成等值的分析方法。静态分析方法指标计算简便、易于理解，但不能准确反映项目费用与效益的价值量。资金的时间价值分析是项目经济评价的核心，所以分析评价要以动态指标为主。静态指标与一般的财务和经济指标内涵基本相同，一般作为辅助指标。因此，在项目或方案决策分析与评价中应遵循动态分析与静态分析相结合、以动态分析为主的原则，根据工作阶段和深度要求的不同，选择动态分析指标与静态分析指标。

**4. 效益与费用计算口径对应一致原则**

在经济评价中，将投资项目的效益与费用限定在同一个范围内是方案比选的基础，计算的净效益才是项目投入的真实回报。财务分析只计算项目本身的直接效益和直接费用；国民经济分析还应计算项目的间接效益和间接费用，即项目的外部效果。间接效益在经济评价中有时是很重要的，尤其是当间接效益比较高或直接效益虽然好，但妨碍了其他相关部门的发展及效益的提高时，在这种情况下更需要考虑间接效益，以得到全面、正确的评价结论。为简化计算，有时可将外部效果"内部化"，即对那些效益和费用紧密相关、不统一计算就难以获得正确且真实经济效益的"项目群"，视为同一项目（联合体）进行评价。

**5. 收益与风险权衡原则**

项目的投资总是伴随着一定程度的风险，风险为投资项目的最终收益增加了不确定性。通常，项目的投资人关心的是效益指标，对于可能给投资项目带来风险的因素考虑得不全面，对风险可能造成的损失估计不足，结果往往有可能使项目失败。收益与风险权衡原则提醒投资者在进行投资决策时，不仅要看到效益，也要关注风险，权衡得失利弊后再行决策。

**6. 局部利益与整体利益、短期效益与长期效益相协调原则**

我国实行社会主义市场经济，生产的目的是满足人民对美好生活的诉求。一般情况下，投资项目的局部经济利益和整体经济利益从根本上是一致的，但有时二者之间也会出现矛盾。如从一个企业或一个部门来看是有利的，但从整个国民经济的角度考察是不利的；或者从整个社会来看是有利的，而对一个企业或一个部门的不利影响较大。这时进行经济评价不仅要考虑局部利益，还需要局部利益尽量服从整体利益。此外，还要分析和考察短期效益和长期效益。同时，还要注意项目可能带来的对资源、环保等方面的负面影响。

**7. 财务分析与国民经济分析相结合原则**

财务分析是在国家现行财税制度和价格体系条件下，从投资项目财务的角度，计算投资项目的财务盈利能力和清偿能力，以判别投资项目的财务可行性。国民经济分析是从国家整体角度，计算投资项目对国民经济的净贡献，以判别投资项目的经济合理性。投资项目的财务分析和国民经济分析都是投资项目的盈利性分析，但两种分析方法的基本出发点不同。财务分析是站在投资项目的角度，从投资项目经营者和投资者的角度分析投资项目在财务上的可行性，属于微观经济效益的分析；而国民经济分析则是站在国民经济的宏观角度，从全社会的角度分析投资项目的国民经济费用和效益。另外，财务分析只根据投资项目直接发生的财务收支计算项目的费用和效益，而国民经济分析则从全社会角度考察项目的费用和效益。

投资项目经济分析应坚持财务分析与国民经济分析相结合原则对投资项目进行取舍。当财务分析与国民经济分析的结果不一致时，应对其进行深入分析。一般来说，财务分析与国民经济分析结论均可行的投资项目应予通过；国民经济分析结论不可行而财务分析结论可行的投资项目应予否定。对于一些国计民生必需的投资项目，国民经济分析结论可行而财务分析结论不可行的，通常应进一步优化方案。

**8. 可比性原则**

投资项目决策与管理研究的主要任务是对各种投资方案进行经济比较，从中选择经济效果最好的方案。在进行方案比选时，必须使各方案具有可比条件，遵循可比性原则。可比性原则是进行定量分析时所应遵循的重要原则之一，可确保所有的备选方案在统一口径下进行比较评价。一般情况下，备选方案需在满足需要、消耗费用、时间和价格上均具有可比性。

(1) 满足需要的可比原则

任何一个投资项目或方案实施的主要目的都是满足一定的社会需要，不同投资项目或方案在满足相同社会需要的前提下也能进行比较。满足需要的可比性应在产品的品种、产量、质量三个方面具有可比性。品种可比是产品品种的名称、规格和数量可比，反映的是企业在产品品种方面满足社会需要的情况。产量可比是投资项目或技术方案满足社会需要的产品的数量。质量可比是不同投资项目或技术方案的产品质量相同时，直接比较各项相关指标；质量不同时，则需经过修正计算后才能比较。在进行满足需要的比较时，能够满足多方面需要的方案可与满足单一需要方案的联合方案进行比较；方案规模不同时，应将规模小的方案乘以适当的系数后与规模大的方案进行比较；分析可能涉及其他部门造成某些损失的方案时，应将该方案本身与消除其他部门损失的方案组成联合方案进行比较。

(2) 消耗费用可比原则

投资项目的经济效果是投入和产出之比，所以方案比选除了满足需要上的可比性以外，还需要进行消耗费用方面的可比性分析。由于备选方案技术特性和经济特性的不同，所需要的人力、物力和财力各不相同，为了使各个方案能够进行经济效果上的比较，应对从投资项目建设到产出产品及产品消费的全过程中整个社会的消耗费用来比较，而不是对某个国民经济部门或个别环节的部分消耗来进行比较。消耗费用的可比原则是指在计算和比较费用指标时，不仅要计算和比较方案本身的各种费用，还应考虑相关费用，并且采用统一的计算原则和方法来计算各种费用。相关费用是指为实现本方案而引起的、与生产上相关的环节所增加（或节约）的费用。为了使技术方案具有消耗费用方面的可比性，必须从整个社会和整个国民经济的观点、社会的总消耗、系统的观点出发进行综合考虑。采用统一的计算原则是指计算技术方案的消耗费用时，各方案的费用构成应与计算范围保持一致。当投资项目涉及行业众多，难以从根本上保证消耗费用的可比性时，可只考虑与投资项目或方案有直接关系的环节，对这些环节的消耗费用进行比较分析，而省略其他间接环节的费用比较。

(3) 价格可比原则

价格是影响投资项目或技术方案比较的重要因素之一，因此，价格的可比性是分析比较投资项目或技术方案经济效益的一个重要原则。价格可比的原则是指在对技术方案进行经济计算时，必须采用合理的、一致的价格。价格水平本身的合理性和恰当性直接影响投资项目经济分析的正确性。对每个技术方案，无论是消耗品还是产品，均应按其相应的品目价格计算投入或产出。

第一，"合理的价格"是指价格必须正确反映产品价值，各种产品之间的比价合理。

由于我国目前的价格体系不够完善，因此，价格的制定还不尽合理，许多产品的价格与价值相背离的现象较为严重。如果采用这种不合理价格进行经济分析，常给经济评价带来假象，以致得出错误结论。其解决方法是采用影子价格代替现行市场价格，或是采取计算相关费用的办法代替实际价格。

第二，"一致的价格"是指价格种类的一致。由于科学技术的进步，劳动生产率的不断提高，产品成本的不断下降，各种技术方案的消耗费用也随之逐渐减少，产品价格也将发生变化。这要求在对不同技术方案进行比较和评价时，必须采用相应时期的价格。这是指在分析近期技术方案时，应统一使用现行价格；而在分析远景技术方案时，则应统一使用远景价格。

(4) 时间可比原则

资金的时间价值是动态经济分析的基础，所以在对备选方案进行比选时，必须考虑时间因素。采用相等的计算期作为比较基准才能进行经济效果比较。对于投资、成本、产品质量、产量相同的两个投资项目或方案，其投入时间不同，经济效益显然不同；而在相同的时间内，不同规模的投资项目或方案，其经济效益也不同。所以，时间因素对方案经济效益有直接影响。时间可比原则主要考虑两个方面的问题：一是经济寿命不同的技术方案进行比较时，应采用相同的计算期作为基础；二是技术方案在不同时期内发生的效益与费用不能直接相加，必须考虑时间因素。对经济寿命不同的技术方案进行经济效益比较时，必须采用相同的计算期作为比较的基础。关于采用相同计算期的问题，有下述三种情况：当相比较的各技术方案的经济寿命周期有倍数关系时，应采用它们的最小公倍数作为各技术方案的共同计算期；当相比较的各技术方案的经济寿命周期没有倍数关系时，一般可采用20年为统一的计算期；如果相互比较的各技术方案由于投入期、服务期和退役期不一致，而使它们的寿命周期有所不同，应采用约定的计算期作为共同基础，进行相应的计算和比较。资金与时间有密切的关系。如果借贷资金放置不用，造成资金积压，不仅无法产生利润，还需支付借贷利息。对于自有资金来说，闲置资金会产生机会成本，也等同于资金损失。因此，资金使用的时间长短与数量大小不同，将导致资金总和产生较大差别。归根结底，这种情况都是由于随着时间的推移会产生利息而导致的。

关 键 概 念

投资；项目；投资项目；投资项目决策；投资项目管理

**复习思考题**

1. 简析投资项目决策与管理的含义及特点。
2. 投资项目决策与管理的基本研究方法有哪些？
3. 投资项目决策与管理研究的基本原则有哪些？

# 第1篇　投资项目决策篇

# 1 资金的时间价值

## 1.1 概 述

### 1.1.1 资金时间价值的概念

项目资金的时间价值是指投资项目资金在使用过程中由于时间的因素产生的差额价值。本杰明·弗兰克说：钱生钱，并且所生之钱会生出更多的钱，这就是货币时间价值的表现。货币通过投资在一定时期内能获得一定利息，每一块钱在将来和现在相比，其价值就不一样。正是由于利息和时间的这种关系，得出了"货币的时间价值"这一概念。货币的时间价值意味着相等量的货币在不同的时点具有不同的价值。

### 1.1.2 资金时间价值的内涵

在项目经济计算中，无论是技术方案所发挥的经济效益还是所消耗的人力、物力和自然资源，都将以资金的形式表现出来。资金运动反映了物化劳动和活劳动的运动过程，而这个过程也是资金随时间运动的过程。因此，在工程经济分析时，不仅要着眼于方案资金量的大小（资金收入和支出的多少），而且还要考虑资金发生的时间。资金的价值是随时间变化而变化的，是时间的函数，随时间的推移而增值，其增值部分的资金就是原有资金的时间价值。

资金的时间价值是客观存在的，投资经营的一项基本原则就是充分利用资金的时间价值，并最大限度地获得其时间价值。这就要求投资者加速资金周转，早期回收资金，并不断进行高利润的投资活动；而任何积压资金或闲置资金不用，就是白白地损失资金的时间价值。

### 1.1.3 资金时间价值的影响因素

影响项目资金时间价值的因素很多，其中主要有：

（1）资金的使用时间

在单位时间的资金增值率一定的条件下，资金使用时间越长，则资金的时间价值就越大；使用时间越短，则资金的时间价值就越小。

（2）资金数量的大小

在其他条件不变的情况下，资金数量越大，资金的时间价值就越大；反之，资金的时间价值则越小。

（3）资金投入和回收的特点

在总投资一定的情况下，前期投入的资金越多，资金的负效益越大；反之，后期投入的资金越多，资金的负效益越小。而在资金回收额一定的情况下，离现在越近的时间回收的资金越多，资金的时间价值就越大；反之，离现在越远的时间回收的资金越多，资金的时间价值就越小。

(4) 资金周转的速度

资金周转越快，在一定时间内等量资金的时间价值就越大；反之，资金的时间价值就越小。

## 1.2 利息与利率

衡量资金时间价值的尺度有两种：其一是绝对尺度，即利息、盈利或收益；其二是相对尺度，即利率、盈利率或者收益率。

### 1.2.1 利息

利息是货币在一定时期内的使用费，指货币持有者（债权人）因贷出货币或货币资本而从借款人（债务人）手中获得的报酬。其包括存款利息、贷款利息和各种债券发生的利息。利息通常用 $I$ 表示。

利息常常被看作是资金的一种机会成本。如果债权人放弃资金的使用权利，也就放弃了现期消费的权利，而牺牲现期消费又是为了能在将来得到更多的消费。从投资者的角度看，利息体现为对放弃现期消费的损失所作的必要补偿，为此，债务人就要为占用债权人的资金付出一定的代价。

### 1.2.2 利率

利率是指单位时间内资金产生的增值率，即利息额与借贷资金额（本金）的比率。利率是决定企业资金成本高低的主要因素，同时也是企业筹资、投资的决定性因素，对金融环境的研究必须注意利率现状及其变动趋势。利率通常用 $i$ 表示，计算公式如下：

$$i = \frac{I}{P} \times 100\% \tag{1-1}$$

式中　　$I$——利息；

　　　　$i$——利率；

　　　　$P$——本金（投资的现值）。

用以表示利率的时间单位，称为利息周期。利息周期通常为一年，也有以半年或一个季度、一个月为周期的。

利率的高低主要由以下因素决定：

（1）社会平均利润率：利率随社会平均利润率的变化而变化，通常情况下，社会平均利润率是利率的最高界限。如果利率高于社会平均利润率，无利可图时就不会有人去贷款。

（2）借贷资本的供求情况：在社会平均利润率不变的情况下，借贷资本供过于求，利率便下降；反之供不应求，利率便上升。

（3）借贷风险：借出资本要承担一定的风险，风险越大，利率也就越高。

（4）通货膨胀：通货膨胀对利率的波动有直接影响，资金贬值往往会使利息无形中成为负值。

（5）借出资本的期限长短：借款期限长，不可预见因素多，风险大，利率也就高；反之，利率就低。

### 1.2.3 单利利息的计算方法

单利利息的计算方法是仅用本金来计算利息，不计算利息的利息，即利息不再生利。

利息与本利和的计算公式如下:
$$I = P \times i \times n \tag{1-2}$$
$$F = P(1 + i \times n) \tag{1-3}$$

式中　$I$——利息;

　　　$i$——利率;

　　　$n$——利息周期数;

　　　$P$——本金（投资的现值）;

　　　$F$——本利和（投资的未来值）。

【**例 1-1**】如某工程项目建设贷款 1000 万元，合同规定四年后偿还，年利率为 3%，单利计息，问四年后应还贷款的本利和共多少?

【**解**】$F = P(1+in) = 1000 \times (1 + 0.03 \times 4) = 1120$ 万元

### 1.2.4　复利利息的计算方法

复利利息的计算方法就是除了要计算本金的利息之外，还要计算利息的利息，即利息还要生利。

现仍以【例 1-1】为例，如果按复利计息，则四年后应偿还的本利和如表 1-1 所列。

**【例 1-1】的复利计算**（单位：万元）　　　　　　　　　表 1-1

| 利息周期 | 年初借款<br>($A$) | 年末利息<br>($B$) | 年末借款总额<br>($A+B$) | 年末偿还 |
|---|---|---|---|---|
| 1 | 1000 | 1000×0.03=30 | 1000+30=1030 | 0 |
| 2 | 1030 | 1030×0.03=30.90 | 1030+30.9=1060.90 | 0 |
| 3 | 1060.90 | 1060.90×0.03=31.83 | 1060.9+31.83=1092.73 | 0 |
| 4 | 1092.73 | 1092.73×0.03=32.78 | 1092.73+32.78=1125.51 | 1125.51 |

工程项目投资贷款时，有的是一次贷款、一次偿还（图 1-1）；有的是一次贷款、分期等额偿还（图 1-2）；有的是分期等额贷款、一次偿还（图 1-3）。现对其复利利息的计算方法分别介绍如下：

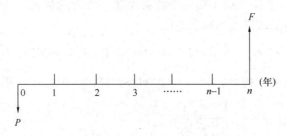

图 1-1　一次贷款、一次偿还现金流量图（贷款人）

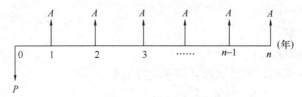

图 1-2　一次贷款、分期等额偿还现金流量图

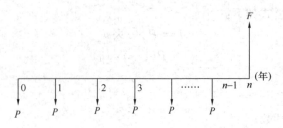

图 1-3　分期等额贷款、一次偿还现金流量图

### 1.2.5　名义利率与实际利率

以上的复利利息计算中,都把利息周期当作一年。当利息周期不满一年时,就有了名义利率与实际利率之分。

名义利率指计息周期利率 $i$ 乘以一个利率周期内的计息周期数 $m$ 所得的周期利率,如利息周期利率为每月 1%,则可以每年名义利率 12% 表示(即每月 1%×每年 12 月)。由此可见,计算名义利率时,忽略了利息的时间价值,正如计算单利时一样,仅用本金来计算利息,不计入在先前利息周期中所累加的利息(即利息不再生利)。

实际利率是以计息周期利率复利来计算的周期利率,也就是考虑了利息的时间价值(即利息再生利息)。

为了说明名义利率和实际利率的不同,现以两种利率来计算 1000 元存款一年后的未来值。

如某项存款按复利计息,利息周期为半年,年利率 8%,以名义利率每年 8% 计算,1000 元存款一年后的未来值是:

$$F = P(1+i) = 1000 \times (1+8\%) = 1080 \text{ 元}$$

因为利息周期为半年,即利息半年复利一次,其一年后的未来值将包括第一个利息周期中所得利息的利息。年利率 8%,半年复利一次,表示存款每年可得 4% 利息两次(也即每 6 个月一次)。

很明显,在上式计算中忽略了第一个利息周期中所得的利息。考虑到半年复利一次,则 1000 元存款一年后的未来值实际上是:

$$F = 1000 \times (1+4\%)^2 = 1000 \times 1.0816 = 1081.60 \text{ 元}$$

其中,4% 为实际半年利率,由 8%÷2=4% 计算出,因为每一年中有两个利息周期。所以实际年利率是 8.16%,而不是 8%。

由名义利率求实际利率的计算公式为:

$$i = \left(1 + \frac{r}{t}\right)^t - 1 \tag{1-4}$$

式中　$i$——实际利率;
　　　$r$——名义利率;
　　　$t$——复利周期数。

当利息周期为一年时,名义利率就等于实际利率。

## 1.3 现金流量与资金等值

### 1.3.1 现金流量

在进行项目经济计算时,可把所考察的对象视为一个系统,在这个系统中投入的资金、花费的成本和获取的收益,都可以看成是以资金形式体现的该系统的资金流入和资金流出。这种经济系统在一定时期内各时间点 $t$ 上实际发生的资金流入或资金流出称为现金流量。现金流量是衡量企业资产变现能力、经营状况是否良好、是否有足够的现金偿还债务的重要指标。其中,流出系统的资金称为现金流出,流入系统的资金称为现金流入,在同一时点上现金流入与现金流出之差,称为净现金流量。

**1. 现金流量的构成**

在投资项目经济分析与评价中,现金流量主要由投资、成本、销售收入、税金和利润等构成。具体来说,现金流入包括销售收入、固定资产残值的回收、流动资金的回收等,现金流出包括固定资产投资、流动资金、经营成本和税金等。

**2. 现金流量图**

在评价不同投资方案的经济效果时,常利用"现金流量图"把各个方案的现金收支情况表示出来,以便于计算。所谓"现金流量图",就是将现金流量绘入一时间坐标中。绘图时先画一条横线作横坐标,上面记有利息的时间单位(年或月);某期的现金收入(现金的增加),以垂直向上的箭头表示;某期的现金支付(现金的减少),以垂直向下的箭头表示,箭头的长、短与收、支的大小成比例。图 1-1 所示为贷款人的现金流量图。对借款人来说,由于立足点不同,绘制的现金流量图与图 1-1 大小相等、方向相反,如图 1-4 所示。

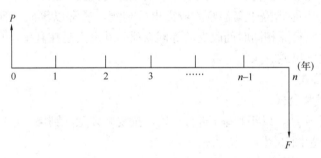

图 1-4 现金流量图(借款人)

### 1.3.2 资金等值

在进行经济分析时,为了比较投资方案的经济效益,需对方案寿命周期内不同时点发生的现金流量进行计算和分析。由于资金具有时间价值,不同时点上发生的现金流入或现金流出不能直接进行数值上的加减,应该将其等值换算到同一时点上进行分析。

资金等值是指将特定利率下,资金在不同时点上的绝对数值不等的若干资金具有相等的经济效益的现象。在投资项目经济分析中,资金等值是一个十分重要的概念,利用等值的概念,可以把一个时间点发生的资金额折算成另一个时间点的等值金额,这一过程被称为等值计算。例如,现在将 100 元存入银行,银行的年利率为 10%,则一年后价值 110

元，两年后价值121元。由此可知，一年后的110元和两年后的121元同时与现在的100元是等值的。资金的等值计算，是以资金的时间价值原理为依据，以利率为杠杆，结合资金的使用时间及增值能力，对投资项目和技术方案的现金进行折算，以期找出共同点上的等值资金额来进行比较、计算和流量选择。

## 1.4 资金时间价值的计算

### 1.4.1 基本参数及其含义

利用资金等值的概念，把不同时点上发生的资金金额换算成同一时点的等值金额，这一过程叫作资金等值计算。资金等值的计算方法与利息的计算方法相同，根据支付方式不同，可以分为一次支付系列、等额支付系列、等差支付系列和等比例支付系列。

在资金等值计算中，常涉及以下基本参数：

(1) 利率（$i$）：利率又称折现率。在投资项目经济分析中，如不作其他说明，一般指年利率，其意义是在一年内投资所得利润或利息与原投资额之比。

(2) 计息期数（$n$）：是指资金在计算期内计息次数，其单位通常用"年"。

(3) 现值（$P$）：表示资金发生在某一特定时间序列始点上的价值，它代表本金。在资金等值计算中，将一个（一系列）时点上的资金"从后往前"折算到某个时点上都是求其现值，通常情况下是折算到0时点上。求现值的过程称为折现（或贴现），折现计算是投资项目经济分析时常采用的一种基本方法。

(4) 终值（$F$）：表示资金发生在某一特定时间序列终点上的价值，它代表本利和。在资金等值计算中，将一个（一系列）时点上的资金"从前往后"折算到某个时点上都是求其终值，通常情况下是折算到$n$时点上，求资金的终值就是求其本利和。

(5) 年值（$A$）：是指隔年等额收入或支出的金额，通常以等额序列表示，即在某一特定时间序列期内，每隔相同时间收支的等额款项。其意义是在利率$i$的条件下，在$n$次等额支付中，每次支出或收入的金额。

### 1.4.2 基本公式

**1. 一次支付复利公式**

如果有一笔资金$P$，以年利率$i$进行投资，按复利计息，到第$n$年年末其本利和$F$应为多少？其现金流量图如图1-4所示。

第$n$年年末的本利和为：

$$F = P(1+i)^n \tag{1-5}$$

为了计算方便，我们可以将按照不同的利率$i$和利息周期$n$计算出的值$(1+i)^n$列成一个系数表。这个系数称作"一次支付复利系数"，查普通复利表可得出，通常用$(F/P, i, n)$表示。

这样，公式可写成：

$$F = P(F/P, i, n) \tag{1-6}$$

【例1-2】如在第一年年初以年利率5%投资1000万元，按复利计息，到第四年年末的本利和是多少？

【解】$F = 1000(F/P, 5\%, 4) = 1000 \times 1.216 = 1216$万元

**2. 一次支付现值公式**

从以上的复利计算可以看出，如年利率为 5%，四年后的资金 1216 万元仅相当于现在的 1000 万元。这种把将来一定时间所得收益（或应支付费用）换算成现在时刻的价值（即现值）就叫"折现"或"贴现"。

由 $F = P(1+i)^n$ 可得：

$$P = \frac{F}{(1+i)^n} = F(1+i)^{-n} \tag{1-7}$$

式中，$\frac{1}{(1+i)^n}$ 称作"一次支付现值系数"，并用 $(P/F, i, n)$ 表示，可以根据利率 $i$ 和计息期数 $n$ 查找普通复利表得到一次支付现值系数值，以此求出未来金额的现值。

【例 1-3】为了在四年后得到 1216 万元，按复利计息，年利率为 5%，现在必须投资多少？

【解】$P = 1216(P/F, 5\%, 4) = 1216 \times 0.8227 = 1000$ 万元

**3. 等额支付系列复利公式**

如某工程项目建设，在 $n$ 年内，每年年末由银行获得贷款金额为 $A$，年利率为 $i$，到年末按复利计息，共需偿还本利和 $F$ 为多少？

其现金流量图（贷款人）如图 1-5 所示。

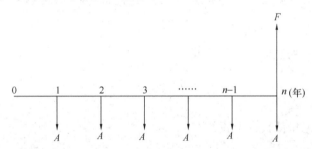

图 1-5　等额支付系列资金回收现金流量图（贷款人）

由现金流量图可以看出：

$$F = A + A(1+i) + A(1+i)^2 + \cdots\cdots + A(1+i)^{n-1}$$

根据等比数列前 $n$ 项和的公式，得出：

$$F = A \frac{(1+i)^n - 1}{i} \tag{1-8}$$

式中，$A$ 为 $n$ 次等额支付系列中的一次支付，在各个利息周期末实现；$\frac{(1+i)^n - 1}{i}$ 称作"等额支付系列复利系数"，通常用 $(F/A, i, n)$ 表示。

【例 1-4】若连续五年每年年末投资 1000 元，年利率 6%，按复利计息，到第五年年末可得到的本利和是多少？

【解】$F = 1000(F/A, 6\%, 5) = 1000 \times 5.637 = 5637$ 元

**4. 等额支付偿债基金公式**

这一公式用来计算为了在若干年后得到一笔未来资金 $F$，从现在起每年年末必须存储若干资金。从等额支付系列复利公式可得：

$$A = F\frac{i}{(1+i)^n - 1} \tag{1-9}$$

式中，$\frac{i}{(1+i)^n - 1}$ 称作"等额支付偿债基金系数"，通常用 $(A/F, i, n)$ 表示。

**【例 1-5】** 如果要在五年后得到资金 5637 元（未来值），年利率 6%，按复利计息，从现在起每年年末必须存储多少？

**【解】** $A = 5637(A/F, 6\%, 5) = 5637 \times 0.1774 = 1000$ 元

**5. 等额支付系列资金回收公式**

若以年利率 $i$，按复利计息，投入一笔资金 $P$，希望在今后 $n$ 年内，把本利和以在每年末提取等额 $A$ 的方式回收，其 $A$ 值应为多少？其现金流量图如图 1-6 所示。

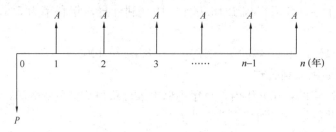

图 1-6 等额支付系列资金回收现金流量图（贷款人）

先用现值 $P$ 计算出未来值 $F$：$F = P(1+i)^n$

已知等额支付系列偿债基金公式为：

$$A = F\frac{i}{(1+i)^n - 1}$$

将已计算出的未来值代入上式：

$$A = P\frac{i(1+i)^n}{(1+i)^n - 1} \tag{1-10}$$

式中，$\frac{i(1+i)^n}{(1+i)^n - 1}$ 称作"等额支付系列资金回收系数"，又称"资金回收系数"，通常用 $(A/P, i, n)$ 表示。

**【例 1-6】** 如现在以年利率 5%，按复利计息，投资 1000 元，分 8 年以等额收回，每年年末可收回多少？

**【解】** $A = 1000(A/P, 5\%, 8) = 1000 \times 0.1547 = 154.7$ 元

**6. 等额支付系列现值公式**

已知等额支付系列资金回收公式为：

$$A = P\frac{i(1+i)^n}{(1+i)^n - 1}$$

现已知等额支付系列中的 $A$，求现值 $P$。

$$P = A\frac{(1+i)^n - 1}{i(1+i)^n} \tag{1-11}$$

# 1 资金的时间价值

式中，$\dfrac{(1+i)^n-1}{i(1+i)^n}$ 称作"等额支付系列现值系数"，通常用 $(P/A, i, n)$ 表示。

【例 1-7】今后 8 年，每年年末可以支付 154.70 元，年利率 5%，按复利计息，其现值是多少？

【解】$P = 154.7(P/A, 5\%, 8) = 154.7 \times 6.463 = 1000$ 元

### 7. 均匀梯度支付系列复利公式

当投资随着时间的增长，每年（或某单位时间）以等额递增（减）的方式进行时，便形成一个均匀梯度支付系列。若第一年年末的支付是 $A_1$，第二年年末的支付是 $A_1+G$，第三年年末的支付是 $A_1+2G$……第 $n$ 年年末的支付是 $A_1+(n-1)G$。其现金流量图如图 1-7 所示。

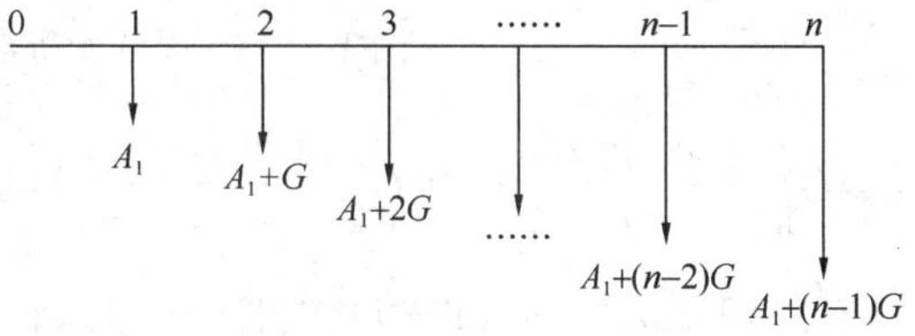

对于这样一个均匀梯度支付系列的复利计算，比较简便的方法是把它看作由两个系列组成，如图 1-8 所示。一个是等额支付系列，其每年年末的等额支付为 $A_1$；另一个是由 $0, G, 2G, \cdots\cdots, (n-1)G$ 组成的梯度支付系列，即从第二年年末起，每年递增（减）一个 $G$，$G$ 称为梯度量。

图 1-7 均匀梯度支付系列现金流量图

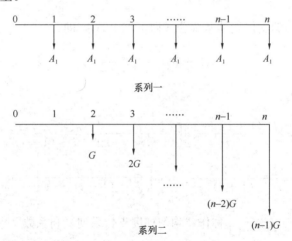

图 1-8 均匀梯度支付系列分解为两个系列的现金流量图

由图 1-8 可见，第一个系列即等额支付系列，$A_1$ 为已知。如果能将第二个系列即梯度支付系列也转换成每年年末等额支付为 $A_2$ 的等额支付系列，则两个系列都是等额支付系列了。

设 $A = A_1 + A_2$，为两个系列每年年末的等额支付之和。这样，得出 $A$ 后，均匀梯度支付系列的复利计算就可应用等额支付系列复利公式求出。

为了将梯度支付系列转换为等额支付系列，首先将图 1-8 中的系列二分解成 $(n-1)$ 个年末支付为 $G$ 的等额支付系列，如图 1-9 所示。

由等额支付系列复利公式求出各个系列的未来值，将其汇总后就得出系列二的未来值（本利和）$F_2$。

27

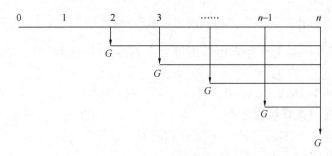

图 1-9 $(n-1)$ 个等额支付系列现金流量图

$$F_2 = G\left[\frac{(1+i)^{n-1}-1}{i}\right] + G\left[\frac{(1+i)^{n-2}-1}{i}\right] + \cdots + G\left[\frac{(1+i)^2-1}{i}\right] + G\left[\frac{(1+i)^1-1}{i}\right]$$

$$= \frac{G}{i}\left[(1+i)^{n-1} + (1+i)^{n-2} + \cdots + (1+i)^2 + (1+i) - (n-1)\times 1\right]$$

$$= \frac{G}{i}\left[(1+i)^{n-1} + (1+i)^{n-2} + \cdots + (1+i)^2 + (1+i) + 1\right] - \frac{nG}{i}$$

上式中方括弧内各项之和,正是 $n$ 年的等额支付系列复利系数。所以有:

$$F_2 = \frac{G}{i}\left[\frac{(1+i)^n-1}{i}\right] - \frac{nG}{i}$$

求出 $F_2$ 后,由等额支付偿债基金公式即可求出 $A_2$,即:

$$A_2 = F_2\left[\frac{i}{(1+i)^n-1}\right]$$

将 $F_2$ 值代入,得:

$$\begin{aligned}A_2 &= \frac{G}{i}\left[\frac{(1+i)^n-1}{i}\right]\left[\frac{i}{(1+i)^n-1}\right] - \frac{nG}{i}\left[\frac{i}{(1+i)^n-1}\right]\\ &= \frac{G}{i} - \frac{nG}{(1+i)^n-1} = G\left[\frac{1}{i} - \frac{n}{(1+i)^n-1}\right]\end{aligned} \quad (1-12)$$

式中,$\left[\frac{1}{i} - \frac{n}{(1+i)^n-1}\right]$ 称作"均匀梯度支付系列复利系数",通常用 $(A/G, i, n)$ 表示。

$A_2$ 求出后,将 $A_1$ 和 $A_2$ 相加即可得出值 $A$。然后由等额支付系列复利公式,即可求出均匀梯度支付系列的复利本利和 $F$。

【例 1-8】如某工程项目建设在八年内,第一年年末贷款 1000 万元,自第二年年末开始,每年末递增贷款 100 万元,按复利计息,年利率为 10%,问到第八年年末共需偿还本利和多少?

【解】$A = A_1 + A_2 = 1000 + 100(A/G, 10\%, 8) = 1000 + 100 \times 3.0045$
$\qquad = 1000 + 300.45 = 1300.45$ 万元

$\qquad F = 1300.45(F/A, 10\%, 8) = 1300.45 \times 11.4359 = 14871.82$ 万元

以上介绍的各种复利系数均可在普通复利表中查出。表 1-2 系复利利率为 5% 时的普通复利表。

**5％普通复利表**　　　　　　　　　　　　　　　　　　　　　　　表 1-2

| 期数 | 一次支付 | | 等额支付系列 | | | | 均匀梯度支付系列 |
|---|---|---|---|---|---|---|---|
| | 复利系数 | 现值系数 | 复利系数 | 偿债基金系数 | 资金回收系数 | 现值系数 | 复利系数 |
| | 已知$P$求$F$ $F/P$　$i,n$ | 已知$F$求$P$ $P/F$　$i,n$ | 已知$A$求$F$ $F/A$　$i,n$ | 已知$F$求$A$ $A/F$　$i,n$ | 已知$P$求$A$ $A/P$　$i,n$ | 已知$A$求$P$ $P/A$　$i,n$ | 已知$G$求$A$ $A/G$　$i,n$ |
| 1 | 1.050 | 0.9524 | 1.000 | 1.00000 | 1.05000 | 0.952 | 0.0000 |
| 2 | 1.103 | 0.9070 | 2.050 | 0.48780 | 0.53780 | 1.859 | 0.4878 |
| 3 | 1.158 | 0.8638 | 3.153 | 0.31721 | 0.36721 | 2.723 | 0.9675 |
| 4 | 1.216 | 0.8227 | 4.310 | 0.23201 | 0.28201 | 3.546 | 1.4391 |
| 5 | 1.276 | 0.7835 | 5.526 | 0.18097 | 0.23097 | 4.329 | 1.9025 |
| 6 | 1.340 | 0.7462 | 6.802 | 0.14702 | 0.19702 | 5.076 | 2.3579 |
| 7 | 1.407 | 0.7107 | 8.142 | 0.12282 | 0.17282 | 5.786 | 2.8052 |
| 8 | 1.477 | 0.6768 | 9.549 | 0.10472 | 0.15472 | 6.463 | 3.2445 |
| 9 | 1.551 | 0.6446 | 11.027 | 0.09069 | 0.14069 | 7.108 | 3.6785 |
| 10 | 1.629 | 0.6139 | 12.578 | 0.07950 | 0.12950 | 7.722 | 4.0991 |
| 11 | 1.710 | 0.5847 | 14.207 | 0.07039 | 0.12039 | 8.306 | 4.5144 |
| 12 | 1.796 | 0.5568 | 15.917 | 0.06283 | 0.11283 | 8.863 | 4.9219 |
| 13 | 1.886 | 0.5303 | 17.713 | 0.05646 | 0.10646 | 9.934 | 5.3215 |
| 14 | 1.980 | 0.5051 | 19.599 | 0.05102 | 0.10102 | 9.899 | 5.7133 |
| 15 | 2.079 | 0.4810 | 21.579 | 0.04634 | 0.09634 | 10.380 | 6.0973 |
| 16 | 2.183 | 0.4581 | 23.657 | 0.04227 | 0.09227 | 10.838 | 6.4736 |
| 17 | 2.292 | 0.4363 | 25.840 | 0.03870 | 0.08870 | 11.274 | 6.8423 |
| 18 | 2.407 | 0.4155 | 28.132 | 0.03555 | 0.08555 | 11.690 | 7.2034 |
| 19 | 2.527 | 0.3957 | 30.539 | 0.03275 | 0.08275 | 12.085 | 7.6569 |
| 20 | 2.653 | 0.3769 | 33.066 | 0.03024 | 0.08024 | 12.462 | 7.9030 |

### 1.4.3 公式使用注意事项

(1) 计息期为时点或时标，本期末即等于下期初。0点就是第一期初，也叫零期；第一期末即等于第二期初；依此类推。

(2) $P$ 是在第一计息期开始时（0期）发生。

(3) $F$ 发生在考察期期末，即 $n$ 期末。

(4) 各期的等额支付 $A$，发生在各期期末。

(5) 当问题包括 $P$ 与 $A$ 时，系列的第一个 $A$ 与 $P$ 隔一期，即 $P$ 发生在系列 $A$ 的前一期。

(6) 当问题包括 $A$ 与 $F$ 时，系列的最后一个 $A$ 与 $F$ 同时发生。不能把 $A$ 定在每期期初，因为公式的建立与它是不相符的。

## 关　键　概　念

现金流；名义利率；实际利率；资金的时间价值；资金等值

**复习思考题**

1. 单利与复利的区别是什么？请举例说明。
2. 什么是名义利率？什么是实际利率？请举例说明。
3. 什么是资金的时间价值？如何理解资金的时间价值？影响资金的时间价值的因素有哪些？
4. 什么是现金流量？现金流量有哪些构成？
5. 简述资金的时间价值的 7 个计算公式。
6. 什么是现金流量的现值和终值？
7. 张先生资助一名贫困家庭的大学生，从 2022 年起，每年年末都为这名学生支付 4000 元，一直到这名大学生 4 年后毕业，假设银行的定期存款利率为 3%，请问张先生支付的金额相当于 4 年后的（　　）元。[已知（$F/A$, 3%, 4）= 4.1836]
   A. 16734.4　　　　B. 12363.6　　　　C. 16943.58　　　　D. 16984
8. 某人拟在 5 年后准备用 10000 元购买一台电视机，从现在起每年末等额存入银行一笔款项。假设银行利率为 10%，（$F/A$, 10%, 5）= 6.1051，则每年需存入（　　）元。
   A. 1638　　　　B. 1000　　　　C. 1368　　　　D. 1863
9. 某项永久性奖学金，每年计划颁发 10 万元奖金。若年利率为 8%，该奖学金的本金应为（　　）元。
   A. 6250000　　　　B. 5000000　　　　C. 1250000　　　　D. 4000000
10. 某公司拟于 5 年后一次还清所欠债务 100000 元，假定银行利率为 10%，5 年 10% 的等额支付系列复利系数为 6.1051，5 年 10% 的年金现值系数为 3.7908，则应从现在起每年末等额存入银行的偿债基金是多少？
11. 企业打算在未来三年每年年初存入 2000 元，年利率为 2%，单利计息，则在第三年年末存款的终值是多少？
12. 某公司拟购置一条生产线，卖方提出三种付款方案：
    方案 1：现在支付 100 万元，4 年后再支付 150 万元；
    方案 2：从第 5 年开始，每年末支付 50 万元，连续支付 10 次，共 500 万元；
    方案 3：从第 5 年开始，每年初支付 45 万元，连续支付 10 次，共 450 万元。
    假设该公司的资金成本率（即最低报酬率）为 10%。
    已知：（$P/A$, 10%, 10）= 6.1446，（$P/F$, 10%, 4）= 0.6830，（$P/F$, 10%, 3）= 0.7513，（$P/F$, 10%, 5）= 0.6209
    问题：
    （1）分别计算三种方案的付款现值（计算结果保留两位小数）。
    （2）判断该公司应选择哪种方案。
13. 为给女儿上大学准备资金，李女士连续 6 年于每年年初存入银行 6000 元。若银行存款利率为 5%，则李女士在第 6 年年末能一次取出本利和多少钱？已知（$F/A$, 5%, 6）= 6.8019。
14. 某项目贷款 200 万元，在开始时一次投入，建设期两年，第三年开始营运，年净收益为 40 万元，若年利率为 10%，在投资后多少年能回收全部投资？
15. 小张于年初存了一笔 10 万元，为期一年的定存，若银行利率为 12%，每月复利一次的话，年底小张可领回多少钱？
16. 5 年后连续 3 年每年末存入 100 元，银行存款年利率为 10%，问 8 年后终值是多少？
17. 如果银行存款利率为 6%，每半年复利一次，小明想在 5 年后领回 50 万元的话，现在应该存入多少钱？
18. 小美计划在 4 年后到欧洲旅行，因此打算届时存够这笔旅游基金 10 万元。如果有个基金提供

12%的固定年报酬率,则小美每个月要存多少钱才能达成这个欧洲旅行的愿望?

19. 某企业在 2022 年有资金 1000 万元,若银行存款年利率为 8%,利用复利进行计算:

(1) 若 7 年前将款存入银行,每年等额存入多少到 2022 年方有 1000 万元?

(2) 若将 1000 万元存入银行,到 2032 年该 1000 万元的本利和是多少?

(3) 若从 2027 年开始每年等额提取多少资金恰好在 2032 年将 1000 万元提取完毕?

案例解析

## 典型案例:关于个人房贷的新利率

2019 年 11 月 20 日,央行正式宣布 1 年期贷款市场报价利率(LPR)为 4.20%;5 年期 LPR 为 4.85%。以贷款 100 万、按揭 30 年计算。现在首套房贷利率基本都是 6.125%,利息总额为 1187397.94 元,月供 6076.11 元;LPR 降低之后,首套房贷利率为 6.075%,利息总额为 1175771.25 元,月供 6043.81 元;相比之下,降息之后,利息总额减少 1.16 万元,月供减少 32.3 元。

问题:

(1) 文中提到"LPR 降低之后,首套房贷利率为 6.075%,利息总额为 1175771.25 元,月供 6043.81 元",请写出月供"6043.81 元"的计算过程。

(2) 如果某人同样贷款 100 万元,贷款利率为 6.075%,按揭 20 年,那么请问他每个月月供需要增加多少元?

(3) 如果某人同样贷款 100 万元(70 万元为商业贷款,30 万元为公积金贷款),其中商业贷款的利率为 6.075%,公积金贷款的利率为 3.25%,按揭 30 年,那么请问他每个月的月供可以减少多少元?

## 思考感悟:从资金的时间价值应用树立正确的价值观

资金的时间价值被称之为理财的"第一原则"。它反映的是由于时间因素的作用而使现在的一笔资金高于将来某个时期同等数量的资金或者资金随时间推移所具有的增值能力。资金的循环、周转及货币增值,需要或多或少的时间,每完成一次循环,货币就增加一定数额,周转的次数越多,增值额也越大。因此,随着时间的延续,货币总量在循环和周转中按几何级数增加,体现出货币的时间价值。

货币之所以能够随时间的推移而增值,要满足两个基本条件:一是商品经济的存在和发展;二是资金借贷关系的存在。生活中常体现资金时间价值的存在,比如说:某人一年前向你借了 10000 元钱,你是希望他现在归还还是一年或更长时间以后再归还呢?显然,大多数人都愿意选择前者。首先,人们会担心风险问题,欠账的时间越长,违约的风险就越大;其次,由于通货膨胀会导致物价上涨,货币贬值。然而,即使排除违约风险和通货膨胀这两个因素,人们还是希望现在就收回欠款,因为这部分资金可以立即投入使用并得到一定的回报;如果一年或者更长的时间以后收回欠款,则牺牲了这段时间的投资回报。所以,一年后 10000 元的价值要低于其现在的价值。这种资金增值的现象便是因为资金具有时间价值。

了解了资金的时间价值后,我们在生活中要在时间层面树立正确的价值观。价值观指的是人们在认识各种具体事物价值的基础上,形成的对事物价值的总的看法和根本观点。价值观决定着一个人的生活方向和成功标准,影响着个人的人生方向和状态。我们不仅要了解正确价值观的核心要素，还要让自己每天的所作所为与正确价值观相符。我们要践行富强、民主、文明、和谐、自由、平等、公正、法治、爱国、敬业、诚信、友善的社会主义核心价值观，不能仅着眼于当前的和表面的利益，要把眼光放长远一些，充分考虑时间价值和机会成本，从而实现对人生的有效投资。

# 2 项目投资估算

## 2.1 概 述

项目投资估算是指在项目建设前期的投资决策过程中，根据现有资料和投资估算的经验和方法，在研究项目产品方案、技术方案、设备方案、工程方案以及建设规模和实施进度等的基础上，对项目的总投资额以及项目建设周期内各个时间段所需要的资金进行估算。

### 2.1.1 投资估算的阶段

项目的投资估算贯穿于整个项目投资决策过程中。由于项目投资决策过程大致可以划分为项目的规划阶段、投资机会研究阶段、初步可行性研究阶段和详细可行性研究阶段，因此，项目的投资估算工作也可以大致划分为相应的四个阶段。由于决策者在项目建设的不同阶段所具备的条件和掌握的项目资料有所不同，对投资估算的要求也不相同，不同阶段投资估算的准确程度也不相同，进而导致每个阶段投资估算所起的作用也不相同。

**1. 项目规划阶段的投资估算**

项目规划阶段的主要目的是选择有利的投资机会，明确投资方向，提出概略的项目投资建议。本阶段需要根据项目规划的要求和内容，通过与已建的类似项目对比，获得项目所需投资额的粗略估值。这一阶段的投资估算将用在相关管理部门审批项目建议书中，以判断是否继续研究项目。作为初步选择投资项目的主要依据之一，规划阶段的投资估算对初步可行性研究及后期投资估算起指导作用。在此阶段，由于对项目相关资料掌握较少，投资估算精度要求最低，允许投资估算误差大于±30%，因此，常使用毛估法来估计投资额。这既能满足精度要求，又能省时省力。

**2. 项目投资机会研究阶段的投资估算**

项目投资机会研究阶段的主要任务是根据项目建议书中的内容和要求，如产品方案、车间组成和初选的项目建设地点等，估算项目所需的投资额。此阶段主要判断项目的投资潜力，是项目能否进一步推进的重要依据，需要将投资估算误差控制在±30%以内，通常使用生产能力指数法和资金周转率法来估计投资额。

**3. 项目初步可行性研究阶段的投资估算**

项目初步可行性研究阶段主要是在投资机会研究结论的基础上，确定项目的投资规模、原材料来源、工艺技术、厂址、组织机构和建设进度等情况，并进行项目的经济效益评价，判断项目的可行性，作出初步投资评价。这一阶段是作为决定是否进行详细可行性研究的主要依据之一，同时也是确定某些关键问题需要进行辅助性专题研究的重要依据之一。在此阶段，投资者已经掌握了较为详细、深入的资料，因此，对投资额的估算更为精确。此阶段的投资估算误差要求控制在±20%以内，通常使用比例系数法和指标估算法来估计投资额。

**4. 项目详细可行性研究阶段的投资估算**

项目详细可行性研究阶段也称为最终可行性研究阶段，需要利用投资估算，对项目进行全面、详细、深入的技术经济分析，并将技术经济分析结果作为评价和选择拟建项目、确定最佳投资方案的重要依据，最终对项目的可行性提出结论性意见。这一阶段的投资估算也是编制设计文件、控制初步设计及概算的主要依据。该阶段研究内容详尽，投资估算的误差范围要求控制在±10%以内，通常使用模拟概算法来估计投资额。

上述内容总述见表 2-1。

投资阶段划分及对比表　　　　　　　　　　表 2-1

| 投资估算阶段 | 工作性质 | 投资估算误差范围 | 投资估算作用 |
| --- | --- | --- | --- |
| 项目规划阶段 | 项目规划 | 允许大于±30% | 判断是否继续研究该项目 |
| 项目投资机会研究阶段 | 项目构想 | ±30%以内 | 判断投资能力，给出项目的投资建议 |
| 项目初步可行性研究阶段 | 项目初筛 | ±20%以内 | 广泛分析，判断项目的可行性，作出初步投资评价，确定辅助性专题研究 |
| 项目详细可行性研究阶段 | 项目拟定 | ±10%以内 | 项目方案比选，确定项目可行性 |

但在实际生活中，由于前期工作的条件限制，存在较多的不可预见因素，项目的技术条件较为模糊，因此，项目的投资估算具有以下特点：

（1）在投资估算中，估算的假设因素较多，条件轮廓性大，并且涉及的技术条件内容粗浅。

（2）由于前期对项目信息的掌握程度有限，投资估算的误差较大，准确性不足。

（3）投资估算技术条件伸缩性大，具有一定的估算难度。随着掌握程度的加深，对投资估算所要求的误差范围在不断缩小，工作具有反复性。

（4）因为项目的投资估算具有较强的综合性、概括性，往往以独立的单项工程或完整的项目为计算对象，工作涉及面较广，因此，对从事投资估算的工作人员素质要求较高。

**2.1.2 投资估算的工作内容和文件构成**

项目的投资估算需要估计从项目前期准备开始到项目全部建成并投入生产为止的全部费用。常根据项目总投资内容和资产法规定两种方式对投资估算的工作内容进行划分。

**1. 根据项目总投资内容的投资估算工作内容分类**

根据项目总投资内容对投资估算工作内容进行分类，大致可划分为建筑工程费、安装工程费、设备及工器具购置费、工程建设其他费用、预备费、建设期利息和流动资金等各类费用的估算。

（1）建筑工程费

建筑工程费是指进行项目中土建工程所花费的费用。建筑工程费包括各类房屋的建筑工程和列入房屋工程预算的供水、供暖、卫生、通风、燃气等设备费用及其装设、油饰工程的费用，例如建筑工程预算的各种管道、电力、电信和电缆敷设构成的费用；各类设备基础、支柱、工作台、烟囱、水塔、水池等建筑工程以及各种窑炉的砌筑和金属结构工程的费用；为便于施工而进行的项目所在场地的平整、工程和水文地质勘察、原有建筑物和障碍物的拆除、施工临时用水、电、气、路和完工后的场地清理、环境绿化和美化等工作的费用。还有部分项目涉及矿井开凿、露天矿剥离、油气资源的钻井、井巷工程的延伸、铁路、公路、桥梁的建设和水库、堤坝以及防洪等工程的费用。

(2) 安装工程费

安装工程费是指安装各类机械设备和电力设备的装配、装置等工程的费用，如安装各类生产、动力、通信、起重、实验和医疗等设备，敷设与设备相连的工作台、梯子的装设工程等附属于被安装设备的管线，设备安装后的绝缘、刷油、保温和调整试用所需的费用。

(3) 设备及工器具购置费

设备及工器具购置费是指为了项目购置的或自制的达到了固定资产标准的设备、工具及器具所需的费用。固定资产的具体标准由各主管部门规定，常见的固定资产标准是：为了生产商品、提供劳务、出租或经营管理而持有的；使用寿命在一年以上；单位价值超过一定额度。

(4) 工程建设其他费用

工程建设其他费用是指根据有关规定应在基本建设投资中支付的，并列入项目总概预算或单项工程综合概预算的，除了建筑工程费、安装工程费和设备及工器具购置费以外的费用。常见的工程建设其他费用可以大致分为以下三类：第一类是土地使用费和其他补偿费，如土地、青苗等补偿费和安置补助费；第二类是与工程建设相关的其他费用，如建设单位管理费、可行性研究费、勘察设计费、研究试验费、施工机构迁移费及引进技术和进口设备项目的费用等；第三类是与未来项目生产经营有关的其他费用，如生产职工培训费、办公和生活家具购置费、联合试运转费和生产准备费等。

(5) 预备费

预备费是指在项目建设过程中，由于不确定性因素引起的投资费用估计不足而预先准备的费用，通常分为基本预备费和涨价预备费两类。

基本预备费是指在投资估算时，由于无法预见的原因，如设计变更、自然灾害等不可抗力、工程内容增加而需要预留的费用，是投资方需要考虑的建设费用，与施工单位的报价无关。基本预备费常在建筑工程费、安装工程费、设备及工器具购置费和工程建设其他费用四者之和的基础上，乘以一个基本预备费率而获得，基本预备费率需要按照国家有关规定计取。

涨价预备费又称为价差预备费，是指项目在建设期内由于价格变化而引起的工程造价变化所需要增加的投资额。这类费用包括人工、材料和施工机械的价差费，建筑安装工程费及工程建设其他费用调整和利率、汇率调整等增加的费用。涨价预备费通常以估算年份的价格水平为基数，根据国家规定的投资综合价格指数，采用复利方法进行计算。

(6) 建设期利息

建设期利息是指债务资金在建设期内产生并计入固定资产原值的利息，主要是建设期内发生的支付银行贷款、出口信贷和债券等借款利息，以及手续费、承诺费、发行费和管理费等融资费用。

(7) 流动资金

流动资金是指生产经营类项目在投产后，用于购买生产原材料和燃料、支付员工工资和其他经营性活动所需要的周转资金。流动资金是建设投资中发生的、长期占用的流动资产投资，即财务中的营运资金。生产经营类项目建成后需要一定量的流动资金保证企业正常的生产经营，维持其周转。如购置生产所需的原材料、燃料、动力、劳动对象等费用和支付职工工资，以及生产经营中产品、半成品和产成品所占用的周转资金。在周转过程中，流动资金会不断改变自身的实物形态，并将其价值转移到新产品中，通过产品的销售实现回收。

**2. 根据资产法规定的投资估算工作内容分类**

项目投资估算内容按照资产法对投资估算工作内容进行分类，可以划分为形成固定资产的费用、形成无形资产的费用和形成其他资产的费用这三类费用的估算。

（1）形成固定资产的费用

形成固定资产的费用是指项目建成投产后直接形成固定资产的建设费用，包括建筑工程费、安装工程费、设备及工器具购置费和固定资产其他费用。固定资产其他费用是工程建设其他费用中按照规定形成固定资产的费用，通常包括建设单位管理费、可行性研究费用、勘察设计费、研究试验费、引进技术和进口设备项目的费用和联合试运转费等。需要注意的是建设期利息也需要计入固定资产原值中。

（2）形成无形资产的费用

形成无形资产的费用是指项目投资中直接形成无形资产的部分费用。无形资产是指没有实物形态的可辨认的非货币性资产，通常表现为某种法定的权力或某些技术，如金融资产、专利权和商标权等。这类费用主要包括技术转让费和技术使用费、企业的商标权和商誉等。土地使用权出让金也计入无形资产费用中。

（3）形成其他资产的费用

形成其他资产的费用是指除了上述固定资产和无形资产以外的部分，又被称为递延资产。递延资产不能全部计入当年损益，并且本身没有交换价值，但一发生就会产生损耗，是在以后较长年度内摊销的除固定资产和无形资产外的其他费用支出，通过与支出年度的收入相配比，能够为企业创造未来收益。这类费用包括开办费和生产准备费等。

投资估算工作完成后，会形成一份投资估算文件，这份文件通常由封面、签署页、编制说明、投资估算分析、总投资估算表、单项工程投资估算表、主要技术经济指标等内容组成。

（1）编制说明

编制说明一般需要阐述清楚以下内容：工程概况、编制范围、编制方法、编制依据、主要使用的技术经济指标、有关参数和率值选择的说明、特殊问题的说明等（如说明选用新技术、新材料、新设备或新工艺时价格的确定；进口技术、材料、设备费用的构成和计算；巨型结构或异形结构的费用估算方法等）。如果项目采用限额设计，还需要进一步说明投资限额和投资分解。如果项目选择时采用方案比选，还需要进一步说明各个方案比选的估算和经济指标。

（2）投资估算分析

投资估算分析通常包括工程投资比例分析、建设投资分析、影响投资的主要因素分析和类似项目比较分析。在工程投资比例分析中，一般建筑工程要分析土建、装饰、给水排水、电气、暖通、空调、动力等主体工程和道路、广场、围墙、大门、室外管线、绿化等室外附属工程的投资额占总投资的比例；工业项目则主要分析生产项目、辅助生产项目、公用工程项目、服务性工程、生活福利设施、厂外工程的投资额占总投资的比例。建设投资分析则需要分析建筑工程费、安装工程费、设备及工器具购置费、工程建设其他费用、预备费占建设投资的比例，并分析引进设备费用占全部设备费用的比例等。影响投资的主要因素分析则是根据项目实际情况，综合考虑项目所处的宏观和微观条件，总结归纳影响投资的各种因素。类似项目比较分析则是需要将该项目与国内类似项目进行比较，说明投资高低的原因。

(3) 总投资估算表

总投资估算表是将建筑工程费、安装工程费、设备及工器具购置费、工程建设其他费用、预备费、建设期利息和流动资金等估算额以表格的形式进行汇总，形成项目总投资估算表。

(4) 单项工程投资估算表

单项工程投资估算表是按照项目划分的各个单项工程，分别计算组成工程费用的建筑工程费、设备购置费和安装工程费。

(5) 主要技术经济指标

主要技术经济指标是投资估算人员根据项目的特点，计算并分析整个项目、各单项工程和主要单位工程的主要技术经济指标。

### 2.1.3 投资估算的要求与依据

投资估算需要满足精度要求，才能发挥其重要作用，因此，在进行投资估算的时候需要满足以下要求：

(1) 投资估算工作要坚持实事求是的原则，估算要以拟建项目信息为基础，分析项目所处的环境，符合项目实际。

(2) 投资估算工作要建立在完整的资料和充分的依据基础上，要保证数据来源的可靠性，所选取数据要准确和完整。

(3) 估算的范围应与项目建设方案所涉及的范围、所确定的各项工程内容相同。估算内容的划分应符合行业规范，有利于项目的管理与实施阶段的过程控制。

(4) 估算的工程内容和费用构成要齐全，保证计算的合理性，做到不漏算、不少算和不重复计算。并且，在估算工作过程中不能提高或者降低估算标准。

(5) 投资估算方法要科学合理，即要根据项目的实际情况选择合适的估算方式。当出现选取指标与工程实际存在偏差的情况，要及时进行换算和调整。同时，采用数学模型方法进行投资估算时，如使用技术参数方程、经验曲线以及技术经验模型时，都需要对这些模型方法进行明确的规定。

(6) 对影响投资变动的主要因素要进行敏感性分析，时刻关注市场的变动因素，提前预估各类因素变动对工程造价产生的影响。

(7) 估算工作应该满足工程建设不同阶段的精度要求，并且工作完成后的估算文档应完整归档。

投资估算的依据是指编制投资估算时需要参考的有关价格确定、工程计价参数、率值确定的基础资料。估算工作要建立在充分的依据上，才能保证其有效性。投资估算工作的依据主要有以下几方面：

(1) 由行业部门、项目所在地的工程造价管理机构或行业协会等编制和发布的投资估算指标、概算指标和定额、工程建设其他费用定额、综合单价、价格指数和有关的造价文件。依据国家有关政策规定的投资估算所需要选取的规费、税费以及相关收费标准进行投资估算文件的编制。投资估算还需要参考政府有关部门、金融机构等部门发布的价格指数、利率、汇率、税率等有关参数。

估算指标是以概算指标和定额为基础的，需要结合现行的工程造价资料，确定每平方米建筑造价投资费用或结构部分费用的标准，是设计单位进行可行性研究和编制项目设计任务书时进行投资估算的重要依据。由于项目建议书和可行性研究报告等文件编制的深度以及估算准确度的要求有所不同，通常会选择不同的估算指标进行费用估计，常使用的估算指标有：单位生产能力的投资估算指标或技术经济指标、单位工程投资估算指标或技术经济指标、单项工程投资估算指标或技术经济指标、项目综合指标等。项目综合指标是指按规定应列入项目总投资的、从立项筹建开始至竣工验收交付使用的全部投资额，包括建设投资和流动资金等。

有关的造价文件主要有两类：第一类是该项目的前期经济技术文件，如项目策划文件、项目建议书和可行性研究报告等；第二类是类似各种技术经济指标和参数文件，如概算指标和概算资料等。

（2）项目所在地同期的人工、材料、机器设备的市场价格，建筑、工艺及附属设备的市场价格和有关费用，当地的年调价指数或季调价指数等，都是投资估算的重要依据。

（3）拟建项目的工程建设内容和工程量。与此相关的文件主要是产品方案、主要设备材料表和项目一览表等。这些文件包含了拟建项目类型、项目所在地点、项目建设规模、项目建设时期、施工方案、项目建设标准和主要使用设备类型等内容，是投资估算的重要依据。

（4）项目的工程勘察文件和工程地质资料。项目所在地的水、电、交通、地质条件和环境条件等一切与现场有关的情况也是投资估算的重要依据。全面清晰地了解这些情况能够使估算结果更加准确。

### 2.1.4　投资估算的作用

投资估算具有多方面的作用。在不同的阶段，投资估算所扮演的角色和发挥的作用也都不同，涉及项目规划、项目投资机会研究、初步可行性研究和详细可行性研究等阶段。在项目规划和项目投资机会研究阶段，投资估算贯穿整个项目投资决策过程，是投资决策和制订项目融资方案的重要依据；在初步可行性研究阶段，投资估算是进行项目经济评价的基础；在详细可行性研究阶段，投资估算是编制初步设计概算的主要依据，对初步设计起到控制作用。投资估算是建设前期各个阶段中作为论证拟建项目是否可行的重要文件，其准确性不但影响可行性研究的工作质量和项目经济评价结果，还关系到下一阶段的设计概算和施工图预算的编制。因此，要全面准确地对项目建设的总投资进行估算，才能发挥其重要作用。

投资估算在项目开发过程中的作用主要有以下几点：

（1）对设计方案选择的作用

在项目规划和项目投资机会研究阶段，投资估算是多个投资方案选择、前期设计优化和确定项目投资的基础，是项目设计招标和方案优选的重要参考之一。项目主管部门也会依据投资估算的结果审批项目建议书。投资估算是项目规划和确定建设规模的重要参考，从经济上直观地反映了项目设计方案的合理性,是判断项目能否列入投资计划中的重要依据。

(2) 对评价项目经济合理性的作用

项目可行性研究阶段的投资估算是影响项目投资决策的重要因素,是研究、分析和计量项目投资经济收益的重要参考。投资估算能够正确地评价项目的经济合理性,估计项目的经济收益,为投资决策提供参考。当相关部门批准拟建项目的可行性研究报告后,投资估算额将作为该项目的最高投资限额,不能随意更改。

(3) 对控制工程设计概算的作用

项目投资估算作为核算项目建设投资所需资金的重要依据,对工程设计概算起到控制作用。当可行性研究报告审核批准后,设计概算不能突破批准的投资估算额,即投资估算的确定将成为限额设计的重要依据,对项目各个专业设计进行资金分配。

(4) 对编制投资计划的作用

项目投资估算是编制项目建设投资计划、资金筹措和制订建设贷款计划的重要依据。建设单位可以根据批准的投资估算额,向银行申请贷款并开展项目的资金筹措活动。

### 2.1.5 投资估算编制的程序

投资估算文件是估算人员凭借其专业知识技能和经验积累,利用各种经济信息和以往类似工程资料,再结合拟建工程的信息,如参考项目建议书、可行性研究报告和项目描述性报告等,把握项目整体构思后编制而成的。项目投资估算的步骤与项目的投资顺序大致相同,不同的项目可以采用不同的估算方法,不同的估算方法也会导致不同的编制程序。如果从项目总投资费用的组成考虑,编制步骤大致划分如下:

(1) 前期准备

在前期准备阶段,需要熟悉项目的特点、内容、工期和建设规模等,收集相关资料和以往类似项目数据。根据相关规定,确定使用的估算指标并选择合适的投资估算方法。

(2) 估算建筑工程费

根据建筑方案和结构设计方案、建筑面积分配计划和单项工程描述,总结归纳各个单项工程的用途、结构方式和建筑面积,估计各个单项工程的工程量。将项目工程量、市场经济信息和各项技术经济指标相结合,估算出项目的建筑工程费。

(3) 估算设备及工器具购置费和安装工程费

根据项目可行性研究报告中的项目建设构思和工程描述,列出所需要购置的设备及工器具清单。结合市场经济信息,参照设备安装估算指标,合理估算设备及工器具购置费和安装工程费。

(4) 估算工程建设其他费用

估算工程建设其他费用需要根据国家或者地方有关政策和法律法规,合理地估算土地使用费和其他补偿费用、工程建设相关的其他费用和与未来项目生产经营有关的其他费用。

(5) 估算基本预备费和涨价预备费

在汇总建筑工程费、安装工程费和设备及工器具购置费的基础上,根据相关规定,选取合适的基本预备费率,估算基本预备费。涨价预备费需要根据国家规定的投资综合价格指数,参考估算年份的价格水平进行估算。

(6) 估算建设期利息

根据项目的资金结构和投资计划,估算建设期利息。

(7) 估算流动资金

流动资金的估算可以参考同类型项目的流动资金占有率,采用分项详细估算法进行估算。

(8) 估算项目投资总额

在完成以上费用的估算后,汇总估算出项目的投资总额,并且对各项费用进行检查,及时调整不合理的费用,确定项目的投资估算总额。

## 2.2 简单投资估算方法

项目投资估算常用的方法有生产能力指数法、比例估算法、系数估算法和投资估算指标法等。

### 2.2.1 生产能力指数法

生产能力指数法是根据已建成的类似项目的投资额和生产能力,结合拟建项目预计的生产能力,通过考虑生产能力与投资额的指数关系,并通过适当的调整指数,得到拟建项目的投资额。该方法适用于存在已建成的同类项目,并且该项目与拟建项目工艺路线相近、生产规模不同的情况。

生产能力指数法计算公式如下:

$$C_2 = C_1 \left(\frac{Q_2}{Q_1}\right)^n f \tag{2-1}$$

式中　$C_1$——已建成类似项目的投资额;

　　　$C_2$——拟建项目的投资额;

　　　$Q_1$——已建成类似项目的生产能力;

　　　$Q_2$——拟建项目的生产能力;

　　　$f$——不同时期、不同地区的定额、单价以及费率等综合调整系数;

　　　$n$——生产能力指数。

当生产能力指数 $n=1$ 时,该计算方法被称为单位生产能力估算法。此时,我们将投资额和生产能力之间的关系视为简单的线性关系,能够大大简化计算。但是该方法估算误差较大,误差范围可能达到±30%,因此,该方法适用于在拟建项目和类似项目的生产能力较为接近的情况下进行粗略的估算。由于项目之间存在时空差异,生产能力和造价之间通常不是简单的线性关系,不同时间、不同地点、不同装备水平对于投资额的影响很大。在使用单位生产能力估算法时要关注拟建项目投资额和生产能力与类似项目的可比性,并且根据时间、地点和装备水平的差异进行适当的调整,否则估算结果的误差可能很大。

在实际生活中,很难找到与拟建项目完全类似的项目,因此常常将项目进行分解,按其下属的车间、设施和装置分别套用类似项目的车间、设施和装置的单位生产能力投资指标进行计算,最后加总得到项目的投资额。

【例 2-1】假设 2022 年投资建成的生产项目年产量可达 200 万 t,根据调查研究,该地区 2017 年同类项目年产该类产品 50 万 t,其投资额为 2000 万元,该地区 2017 年至 2022

年中,每年的年平均造价指数为 1.05,采用单位生产能力估算法,该拟建项目的投资额为多少元?

**【解】** 根据以上数据,可以推算出单位产值的投资额:

$$\frac{总投资额}{年产值} = \frac{2000}{50} = 40 \, 元/t$$

根据类似项目的单位产值结果,可以计算出同一个地方年产 200 万 t 的拟建项目投资额:

$$40 \times 200 \times 1.05^5 = 10210.25 \, 万元$$

因此,该拟建项目的投资额为 10210.25 万元。

为了提高计算精度,生产能力指数通常将生产能力和投资额之间的关系视为非线性的指数关系,通过选取合理的生产能力指数,更加准确地估算拟建项目的投资额。若已建成项目和拟建项目的建设规模和生产规模相差不大,生产规模的比值在 0.5~2 之间,此时,生产能力指数 $n$ 的取值近似为 1。如果已建成的类似项目相比于拟建项目,生产规模的扩大是由于生产设备规模的增加所形成时,生产能力指数 $n$ 的取值在 0.6~0.7 之间。如果生产规模的扩大是由于生产设备数量的增加所形成时,生产能力指数 $n$ 的取值在 0.8~0.9 之间。并且,不同类型的生产项目,$n$ 的取值差别也较大。如高温高压的工业性项目,$n$ 的取值常在 0.3~0.5 之间。一般情况下,$n$ 的平均值在 0.6 左右,因此又称为"0.6 指数法"。在使用该方法时,要注意生产规模的变动幅度不宜过大,一般认为拟建项目的生产能力增加幅度不应该超过选取已建成项目的 50 倍。

**【例 2-2】** 2017 年,H 市已建成的一座化肥厂一年能生产尿素 20 万 t,总投资额为 20000 万元。2022 年,该市将新建一座年产量 40 万 t 的尿素工厂,尿素的生产能力指数为 0.7,假设该地五年内的年平均工程造价指数为 1.1,2022 年新建尿素工厂的投资额为多少?

**【解】** 由上述条件,可以得到综合调整系数:

$$f = 1.1^5 = 1.61$$

代入生产能力指数法的计算公式,得到 2022 年新建尿素工厂的投资额:

$$C_2 = C_1 \left(\frac{Q_2}{Q_1}\right)^n f = 20000 \times \left(\frac{40}{20}\right)^{0.7} \times 1.61 = 52309.05 \, 万元$$

因此,新建化肥厂的投资额约为 52309.05 万元。

生产能力指数法相比于其他投资估算方法,计算较为简单,计算速度快,并且能够将误差控制在 ±20% 以内,主要应用在项目规划和投资机会研究阶段。这些阶段的项目设计深度不足,但在行业内相关资料完备,并且同地区已建成的类似项目时,能够大致估算项目投资额。并且,该方法不要求掌握详细的设计资料,只需要了解项目的工艺流程及规模,就能对项目投资额有大致判断。承包商在投标总承包项目时,常常会用这种方法来预估金额进行报价。

### 2.2.2 比例估算法

比例估算法是根据统计数据资料,求出已有的同类项目中主要设备和生产车间投资额占项目总投资的比例,在逐项估算出拟建项目中主要设备和生产车间的投资额后,根据比例求出拟建项目的建设投资。本方法适用于设计深度不足,拟建项目与类似建成项目的主要生产设备和生产车间投资占总投资额的比例较大,行业内相关系数等资料完备的情况。

比例估算法计算公式如下:

$$I = \frac{1}{K}\sum_{i=1}^{n}Q_iP_i \qquad (2\text{-}2)$$

式中　$I$——拟建项目的建设投资额;
　　　$K$——主要设备投资占项目总投资额的比例;
　　　$Q_i$——第$i$种生产设备的数量;
　　　$P_i$——第$i$种生产设备的价格;
　　　$n$——主要生产设备的种类数。

【例2-3】某地建有一座汽车轮胎厂,其主要生产设备和生产车间的投资占建设总投资的60%,该地区拟新建一座汽车轮胎厂,设计建设生产车间4间,每间生产车间配置6台生产设备。根据该地市场经济信息,建设1间生产车间的费用约为20万元,一台生产设备的价格约为7.5万元,该拟建项目的投资额为多少?

【解】根据比例估算法的计算公式,可以得到投资额:

$$I = \frac{1}{K}\sum_{i=1}^{n}Q_iP_i = \frac{1}{60\%}\times(4\times20+4\times6\times7.5) = 433.33 \text{ 万元}$$

所以,该拟建项目的投资额为433.33万元。

### 2.2.3　系数估算法

系数估算法又称为因子估算法,是以拟建项目投资方案中确定的主体工程费和设备费为基础,将其他工程费占主体工程费的百分比转化为系数来估算项目总投资的方法。系数估算法的方法较多,目前常使用的主要是设备系数法、主体专业系数法和朗格系数法。

(1) 设备系数法

设备系数法是以拟建项目的设备费为基础,根据已建成的同类项目中建筑工程费、安装工程费和工程建设其他费用等占设备费用的比例,逐项求出拟建项目的建筑工程费、安装工程费和工程建设其他费用,进而相加求出项目总投资。

设备系数法的计算公式如下:

$$C = E\left(1 + \sum_{i=1}^{n}f_iP_i\right) + I \qquad (2\text{-}3)$$

式中　$C$——拟建项目的建设投资额;
　　　$E$——拟建项目的主要设备投资额;
　　　$P_i$——已建成项目中建筑工程费、安装工程费和工程建设其他费用占设备投资额的比例,$i=1,2,3,\cdots\cdots,n$;
　　　$f_i$——因时间、空间等因素变化进行调整的综合调整系数,$i=1,2,3,\cdots\cdots,n$;
　　　$I$——拟建项目的其他费用。

【例2-4】某尿素化肥厂的设备购置费用为800万元。已知该地区已建成的尿素化肥厂的建筑工程费、安装工程费和工程建设其他费用分别占设备购置费的150%、75%和25%。根据该地的市场情况,这三类费用的调整系数分别为1.15、1.2和1.1,拟建项目的其他费用约为20万元。试估算该建设项目的投资额。

【解】利用设备系数法计算公式,根据上述条件,可以估算出该建设项目投资额为:

$$C = E(1 + f_1P_1 + f_2P_2 + \cdots\cdots + f_nP_n) + I$$

$$= 800 \times (1 + 1.15 \times 150\% + 1.2 \times 75\% + 1.1 \times 25\%) + 20 = 3140 \text{ 万元}$$

所以，该建设项目的投资额为 3140 万元。

(2) 主体专业系数法

主体专业系数法是以拟建项目中投资比例较大，并与生产能力直接相关的工艺设备的投资额为基础，根据已建成的同类项目的有关文件资料，计算出拟建项目各专业工程（如总图、土建、采暖、给水排水、管道、电气、自控等）投资额占工艺设备投资额的百分比。根据占比，求出拟建项目各专业工程的投资额，然后将各项投资额加总，即可得到拟建项目的总投资额。

主体专业系数法的计算公式如下：

$$C = E(1 + f_1 P'_1 + f_2 P'_2 + \cdots\cdots + f_n P'_n) + I \tag{2-4}$$

式中　$P'_i$——已建项目中各专业工程投资额占主要工艺设备投资额的比例。

其他符号意义同设备系数法公式。

【例 2-5】某建设项目包含土建工程、给水排水工程、电气工程、通信工程和管道工程。已知该地区同类建设项目的土建工程、给水排水工程、电气工程、通信工程和管道工程投资额占主要工艺设备购置费的 150%、10%、25%、10% 和 30%。根据该地的市场情况，这五项专业工程的投资额调整系数为 1.1、1.2、1.15、1.05 和 1.1。已知该建设项目主要工艺设备购置费为 200 万元，拟建项目的其他费用约为 15 万元，试估算该建设项目的投资额。

【解】利用主体专业系数法，可以估算出该建设项目投资额为：

$$\begin{aligned} C &= E(1 + f_1 P'_1 + f_2 P'_2 + \cdots\cdots + f_n P'_n) + I \\ &= 200 \times (1 + 1.1 \times 150\% + 1.2 \times 10\% + 1.15 \times 25\% \\ &\quad + 1.05 \times 10\% + 1.1 \times 30\%) + 15 \\ &= 713.5 \text{ 万元} \end{aligned}$$

所以，该建设项目的投资额为 713.5 万元。

(3) 朗格系数法

朗格系数法也是以拟建项目的设备费为基础，通过乘以适当的系数来估算项目的总投资。国内在项目投资估算中应用朗格系数法的情况较少，其主要常被世界银行在项目投资估算中采用。该方法的基本原则就是将直接成本和间接成本分开计算，再加和求出项目的总成本费用。

朗格系数法的计算公式如下：

$$C = E(1 + \Sigma K_i) K_c = E K_L \tag{2-5}$$

式中　$C$——拟建项目的建设投资额；

　　　$E$——拟建项目的主要设备投资额；

　　　$K_i$——管线、仪表、建筑物等费用的估算系数；

　　　$K_c$——管理费、合同费、应急费等的总估算系数；

　　　$K_L$——朗格系数，$K_L = (1 + \Sigma K_i) K_c$。

根据项目的实际情况，不同项目会采取不同的朗格系数值，常用的朗格系数值见表 2-2。

**朗格系数表** 表 2-2

| 项目 | | 固体流程 | 固流流程 | 流体流程 |
|---|---|---|---|---|
| 朗格系数 | | 3.10 | 3.63 | 4.74 |
| 内容 | (a) 包括基础、设备、绝热、油漆及设备安装费 | | $E \times 1.43$ | |
| | (b) 包括上述在内和配管工程费 | (a)×1.10 | (a)×1.25 | (a)×1.60 |
| | (c) 装置直接费 | | (b)×1.50 | |
| | (d) 包括上述在内和间接费，总投资费用 $C$ | (c)×1.31 | (c)×1.35 | (c)×1.38 |

由于朗格系数法较为简单，在估算时没有考虑设备规格、材质的差异，导致其精度不高。但是如果各行业能够有序收集上述各分项所占设备费的比例，及时更新系数值，能够在一定程度上提高朗格系数法的估算精度。

应用朗格系数法进行项目投资估算精度不高的原因主要有以下几个方面：
（1）装置规模大小发生变化产生的影响；
（2）不同地区自然地理、经济情况、气候条件、社会环境的差异；
（3）主要设备材质发生变化时，设备费用变化较大而安装费的变化不大所产生的影响。

尽管运用朗格系数法进行项目投资估算会受到多方因素影响，但是对于石油、化工这类设备费在项目总投资中占比较大的项目（占比达到 45%～55%），其项目投资估算的精确程度受到影响较小。这是因为朗格系数法是以设备费为基础计算的。此外，一项工程中每台设备所含有的电气、管道、自控仪表、油漆、建筑和绝热等均存在一定的规律性，因此只要精准把握不同类型项目的朗格系数，估算精度仍较高。一般而言，朗格系数法的估算误差在 10%～15%。

**【例 2-6】** 在我国东北地区有一酒精工厂，已知该厂的设备费为 2500 万元，试采用朗格系数法估算该厂的投资额，并计算该项目的直接费用和间接费用。

**【解】** 采用朗格系数法进行项目投资估算时，要先对项目的类型进行分类，明确项目是属于固体流程、固流流程还是流体流程。酒精生产属于流体流程，因此在计算中，全部数据应该采用流体流程的数据，具体计算过程如下：
（1）工厂的设备费：$E = 2500$ 万元
（2）计算费用（a）：
$$(a) = E \times 1.43 = 2500 \times 1.43 = 3575 \text{ 万元}$$
（3）计算费用（b）：
$$(b) = E \times 1.43 \times 1.6 = 5720 \text{ 万元}$$
（4）计算费用（c）：
$$(c) = E \times 1.43 \times 1.6 \times 1.5 = 8580 \text{ 万元}$$
（5）计算费用（d）：

$$(d) = E \times 1.43 \times 1.6 \times 1.5 \times 1.38 = 11840.4 \text{ 万元}$$

(6) 计算间接费用：

$$(d) - (c) = 11840.4 - 8580 = 3260.4 \text{ 万元}$$

根据朗格系数法可以估算出该酒精工厂的投资总额为 11840.4 万元，其中直接费用为 8580 万元，间接费用为 3260.4 万元。

### 2.2.4 投资估算指标法

投资估算指标分为项目综合指标、单项工程指标和单位工程指标三种。投资估算指标法需要根据拟建项目的初步设计文件和有关资料，把项目费用划分为建筑工程费、安装工程费、设备及工器具购置费、其他基本建设费用项目，或分解成各个单位工程。之后，根据有关部门发布的具体的投资估算指标进行各项费用或单位工程投资的估算，在此基础上可汇总成每一单项工程的投资，从而得到项目的投资额。

以单位工程指标估算为例，投资估算指标法的计算公式如下：

$$C = \sum_{i=1}^{n} \lambda_i m_i k_i \tag{2-6}$$

式中　$C$——拟建项目的建设投资额；

　　　$\lambda_i$——单位工程的投资估算指标；

　　　$m_i$——单位工程的数量；

　　　$k_i$——价格浮动指数。

【例 2-7】某小区绿化工程项目 10000m²，包含土石方工程、管道工程和草坪工程三类项目。已知土石方工程的投资估算指标为 50 元/m²，管道工程的投资估算指标为 20 元/m²，草坪工程的投资估算指标为 60 元/m²，各项工程的价格浮动指数分别为 1.05、1.1 和 0.95，试估算该绿化工程的总投资额。

【解】根据各个单位工程投资估算指标，得到各单位工程的投资额，将各项指标加总，得到该建设项目的投资额，具体计算过程如下：

$$C = \sum_{i=1}^{n} \lambda_i m_i k_i$$

$$= 50 \times 10000 \times 1.05 + 20 \times 10000 \times 1.1 + 60 \times 10000 \times 0.95$$

$$= 1315000 \text{ 元}$$

该绿化工程项目的总投资额为 131.5 万元。

## 2.3 项目总投资的构成

项目总投资主要包括建筑工程费、安装工程费、设备及工器具购置费、工程建设其他费用、预备费、建设期利息和流动资金。其中，建筑工程费、安装工程费和设备及工器具购置费又统称为工程费用。工程费用、工程建设其他费用和预备费构成了建设投资，项目总投资构成如图 2-1 所示。

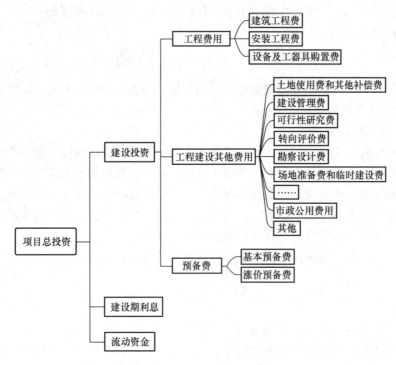

图 2-1 项目总投资构成图

## 2.4 投资的分类估算方法

项目总投资按照费用种类可以分为建筑工程费、安装工程费、设备及工器具购置费、工程建设其他费用、基本预备费和涨价预备费、建设期利息和流动资金。项目的分类估算方法就是通过分别估算各项费用,然后进行加总得到项目的总投资额。

### 2.4.1 工程费用的估算

工程费用的估算主要是指建筑工程费、安装工程费和设备及工器具购置费的估算。

**1. 建筑工程费的估算**

建筑工程费的投资估算常采用以下三种估算方法:单位建筑工程投资估算法、单位实物工程量投资估算法和概算指标估算法。

(1) 单位建筑工程投资估算法

单位建筑工程投资估算法是以单位建筑的工程量投资额乘以建筑工程的总量进行计算的。一般情况下,民用建筑和工业建筑常以单位建筑面积($m^2$)的投资乘以相应的建筑工程总量计算建筑工程费。如行车的道路和桥梁常以单位体积($m^3$)的投资,行人的道路和桥梁则以单位长度(m)的投资,铁路路基以单位长度(km)的投资,水库则以水坝单位长度(m)的投资,矿山掘进以单位长度(m)的投资,工业窑炉砌筑以单位容积($m^3$)的投资乘以相应的工程总量计算建筑工程费。

【例 2-8】某工业建筑的建筑面积为 $3000m^2$,已知每平方米建筑面积投资额为 2000元,建筑工程的投资额占项目总投资的 30%,试估算该项目的总投资额。

**【解】** 根据单位建筑工程投资估算法得到建筑工程的投资额为：
$$3000 \times 0.2 = 600 \text{ 万元}$$
根据建筑工程的投资额占项目总投资的 30%，估算投资额为：
$$600 \div 30\% = 2000 \text{ 万元}$$
因此，该项目的总投资额约为 2000 万元。

（2）单位实物工程量投资估算法

单位实物工程量投资估算法要以单位实物工程量的投资乘以实物工程的总量进行计算。如土石方工程以单位体积（$m^3$）的投资，路面铺设工程以单位面积（$m^2$）的投资，矿井和巷道的衬砌工程以单位长度（m）的投资乘以对应的实物工程量计算建筑工程费。

**【例 2-9】** 某工业窑炉砌筑容积为 $1500m^3$，已知每立方米实物工程量的投资为 500 元，求该工业窑炉砌筑工程的建筑工程费。

**【解】** 根据单位实物工程量投资估算法，得到建筑工程费：
$$1500 \times 500 = 750000 \text{ 元}$$
因此该工业窑炉砌筑工程的建筑工程费为 75 万元。

（3）概算指标估算法

在建筑工程费占总投资比例较大的项目中，可以选择采用概算指标估算法来估算项目的投资额。若选择这种方法，则需要有较为详细的工程资料、建筑材料价格和工程费用的指标，花费的时间较长，工作量较大。有关专业机构会发布概算编制办法具体说明如何采用概算指标进行投资估算。

**【例 2-10】** 已知某项目的人行道长度为 2000m，该地区人行道铺设工程的投资估算指标为 20 元/m，其价格浮动指数为 1.05，求该项目人行道铺设工程的建筑工程费。

**【解】** 根据概算指标估算法，得到该项目人行道铺设工程的建筑工程费为：
$$2000 \times 20 \times 1.05 = 42000 \text{ 元}$$
因此，该项目人行道铺设工程的建筑工程费为 42000 元。

**2. 安装工程费估算**

对于项目中需要安装设备的，如机电设备的装配和安装工程，与设备相连的工作台、梯子及其装设工程，附属于被安装设备的管线敷设工程，安装设备的绝缘、保温和防腐等工程，以及单体试运转和联动无负荷试运转等，需要进行安装工程费的估算。

安装工程费的估算需要按照相关部门或机构发布的安装工程定额、收费标准和指标进行投资估算。具体计算可以按照安装费率、每吨设备安装费或每单位安装实物工程量的费用进行估算，即：

$$\text{安装工程费} = \text{设备原价} \times \text{安装费率} \qquad (2-7)$$

$$\text{安装工程费} = \text{设备吨位} \times \text{每吨设备安装费} \qquad (2-8)$$

$$\text{安装工程费} = \text{安装实物工程量} \times \text{安装费用指标} \qquad (2-9)$$

**【例 2-11】** 某项目需要安装设备 400t，该地每吨安装费 1500 元，试求该项目的安装工程费为多少？

**【解】** 根据安装工程费计算公式：

安装工程费 = 设备吨位 × 每吨安装费 = 400 × 1500 = 600000 元

该项目的安装工程费为 60 万元。

**3. 设备及工器具购置费估算**

设备购置费要根据项目的主要设备表及各设备市场价格和费用资料等数据进行估算，工器具购置费常以设备购置费为基础，按其占设备购置费的比例进行计取。

设备及工器具购置费主要包括设备购置费、工器具购置费、现场制作非标准设备费、生产用家具购置费和设备运杂费。计算设备购置费时，对于价值较高的设备应该按照单台或单套估算购置价格；对于价值较低的设备则可以按种类进行估计。国内设备的设备购置费与进口设备的设备购置费差别较大，需要分别估算。

设备运杂费通常由下列各项费用构成：

（1）国产标准设备由设备制造厂交货地点起至工地仓库（或施工组织设计指定的需要安装设备的堆放地点）止所发生的运费和装卸费。进口设备则由我国到岸港口、边境车站起至工地仓库（或施工组织设计指定的需要安装设备的堆放地点）止所发生的运费和装卸费。

（2）在设备出厂价格中没有包含的设备包装和包装材料器具费；在设备出厂价格或进口设备价格中如已包括了此项费用，则不应重复计算。

（3）供销部门的手续费，按有关部门规定的统一费率计算。

（4）建设单位（或工程承包公司）的采购与仓库保管费。它是指采购、验收、保管和收发设备所发生的各种费用，包括设备采购、保管和管理人员工资、工资附加费、办公费、差旅交通费、设备供应部门办公和仓库所占固定资产使用费、工具用具使用费、劳动保护费、检验试验费等。这些费用可按主管部门规定的采购保管费率计算。

为了方便估算，工器具购置费、现场制作非标准设备费、生产用家具购置费和设备运杂费常常按其占设备购置费的比例进行计取。

国内设备购置费为设备的出厂费加上相应的运杂费，运杂费一般按照设备出厂价的一定比例进行计取。工器具购置费一般以设备购置费为基础，乘以相关部门规定的定额费率计取，即：

$$设备购置费 = 设备出厂价 + 设备运杂费 \qquad (2-10)$$
$$工器具购置费 = 设备购置费 \times 定额费率 \qquad (2-11)$$

**【例2-12】** 某轮胎加工厂的主要生产设备出厂价格为100万元/套，该厂共购置6套该生产设备。已知设备运杂费率为3%，工器具购置费的定额费率为2%，求该工厂的设备及工器具购置费为多少元？

**【解】** 该工厂设备运杂费为：

$$100 \times 6 \times 3\% = 18 \text{ 万元}$$

设备购置费为：

$$设备购置费 = 设备出厂价 + 设备运杂费 = 100 \times 6 + 18 = 618 \text{ 万元}$$

工器具购置费为：

$$工器具购置费 = 设备购置费 \times 定额费率 = 618 \times 2\% = 12.36 \text{ 万元}$$

因此该工厂的设备及工器具购置费为：

$$设备及工器具购置费 = 设备购置费 + 工器具购置费 = 618 + 12.36 = 630.36 \text{ 万元}$$

所以，该工厂的设备及工器具购置费为630.36万元。

进口设备购置费则由设备原价、进口从属费用和国内运杂费组成。进口从属费通常包括国际运费（海、陆、空）、国外运输保险费、银行财务费、外贸手续费、关税、消费税和进口环节增值税。进口设备购置费的计算涉及设备的原币货价或离岸价（FOB）、到岸价（CIF）和抵岸价，抵岸价加设备运杂费也就是进口设备的购置费，即：

$$进口设备抵岸价 = 原币货价 + 国外运费 + 国外运输保险费 + 银行财务费 + 外贸手续费$$
$$+ 进口关税 + 增值税 + 消费税$$
$$= 到岸价 + 银行财务费 + 外贸手续费 + 进口关税 + 增值税 + 消费税$$

(2-12)

$$国际运费 = 离岸价(FOB) \times 运费率 = 运量 \times 单位运价 \quad (2\text{-}13)$$

$$运输保险费 = \frac{(离岸价 + 国际运费) \times 保险费率}{1 - 保险费率} \quad (2\text{-}14)$$

$$到岸价(CIF) = 离岸价(FOB) + 国际运费 + 运输保险费 \quad (2\text{-}15)$$

$$银行财务费 = 离岸价(FOB) \times 银行财务费率 \quad (2\text{-}16)$$

$$外贸手续费 = 到岸价(CIF) \times 外贸手续费率 \quad (2\text{-}17)$$

$$关税 = 到岸价(CIF) \times 进口关税率 \quad (2\text{-}18)$$

$$消费税 = \frac{[到岸价(CIF) + 关税] \times 消费税率}{1 - 消费税率} \quad (2\text{-}19)$$

$$增值税 = [到岸价(CIF) + 关税 + 消费税] \times 增值税税率 \quad (2\text{-}20)$$

**【例 2-13】** 国内某网络公司拟从国外进口一套电信设备，该设备重达 200t，装运港的船上提交货价，离岸价（FOB）为 400 万美元，已知国际运费标准为 300 美元/t，海上运输的保险费率为 0.25%，中国银行的手续费率为 0.5%，外贸手续费率为 1.5%，关税税率为 22%，增值税税率为 13%，美元与人民币的汇率：1 美元 = 7.3 人民币，该设备的国内运杂费率为 2.5%，试估算该设备的购置费（计算过程保留两位小数）。

**【解】** 计算货价（FOB）= 400 × 7.3 = 2920 万元

国际运费：0.03 × 200 × 7.3 = 43.8 万元

国际运输保险费：$\frac{(2920 + 43.8) \times 0.25\%}{1 - 0.25\%}$ = 7.43 万元

到岸价（CIF）：2920 + 43.8 + 7.43 = 2971.23 万元

银行财务费：2920 × 0.5% = 14.6 万元

外贸手续费：2971.23 × 1.5% = 44.57 万元

进口关税：2971.23 × 22% = 653.67 万元

增值税：(2971.23 + 653.67) × 13% = 471.24 万元

抵岸价：2971.23 + 14.6 + 44.57 + 653.67 + 471.24 = 4155.31 万元

国内运杂费：4155.31 × 2.5% = 103.88 万元

设备购置费：4067.25 + 101.68 = 4168.93 万元

所以，该进口设备的购置费为 4168.93 万元。

### 2.4.2 工程建设其他费用的估算

工程建设其他费用通常是按照各项费用科目的费率或者行业规定的收费标准进行估算的，然后将各项费用相加得到工程建设其他费用。通常需要编制工程建设其他费用估算表来明晰各项费用的情况，其形式见表2-3。

**工程建设其他费用估算表**　　　　表2-3

| 序号 | 费用名称 | 计算依据 | 费率或标准 | 总价 |
|---|---|---|---|---|
| 1 | 建设管理费 | | | |
| 2 | 可行性研究费 | | | |
| 3 | 研究试验费 | | | |
| 4 | 勘察设计费 | | | |
| 5 | 环境影响评价费 | | | |
| 6 | 劳动安全卫生评价费 | | | |
| 7 | 场地准备及临时设施费 | | | |
| 8 | 引进技术和进口设备其他费 | | | |
| 9 | 工程保险费 | | | |
| 10 | 联合试运转费 | | | |
| 11 | 特殊设备安全监督检查费 | | | |
| 12 | 生产职工培训费 | | | |
| 13 | 建设用地费 | | | |
| 14 | 专利及专用技术使用费 | | | |
| 15 | 生产准备及开办费 | | | |
| …… | | | | |
| | 合计 | | | |

注：上述表格所列项目科目仅供参考，具体的项目其他费用要根据拟建项目实际情况确定。

### 2.4.3 预备费的估算

预备费在进行投资估算或者概算编制的时候，需要根据其发生情况，按照建筑工程费或是设备及工器具购置费分别摊入相应的资产。在工程决算阶段，预备费也需要按照其实际发生的情况计入相应的资产。预备费的针对主要是针对基本预备费和涨价预备费。

**1. 基本预备费**

基本预备费是由于项目实施过程中可能会发生难以预料的支出，需要提前预留的费用，通常又被称为不可预见费。在项目中，最常见的预备费使用情况是由于设计变更和施工过程中工程量的增加而产生了额外的支出。基本预备费的计算公式如下：

$$基本预备费 = (工程费用 + 工程建设其他费用) \times 基本预备费率 \qquad (2-21)$$

其中，基本预备费的费率由政府部门或者行业主管部门规定。

**【例2-14】** 某民用建筑项目工程费用如下：建筑工程费为1500万元，安装工程费为16万元，设备及工器具购置费为800万元。该项目的工程建设其他费用为400万元，基本预备费率为7%，该项工程的基本预备费为多少？

**【解】** 基本预备费＝（工程费用＋工程建设其他费用）×基本预备费率
$$= (1500+16+800+400) \times 7\% = 190.12 \text{ 万元}$$
该项工程的基本预备费为 190.12 万元。

**2. 涨价预备费**

涨价预备费是在项目建设期内，由于利率、人民币汇率、原材料价格和设备价格等因素发生改变导致投资额增加而预留的费用，通常又被称为价差预备费或是价格变动不可预见费。涨价预备费的内容主要包括：人工、机械设备、材料和施工机具的价差费，建筑工程费、安装工程费以及工程建设其他费用调整和由于利率、人民币汇率的变化而增加的费用。

涨价预备费的计算公式如下：

$$P = \sum_{i=1}^{n} I_t [(1+f)^m (1+f)^{0.5} (1+f)^{t-1} - 1] \tag{2-22}$$

式中　　$P$——涨价预备费；

　　　　$n$——拟建项目的建设期年限；

　　　　$I_t$——建设期第 $t$ 年的投资计划额，包括工程费用、工程建设其他费用及基本预备费，即第 $t$ 年的静态投资额；

　　　　$f$——投资价格指数；

　　　　$t$——建设期第 $t$ 年；

　　　　$m$——建设期前年限（即从编制概算到开工建设所隔的年数）。

涨价预备费中的投资价格指数需要按照国家颁布的规定计取。计算式中的 $(1+f)^{0.5}$ 表示建设期第 $t$ 年的建设资金是在当年内均匀投入的，若为年初投入，则该项为 $(1+f)$。为了简化计算，对于建设周期较短的项目，考虑到涨价幅度较小，可以令投资价格指数 $f$ 为 0。对于特殊项目、建设周期较长的项目和部分必要项目，需要进行项目未来价差分析，确定各个时期的投资价格指数，以提高估算精度。

**【例 2-15】** 某工业建设项目建设期为 2 年，第一年投资额为 2000 万元，第二年投资额为 1000 万元，假设该投资额在该年内均匀投入，预计项目投资价格年上涨率为 8%，求该项目的涨价预备费。

**【解】** 根据公式，计算各年的涨价预备费。

第一年的涨价预备费：
$$P_1 = I_1 \times [(1+f)^{0.5} - 1] = 2000 \times [(1+8\%)^{0.5} - 1] = 78.46 \text{ 万元}$$

第二年的涨价预备费：
$$P_2 = I_2 \times [(1+f)^{0.5}(1+f) - 1] = 1000 \times [(1+8\%)^{1.5} - 1] = 122.37 \text{ 万元}$$

该项目的涨价预备费 $= P_1 + P_2 = 78.46 + 122.37 = 200.83$ 万元

因此，该项目的涨价预备费为 200.83 万元。

### 2.4.4　增值税的计算

增值税是以商品及应税劳务在流转过程中产生的增值额作为计税依据而征收的一种流转税，实行价外税原则。常见的增值税应纳税额按照如下公式计算：

$$\text{增值税应纳税额} = \text{当期销项税额} - (\text{当期进项税额} - \text{进项税额转出}) \tag{2-23}$$

$$\text{当期销项税额} = \text{销售额(不含税)} \times \text{税率} \tag{2-24}$$

$$当期销项税额 = \frac{销售额(含税) \times 税率}{1 + 税率} \tag{2-25}$$

销项税额是指纳税人提供应税服务,按照销售额和增值税税率计算的增值税税额。进项税额是指纳税人购进货物或者接受加工修理修配劳务和应税服务,支付或者负担的增值税税额。增值税进项税额转出是指那些按税法规定不能抵扣,但购进时已作抵扣的进项税额如数转出,即不能抵扣的税额。

在项目中,总投资构成中的建筑安装工程费、设备及工器具购置费、工程建设其他费用中所含增值税进项税额,可以根据国家增值税相关规定予以抵扣,该抵扣的增值税进项税额不得计入固定资产原值。

由于建设期发生的建筑工程费、安装工程费、设备及工器具购置费和工程建设其他费用中所含的可抵扣增值税进项税额,以及生产经营期内发生的各项成本开支中可抵扣增值税进项税额都无法在项目的前期经济评价阶段准确估计,因此,为了满足筹资的需要,在建设期投资估算时应该足额估算,即按照含增值税进项税额的价格估算建设投资。所以,需要将可抵扣固定资产进项税额单独列示,以便财务分析中正确计算固定资产原值和应纳增值税。

### 2.4.5 资金筹措费用的估算

资金筹措费用主要是指企业在筹集资金过程中所需要支付的各项费用,主要包括各类借款、股票、债券的利息和一些资金筹措杂费,例如向银行借款支付的手续费、股票和债券的发行费以及律师费等。其中,各类借款、股票、债券的利息占资金筹措费用的比例很大,在一般项目中高达99%左右,这部分费用在投资估算时又常被称为建设期利息。剩下的资金筹集杂费占比较小,通常在筹集资金时一次性发生,因此在计算筹资成本时可作为筹资金额的一项扣除。综上,资金筹措费用的估算主要是对建设期利息进行估算。

建设期利息是指项目的借款在建设期内发生的利息,这部分利息需要计入固定资产中。建设期利息的计算需要明确借款发生的时间,主要有借款在年初发生和借款在一年内均匀发生这两种情况。当借款额在建设期各年年初发生,则需要全年计算利息。

借款额在建设期各年年初发生的,建设期利息计算公式如下:

$$Q = \sum_{i=1}^{n} [(P_{t-1} + A_t) \times i] \tag{2-26}$$

式中 $Q$——建设期利息;

$P_{t-1}$——按单利计息,为建设期 $t-1$ 年末借款累计;按复利计息,则为建设期 $t-1$ 年末借款的本息累计;

$A_t$——建设期第 $t$ 年的借款额;

$i$——借款利息;

$t$——年份。

【例2-16】某工程项目建设期为2年,向银行贷款5000万元,第一年借入2000万元,第二年借入3000万元,年利率均为6%,若借款在各年年初发生,建设期内只计息不付息,则建设期利息为多少?

【解】第一年应计利息=2000×6%=120万元

第二年应计利息=(2000+120+3000)×6%=307.2万元

建设期利息＝120＋307.2＝427.2万元

该工程项目建设期利息为427.2万元。

若在项目评价中，借款额是在建设期各年年内按照月份或是季度均匀发生，为了简化计算，常常假设借款发生在当年的年中，按半年计算利息，在后面的年份中按全年计算利息。

借款额在建设期各年内按照月份或季度均匀发生的，建设期利息计算公式如下：

$$Q = \sum_{i=1}^{n}\left[\left(P_{t-1}+\frac{A_t}{2}\right)\times i\right] \quad (2-27)$$

公式（2-27）中各个符号的意义与公式（2-26）相同。

【例2-17】某工程项目建设期为2年，向银行贷款5000万元，第一年借入2000万元，第二年借入3000万元，年利率均为6%，若借款在各年内均匀发生，建设期内只计息不付息，则建设期利息为多少？

【解】第一年应计利息＝$2000\times\frac{1}{2}\times 6\%$＝60万元

第二年应计利息＝$\left(2000+60+3000\times\frac{1}{2}\right)\times 6\%$＝213.60万元

建设期利息＝60＋213.60＝273.60万元

该工程项目建设期利息为273.60万元。

对比【例2-16】和【例2-17】可以发现，两个例题的贷款数额是一样的，但是由于资金的使用方式不同，最终建设期利息也有所差异。在实际项目中，合理地规划资金投入方式能够有效降低项目的投资额。

### 2.4.6 流动资金的估算

流动资金是指生产经营性项目投资后，为了保证项目正常的生产运营，用于购买生产原材料、燃料和动力，支付职工工资或者其他经营费用等所需要的周转资金。流动资金的估算主要采用扩大指标估算法和分项详细估算法。其中，扩大指标估算法适用于建设规模较小的项目或其他个别情况。

**1. 扩大指标估算法**

扩大指标估算法是根据现有企业的实际资料，参照同类生产企业流动资金占销售收入、经营成本、固定资产的比例以及单位产量占用流动资金的比例来求得各种流动资金率指标，将各类流动资金率乘以相应的费用基数来估算流动资金。扩大指标估算法较为简单，但是准确度不高，适用于项目建议书阶段的项目投资估算。

扩大指标估算法的计算公式如下：

$$年流动资金额 = 年费用基数 \times 各类流动资金率 \quad (2-28)$$

$$年流动资金额 = 年产量 \times 单位产品产量占用的流动资金额 \quad (2-29)$$

**2. 分项详细估算法**

分项详细估算法是根据企业周转额与周转速度之间的关系，对构成流动资金的各项流动资产和流动负债分别进行估算，它是国际上最常用的流动资金估算方法。在可行性研究中，为了简化计算，通常只对存货、现金、应收账款和应付账款四项内容进行估算，计算公式如下：

$$流动资金 = 流动资产 - 流动负债 \quad (2-30)$$

$$\text{流动资产} = \text{应收账款} + \text{存货} + \text{现金} \tag{2-31}$$

$$\text{流动负债} = \text{应付账款} \tag{2-32}$$

$$\text{流动资金本年增加额} = \text{本年流动资金} - \text{上年流动资金} \tag{2-33}$$

分项详细估算法的具体步骤为：首先统计各类流动资产和流动负债的年周转次数，然后再分项估算其占用的金额。

(1) 周转次数的估算

周转次数是用来反映一年中各项库存流动速度的数据。在流动资金的估算中，周转次数等于 360 天除以最低周转天数。存货、现金、应收账款和应付账款的最低周转天数可以参考同类企业的平均周转天数，并结合拟建项目的实际情况进行确定。

(2) 应收账款的估算

应收账款是指企业在正常经营过程中因销售商品、产品、提供劳务等业务，应向购买单位收取但未收回的款项。为了方便估算，在可行性研究时，一般只估算应收销售款，其计算公式如下：

$$\text{应收账款} = \text{年销售收入} / \text{应收账款的周转次数} \tag{2-34}$$

(3) 存货的估算

存货是指企业在日常活动中持有的，以备出售或者生产消耗的各种货物。其主要包括在生产过程或提供劳务过程中耗用的材料或物料、处在生产过程中的在产品、低值易耗品、委托加工物资、产成品或库存商品等。为了简化计算，只考虑存货中占比较大的外购原材料、外购燃料、在产品和产成品的费用，并进行分项估算。各项计算公式如下：

$$\text{存货估算额} = \text{外购原材料费用} + \text{外购燃料费用} + \text{在产品费用} + \text{产成品费用} \tag{2-35}$$

$$\text{外购原材料估算额} = \text{年外购原材料费用} / \text{按种类分项周转次数} \tag{2-36}$$

$$\text{在产品估算额} = (\text{年外购原材料费用} + \text{年外购燃料费用} + \text{年工资及福利费用} + \text{年修理费用} + \text{年其他制造费用}) / \text{在产品周转次数} \tag{2-37}$$

$$\text{产成品估算额} = \text{年经营成本} / \text{产成品周转次数} \tag{2-38}$$

(4) 现金需求量估算

项目流动资金中的现金是指货币资金，即企业在生产经营过程中持有的货币形态的部分资金，主要包括企业的库存现金和银行存款。其计算公式如下：

$$\text{现金} = (\text{年工资及福利费} + \text{年其他费用}) / \text{现金周转次数} \tag{2-39}$$

$$\text{年其他费用} = \text{制造费用} + \text{管理费用} + \text{销售费用} - (\text{以上三项费用中所包含的工资及福利费、折旧费、维简费、摊销费、修理费}) \tag{2-40}$$

(5) 应付账款的估算

应付账款为企业的流动负债，流动负债是指在一份资产负债表内，一年内或者超过一年的一个营业周期内需要偿还的各种债务合计，这些债务主要是短期借款、应付及预收款项、应付工资、应缴税金和应交利润等。在可行性研究中，流动负债的估算只考虑了应付账款这一项，其计算公式如下：

$$\text{应付账款} = \text{年外购原材料、燃料和设备的设品设件费用} / \text{应收账款的周转次数} \tag{2-41}$$

【例 2-18】某食品加工厂年销售收入估算为 15000 万元；存货资金占用估算为 3600 万

元；全部职工人数为 1000 人；每人每年工资及福利费估算为 8400 元；年其他费用估算为 3000 万元；年外购原材料、燃料及动力费为 15000 万元。各项资金的周转天数为：应收账款为 30 天，现金为 15 天，应付账款为 30 天。请估算流动资金。

**【解】** 流动资产＝应收账款＋存货＋现金

应收账款＝年销售收入/应收账款的周转次数＝15000÷(360÷30)＝1250 万元

存货＝3600 万元

现金＝(年工资及福利费＋年其他费用)/现金周转次数
　　＝(0.84×1000＋3000)÷(360÷15)＝160 万元

流动资产＝1250＋3600＋160＝5010 万元

流动负债＝应付账款＝年外购原材料、燃料和设备的设品设件费用/应收账款的周转次数
　　　　＝15000÷(360÷30)＝1250 万元

流动资金＝流动资产－流动负债＝5010－1250＝3760 万元

所以，流动资金为 3760 万元。

## 关 键 概 念

投资估算的阶段；投资估算的工作内容；投资估算编制的程序；项目投入总资金的构成；简单投资估算方法；工程项目的分类估算方法

## 复习思考题

1. 投资估算分为哪些阶段？根据项目总投资的构成划分，其具体工作内容是什么？
2. 投资估算的编制程序有哪些？
3. 简单的投资估算方法有哪些？生产能力指数法的适用条件是什么？
4. 项目分类估算方法有哪些？
5. 项目投入总资金的构成是什么？建设投资的构成是什么？工程费用的构成是什么？
6. 某地兴建一座窗户玻璃制造厂，一年可生产 30 万块玻璃，总投资为 25000 万元，假如 5 年后在该地开工兴建年产 60 万块玻璃的工厂，玻璃的生产能力指数为 0.8，则所需静态投资为多少（假定该 5 年中每年平均工程造价指数为 1.15）？
7. 在我国东北地区有一座汽车轮胎厂，已知该厂的设备费为 2000 万元，试采用朗格系数法估算该厂的投资额，并计算该项目的直接费用和间接费用。
8. 我国东北某栋民用建筑项目的暖气管道工程长度为 600m，已知该地区管道工程的投资估算指标为 25 元/m，其价格浮动指数为 1.1，求该项目暖气管道工程的建设工程费。
9. 某工业建筑项目的建设期为 3 年，总共向银行贷款 2000 万元。第一年贷款 1000 万元，第二年贷款 600 万元，第三年贷款 400 万元，年利率为 8%，建设期内各年均匀进行贷款，建设期内利息只计息不支付，计算建设期利息。

## 典 型 案 例

2022 年，某市拟建一座年产钢铁量为 30 万 t 的铸钢厂，根据该地类似工程项目可行性研究报告提供的数据，已建成的年产 25 万 t 钢铁量的铸钢厂的主厂房工艺设备投资额约为 2400 万元。该项目的其他资料如表所示：

案例解析

与设备投资有关的各专业工程投资系数见表 2-4；与主厂房投资有关的辅助工程及附属设施投资系数见表 2-5。

与设备投资有关的各专业工程投资系数　　　　　表 2-4

| 加热炉 | 汽化冷却 | 余热锅炉 | 自动化仪表 | 起重设备 | 供电与传动 | 建安工程 |
|---|---|---|---|---|---|---|
| 0.12 | 0.01 | 0.04 | 0.02 | 0.09 | 0.18 | 0.40 |

与主厂房投资有关的辅助工程及附属设施投资系数　　　　　表 2-5

| 动力系统 | 机修系统 | 总图运输系统 | 行政及生活福利设施工程 | 工程建设其他费用 |
|---|---|---|---|---|
| 0.30 | 0.12 | 0.20 | 0.30 | 0.20 |

本项目的资金来源为自有资金和贷款，贷款总额为 8000 万元，贷款利率为 8％（按年计息）。建设期 3 年，第 1 年投入 30％，第 2 年投入 50％，第 3 年投入 20％。预计建设期物价年平均上涨率为 3％，基本预备费率为 5％。

（1）已知拟建项目建设期与类似项目建设期的综合价格差异系数为 1.25，钢铁的生产能力指数为 1，试用生产能力指数估算法估算该项目的工艺设备投资额；用系数估算法估算该项目主厂房投资和项目建设的工程费与其他费投资。

（2）试估算该项目的建设投资。

（3）试估算该项目的建设期利息。

（4）若单位产量占用流动资金额为 40 元/t，试用扩大指标估算法估算该项目的流动资金，确定该项目的建设总投资。

**思考感悟：项目投资估算的效益观**

效益观是指人们在各类活动中希望能够降低投入、增加产出，对获利的追求和态度。效益是指经济活动中投入的资源、费用与产出的有用成果的比率。当投入低于产出时就有盈利，即有效益；当投入高于产出就出现了亏损，即没有效益。为了提高效益，人们总是考虑如何通过最少的投入取得最多的产出，从而使盈利最大化。

项目投资估算是从业人员秉承实事求是的原则，根据行业部门、项目所在地工程造价管理机构或行业协会等编制和发布的规定指标，考察工程所在地的人工、材料、机器设备的市场价格，参考同类项目文件资料，结合项目建设内容和工程量及工程勘察文件和工程地质资料，对项目的各项费用进行计算，反映项目的经济效益。参考估算结果选取最优设计方案，控制项目工程设计，指导项目投资计划。投资项目工作成功的标准就是选取最优设计方案，指导项目投资计划，在项目总投资额低的情况下，获得最高的项目经济收益，追求最高的性价比。

因此，在项目投资估算中，效益观要求专业估算人员要掌握项目建设内容，详细了解项目的内部情况和外部环境。根据工程总投资费用的构成，按照项目估算流程，一步一步认真估算每项费用，降低估算误差。仔细检查各项费用，及时修正不合理费用。最后，将各项费用加总得到项目总投资费用。随着项目内容的明确，估算人员掌握的项目信息增加，要及时更新各项数据和估算结果。

项目投资估算的效益观并不是简单的数字，也不是仅仅学习教材中的理论知识就能培养的。在实际项目中，不仅要考虑项目的经济效益，还要考虑项目的环境效益和社会效益，追求项目经济效益、环境效益和社会效益的统一，形成项目投资估算的效益观。

# 3 项目的财务评价

## 3.1 概 述

### 3.1.1 项目财务评价的目的

项目经济评价是根据国民经济长远规划和地区、部门或行业规划的要求，在做好产品或服务市场需求预测及厂址选择、工艺技术和设备选择等工程技术研究的基础上，利用一些特定的经济参数和分析方法，从企业财务和国民经济两个方面考察投资项目在经济上是否可行，预计的经济收益如何，并进行多方案比较和风险分析的一项工作。它是项目可行性研究中的重要组成部分，也是投资项目管理中的重要环节。

项目财务评价是其经济评价的首要内容之一，对投资者、经营者或企业而言，项目财务评价是企业投资决策的基础。财务评价首先从企业或项目角度出发，分析投资效果，判断和明确企业投资所获得的实际利益，考察项目的盈利能力。另外，投资者可以根据财务评价结果，并结合自身的财务实力，确定自有资金投资额，采取资金筹集措施，制订资金来源和使用计划。此外，投资者可以利用财务分析评价方法，比较项目各方案的成本和经济效益，科学预测项目未来的获利能力，以此为依据进行项目或方案比选。

对于为项目投资提供贷款的金融机构而言，通过财务评价可以确定贷款方所投资项目的可靠程度，掌握项目的财务状况及实施可行性，判断企业的贷款偿还能力，最终根据项目财务评价作出贷款决策。因此，财务评价也可为协调企业利益与国家利益提供依据。

### 3.1.2 项目财务评价的概念

项目财务评价是项目经济评价的第一步，是从企业角度根据国家现行财政制度、税收法规和价格体系，分析、计算项目的投资、成本、收入、税金和利润等财务数据，考察项目建成投产后的盈利能力、清偿能力和财务可持续能力，据此判别项目的财务可行性，明了项目的财务可接受性，得出财务评价的结论，并为投资决策提供依据的经济评价方法。项目财务评价是投资项目经济评价中的微观层次，它主要从微观投资主体的角度分析项目可以给投资主体带来的效益以及投资风险。

在理解项目财务评价这一概念时，要注意以下几点：

（1）财务评价与国民经济评价的异同。财务评价和国民经济评价都是分析项目或方案实施的经济效果，分析计算方法大致相同。但是财务评价是从实施方案的部门或企业的经济利益角度出发，而国民经济评价是从国民经济利益角度出发。

（2）财务评价只计算项目的直接效益和直接费用。

（3）财务评价的主要内容包括财务效益和费用的预测与分析计算；制订资金计划；编制财务报表；计算财务评价指标；进行财务盈利能力、清偿能力、外汇平衡和不确定性分析。

(4) 财务评价应遵循效益和费用计算口径一致，动态分析为主、静态分析为辅，采用预测价格，定量分析为主、定性分析为辅的原则。

### 3.1.3 项目财务评价引入社会评价的必要性

投资项目社会评价的主要目的是判断项目的社会可行性，是应用社会学的一些基本理论和方法，系统地调查和收集与项目相关的社会因素和社会数据，了解项目实施过程中可能出现的社会问题，研究、分析对项目成功有影响的社会因素，提出项目与当地社会协调发展，规避社会风险，进而保证项目顺利实施和效果持续发挥的建议和措施的一种项目评价方法。社会评价与财务评价、经济评价、环境评价相互补充，共同构成项目评价的方法体系。

当前社会越来越强调以人为本的重要性，一个项目是否可行，除了分析财务和经济上的可行性以外，还必须充分考虑社会的、人文的因素。因此，在投资项目的财务评价中有必要引入社会评价。

## 3.2 项目的盈利能力分析

### 3.2.1 项目的盈利能力分析概述

对于企业而言，盈利是经营的主要目标，因此盈利能力是财务分析中的一项重要内容。项目的盈利能力是指企业投资某项目后，一段时间内赚取利润的能力。分析项目的盈利能力时应将动、静态分析相结合，以动态分析为主、静态分析为辅。

### 3.2.2 项目的盈利能力分析指标

项目的盈利能力分析指标主要包括总投资收益率、资本金净利润率、静态投资回收期、净现值、净现值率、净年值、动态投资回收期、内部收益率和基准收益率等。其中，总投资收益率、资本金净利润率、静态投资回收期不考虑时间因素对货币价值的影响，属于静态分析指标，特点是简单易算，主要用于技术经济数据不完备和不精确的项目精选阶段，适用于短期投资项目和逐年收益大致相等的项目。净现值、净现值率、净年值、动态投资回收期、内部收益率属于动态评价指标，考虑资金的时间价值，能够较全面地反映投资项目整个计算期的经济效益，但计算较复杂，适用于计算期较长的项目。

**1. 总投资收益率**

总投资收益率（Return on Investment，ROI），又称投资报酬率，表示总投资的盈利水平，是指项目达到设计生产能力时，一个正常年份的年息税前利润或运营期内年平均息税前利润（EBIT）与方案投资总额（I）的比率。它是评价投资方案盈利能力的静态指标，表示在投资方案正常生产年份，单位投资每年所创造的年净收益额。对运营期内各年的净收益额变化幅度较大的方案，可计算运营期年均净收益额与投资总额的比例，公式为：

$$ROI = \frac{EBIT}{I} \times 100\% \tag{3-1}$$

式中 $ROI$——总投资收益率；

$EBIT$——项目达到设计生产能力后正常年份的年平均息税前利润（年平均息税前利

润＝年均营业收入－年均总成本－年均销售税金及附加＋年均利息支出）；

$I$——项目总投资（项目总投资＝固定资产投资＋流动资金）。

通常情况下，当计算出的总投资利润率（ROI）高于行业平均投资利润率时，认为该项方案的盈利能力满足要求。

总投资收益率的优点是：指标的经济意义明确、直观，计算简便，在一定程度上反映了投资效果的优劣，适用于各种投资规模。

总投资收益率的缺点是：没有考虑资金时间价值因素，忽视了资金具有时间价值的重要性；指标计算的主观随意性太强，换句话说，就是正常生产年份的选择比较困难，具有一定的不确定性和人为因素；不能正确反映建设期长短及投资方式不同和有无回收额对项目的影响，分子、分母计算口径的可比性较差，无法直接利用净现金流量信息。

因此，该指标的主要适用范围是：计算期较短、不具备综合分析所需详细资料的项目，尤其适用于工程项目方案选择的早期阶段，或工艺简单而生产变化不大的工程项目的投资经济效果评价。

**【例 3-1】** 现有某投资项目，已知该项目累计建设投资 500 万元，累计流动资金 250 万元，第 1 年至第 3 年没有获得利润，第 4 年税前利润为 100 万元，第 5 年税前利润为 150 万元，第 6 年至第 8 年税前利润均为 200 万元。该项目达产年为第 7 年，基准投资收益率为 15%。请以总投资收益率指标判断该项目是否可行。

**【解】** 根据式（3-1）计算总投资收益率 $ROI$：

$$ROI = \frac{200}{750} \times 100\% = 27\%$$

由于 27%＞15%，故该项目可行。

**2. 资本金净利润率**

资本金净利润率（Return on Equity，$ROE$）是项目盈利能力评价指标之一，表示项目资本金（Equity）的盈利水平，指项目达到设计生产能力后正常年份的净利润或运营期内年平均净利润（$NP$）与项目资本金（$EC$）的比例，公式为：

$$ROE = \frac{NP}{EC} \times 100\% \tag{3-2}$$

式中 $ROE$——资本金净利润率；

$EC$——项目资本金；

$NP$——项目达到设计生产能力后正常年份的净利润或运营期内年平均净利润。

通常情况下，当计算出的资本金净利润率（$ROE$）高于同行业的利润率参考值时，认为该项目盈利能力满足要求。

资本金净利润率反映了项目资本金的获利能力，是项目投资者关心的经济评价指标。该指标不仅可以用来衡量拟建项目的获利能力，还可以作为投资项目筹资决策参考的依据。当项目资本金净利润率高于同期银行贷款利率时，则项目可以适度举债；反之，资本金利润率过低则说明项目不适宜大量贷款。

**3. 静态投资回收期**

静态投资回收期也称投资回收期、投资返本期或投资偿还期，是反映投资回收能力的重要指标。静态投资回收期（$P_t$）是指在不考虑资金时间价值的情况下，以投资项目经营净现金流量抵偿原始总投资所需要的全部时间。对于投资者而言，投资回收期越短越好，其单位通常用"年"表示。投资回收期一般从建设开始年算起，也可以从投资开始年算起，为了避免混乱，计算时应具体注明，公式为：

$$\sum_{t=0}^{P_t}(CI-CO)_t = 0 \tag{3-3}$$

式中　　$P_t$——静态投资回收期；
　　　　$CI$——现金流入量；
　　　　$CO$——现金流出量；
$(CI-CO)_t$——第 $t$ 年净现金流量。

静态投资回收期根据项目净现金流量表计算，其具体计算有以下两种情况：

（1）如果项目建成投产后，运营期各年的净现金流量均相同，其计算公式可简化为：

$$P_t = \frac{I}{A} \tag{3-4}$$

式中　$I$——项目总投资；
　　　$A$——项目投产后各年净现金流量，即 $(CI-CO)_t$。

（2）当项目建成投产后，运营期各年的净现金流量不同时，静态投资回收期（$P_t$）为项目累计净现金流量由负值转为 0 的时点（图 3-1）。

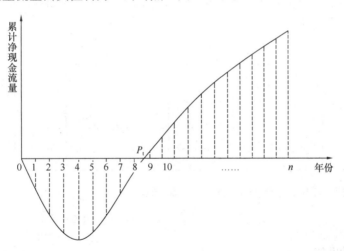

图 3-1　项目投资回收期示意图

其计算公式如下：

$$P_t = T - 1 + \frac{\left|\sum_{t=0}^{T-1}(CI-CO)_t\right|}{(CI-CO)_T} \tag{3-5}$$

式中　$T$——项目各年累计净现金流量首次出现正值或 0 的年份；

$\left|\sum_{t=0}^{T-1}(CI-CO)_t\right|$——上年累计净现金流量绝对值。

当用静态投资回收期评价投资项目时，计算出的静态投资回收期应与项目的基准投资回收期进行比较，基准投资回收期根据同类项目的历史数据和投资者意愿确定。设基准投

资回收期为 $P_c$，判别标准是：

若 $P_t \leqslant P_c$，则项目可以考虑接受；

若 $P_t > P_c$，则项目应予以拒绝。

【例 3-2】某项目的现金流量表见表 3-1，基准投资回收期为 5 年，请用投资回收期法评价该项目是否可行。

项目现金流量表（单位：万元）　　　　　　　　　　　　　表 3-1

| 年份 | 0 | 1 | 2 | 3 | 4 | 5 | 6 |
|---|---|---|---|---|---|---|---|
| 投资 | 2000 | | | | | | |
| 收入 | | 300 | 500 | 600 | 600 | 600 | 600 |

【解】根据式（3-3）计算静态投资回收期 $P_t$：

$$\sum_{t=0}^{P_t}(CI-CO)_t = -2000+300+500+600+600 = 0$$

$$P_t = 4$$

$$P_t = 4 < P_c = 5$$

所以项目可行。

【例 3-3】某项目的现金流量表见表 3-2，已知基准投资回收期为 9 年，请用投资回收期法计算该项目是否可行。

项目现金流量表（单位：万元）　　　　　　　　　　　　　表 3-2

| 年份 | 0 | 1 | 2 | 3 | 4 | 5 | 6 | 7 | 8 |
|---|---|---|---|---|---|---|---|---|---|
| 净现金流量 | −5000 | 0 | 0 | 500 | 600 | 1000 | 1500 | 1500 | 1500 |
| 累计净现金流量 | −5000 | −5000 | −5000 | −4500 | −3900 | −2900 | −1400 | 100 | 1600 |

【解】根据式（3-5）计算静态投资回收期 $P_t$：

$$P_t = 7-1+\frac{1400}{1500} = 6.9 \text{ 年} < 9 \text{ 年}$$

所以该项目可行。

静态投资回收期的优点包括：第一，概念清晰，反映问题直观，简单易用；第二，能够直观地反映原始总投资的返本期限；第三，该指标不仅在一定程度上能反映项目的经济性，而且能反映项目的风险大小，项目决策面临未来的不确定因素的挑战，这种不确定性带来的风险随着时间的延长而增加，因此，离现在越远，人们不确定的因素就越多；第四，该指标有助于对技术上更新较快、资金短缺或未来情况难以预测的项目进行评价。

静态投资回收期的缺点包括：第一，没有考虑资金的时间价值；第二，由于舍弃了回收期后面的收入与支出数据，不能全面反映项目在寿命期内的真实效益，难以对不同方案的比选作出正确的判断。

因此，静态投资回收期仅能在一定程度上反映项目方案的资金回收能力，可作为项目评价的辅助性指标，不能单独使用。

### 4. 净现值

净现值（Net Present Value，NPV），是指按设定的折现率（基准收益率 $i_c$）将投资项目寿命周期内所有年份的净现金流量折现到计算期初的现值累加值。利用净现值来判断投资方案动态经济效果的分析法即为净现值法，净现值法是在投资项目的财务评价中计算投资效果常用的一种动态分析方法。该指标是反映投资项目在计算期内整体盈利能力的绝对指标。公式为：

$$NPV = \sum_{t=0}^{n}(CI-CO)_t(1+i_c)^{-t} \quad (3-6)$$

式中　$NPV$——净现值；

　　　$n$——项目的计算期；

　　　$i_c$——基准收益率。

取基准收益率 $i_c$ 为设定贴现率时，若净现值 $NPV \geqslant 0$，则方案可行，且净现值越大，方案越优，投资效益越好；若净现值 $NPV < 0$，则方案没有达到项目基准收益率所要求的盈利水平，方案不可行。

**【例 3-4】** 某建设项目有如下两个方案，甲方案期初投资 2000 万元，乙方案期初投资 2500 万元，A 方案在 1~8 年末每年收益 800 万元，B 方案则每年收益 900 万元，项目现金流量表见表 3-3。设项目基准收益率 $i_c$ 为 10%，请用净现值判断应选择哪个方案。

项目现金流量表（单位：万元）　　　　表 3-3

| 方案 \ 年份 | 0 | 1~8 |
|---|---|---|
| 甲 | −2000 | 800 |
| 乙 | −2500 | 900 |

**【解】**

$NPV_甲 = -2000 + 800(P/A, 10\%, 8) = -2000 + 800 \times 5.3349 = 2267.92$ 万元

$NPV_乙 = -2500 + 900(P/A, 10\%, 8) = -2500 + 900 \times 5.3349 = 2301.41$ 万元

比较方案：$NPV_乙 > NPV_甲 > 0$，则甲、乙方案均可行，乙方案更佳。

净现值法的优点是经济含义明确，判别直观简便，既考虑了资金的时间价值，增强了投资经济性的评价，也考虑了全过程的净现金流量，体现了流动性与收益性的统一；其还考虑了投资风险，风险大则采用高折现率，风险小则采用低折现率。另外，净现值法不仅考虑了投资项目在整个经济寿命期内的收益，还考虑了其在整个经济寿命期内的更新或追加投资。此外，净现值法既能作单一方案费用与效益的比较，又能进行多方案的优劣比较，是投资项目经济评价中广泛应用的指标。

净现值法的缺点主要是需要先设定一个符合经济现实的基准收益率，而基准收益率的确定往往比较困难；此外，净现值法在进行方案间比选时没有考虑投资额的大小，即资金的利用效率，且不能反映项目投资的回收速度。另外，若进行方案间比选，各方案假设寿命期不同，则不能简单使用净现值法进行判断。

### 5. 净现值率

净现值率（Net Present Value Rate，NPVR）又称净现值比、净现值指数，是指项

目净现值与原始投资现值的比例。该指标反映项目单位投资的盈利水平，是一种动态投资收益指标。对于净现值（NPV）相等而投资额不等的多个建设方案，可用净现值率（NPVR）来评价其优选顺序。公式为：

$$NPVR = \frac{NPV}{I_p} \tag{3-7}$$

式中　$NPVR$——净现值率；

　　　$NPV$——净现值；

　　　$I_p$——项目总投资现值。

净现值率一般用于多方案比选，当 $NPVR<0$ 时，方案不可行；$NPVR \geqslant 0$ 时，对多方案的 $NPVR$ 进行排序，净现值率小，单位投资的收益就低，净现值率大，单位投资的收益就高。通常在方案比选时，倾向于选择资金利用率高的项目，其与获取净现值最大的目标有时是不一致的。

净现值率的优点是从动态角度反映投资项目的资金投入与净产出之间的关系。其缺点是无法直接反映投资项目的实际收益率水平。

### 6. 净年值

净年值（Net Annual Value，$NAV$）或称年度等值（Annual Worth，$AW$），是指通过等值换算将方案计算期内各个不同时点的净现金流量分摊到计算期内各年而得到的等额年值，即以折算的方法把方案净现值分摊到各年。公式为：

$$NAV = NPV(A/P, i_c, n) \tag{3-8}$$

式中　$NAV$——净年值；

　　　$NPV$——净现值。

对独立项目方案而言，若 $NAV \geqslant 0$，说明方案在计算期内每年的平均等额收益较基准收益率有盈余或相等，则项目在经济效果上可以接受；若 $NAV<0$，则项目在经济效果上不可接受。

净年值法主要用于寿命期（或计算期）不同的方案比选，是对净现值法的有益补充。当对 $NAV \geqslant 0$ 的多个方案进行比选时，净年值越大的方案越优。

【例3-5】某工程项目有如下两个方案，见表3-4，基准收益率取8%，应选择哪个方案？

**项目现金流量表**（单位：万元）　　　　　　　　　表3-4

| 方案 | 投资 | 年收益 | 使用年限 |
|---|---|---|---|
| 甲 | 1500 | 400 | 7 |
| 乙 | 2000 | 500 | 8 |

【解】因项目两个方案的使用年限不同，不能简单利用净现值法进行比较，因此，用净年值法进行比较。

方法一：

$NAV_甲 = 400 - 1500 \times (A/P, 8\%, 7) = 400 - 1500 \times 0.1921 = 111.9$ 万元

$NAV_乙 = 500 - 2000 \times (A/P, 8\%, 8) = 500 - 2000 \times 0.1740 = 152.0$ 万元

方法二：
$NPV_甲 = -1500 + 400 \times (P/A, 8\%, 7) = -1500 + 400 \times 5.2064 = 582.56$ 万元
$NAV_甲 = 582.56 \times (A/P, 8\%, 7) = 582.56 \times 0.1921 = 111.9$ 万元
$NPV_乙 = -2000 + 500 \times (P/A, 8\%, 8) = -2000 + 500 \times 5.7466 = 873.3$ 万元
$NAV_乙 = 873.3 \times (A/P, 8\%, 8) = 873.3 \times 0.1740 = 152.0$ 万元

比较方案：$NAV_乙 > NAV_甲 > 0$，则甲、乙方案均可行，乙方案更佳。

### 7. 动态投资回收期

动态投资回收期（$P'_t$）指按现值计算的投资回收期，该指标在计算回收期时考虑了资金的时间价值。利用动态投资回收期评价项目经济性的方法称为动态投资回收期法，该评价方法克服了传统的静态投资回收期法不考虑货币时间价值的缺点，考虑时间因素对货币价值的影响，使投资指标与利润指标在时间上具有可比性的条件下，计算出投资回收期。公式为：

$$\sum_{t=0}^{P'_t} [(CI-CO)_t (1+i_c)^{-t}] = 0 \tag{3-9}$$

式中　$P'_t$——动态投资回收期；
　　　$i_c$——基准收益率。

动态投资回收期更为实用的计算公式是：

$P'_t =$（累计折现值出现正值的年份数 $-1$）$+$（上年累计折现值的绝对值／出现正值年份的折现值）

即：

$$P'_t = T' - 1 + \frac{\left|\sum_{t=0}^{T'-1}(CI-CO)_t(1+i_c)^{-t}\right|}{(CI-CO)_{T'}(1+i_c)^{-T'}} \tag{3-10}$$

式中　$T'$——项目各年累计净现金流量折现值首次出现正值或 0 的年份。

当 $P'_t \leq P_c$（基准投资回收期）时，说明项目（或方案）能在要求的时间内收回投资，是可行的；当 $P'_t > P_c$ 时，则项目（或方案）不可行，应予拒绝。

【例 3-6】已知某项目的现金流量表见表 3-5，若假设 $i_c = 10\%$，项目基准回收期为 6 年，请计算各年的折现净现金流量填入表中，并判断项目是否可行。

**项目现金流量表**（单位：万元）　　　　表 3-5

| 年份 | 现金流出 | 现金流入 | 现金流量 | 折现净现金流量 | 累计折现净现金流量 |
|---|---|---|---|---|---|
| 0 | 5000 | — | −5000 | | |
| 1 | 400 | — | −400 | | |
| 2 | 7600 | — | −7600 | | |
| 3 | 6800 | 8900 | 2100 | | |
| 4 | 620 | 9800 | 9180 | | |
| 5 | 400 | 6200 | 5800 | | |
| 6 | 300 | 7000 | 6700 | | |
| 7 | 300 | 6000 | 5700 | | |

**【解】** 先计算项目净现金流量折现值，见表 3-6。

项目现金流量表（单位：万元） 表 3-6

| 年份 | 现金流出 | 现金流入 | 现金流量 | 折现净现金流量 | 累计折现净现金流量 |
|---|---|---|---|---|---|
| 0 | 5000 | — | −5000 | −5000 | −5000 |
| 1 | 400 | — | −400 | −364 | −5364 |
| 2 | 7600 | — | −7600 | −6281 | −11645 |
| 3 | 6800 | 8900 | 2100 | 1578 | −10067 |
| 4 | 620 | 9800 | 9180 | 6270 | −3797 |
| 5 | 400 | 6200 | 5800 | 3601 | −196 |
| 6 | 300 | 7000 | 6700 | 3782 | 3586 |
| 7 | 300 | 6000 | 5700 | 2925 | 6511 |

计算项目动态投资回收期 $P'_t$：

$$P'_t = (6-1) + \frac{|-196|}{3782} = 5.05 \text{ 年}$$

项目动态投资回收期 $P'_t$ 小于基准回收期 $P_c$，则项目可行。

一般而言，项目方案的动态投资回收期要比静态投资回收期长，这是因为动态投资回收期的计算考虑了资金的时间价值，这也正是动态投资回收期的优点，但考虑资金的时间价值后计算比较复杂。

动态投资回收期法适用于项目融资前的盈利能力分析。

**8. 内部收益率**

(1) 内部收益率的含义

内部收益率（Internal Rate of Return，IRR）又称内部报酬率，是指项目在计算期内各年净现金流量现值累计等于零时的折现率。该指标反映了项目以每年净收益归还总投资后所能获得的投资收益率，是项目整个计算期内在的、真正的收益率水平。内部收益率是最重要的经济评价指标之一。

如图 3-2 所示，随着 $i$ 的增大，NPV 将不断减小，当 NPV=0 时，这时 NPV($i$) 曲线与横轴相交，$i$ 达到其临界值 $i^*$，可以说 $i^*$ 是净现值评价准则的一个分水岭，因此，将 $i^*$ 称为内部收益率（IRR）。公式为：

$$NPV = \sum_{t=0}^{n}(CI-CO)_t(1+IRR)^{-t} = 0 \quad (3-11)$$

(2) 内部收益率的求解

一般来说，内部收益率 IRR 的求解有人工试算法与使用 Excel 程序求解法两种方法。Excel 程序求解法即利用 IRR 函数进行求解，试算法是利用直线内插法来近似求解内部收益率，其原理如图 3-2 所示。

试算法的计算步骤：计算各年的净现金流量，通过试算找到满足下列两个条件的两个

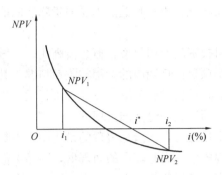

图 3-2　IRR 计算时直线内插法原理

折现率 $i_1$ 和 $i_2$：

① $i_1 < i_2$ 且 $i_2 - i_1 \leqslant 5\%$。

② $NPV(i_1) > 0$，$NPV(i_2) < 0$。

如果 $i_1$ 和 $i_2$ 不满足这两个条件，要重新预估，直至满足条件。

此后，用直线内插法近似求得内部收益率 IRR。

IRR 的近似求解公式为：

$$IRR = i_1 + \frac{NPV_1}{NPV_1 + |NPV_2|} \times (i_2 - i_1) \tag{3-12}$$

【例 3-7】某项目净现金流量见表 3-7，试计算该项目的内部收益率。

项目现金流量表（单位：万元）　　　　表 3-7

| 年末 | 0 | 1 | 2 | 3 | 4 |
|---|---|---|---|---|---|
| 净现金流量 | -1000 | 200 | 300 | 400 | 500 |

【解】设 $i_1 = 12\%$，$i_2 = 13\%$，分别计算其 NPV。

$$NPV(i_1) = \sum_{t=0}^{4}(CI - CO)_t(1 + 12\%)^{-t} = 20.20 \text{ 万元} > 0$$

$$NPV(i_2) = \sum_{t=0}^{4}(CI - CO)_t(1 + 13\%)^{-t} = -4.19 \text{ 万元} < 0$$

利用式（3-12）计算得：

$$IRR = 12\% + 4.19 \div (4.19 + 20.10) \times (13\% - 12\%) = 12.17\%$$

则该项目的内部收益率近似解是 12.17%。

(3) 内部收益率的判断准则

当 $IRR \geqslant i_c$ 时，则表明项目的收益率已达到或超过基准收益率水平，项目可行；当 $IRR < i_c$ 时，则表明项目不可行。

例如【例 3-7】中，若该项目的基准收益率 $i_c$ 为 10%，则该项目可行。

以上判断准则只是对单一方案而言。多方案比选，内部收益率最大的准则不总是成立，应根据具体情况分析。

(4) 内部收益率的适用范围

内部收益率被普遍认为是项目投资的盈利率，它直观地反映了投资的使用效率，由项目内生决定。该指标可以反映项目投资收益能承受通货膨胀的能力以及项目操作过程中的抗风险能力。

内部收益率法反映项目投资的使用效率，概念清晰明确。该指标不仅考虑了资金的时间价值，还全面考虑了整个项目计算期内的费用与收益情况；其能够把项目寿命期内的收益与投资总额联系起来，反映项目的收益率，以便于进行项目决策；内部收益率完全由项目内部的现金流量确定，无须事先知道基准折现率。

但内部收益率也有其不足之处，该指标表现的是比率，不是绝对值，一个内部收益率较低的方案，可能由于其规模较大而有较大的净现值，因而更值得建设，所以在各个方案比选时，必须将内部收益率与净现值结合起来考虑。此外，内部收益率可能存在多个解或无解的情况。

（5）内部收益率的存在性讨论

由内部收益率的定义式可知，它对应于一个一元高次多项式（IRR 的定义式）的根。容易证明，常规投资项目若累计净现金流量大于零，一般会有一个正实数根，则其应当是该项目的内部收益率；而非常规投资项目无论一元高次多项式的解有多少，其内部收益率都有可能不存在。

对于非常规投资项目，如存在以下情况，可能出现内部收益率（IRR）无解（图 3-3）或存在多个解（图 3-4）的情况：

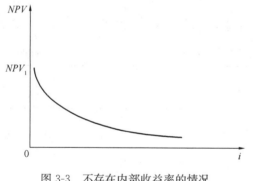

图 3-3　不存在内部收益率的情况

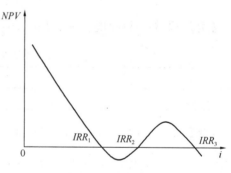

图 3-4　存在多个内部收益率的情况

1）只有现金流入或现金流出的项目；
2）项目投资不连续，或出现了追加投资。

一般地讲，如果在生产期大量追加投资，或在某些年份集中偿还债务，或经营费用支出过多等，都有可能导致净现金流量序列的符号正负多次变化，构成非常规投资项目。非常规投资项目内部收益率方程的解显然不止一个。对于这类投资项目，一般情况下内部收益率法已失效，不能用它来进行项目的评价和选择。

**9. 基准收益率（$i_c$）**

基准收益率（Benchmark Yield，$i_c$）也称基准折现率，是企业或行业或投资者以动态的观点所确定的投资方案最低标准收益水平，即最低可接受收益率。它表明投资决策者对项目资金时间价值的估价，是投资资金应当获得的最低盈利率水平，是评价和判断投资方案在经济上是否可行的依据，是一个重要的经济参数。

恰当地确定基准收益率是十分重要，同时也是相当困难的，它不仅取决于资金来源的构成和未来的投资机会,还要考虑项目风险和通货膨胀等因素的影响。

(1) 基准收益率确定的影响因素

1) 资金成本与投资机会成本 ($i_1$)

资金成本是为取得资金使用权所支付的费用,主要包括资金的使用费和筹资费。资金的使用费是指因使用资金而向资金提供者支付的报酬,如使用发行股票筹集的资金,要向股东们支付红利;使用发行债券和银行贷款借入的资金,要向债权人支付利息等。筹资费是指在筹集资金过程中发生的各种费用,如委托金融机构代理发行股票、债券而支付的注册费和代理费等,向银行贷款而支付的手续费等。

投资的机会成本是指投资者将有限的资金用于拟建项目而放弃其他投资机会所能获得的最好收益。凡是技术经济活动都含有机会成本,如建厂占用耕地的代价是减少农业收入。机会成本虽不是实际支出,但在项目经济分析时,应作为一个因素认真加以考虑,有助于选择最优方案。

2) 风险补贴率 ($i_2$)

在整个项目计算期内,存在发生不利于项目的环境变化的可能性,这种变化难以预料,即投资者要冒一定的风险作决策。在确定基准收益率时,常以一个适当的风险贴补率 $i_2$ 来提高 $i_c$ 值,即以一个较高的收益水平补偿投资者所承担的风险。风险越大,贴补率越高。

3) 通货膨胀率 ($i_3$)

通货膨胀是指由于货币(这里指纸币)的发行量超过商品流通所需要的货币量而引起的货币贬值和物价上涨的现象。在通货膨胀的影响下,各种材料、设备、房屋、土地的价格以及人工费都会上涨。在确定基准收益率时,应考虑这种影响。

(2) 基准收益率的确定

投资者自行测定基准收益率 $i_c$ 的公式为:

$$i_c = (1+i_1) \times (1+i_2) \times (1+i_3) - 1 \approx i_1 + i_2 + i_3 \tag{3-13}$$

式中　$i_1$——单位投资的资金成本和机会成本中较大者;

　　　$i_2$——风险补贴率;

　　　$i_3$——通货膨胀率。

盈利能力指标汇总表见表 3-8。

**盈利能力指标汇总表**　　表 3-8

| 指标类型 | 评价指标 | 计算方法 | 判断准则 |
|---|---|---|---|
| 静态指标 | 总投资收益率 | $ROI = \dfrac{EBIT}{I} \times 100\%$ | $ROI>$行业参考值 |
| | 资本金净利润率 | $ROE = \dfrac{NP}{EC} \times 100\%$ | $ROE>$行业参考值 |
| | 静态投资回收期 | $P_t = T-1 + \dfrac{\left|\sum\limits_{t=0}^{T-1}(CI-CO)_t\right|}{(CI-CO)_T}$ | $P_t \leqslant P_c$ |

续表

| | | | |
|---|---|---|---|
| 动态指标 | 净现值 | $NPV = \sum_{t=0}^{n}(CI-CO)_t(1+i_c)^{-t}$ | $NPV \geqslant 0$ |
| | 净现值率 | $NPVR = \dfrac{NPV}{I_p}$ | $NPVR \geqslant 0$ |
| | 净年值 | $NAV = NPV(A/P, i_c, n)$ | $NAV \geqslant 0$ |
| | 动态投资回收期 | $P'_t = T'-1 + \dfrac{\left\|\sum_{t=0}^{T'-1}(CI-CO)_t(1+i_c)^{-t}\right\|}{(CI-CO)_{T'}(1+i_c)^{-T'}}$ | $P'_t \leqslant P_c$ |
| | 内部收益率 | $NPV = \sum_{t=0}^{n}(CI-CO)_t(1+IRR)^{-t} = 0$ | $IRR \geqslant i_c$ |

### 3.2.3 盈利能力分析报表

**1. 项目投资现金流量表**

项目投资现金流量表主要用于项目融资前分析,只进行盈利能力分析。融资前分析是针对项目基本方案所进行的现金流量分析,仅从项目投资总获利能力角度考察项目的合理性,而不考虑债务融资情况。项目投资现金流量分析以动态评价为主、静态评价为辅。

项目投资现金流量表的编制,首先需要正确识别现金流量。其现金流入主要包括营业收入、补贴收入,在计算期的最后一年还包括回收固定资产余值及回收流动资金;其现金流出主要包括建设投资、流动资金、经营成本、销售税金及附加以及维持运营投资。另外,所得税由息税前利润乘以所得税税率计算得出,也称为调整所得税。项目投资现金流量表的格式见表 3-9。

**项目投资现金流量表** 表 3-9

| 序号 | 项目 | 合计 | 第 0 年 | 第 1 年 | 第 2 年 | …… | 第 $n$ 年 |
|---|---|---|---|---|---|---|---|
| 1 | 现金流入 | | | | | | |
| 1.1 | 营业收入 | | | | | | |
| 1.2 | 补贴收入 | | | | | | |
| 1.3 | 回收固定资产余值 | | | | | | |
| 1.4 | 回收流动资金 | | | | | | |
| 2 | 现金流出 | | | | | | |
| 2.1 | 建设投资 | | | | | | |
| 2.2 | 流动资金 | | | | | | |
| 2.3 | 经营成本 | | | | | | |
| 2.4 | 销售税金及附加 | | | | | | |
| 2.5 | 维持运营投资 | | | | | | |
| 3 | 所得税前净现金流量 | | | | | | |

续表

| 序号 | 项目 | 合计 | 第0年 | 第1年 | 第2年 | …… | 第n年 |
|---|---|---|---|---|---|---|---|
| 4 | 累计所得税前净现金流量 | | | | | | |
| 5 | 调整所得税 | | | | | | |
| 6 | 所得税后净现金流量（3—5） | | | | | | |
| 7 | 累计所得税后折现净现金流量 | | | | | | |

依据项目投资现金流量表可以计算项目投资财务净现值（$FNPV$）及项目投资财务内部收益率（$FIRR$），这两项指标通常被认为是项目财务分析的主要指标。

另外，还可以借助该表计算项目的投资回收期。

**2. 资本金现金流量表**

项目资本金现金流量表主要用于融资后分析，它从项目权益投资者的角度，考察项目给权益投资者所带来的收益水平，也是融资决策的重要依据。在拟定的融资方案基础上进行息税后分析，进而判断项目方案在融资方案条件下的合理性，有助于投资者在其可接受的融资方案下最终作出决策。

项目资本金现金流量表的编制，同样需要正确识别现金流量。其现金流入主要包括营业收入、补贴收入，在计算期的最后一年还包括回收固定资产余值及回收流动资金；其现金流出主要包括建设投资和流动资金中的项目资本金（权益资金）、经营成本、销售税金及附加、借款本金偿还、借款利息支付和所得税，以及维持运营投资。该项所得税等于利润与利润分配表等财务报表中的所得税，与前述调整所得税有所区别。项目资本金现金流量表的格式见表3-10。

依据项目资本金现金流量表可以计算项目资本金财务内部收益率。

**项目资本金现金流量表**　　　　表3-10

| 序号 | 项目 | 合计 | 第0年 | 第1年 | 第2年 | …… | 第n年 |
|---|---|---|---|---|---|---|---|
| 1 | 现金流入 | | | | | | |
| 1.1 | 营业收入 | | | | | | |
| 1.2 | 补贴收入 | | | | | | |
| 1.3 | 回收固定资产余值 | | | | | | |
| 1.4 | 回收流动资金 | | | | | | |
| 2 | 现金流出 | | | | | | |
| 2.1 | 建设投资 | | | | | | |
| 2.2 | 项目资本金 | | | | | | |
| 2.3 | 借款本金偿还 | | | | | | |
| 2.4 | 借款利息支付 | | | | | | |
| 2.5 | 经营成本 | | | | | | |
| 2.6 | 销售税金及附加 | | | | | | |
| 2.7 | 维持运营投资 | | | | | | |
| 2.8 | 所得税 | | | | | | |
| 3 | 净现金流量（1—2） | | | | | | |

### 3. 投资各方现金流量表

由多方投资的项目，为了了解各投资方的具体收益，还需要编制投资各方现金流量表。该表从各方投资者的角度出发，考虑各方实际收入和支出，确定其现金流量，按各方角度分别编制其现金流量表，计算各投资方财务内部收益率，考察其收益水平。

投资各方现金流量表格式见表 3-11。

投资各方现金流量表　　　　　　表 3-11

| 序号 | 项目 | 合计 | 第 0 年 | 第 1 年 | 第 2 年 | …… | 第 $n$ 年 |
|---|---|---|---|---|---|---|---|
| 1 | 现金流入 | | | | | | |
| 1.1 | 应得利润 | | | | | | |
| 1.2 | 资产清理分配 | | | | | | |
| 1.2.1 | 回收固定资产余值 | | | | | | |
| 1.2.2 | 回收流动资金 | | | | | | |
| 1.2.3 | 净转收入 | | | | | | |
| 1.2.4 | 其他收入 | | | | | | |
| 2 | 现金流出 | | | | | | |
| 2.1 | 建设投资额 | | | | | | |
| 2.2 | 经营出资额 | | | | | | |
| 3 | 净现金流量（1－2） | | | | | | |
| 4 | 累计净现金流量 | | | | | | |

### 4. 利润与利润分配表

利润表，或利润与利润分配表，主要反映项目计算期内各年的利润总额、所得税及税后分配情况。

表格中，利润总额是指项目在一定时期内实现的盈亏总额，即利用营业收入扣除销售税金及附加、总成本费用，若有补贴收入则加上。其计算公式为：

$$利润总额＝营业收入－销售税金及附加－总成本费用＋补贴收入 \quad (3-14)$$

求得利润总额后，首先应弥补上一年度的项目亏损（如有），当年所得税前利润不足以弥补的，则可在五年内用所得税前利润继续弥补。

所得税应以弥补上年度亏损后的利润额作为计算基数，即：

$$应纳税所得额＝利润总额－弥补以前年度亏损 \quad (3-15)$$

缴纳所得税后的利润即净利润，连同上年度未分配利润，构成本期可供分配的利润。按以下顺序进行利润分配：

（1）提取法定盈余公积金

法定盈余公积金按照税后净利润的 10% 提取。法定盈余公积金已达注册资本的 50% 时可不再提取。提取的法定盈余公积金用于弥补以前年度亏损或转增资本金，但转增资本金后留存的法定盈余公积金不得低于注册资本的 25%。

（2）提取任意盈余公积金

任意盈余公积金计提标准由股东大会确定,如确因需要,经股东大会同意后,也可用于分配。

(3) 向股东(投资者)支付股利(分配利润)

支付优先股股利、普通股股利,以及向各投资方分配利润。分配比例按投资者签订的协议或公司章程有关规定来确定。企业上年度未分配利润可并入本年利润一并分配。

分配利润后,余下的利润为未分配利润,其计算公式如下:

未分配利润 = 可供投资者分配的利润 - 任意盈余公积金 - 应付优先股股利
－ 应付普通股股利 － 各投资方利润分配额 (3-16)

利润与利润分配表格式见表3-12。

利润与利润分配表　　　　表3-12

| 序号 | 项目 | 合计 | 第0年 | 第1年 | 第2年 | …… | 第n年 |
|---|---|---|---|---|---|---|---|
| 1 | 营业收入 | | | | | | |
| 2 | 销售税金及附加 | | | | | | |
| 3 | 总成本费用 | | | | | | |
| 4 | 补贴收入 | | | | | | |
| 5 | 利润总额(1-2-3+4) | | | | | | |
| 6 | 弥补以前年度亏损 | | | | | | |
| 7 | 应纳税所得额(5-6) | | | | | | |
| 8 | 所得税 | | | | | | |
| 9 | 净利润(5-8) | | | | | | |
| 10 | 期初未分配利润 | | | | | | |
| 11 | 可供分配的利润(9+10) | | | | | | |
| 12 | 提取法定盈余公积金 | | | | | | |
| 13 | 可供投资者分配的利润(11-12) | | | | | | |
| 14 | 提取任意盈余公积金 | | | | | | |
| 15 | 应付优先股股利 | | | | | | |
| 16 | 应付普通股股利 | | | | | | |
| 17 | 各投资方利润分配 | | | | | | |
| 18 | 未分配利润(13-14-15-16-17) | | | | | | |
| 19 | 息税前利润(利润总额+利息支出) | | | | | | |
| 20 | 息税折旧摊销前利润(19+折旧费+摊销费) | | | | | | |

依据项目投资现金流量表可以计算项目总投资收益率($ROI$)、项目资本金净利润率($ROE$)和投资利税率($TVR$)等静态财务分析指标。

盈利能力报表与评价指标的关系见表3-13。

盈利能力报表与评价指标的关系　　　　　表 3-13

| 评价内容 | 基本报表 | 静态评价指标 | 动态评价指标 |
|---|---|---|---|
| 盈利能力 | 项目投资现金流量表 | 静态投资回收期 | 动态投资回收期<br>财务净现值<br>净现值率<br>净年值<br>财务内部收益率 |
| | 项目资本金现金流量表 | | 动态投资回收期<br>财务净现值<br>净现值率<br>资本金财务内部收益率 |
| | 投资各方现金流量表 | | 投资各方财务内部收益率 |
| | 利润与利润分配表 | 总投资收益率<br>资本金净利润率<br>投资利税率 | |

## 3.3 项目的偿债能力分析

### 3.3.1 项目的偿债能力分析概述

偿债能力分析是通过编制相关报表，计算利息备付率、偿债备付率等比率指标，考察项目借款的偿还能力。

### 3.3.2 项目的偿债能力分析指标

**1. 利息备付率**

利息备付率（Interest Coverage Ratio，ICR）也称已获利息倍数、利息保障倍数，是指项目在借款偿还期内各年可用于支付利息的息税前利润（EBIT）与当期应付利息费用（PI）的比值。该项指标从付息资金来源的充裕性角度反映项目支付债务利息的能力或保障性。公式为：

$$ICR = \frac{EBIT}{PI} \times 100\% \tag{3-17}$$

式中　ICR——利息备付率；

　　　EBIT——年平均税前利润（年平均税前利润＝年均营业收入－年均总成本－年均销售税金及附加＋年均利息支出）；

　　　PI——应付利息。

利息备付率应分年计算，分别计算在债务偿还期内各年的利息备付率。

通常情况下，ICR＞1，表示企业有偿还利息的能力，一般不宜低于 2，应结合债权人的要求确定；ICR＜1 时，表示企业没有足够的资金支付利息，偿债风险很大。

**2. 偿债备付率**

偿债备付率（Debt Service Coverage Ratio，DSCR）又称偿债覆盖率，是指项目在借款偿还期内，各年可用于还本付息的资金与当期应还本付息金额的比值。该指标从偿债资金来源的充裕性角度反映项目偿付借款本息的能力与保障性。公式为：

$$DSCR = \frac{EBITDA - T_{AX}}{PD} \qquad (3-18)$$

式中　$DSCR$——偿债备付率；

　　　$EBITDA$——息税折旧摊销前利润；

　　　$T_{AX}$——所得税；

　　　$PD$——应还本付息，包括当期应还贷款本金额及计入总成本费用的全部利息。

融资租赁费用可视同借款偿还；运营期内的短期借款本息也应纳入计算；如果项目在运维期内有维持运营的投资，可用于还本付息的资金应扣除维持运营的投资。

通常情况下，偿债备付率（$DSCR$）应当大于1，且越高越好。指标越高，表明项目可用于还本付息的资金保障性越大；指标越低，表明项目还本付息资金不充足，偿债风险大。当 $DSCR<1$ 时，表示当年资金来源不足以偿付当期债务，需要通过短期借款偿付已到期债务。参考国际和国内经验来看，一般情况下，$DSCR$ 不宜低于1.3。

**3. 资产负债率**

资产负债率（Liability on Asset Ratio，$LOAR$）又称举债经营比率，是指各期末负债总额与资产总额的比率。该指标用来衡量企业利用债权人提供的资金进行经营活动的能力，反映债权人发放贷款的安全程度。公式为：

$$LOAR = \frac{TL}{TA} \times 100\% \qquad (3-19)$$

式中　$LOAR$——资产负债率；

　　　$TL$——期末负债总额；

　　　$TA$——期末资产总额。

资产负债率反映在总资产中有多大比例是通过负债来筹资的，也可衡量企业在清算时保护债权人利益的程度，其是评价公司负债水平的综合指标。

适度的资产负债率表明企业经营安全、稳健，具有较强的筹资能力，也表明企业和债权人风险较小。在企业管理中，资产负债率的高低也不是一成不变的，要看从什么角度进行分析，还要看经济大环境，没有统一的标准。但是对企业来说，一般认为资产负债率的适宜水平是40%～60%。如果 $LOAR \geq 100\%$，说明公司已经没有净资产或资不抵债。

偿债能力指标汇总表见表3-14。

**偿债能力指标汇总表**　　　　　　　　　　　　　　　　　　　　表 3-14

| 评价指标 | 计算方法 | 判断标准 |
| --- | --- | --- |
| 利息备付率 | $ICR = \dfrac{EBIT}{PI} \times 100\%$ | $ICR>1$ |
| 偿债备付率 | $DSCR = \dfrac{EBITDA - T_{AX}}{PD} \times 100\%$ | $DSCR>1$ |
| 资产负债率 | $LOAR = \dfrac{TL}{TA} \times 100\%$ | $LOAR<100\%$ |

### 3.3.3 偿债能力分析报表

**1. 借款还本付息计划表**

借款还本付息计划表和资产负债表都反映了项目的偿债能力。借款还本付息计划表主要反映借款偿还期内,借款支用和还本付息的情况,是进行偿债能力分析的表格,可以用以计算利息备付率和偿债备付率等指标。

借款还本付息计划表的编制依据是借款人与债权人商定的或预计的债务资金条件和计算方式,其格式参见表 3-15。

借款还本付息计划表　　　　　　表 3-15

| 序号 | 项目 | 利率 | 建设期 | | | 运营期 | | |
|---|---|---|---|---|---|---|---|---|
| | | | 0 | 1 | 2 | 3 | …… | $n$ |
| 1 | 年初借款本息累计 | | | | | | | |
| 2 | 本年借款 | | | | | | | |
| 3 | 本年应计利息 | | | | | | | |
| 4 | 本年偿还本金 | | | | | | | |
| 5 | 本年支付利息 | | | | | | | |
| 6 | 年末剩余借款 | | | | | | | |

**2. 资产负债表**

资产负债表是反映企业在某一特定日期(如月末、季末、年末)全部资产、负债和所有者权益情况的会计报表,是企业经营活动的静态体现。资产负债表根据"资产=负债+所有者权益"这一平衡公式,依照一定的分类标准和一定的次序,将某一特定日期的资产、负债、所有者权益的具体项目予以适当的排列编制而成。

投资项目财务分析中,资产负债表的科目可以适当简化,用来反映项目各年年末的财务状况。资产负债表格式见表 3-16。

根据资产负债表可以计算项目的资产负债率、流动比率、速动比率等指标。

资产负债表　　　　　　表 3-16

| 序号 | 项目 | 建设期 | | | 运营期 | | |
|---|---|---|---|---|---|---|---|
| | | 0 | 1 | 2 | 3 | …… | $n$ |
| 1 | 资产 | | | | | | |
| 1.1 | 流动资产总额 | | | | | | |
| 1.1.1 | 应收账款 | | | | | | |
| 1.1.2 | 存货 | | | | | | |
| 1.1.3 | 现金 | | | | | | |
| 1.1.4 | 累计盈余资金 | | | | | | |
| 1.2 | 在建工程 | | | | | | |
| 1.3 | 固定资产净值 | | | | | | |
| 1.4 | 无形及递延资产净值 | | | | | | |
| 2 | 负债及所有者权益 | | | | | | |

续表

| 序号 | 项目 | 建设期 | | | 运营期 | | |
|---|---|---|---|---|---|---|---|
| | | 0 | 1 | 2 | 3 | …… | n |
| 2.1 | 流动负债总额 | | | | | | |
| 2.1.1 | 应付账款 | | | | | | |
| 2.1.2 | 流动资金借款 | | | | | | |
| 2.1.3 | 其他短期借款 | | | | | | |
| 2.2 | 长期借款 | | | | | | |
| | 负债小计 | | | | | | |
| 2.3 | 所有者权益 | | | | | | |
| 2.3.1 | 资本金 | | | | | | |
| 2.3.2 | 资本公积金 | | | | | | |
| 2.3.3 | 累计盈余公积金 | | | | | | |
| 2.3.4 | 累计未分配利润 | | | | | | |

偿债能力报表与评价指标的关系见表3-17。

偿债能力报表与评价指标的关系　　　　　表3-17

| 偿债能力 | 借款还本付息计划表 | 偿债备付率<br>利息备付率<br>借款偿还期 |
|---|---|---|
| | 资产负债表 | 资产负债率<br>流动比率<br>速动比率 |

## 3.4 项目的可持续能力分析

### 3.4.1 项目的可持续能力分析概述

只考虑投资项目的盈利能力或者偿债能力是不够的，要使项目得以顺利实施，还需要对资金进行时间上的安排，制订资金筹措方案，保证资金的平衡并保证有足够的资金偿还债务。财务可持续能力分析是通过考察项目计算期内各年的投资活动、融资活动和经营活动等所产生的各项资金的流入和流出，针对项目在实施和运营期间是否有足够的净现金流量来维持正常生产活动的一种分析。

### 3.4.2 项目的可持续能力分析报表

财务计划现金流量表是进行项目可持续能力分析的基本报表，以财务分析辅助报表和利润与利润分配表为编制基础，反映项目计算期内各年的投资、融资及经营活动的现金流入、流出，同时分析项目是否有足够的净现金流量来维持正常运营，其具体形式见表3-18。

财务计划现金流量表（单位：万元） 表 3-18

| 序号 | 项目 | 计算期 | | | | | | |
|---|---|---|---|---|---|---|---|---|
| | | 1 | 2 | 3 | 4 | 5 | …… | n |
| 1 | 经营活动净现金流量 | | | | | | | |
| 1.1 | 现金流入 | | | | | | | |
| 1.1.1 | 营业收入 | | | | | | | |
| 1.1.2 | 增值税销项税额 | | | | | | | |
| 1.1.3 | 回收流动资金 | | | | | | | |
| 1.2 | 现金流出 | | | | | | | |
| 1.2.1 | 经营成本 | | | | | | | |
| 1.2.2 | 增值税进项税额 | | | | | | | |
| 1.2.3 | 税金及附加 | | | | | | | |
| 1.2.4 | 增值税 | | | | | | | |
| 1.2.5 | 所得税 | | | | | | | |
| 2 | 投资活动净现金流量 | | | | | | | |
| 2.1 | 现金流入 | | | | | | | |
| 2.2 | 现金流出 | | | | | | | |
| 2.2.1 | 建设投资 | | | | | | | |
| 2.2.2 | 流动资金 | | | | | | | |
| 3 | 筹资活动净现金流量 | | | | | | | |
| 3.1 | 现金流入 | | | | | | | |
| 3.1.1 | 项目资本金投入 | | | | | | | |
| 3.1.2 | 建设投资借款 | | | | | | | |
| 3.1.3 | 流动资金借款 | | | | | | | |
| 3.2 | 现金流出 | | | | | | | |
| 3.2.1 | 各种利息支出 | | | | | | | |
| 3.2.2 | 偿还债务本金 | | | | | | | |
| 3.2.3 | 应付利润 | | | | | | | |
| 4 | 净现金流量 | | | | | | | |
| 5 | 累计盈余资金 | | | | | | | |

根据表中的年度盈余资金可以考察项目的年资金平衡情况，如年度盈余小于 0，则表明项目维持需要进一步借贷，或通过其他年利润补充。累计盈余需为正值，若累计盈余小于 0，则项目无法进行下去。

### 3.4.3 项目的可持续能力判断

项目的可持续能力即投资方是否有足够的净现金流量维持正常运营，可持续的基本条件是有足够的经营净现金流量。因此，可以通过以下两个方面判断项目的财务可持续能力。

第一，分析是否有足够的净现金流量维持正常运营。在项目运营期间，只有能够从各项经济活动中得到足够的净现金流量，项目才能持续生存。财务可持续能力分析中应根据财务计划现金流量表，考察项目计算期内各年的投资活动、融资活动和经营活动所产生的各项现金流入和流出，计算净现金流量和累计盈余资金，分析项目是否有足够的净现金流量维持正常运营。拥有足够的经营净现金流量是财务可持续的基本条件，特别是在运营初期。一个项目具有较大的经营净现金流量，说明项目方案比较合理，实现自身资金平衡的可能性较大，不会过分依赖短期融资来维持运营；反之，一个项目不能产生足够的经营净现金流量，或经营净现金流量为负值，说明维持项目正常运行会遇到财务上的困难，实现自身资金平衡的可能性较小，有可能要靠短期融资来维持运营，有些项目可能需要政府补助来维持运营。通常运营前期的还本付息负担较重，故应特别注重运营前期的财务可持续能力分析。如果拟安排的还款期过短，致使还本付息压力过大，导致为维持资金平衡必须筹措的短期借款过多，可以设法调整还款期，甚至寻求更有利的融资方案，减轻各年的还款压力。

第二，各年累计盈余资金不出现负值是财务上可持续的必要条件。在整个运营期间，允许个别年份的净现金流量出现负值，但不能容许任一年份的累计盈余资金出现负值。一旦出现负值应适时安排短期融资，该短期融资应体现在财务计划现金流量表中，同时短期融资的利息也应纳入成本费用和其后的计算。较大的或较频繁的短期融资有可能导致以后的累计盈余资金无法变为正值，使项目难以持续运营。

## 关 键 概 念

项目的盈利能力；总投资收益率；资本金净利润率；投资回收期；净现值；净现值率；净年值；内部收益率；基准收益率；项目的偿债能力；利息备付率；偿债备付率；资产负债率；项目的可持续能力

### 复习思考题

1. 投资项目盈利能力的概念是什么？盈利能力分析的静态和动态指标都有哪些？它们的适用范围是什么？
2. 投资项目偿债能力的概念是什么？偿债能力分析的指标有哪些？
3. 影响基准收益率的主要因素有哪些？
4. 可持续能力判断包括哪两个方面？
5. 某投资项目财务现金流量表的数据见表 3-19，基准收益率为 10%，计算该项目的：（1）静态投资回收期；（2）净现值；（3）动态投资回收期；（4）内部收益率。

**投资项目财务现金流量表**（单位：万元）　　　　　　　　　　表 3-19

| 计算期 | 0 | 1 | 2 | 3 | 4 | 5 |
|---|---|---|---|---|---|---|
| 现金流量 | −4000 | 800 | 1000 | 1100 | 1500 | 1500 |

6. 某项目有甲、乙两个工程方案，均能满足同样的需要，其投资及年收益数据见表 3-20，在基准收益率为 12% 的情况下，请用净年值法确定最优方案。

**各方案投资及年收益数据**（单位：万元）　　　　　　　　　　表 3-20

| 方案 | 初始投资 | 年收入 | 年支出 | 经济寿命（年） |
|---|---|---|---|---|
| 甲 | 3000 | 1500 | 600 | 6 |
| 乙 | 2800 | 1500 | 700 | 8 |

7. 投资项目财务分析的基本报表有哪些？

## 典型案例：某投资项目财务评价

某项目计算期为10年，其中建设期为3年，第3年和第4年为投产期，当年生产负荷分别达到设计能力的25%和60%，第5年开始每年均达到80%。当生产负荷达到100%时，可生产5000t产品。项目总投资为6813.16万元，其中向银行贷款3000万元，年贷款利率为8%。项目投资使用计划与资金筹措表见表3-21。

项目投资使用计划与资金筹措表（单位：万元）　　　　表3-21

| 序号 | 项目 | 合计 | 计算期 | | |
| --- | --- | --- | --- | --- | --- |
| | | | 0 | 1 | 2 |
| 1 | 总投资使用计划 | 6813.16 | 1740.00 | 2300.20 | 2772.96 |
| 1.1 | 固定资产投资 | 5313.16 | 1740.00 | 1800.20 | 1772.96 |
| 1.1.1 | 建设投资 | 4895.30 | 1700.00 | 1657.00 | 1538.30 |
| 1.1.2 | 建设期利息 | 417.86 | 40.00 | 143.20 | 234.66 |
| 1.2 | 流动资金 | 1500.00 | 0 | 500.00 | 1000.00 |
| 2 | 资金筹措及使用 | 6813.16 | 1740.00 | 2300.20 | 2772.96 |
| 2.1 | 项目资本金 | 3713.16 | 740.00 | 700.20 | 2272.96 |
| 2.1.1 | 用于固定资产投资 | 2295.30 | 700.00 | 57.00 | 1538.30 |
| 2.1.2 | 用于流动资金 | 1000.00 | | 500.00 | 500.00 |
| 2.1.3 | 用于建设期利息 | 417.86 | 40.00 | 143.20 | 234.66 |
| 2.2 | 债务资金 | 3000.00 | 1000.00 | 1500.00 | 500.00 |
| 2.2.1 | 用于固定资产投资 | 2500.00 | 1000.00 | 1500.00 | |
| 2.2.2 | 用于流动资金 | 500.00 | | | 500.00 |

项目固定资产原值为5313.16万元，按平均年限法进行折旧，折旧年限12年，预计净残值率为10%，固定资产折旧费估算表见表3-22。

固定资产折旧费估算表（单位：万元）　　　　表3-22

| 计算期 | 项目 | | |
| --- | --- | --- | --- |
| | 固定资产原值 | 当期折旧费 | 净值 |
| 2 | 5313.16 | 398.49 | 4914.67 |
| 3 | 4914.67 | 398.49 | 4516.18 |
| 4 | 4516.18 | 398.49 | 4117.69 |
| 5 | 4117.69 | 398.49 | 3719.20 |
| 6 | 3719.20 | 398.49 | 3320.71 |
| 7 | 3320.71 | 398.49 | 2922.22 |
| 8 | 2922.22 | 398.49 | 2523.73 |
| 9 | 2523.73 | 398.49 | 2125.24 |

项目所生产的产品在市场上比较紧俏，其销售价格根据市场确定为3元/t。正常生产年份即实现80%生产能力时，项目年收入估算为13958.4万元（不含税）。

项目营业收入、销售税金及附加估算表见表3-23。

项目总成本费用估算表及项目单位产品生产成本费用估算表分别见表3-24和表3-25。

表 3-23 项目营业收入、销售税金及附加估算表（单位：万元）

| 序号 | 项目 | 税率 | 合计 | 计算期 2 | 3 | 4 | 5 | 6 | 7 | 8 | 9 |
|---|---|---|---|---|---|---|---|---|---|---|---|
| | 生产负荷 | | | 25% | 60% | 80% | 80% | 80% | 80% | 80% | 80% |
| 1 | 营业收入 | | 98310.00 | 4350.00 | 10440.00 | 13920.00 | 13920.00 | 13920.00 | 13920.00 | 13920.00 | 13920.00 |
| 1.1 | 产品营业收入 | | 84750.00 | 3750.00 | 9000.00 | 12000.00 | 12000.00 | 12000.00 | 12000.00 | 12000.00 | 12000.00 |
| | 单价（万元/t） | | | 3 | 3 | 3 | 3 | 3 | 3 | 3 | 3 |
| | 数量（t） | | 28250.00 | 1250.00 | 3000.00 | 4000.00 | 4000.00 | 4000.00 | 4000.00 | 4000.00 | 4000.00 |
| | 销项税额 | 16% | 13560.00 | 600.00 | 1440.00 | 1920.00 | 1920.00 | 1920.00 | 1920.00 | 1920.00 | 1920.00 |
| 2 | 销售税金及附加 | | 12479.29 | 552.18 | 1325.23 | 1766.98 | 1766.98 | 1766.98 | 1766.98 | 1766.98 | 1766.98 |
| 2.1 | 消费税 | 3% | 2542.50 | 112.50 | 270.00 | 360.00 | 360.00 | 360.00 | 360.00 | 360.00 | 360.00 |
| 2.2 | 城市维护建设税 | 7% | 794.14 | 35.14 | 84.33 | 112.44 | 112.44 | 112.44 | 112.44 | 112.44 | 112.44 |
| 2.3 | 教育费附加 | 3% | 340.34 | 15.06 | 36.14 | 48.19 | 48.19 | 48.19 | 48.19 | 48.19 | 48.19 |
| 2.4 | 增值税（2.4.1-2.4.2） | | 8802.31 | 389.48 | 934.76 | 1246.34 | 1246.34 | 1246.34 | 1246.34 | 1246.34 | 1246.34 |
| 2.4.1 | 销项税额 | 16% | 13560.00 | 600.00 | 1440.00 | 1920.00 | 1920.00 | 1920.00 | 1920.00 | 1920.00 | 1920.00 |
| 2.4.2 | 进项税额 | 16% | 4757.69 | 210.52 | 505.24 | 673.66 | 673.66 | 673.66 | 673.66 | 673.66 | 673.66 |

表 3-24 项目总成本费用估算表（单位：万元）

| 序号 | 项目 | 合计 | 计算期 | | | | | | | |
|---|---|---|---|---|---|---|---|---|---|---|
| | | | 2 | 3 | 4 | 5 | 6 | 7 | 8 | 9 |
| | 生产负荷 | | 25% | 60% | 80% | 80% | 80% | 80% | 80% | 80% |
| 1 | 外购原辅材料费 | 33984.75 | 1503.75 | 3609.00 | 4812.00 | 4812.00 | 4812.00 | 4812.00 | 4812.00 | 4812.00 |
| 1.1 | 原材料 | 30679.50 | 1357.50 | 3258.00 | 4344.00 | 4344.00 | 4344.00 | 4344.00 | 4344.00 | 4344.00 |
| 1.2 | 辅助材料 | 3305.25 | 146.25 | 351.00 | 468.00 | 468.00 | 468.00 | 468.00 | 468.00 | 468.00 |
| 2 | 外购燃料及动力费 | 508.50 | 22.50 | 54.00 | 72.00 | 72.00 | 72.00 | 72.00 | 72.00 | 72.00 |
| 3 | 工资及福利费 | 1553.75 | 68.75 | 165.00 | 220.00 | 220.00 | 220.00 | 220.00 | 220.00 | 220.00 |
| 4 | 修理费 | 1575.00 | 0 | 225.00 | 225.00 | 225.00 | 225.00 | 225.00 | 225.00 | 225.00 |
| 5 | 其他费用 | 1271.25 | 56.25 | 135.00 | 180.00 | 180.00 | 180.00 | 180.00 | 180.00 | 180.00 |
| 5.1 | 其他制造费用 | 1271.25 | 56.25 | 135.00 | 180.00 | 180.00 | 180.00 | 180.00 | 180.00 | 180.00 |
| 6 | 经营成本（1+2+3+4+5） | 38893.25 | 1651.25 | 4188.00 | 5509.00 | 5509.00 | 5509.00 | 5509.00 | 5509.00 | 5509.00 |
| 7 | 折旧费 | 2556.24 | 319.53 | 319.53 | 319.53 | 319.53 | 319.53 | 319.53 | 319.53 | 319.53 |
| 8 | 利息支出 | 820.29 | 0 | 273.43 | 218.74 | 164.06 | 109.37 | 54.69 | 0 | 0 |
| 9 | 总成本费用合计（6+7+8） | 42269.78 | 1970.78 | 4780.96 | 6047.27 | 5992.59 | 5937.90 | 5883.22 | 5828.53 | 5828.53 |

**项目单位产品生产成本费用估算表**　　　　　表 3-25

| 序号 | 项目 | 单位 | 消耗定额 | 单价（元/单位） | 金额（元） | 年耗量 |
|---|---|---|---|---|---|---|
| 1 | 原辅材料 | | | | 12.03 | |
| 1.1 | 原材料 | 公斤 | 0.86 | 12.63 | 10.86 | 4000000 |
| 1.2 | 辅助材料 | 公斤 | 0.89 | 1.32 | 1.17 | 4000000 |
| 2 | 燃料、动力及水 | | 0.20 | 0.89 | 0.18 | 4000000 |
| 3 | 工资福利 | | | 0.55 | 0.55 | 4000000 |
| 4 | 制造费用 | | | 0.45 | 0.45 | 4000000 |
| 5 | 副产品回收 | | | | | |
| | 计算结果：单位生产成本 | | | | 13.21 | |

项目所得税前动态投资回收期为 2.52 年，所得税后动态投资回收期为 3.1 年，均小于项目基准投资回收期，表明项目投资能在规定时间内回收。

项目所得税前财务净现值为 11079.55 万元，所得税后财务净现值为 9353.54 万元，均大于零。项目所得税前内部收益率为 65%，所得税后内部收益率为 54%，均大于基准收益率 12%。根据各项评价指标可见，项目盈利能力已满足行业最低要求。

项目全部投资现金流量表见表 3-26。项目的利润与利润分配表见表 3-27。其中，所得税按利润总额的 25% 计取。项目的资金来源与运用表见表 3-28。根据表格可得，项目具有偿债能力。

**思考感悟：项目财务评价中的科学精神**

**什么是科学精神？**

从自然科学的角度讲，科学精神包括自然科学发展所形成的优良传统、认知方式、行为规范和价值取向，集中表现在：主张科学认识来源于实践，实践是检验科学认识真理性的标准和认识发展的动力；重视以定性分析和定量分析作为科学认识的一种方法；倡导科学无国界，科学是不断发展的开放体系，不承认终极真理；主张科学的自由探索，在真理面前一律平等，对不同意见采取宽容态度，不迷信权威等方面。从社会科学的角度来讲，科学精神又可以被概括为求真务实的精神，要用科学的手段解决事关老百姓切身利益的医疗、住房、教育、社会保障等民生问题，用科学造福国计民生；科学精神也是文明进步的精神，科学技术的发展和进步要有助于维护社会公平正义，符合国家发展和社会进步的实际，推动国家富强、民族复兴和人民幸福。

投资项目决策与管理这一门学科横跨了自然科学和社会科学，在进行投资项目财务评价的实践工作中，我们不仅要运用数学、统计、概率等手段对投资项目的财务状况作出客观、科学、准确的评价；也要做到"求真务实"，全面地考虑投资项目对国民经济效益的影响，综合考量投资项目是否能够切实推动社会进步和增进百姓福祉。因此，在投资项目的财务评价中要倡导科学精神、应用科学精神，做到财务评价中处处是科学、处处有科学，让科学精神真正根植于投资项目财务评价的全过程。

表 3-26

项目全部投资现金流量表（单位：万元）

| 序号 | 项目 | 合计 | 计算期 | | | | | | | | | |
|---|---|---|---|---|---|---|---|---|---|---|---|---|
| | | | 0 | 1 | 2 | 3 | 4 | 5 | 6 | 7 | 8 | 9 |
| 1 | 现金流入 | 101935.24 | 0 | 0 | 4350.00 | 10440.00 | 13920.00 | 13920.00 | 13920.00 | 13920.00 | 13920.00 | 17545.24 |
| 1.1 | 营业收入 | 98310.00 | 0 | 0 | 4350.00 | 10440.00 | 13920.00 | 13920.00 | 13920.00 | 13920.00 | 13920.00 | 13920.00 |
| 1.2 | 回收固定资产余值 | 2125.24 | | | | | | | | | | 2125.24 |
| 1.3 | 回收流动资金 | 1500.00 | | | | | | | | | | 1500.00 |
| 2 | 现金流出 | 58185.70 | 1740.00 | 2300.20 | 4976.39 | 5513.23 | 7275.98 | 7275.98 | 7275.98 | 7275.98 | 7275.98 | 7275.98 |
| 2.1 | 固定资产投资 | 5313.16 | 1740.00 | 1800.20 | 1772.96 | | | | | | | |
| 2.2 | 流动资金 | 1500.00 | | 500.00 | 1000.00 | | | | | | | |
| 2.3 | 经营成本 | 38893.25 | 0 | 0 | 1651.25 | 4188.00 | 5509.00 | 5509.00 | 5509.00 | 5509.00 | 5509.00 | 5509.00 |
| 2.4 | 销售税金及附加 | 12479.29 | 0 | 0 | 552.18 | 1325.23 | 1766.98 | 1766.98 | 1766.98 | 1766.98 | 1766.98 | 1766.98 |
| 3 | 所得税前净现金流量 (1−2) | | −1740.00 | −2300.20 | −626.39 | 4926.77 | 6644.02 | 6644.02 | 6644.02 | 6644.02 | 6644.02 | 10269.26 |
| 4 | 累计所得税前净现金流量 | | −1740.00 | −4040.20 | −4666.59 | 260.18 | 6904.20 | 13548.22 | 20192.24 | 26836.26 | 33480.28 | 43749.54 |
| 5 | 调整所得税 | 10825.13 | 0 | 0 | 444.81 | 1123.12 | 1542.87 | 1542.87 | 1542.87 | 1542.87 | 1542.87 | 1542.87 |
| 6 | 所得税后净现金流量 (3−5) | | −1740.00 | −2300.20 | −1071.19 | 3803.65 | 5101.15 | 5101.15 | 5101.15 | 5101.15 | 5101.15 | 8726.39 |
| 7 | 累计所得税后净现金流量 | | −1740.00 | −4040.20 | −5111.39 | −1307.74 | 3793.41 | 8894.56 | 13995.72 | 19096.87 | 24198.02 | 32924.42 |

项目的利润与利润分配表（单位：万元）

表 3-27

| 序号 | 项目 | 合计 | 2 | 3 | 4 | 5 | 计算期 6 | 7 | 8 | 9 |
|---|---|---|---|---|---|---|---|---|---|---|
| 1 | 营业收入 | 98310.00 | 4350.00 | 10440.00 | 13920.00 | 13920.00 | 13920.00 | 13920.00 | 13920.00 | 13920.00 |
| 2 | 销售税金及附加 | 12479.29 | 552.18 | 1325.23 | 1766.98 | 1766.98 | 1766.98 | 1766.98 | 1766.98 | 1766.98 |
| 3 | 总成本费用 | 42269.78 | 1970.78 | 4780.96 | 6047.27 | 5992.59 | 5937.90 | 5883.22 | 5828.53 | 5828.53 |
| 4 | 利润总额 | 43560.93 | 1827.04 | 4333.81 | 6105.75 | 6160.43 | 6215.12 | 6269.80 | 6324.49 | 6324.49 |
| 5 | 弥补以前年度亏损 | 0 | 0 | 0 | 0 | 0 | 0 | 0 | 0 | 0 |
| 6 | 应纳税所得额 | 43560.93 | 1827.04 | 4333.81 | 6105.75 | 6160.43 | 6215.12 | 6269.80 | 6324.49 | 6324.49 |
| 7 | 所得税 | 10890.23 | 456.76 | 1083.45 | 1526.44 | 1540.11 | 1553.78 | 1567.45 | 1581.12 | 1581.12 |
| 8 | 净利润 | 32670.70 | 1370.28 | 3250.36 | 4579.31 | 4620.33 | 4661.34 | 4702.35 | 4743.37 | 4743.37 |
| 9 | 期初未分配利润 | 32670.70 | 1370.28 | 3250.36 | 4579.31 | 4620.33 | 4661.34 | 4702.35 | 4743.37 | 4743.37 |
| 10 | 可供分配的利润 | 32670.70 | 1370.28 | 3250.36 | 4579.31 | 4620.33 | 4661.34 | 4702.35 | 4743.37 | 4743.37 |
| 11 | 提取法定盈余公积金 | 3267.07 | 137.03 | 325.04 | 457.93 | 462.03 | 466.13 | 470.24 | 474.34 | 474.34 |
| 12 | 可供投资者分配的利润 | 29403.63 | 1233.25 | 2925.32 | 4121.38 | 4158.29 | 4195.21 | 4232.12 | 4269.03 | 4269.03 |
| 13 | 未分配利润 | 29403.63 | 1233.25 | 2925.32 | 4121.38 | 4158.29 | 4195.21 | 4232.12 | 4269.03 | 4269.03 |
| 14 | 息税前利润 | 43560.93 | 1827.04 | 4333.81 | 6105.75 | 6160.43 | 6215.12 | 6269.80 | 6324.49 | 6324.49 |
| 15 | 息税折旧摊销前利润 | 46117.17 | 2146.57 | 4653.34 | 6425.28 | 6479.96 | 6534.65 | 6589.33 | 6644.02 | 6644.02 |

表 3-28 项目的资金来源与运用表（单位：万元）

| 序号 | 项目 | 0 | 1 | 2 | 3 | 4 | 5 | 6 | 7 | 8 | 9 |
|---|---|---|---|---|---|---|---|---|---|---|---|
| 1 | 资金来源 | 1740.00 | 2200.20 | 4919.52 | 4653.34 | 6425.28 | 6479.96 | 6534.65 | 6589.33 | 6644.02 | 10913.27 |
| 1.1 | 利润总额 | 0 | 0 | 1827.04 | 4333.81 | 6105.75 | 6160.43 | 6215.12 | 6269.80 | 6324.49 | 6324.49 |
| 1.2 | 折旧费 | 0 | 0 | 319.53 | 319.53 | 319.53 | 319.53 | 319.53 | 319.53 | 319.53 | 319.53 |
| 1.3 | 摊销费 | | | | | | | | | | |
| 1.4 | 长期借款及利息 | | | | | | | | | | |
| 1.5 | 流动资金借款 | 1000.00 | 1500.00 | 500.00 | | | | | | | |
| 1.6 | 其他短期借款 | | | | | | | | | | |
| 1.7 | 自有资金 | 740.00 | 700.20 | 2272.96 | | | | | | | |
| 1.8 | 回收固定资产余值 | | | | | | | | | | 2769.25 |
| 1.9 | 回收流动资金 | | | | | | | | | | 1500.00 |
| 2 | 资金运用 | 1740.00 | 2200.20 | 3229.72 | 1767.02 | 2210.01 | 2223.68 | 2237.35 | 2251.02 | 1581.12 | 1581.12 |
| 2.1 | 固定资产投资 | 1700.00 | 1557.00 | 1538.30 | | | | | | | |
| 2.2 | 建设期利息 | 40.00 | 143.20 | 234.66 | | | | | | | |
| 2.3 | 流动资金 | | 500.00 | 1000.00 | | | | | | | |
| 2.4 | 所得税 | 0 | 0 | 456.76 | 1083.45 | 1526.44 | 1540.11 | 1553.78 | 1567.45 | 1581.12 | 1581.12 |
| 2.5 | 应付利润 | | | | | | | | | | |
| 2.6 | 长期借款本金偿还 | 0 | 0 | 1689.81 | 683.57 | 683.57 | 683.57 | 683.57 | 683.57 | 0 | 0 |
| 3 | 盈余资金（1－2） | 0 | 0 | 1689.81 | 2886.31 | 4215.27 | 4256.28 | 4297.30 | 4338.31 | 5062.90 | 9332.15 |
| 4 | 累计盈余资金 | | | 1689.81 | 4576.12 | 8791.39 | 13047.68 | 17344.98 | 21683.29 | 26746.19 | 36078.33 |

# 4 项目的不确定性与风险分析

## 4.1 概　　述

在进行项目投资决策之前，分析人员在市场调查的基础上，掌握了大量的基础数据和相关资料，对影响投资经济效果的各技术经济变量进行预测、分析和判断，并以此作为投资决策的依据。但是由于外部环境（政治、社会、道德、文化、风俗习惯等）的变化以及预测方法的局限性，方案经济评价中所采用的基础数据与实际值有一定的偏差，从而使投资项目具有不确定性和风险。

项目的不确定性和风险分析是为了识别不确定因素并减少其对经济效果评价的影响，以预测投资项目可能承担的风险，确定项目在财务上、经济上的可靠性，有助于制定决策，避免项目投产后因不能获得预期的利润和收益，以致投资不能如期收回或给企业造成亏损的后果。在投资项目评价中，不确定性就意味着投资项目带有风险性，对于风险性大的投资项目，必然有较大的潜在获利能力，也就是说风险越大的投资项目，其内部收益率也越大。

### 4.1.1 风险的概念及分类

风险，是相对于预期目标而言，指经济主体遭受损失的不确定性。理解风险的概念应该把握以下三要素：

（1）不确定性是风险存在的必要条件

风险和不确定性是两个不完全相同但又密切相关的概念。如果某种损失必定要发生或必定不会发生，人们可以提前计划或通过成本费用的方式予以明确，这样风险是不存在的。只有当人们对行为产生的未来结果无法事先准确预料时，风险才有可能存在。

（2）潜在损失是风险存在的充分条件

不确定性的存在并不一定意味着风险，因为风险与潜在损失是联系在一起的，即实际结果与目标发生负偏离，包括没有达到预期目标的损失。

（3）经济主体是风险成立的基础

风险成立的基础是存在承担行为后果的经济主体（个人或组织），即风险行为人必须是行为后果的实际承担人。如果有某位投资者对其投资后果不承担任何责任，或者只负盈不负亏，那么投资风险对他就没有任何意义，他也不可能花费精力进行风险管理。

按照风险与不确定性的关系、风险与时间的关系和风险与行为人的关系，可以对风险进行以下分类。

（1）纯风险和理论风险

这是根据风险与不确定性的关系进行分类的一种方法。纯风险是指不确定性中仅存在损失的可能性，即纯风险没有任何收益的可能，只有损失的可能。理论风险是指不确定性中既存在收益的不确定性，也存在损失的不确定性。高新技术开发活动和证券投资活动往往包含理论风险。

(2) 静态风险和动态风险

这是根据风险与时间的关系划分风险类型的一种方法。静态风险是社会经济处于稳定状态时的风险。动态风险则是由于社会经济的变化而产生的风险。

(3) 主观风险和客观风险

按照风险与行为人的关系可以将风险划分为主观风险和客观风险。主观风险本质上是心理上的不确定性，这种不确定性来源于行为人的思维状态和对行为后果的看法。客观风险与主观风险的最大区别在于它从感官上可更精确地观察和测量。

### 4.1.2 风险程度等级分类

为了评估风险的大小，一般都要对风险程度进行分级。风险程度包括风险损失的大小和发生可能性两个方面，可以综合考虑这两个方面对项目风险程度进行分类。不同的偏好会导致不同的分类。《投资项目可行性研究指南》推荐将风险程度分为 4 类，其按照风险因素对项目的影响程度和风险发生的可能性大小进行划分，分为一般风险、较大风险、严重风险和灾难性风险。

### 4.1.3 不确定性与风险的关系

风险是在经济活动中被广泛运用的概念，而不确定性与风险有紧密的联系，但又有所不同。两者的关系可归纳为以下几个方面：

**1. 不确定性是风险的起因**

人们对未来事物认识的局限性、可获得信息的不完备性以及未来事物本身的不确定性使得未来经济活动的实际结果偏离预期目标，导致经济活动结果的不确定性，从而使经济活动的主体可能得到高于或低于预期的效益，甚至遭受一定的损失，导致经济活动"有风险"。

**2. 不确定性与风险相伴而生**

由于不确定性是风险的起因，不确定性与风险总是相伴而生。如果不是从定义上去刻意区分，往往会将它们混为一谈。即使从理论上刻意区分，实践中这两个名词也常混合使用。

**3. 不确定性与风险的区别**

不确定性的结果可能优于预期，也可能低于预期，而普遍的认知是将结果可能低于预期，甚至遭受损失称为"有风险"。还可以用是否得知发生的可能性来区分不确定性与风险，即不知发生的可能性时，称之为不确定性；而已知发生的可能性时，就称之为有风险。

**4. 投资项目的不确定性与风险**

在经济活动中，风险是不以人们意志为转移的客观存在，投资项目也不例外。尽管在投资项目的决策分析与评价全过程中已尽可能对基本方案的方方面面进行了详尽的研究，但由于预测结果的不确定性，项目经营的未来状况会与设想状况发生偏离，项目实施后的实际结果可能与预测的基本方案结果产生偏差，从而可能导致实际结果低于预期，因而使投资项目面临潜在的风险。

实际上人们对风险的研究由来已久，同时也赋予风险各式各样的定义。《投资项目可行性研究指南》对投资项目风险的定义是：投资项目风险是指由于不确定性的存在导致实际结果偏离预期结果造成损失的可能性。风险大小既与损失发生的可能性（概率）成正比，也与损失的严重性成正比。

#### 4.1.4 不确定性分析与风险分析

与"不确定性"和"风险"的关系一样，不确定性分析与风险分析也是既有联系又有区别。

不确定性分析（敏感性分析）与风险分析（概率分析）的主要区别在于两者的分析内容、方法和作用不同。不确定性分析只是对投资项目受各种不确定性因素的影响进行分析，并不能准确预见这些不确定性因素可能出现的各种状况及其产生影响发生的可能性；而风险分析则要通过预知不确定性因素（以下称风险因素）可能出现的各种状况发生的可能性，求得其对投资项目影响发生的可能性，进而对风险程度进行判断。

不确定性分析与风险分析之间也有一定的联系。前已述及，由敏感性分析可以得知影响项目效益的敏感性因素和敏感程度，但不知这种影响发生的可能性，如需得知可能性，就必须借助于概率分析。

不确定性分析包括盈亏平衡分析（收支平衡分析）、敏感性分析（灵敏度分析）和概率分析（风险分析）。盈亏平衡分析一般只用于财务评价，敏感性分析和概率分析可同时用于财务评价和国民经济评价。三者的使用要根据项目的性质、决策者的需要、相应的财力人力等进行选择。

## 4.2 盈亏平衡分析

盈亏平衡分析侧重于对投资项目风险管理中的盈亏平衡点（Break Even Point，BEP）的分析，即投资项目在产量、价格、成本等方面的盈亏界限，据此判断在各种不确定性因素作用下投资项目的适应能力和对风险的承受能力。盈亏平衡点越低，表明投资项目适应变化和承受风险的能力越强。

盈亏平衡分析一般是指根据项目正常生产年份的产量或销售量、可变成本、固定成本、产品价格和销售税金及附加等资料数据，通过计算盈亏平衡点，分析投资项目成本与收益之间的内在联系，并为决策者提供科学依据的分析方法。其隐含的一个假设是销售收入等于销售成本，认为销售收入和销售成本是关于产品销售量的函数，在盈亏平衡图上表现为销售收入与销售成本函数曲线的交汇点，从侧面表示该项目不盈不亏的生产经营水平，从另一个侧面也表示为投资项目在一定生产水平时收益与支出的平衡关系，所以也称之为收支平衡点。

由于销售收入与销售量、销售成本与销售量之间存在线性和非线性两种可能的关系，因此盈亏平衡分析也分为线性盈亏平衡分析和非线性盈亏平衡分析。

#### 4.2.1 线性盈亏平衡分析

**1. 线性盈亏平衡分析的前提条件**

（1）产量等于销量，即当年生产的产品当年销售出去。

（2）产量变化，单位可变成本不变，从而总成本费用是产量的线性函数。

（3）产量变化，产品售价不变，从而销售收入是销售量的线性函数。

(4) 单一产品，或者生产多种产品，但可以换算为单一产品计算，即不同产品负荷率的变化是一致的。

**2. 线性盈亏平衡分析的基本原理**

线性盈亏平衡分析是指项目的销售收入与销售量、销售成本与销售量之间的关系为线性关系的盈亏平衡分析。其中，

项目年总收入为：

$$F(x) = px \tag{4-1}$$

项目年总成本为：

$$C(x) = vx + C_F \tag{4-2}$$

项目年总利润为：

$$E(x) = F(x) - C(x) = (p-v)x - C_F \tag{4-3}$$

式中　$F(x)$——年销售总收入；

　　　$C(x)$——年销售总成本；

　　　$E(x)$——年总利润；

　　　$x$——年销量；

　　　$p$——产品价格（单位）；

　　　$C_F$——年固定成本；

　　　$v$——单位产品变动成本。

线性盈亏平衡点的确定方法一般有两种：一种是图表法，另一种是解析法。

(1) 图表法

图表法是将项目销售收入函数和销售成本函数在同一坐标图上描述出来，从而得到盈亏平衡图，图中两条直线的交点就是盈亏平衡点，如图 4-1 所示。

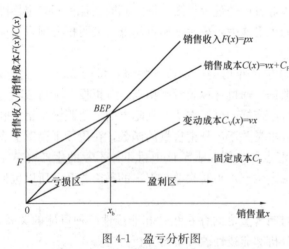

图 4-1　盈亏分析图

图 4-1 纵坐标表示销售收入和销售成本，横坐标表示销售量，图中 $x_b$ 表示盈亏平衡点所对应的盈亏平衡销售量（或称盈亏界限）。在盈亏平衡点右边，销售量大于盈亏界限 $x_b$，销售收入大于销售成本，项目盈利；在盈亏平衡点左边，销售量小于盈亏界限 $x_b$，销售收入小于销售成本，项目亏损；在盈亏平衡点上，销售收入等于销售成本，项目不亏不盈。因此盈亏平衡点就构成了项目盈利和亏损的临界点，该临界点越低，项目盈利的机会就越大，项目亏损的机会就越小。

从风险管理的角度，应设法确保项目的产出达到甚至超过产量盈亏界限。由于盈亏平衡点是由项目收入和成本共同作用的结果，所以，要改善项目盈利机会，还必须尽量降低项目的固定成本和可变成本。

(2) 解析法

解析法是指通过求解方程来确定盈亏平衡点。根据盈亏平衡原理,在盈亏平衡点上,销售收入与销售成本相等。由式(4-1)和式(4-2)可得:

$$px = vx + C_F \tag{4-4}$$

由式(4-4)推导可得:

1) 盈亏平衡产量或销售量,即盈亏平衡界限 $x_b$ 为:

$$x_b = \frac{C_F}{p-v} \tag{4-5}$$

2) 盈亏平衡销售收入 $F^*$ 为:

$$F^* = \frac{pC_F}{p-v} = \frac{C_F}{1-\dfrac{v}{p}} \tag{4-6}$$

式中各符号含义同前。

3) 生产负荷率计算公式如下:

设该项目的年设计生产能力为 $X_t$,则定义比值为项目生产负荷率:

$$BEP(x) = \frac{x_b}{x_t} = \frac{C_F}{(p-v)x_t} \times 100\% \tag{4-7}$$

生产负荷率是衡量项目生产负荷状况的重要指标。在项目的多种方案比较中,生产负荷率越低越好。一般认为,当生产负荷率不超过 0.7 时,项目可承受较大风险。

4) 盈亏平衡点价格计算公式如下:

$$p^* = v + \frac{C_F}{x_t} \tag{4-8}$$

5) 盈亏平衡点单位产品变动成本计算公式如下:

$$v^* = p - \frac{C_F}{x_t} \tag{4-9}$$

以上各式对盈亏平衡点的分析计算都是以假设公式中的其他因素不变为前提条件的,因此有一定的局限性,而且也未考虑税金这个因素。在实际分析中,应对税金加以考虑,则式(4-4)应变为:

$$(p-r)x = vx + C_F \tag{4-10}$$

式中 $r$——单位产品价格中包含的税金。

其余各式也应作相应的变化:

$$x_b = \frac{C_F}{p-r-v} \tag{4-11}$$

$$F^* = \frac{pC_F}{p-r-v} = \frac{C_F}{1-\dfrac{r+v}{p}} \tag{4-12}$$

$$BEP(x) = \frac{x_b}{x_t} = \frac{C_F}{(p-r-v)x_t} \times 100\% \tag{4-13}$$

$$p^* = r + v + \frac{C_F}{x_t} \tag{4-14}$$

$$v^* = p - r - \frac{C_F}{x_t} \tag{4-15}$$

利用上述各式计算得到的结果与项目的预测值进行比较,即可判断项目各风险的承受能力。同时我们还可以发现,固定成本越高,盈亏平衡产量越高,盈亏平衡单价变动成本越低;高的盈亏平衡产量和低的盈亏平衡变动成本意味着项目的经营风险较大。因此,固定成本有扩大项目风险的效用,因而在实际的管理决策以及设备、工艺等的选择中应给予足够的重视。

**【例 4-1】** 某项目设计生产能力为年产 40 万件,每件产品价格为 120 元,单位产品可变成本为 100 元,年固定成本为 420 万元,产品销售税金及附加占销售收入的 5%,求盈亏平衡产量。若想盈利 70 万元,其产量应为多少万件?

**【解】** 盈亏平衡点处的产量:

$$x_b = \frac{C_F}{p-r-v} = \frac{420}{120\times(1-5\%)-100} = 30 \text{ 万件}$$

若想盈利 70 万元的产量:

$$x = \frac{C_F + E(x)}{p-r-v} = \frac{420+70}{120\times(1-5\%)-100} = 35 \text{ 万件}$$

在以上盈亏平衡分析中,项目年总收入和年总成本都是产量 $x$ 的线性函数,所以又叫线性盈亏平衡分析。有些项目年总收入和年总成本可以是产量 $x$ 的非线性函数,这时盈亏平衡分析可以类似的方式进行。

### 4.2.2 非线性盈亏平衡分析

在实际项目管理活动中,经常会受到诸如政策变化、使用需求等环境变化的影响,从而使销售收入、销售成本与销售量不成线性关系。因此,在项目管理活动中常利用非盈亏平衡分析来确定盈亏平衡点。非盈亏平衡分析一般用解析法进行分析计算。

假设非线性销售收入函数与销售成本函数用二次函数表示:

销售收入函数:

$$F(x) = ax + bx^2 \tag{4-16}$$

销售成本函数:

$$C(x) = C_F + cx + dx^2 \tag{4-17}$$

式中 $a$、$b$、$c$、$d$——常数;

$x$——产量。

根据盈亏平衡原理,在平衡点有 $F(x) = C(x)$,可以得出

$$E(x) = (b-d)x^2 + (a-b)x - C_F = 0 \tag{4-18}$$

解此二次方程,得到两个解,即 $x_1$ 和 $x_2$,即项目的两个盈亏平衡点。

另外,通过对 $E(x)$ 求导,可求得项目的最大盈利点,即:

$$E'(x) = 2(b-d)x + (a-b) = 0$$

式中,$x$ 就是项目的利润达到极值时的产量。但是,有时盈利区和亏损区是不容易看出来的,所以,求出的产量是否对应利润最大还无法判别,必须通过二次微分加以判定。若:

$$E''(x) = 2(b-d) < 0$$

则求得的产量就是利润最大时的产量;反之为亏损最大时的产量。

**【例 4-2】** 某工程项目计划生产一种新产品,经过市场调研及对历年来的历史数据进行分析,预计生产该产品的销售收入函数和成本函数分别为:$F(x) = 55x - 0.0035x^2$ 和

$C(x) = 66000 + 28x - 0.001x^2$，试确定该项目产品的盈亏平衡点及最大盈利点。

**【解】** 根据盈亏平衡点的定义，可知：

盈亏平衡时有 $F(x) = C(x)$，即 $55x - 0.0035x^2 = 66000 + 28x - 0.001x^2$

$$E(x) = -0.0025x^2 + 27x - 66000 = 0$$

解上述方程，可得：$x_1 = 3739$，$x_2 = 7061$，即产品的盈利区域介于 3739 和 7061 之间。

根据最大盈利点的含义，当产量水平达到最大盈利点时，应有：

$$E'(x) = -0.005x + 27 = 0$$

解得 $x = 5400$，即当产量水平达到 5400 时是利润达到极值时的产量。

$E''(x) = -0.005 < 0$，则求得的产量就是利润最大时的产量。

## 4.3 敏 感 性 分 析

在投资项目的整个寿命周期内存在各种不确定性因素，而这些因素对投资项目的影响程度也是不一样的，有些因素很小的变化就会引起投资项目指标较大的变化，甚至于变化超过了临界点（所谓临界点是指在该点处，所分析的因素使某投资项目备选方案从被接受转向被否决），直接影响原来的投资项目管理决策，这些因素称之为**敏感性因素**；有些因素即使在较大的数值范围内变化，但只引起投资项目评价指标很小的变化甚至可以忽略，这些因素被称为不敏感性因素。

敏感性分析是指通过分析及预测影响投资项目经济评价指标的主要因素（如投资、成本、价格、折现率、建设工期等）发生变化时，这些经济评价指标（如净现值、内部收益率、投资回收期等）的变化趋势和临界值，从中找出敏感性因素，并确定其敏感程度，从而对外部条件发生不利变化时投资方案的承受能力作出判断。敏感性分析是经济决策中常用的一种不确定分析方法，其目的是了解各种不确定性因素，为投资项目的正确决策提供依据。具体而言，其作用主要体现在以下几个方面：

(1) 求解投资项目的风险水平。
(2) 找出影响投资项目效果的主导因素。
(3) 揭示敏感性因素可承受的变动幅度。
(4) 比较分析各备选方案的风险水平，实现方案选优。
(5) 预测项目变化的临界条件或临界数值，确定控制措施或寻求可替代方案。

### 4.3.1 敏感性分析的一般步骤

**1. 确定分析指标**

由于投资效果可用多种指标来表示，在进行敏感性分析时，首先必须确定分析指标。一般而言，我们在前面经济评价指标体系中讨论的一系列评价指标都可以成为敏感性分析指标。在选择时，应根据经济评价深度和项目的特点来选择一种或两种评价指标进行分析。需要注意的是，选定的分析指标必须与确定性分析的评价指标相一致，这样便于进行对比说明问题。最常用的敏感性分析指标主要有投资回收期、方案净现值和内部收益率。

**2. 选定不确定性因素，并设定它们的变化范围**

影响投资项目方案经济评价指标的因素众多，不可能也没有必要对全部不确定性因素逐个进行分析。在选定需要分析的不确定性因素时，可从两个方面考虑：第一，这些因素在可能的变化范围内，对投资效果影响较大；第二，这些因素发生变化的可能性较大。通常设定的不确定性因素有：产品价格、产销量、项目总投资、年经营成本、项目寿命期、建设工期及达产期、基准折现率、主要原材料和动力的价格等。

**3. 计算因素变动对分析指标影响的数量结果**

假定其他设定的不确定性因素不变，一次仅变动一个不确定性因素，重复计算各种可能的不确定性因素的变化对分析指标影响的具体数值。然后采用敏感性分析计算表或分析图的形式，把不确定性因素的变动与分析指标的对应数量关系反映出来，以便于确定敏感性因素。

**4. 确定敏感性因素**

敏感性因素是指能引起分析指标产生相应较大变化的因素。测定某特定因素敏感与否，可采用两种方式。

第一种方式是相对测定法，即设定要分析的因素均从基准值开始变动，且各因素每次变动幅度相同，比较在同一变动幅度下各因素的变动对经济效果指标的影响，就可以判别出各因素的敏感程度。

第二种方式是绝对测定法，即假设各因素均向降低投资效果的方向变动，并设定该因素达到可能的"最坏"值，然后计算在此条件下的经济效果指标，看其是否已达到使投资项目在经济上不可取的程度。如果投资项目已不能接受，则该因素就是敏感性因素。绝对测定法的一个变通方式是先设定有关经济效果指标为其临界值，如令净现值等于零、内部收益率为基准折现率，然后求待分析因素的最大允许变动幅度，并与其可能出现的最大变动幅度相比较。如果某因素可能出现的变动幅度超过最大允许变动幅度，则表明该因素是方案的敏感性因素。

**5. 结合确定性分析进行综合评价，选择可行的比选方案**

根据敏感性因素对投资项目方案评价指标的影响程度，结合确定性分析的结果作进一步的综合评价，寻求对主要不确定性因素变化不敏感的可选方案。

在投资项目方案分析比较中，对主要不确定性因素变化不敏感的方案，其抵抗风险的能力比较强，获得满意经济效益的潜力比较大，优于敏感方案，应优先考虑接受。有时，还可根据敏感性分析的结果，采取必要的相应对策。

敏感性分析可以是对投资项目中单一因素进行分析，即假设投资项目活动其他因素不变，只分析一个敏感性因素的变化对投资项目活动的影响，这称之为单因素敏感性分析；敏感性分析也可以是对项目中多个因素进行分析，即同时分析多个因素变化对投资项目活动的影响，这称之为多因素敏感性分析。由于多因素敏感性分析需要综合考虑多种敏感性因素可能的变化对项目活动的影响，分析起来比较复杂。

### 4.3.2 敏感性分析的方法

**1. 单因素敏感性分析**

这种方法是指每次只变动某一个不确定性因素而假定其他因素都不发生变化，分别计算其对确定性分析指标影响的敏感性分析方法。

【例4-3】某投资方案预计总投资为1200万元，年产量为10万台，产品价格为35元/台，年经营成本为120万元，方案经济寿命期为10年，届时设备残值为80万元，基准折现率为10%，试就投资额、产品价格及方案寿命期进行敏感性分析。

【解】以净现值作为经济评价指标，基准方案的净现值为：
$$NPV_0=-1200+(10\times35-120)(P/A,10\%,10)+80(P/F,10\%,10)=244.19$$
万元

下面用净现值指标分别就投资额、产品价格和方案寿命期三个不确定性因素进行敏感性分析。

设投资额变动的百分比为 $x$，分析投资额变动对方案净现值影响的计算公式为：
$$NPV=-1200(1+x)+(10\times35-120)(P/A,10\%,10)+80(P/F,10\%,10)$$

设产品价格的百分比为 $y$，分析产品价格变动对方案净现值影响的计算公式为：
$$NPV=-1200+[10\times35(1+y)-120](P/A,10\%,10)+80(P/F,10\%,10)$$

设方案寿命期变动的百分比为 $z$，分析寿命期变动对方案净现值影响的计算公式为：
$$NPV=-1200+(10\times35-120)[P/A,10\%,10(1+z)]+80[P/F,10\%,10(1+z)]$$

对投资额、产品价格及方案寿命期逐一按在基准基础上变化±10%、±15%、±20%取值，所对应的方案净现值的变化结果如表4-1和图4-2所示。可以看出，在同样的变动率下，产品价格的变动对方案的净现值影响最大，其次是投资额的变动，寿命周期的变动影响最小。

单因素的敏感性计算表　　　　　　　　　　　　　表 4-1

|       | -20%    | -15%   | -10%   | 0      | 10%    | 15%    | 20%    |
| ---   | ---     | ---    | ---    | ---    | ---    | ---    | ---    |
| 投资额 | 483.96  | 423.96 | 363.96 | 244.19 | 123.96 | 63.96  | 3.96   |
| 价格  | -186.12 | -78.60 | 28.92  | 244.19 | 459.00 | 566.52 | 647.00 |
| 寿命期 | 64.37   | 112.55 | 158.49 | 244.19 | 321.89 | 358.11 | 392.71 |

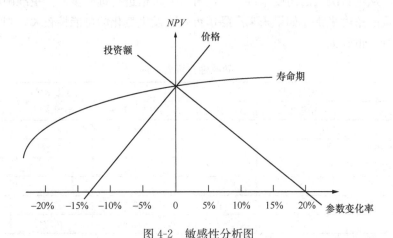

图 4-2　敏感性分析图

如果以 $NPV=0$ 作为方案是否可以接受的临界条件，那么从上面的公式中可以算出，当实际投资额超出预计投资额的 20.3%，或者当产品价格下降到比预计价格低 11.3%，或者寿命期比预计寿命期短 26.5% 时，方案就变得不可接受。

根据上面的分析可知，对于本方案来说，产品价格是敏感性因素，应对未来产品价格进行更准确的测算。如果未来产品价格变化的可能性较大，则意味着这一方案的风险也较大。

**【例 4-4】** 某项目设计年生产能力为 10 万 t，计划总投资为 1800 万元，建设期 1 年，投资期初一次性投入，产品销售价格为 63 元/t，年经营成本为 250 万元，项目生产期为 10 年，期末预计设备残值收入为 60 万元，折现率为 10%，试就投资额、产品价格（销售收入）、经营成本等影响因素对该投资方案进行敏感性分析。

**【解】** 选择净现值为敏感性分析对象，根据净现值的计算公式，可计算出项目的净现值。

$$NPV = -1800 + (63 \times 10 - 250)(P/A, 10\%, 10)(P/F, 10\%, 1) + 60(P/F, 10\%, 11) = 343.73 \text{ 万元}$$

由于 $NPV > 0$，该项目是可行的。

下面来对项目进行敏感性分析。取定三个因素：投资额、销售收入和经营成本，然后令其逐一在初始值的基础上按±10%和±20%的变化幅度变动，分别计算相应的净现值的变化情况，得出结论见表 4-2。

由表 4-2 可以看出，在各个因素变化率相同的情况下，首先，产品销售收入的变动对净现值的影响程度最大，当其他因素均不发生变化时，产品销售收入每下降 1%，净现值下降 10.24%，并且还可以看出，当产品价格下降幅度超过 9.8%时，净现值将由正变负，也即项目由可行变为不可行；其次，对净现值影响大的因素是投资额，当其他因素均不发生变化时，投资额每增加 1%，净现值将下降 5.24%，当投资额增加的幅度超过 19.1%时，净现值由正变负，项目变为不可行；最后，对净现值影响最小的因素是经营成本，在其他因素均不发生变化的情况下，经营成本每上升 1%，净现值下降 4.06%，当经营成本上升幅度超过 24.6%时，净现值由正变负，项目变为不可行。由此可见，按净现值对各个因素的敏感程度来排序，依次是：销售收入、投资额和经营成本，最敏感的因素是销售收入。因此，从项目决策的角度来讲，应该对产品价格进行进一步的、更准确的测算，因为从项目风险的角度来讲，如果未来产品销售收入发生变化的可能性较大，则意味着这一工程项目的风险也较大。

敏感性分析表　　　　表 4-2

| | 调整项目 | | | 分析结果 | | |
| --- | --- | --- | --- | --- | --- | --- |
| | 投资额 | 销售收入 | 经营成本 | NPV（万元） | 平均+1% | 平均-1% |
| 0 | | | | 343.73 | | |
| 1 | +10% | | | 163.73 | -5.24% | +5.24% |
| 2 | +20% | | | -16.27 | | |
| 3 | -10% | | | 523.73 | | |
| 4 | -20% | | | 703.73 | | |
| 5 | | +10% | | 695.65 | +10.24% | -10.24% |
| 6 | | +20% | | 1047.57 | | |
| 7 | | -10% | | -8.19 | | |
| 8 | | -20% | | -360.11 | | |
| 9 | | | +10% | 204.08 | | |
| 10 | | | +20% | 64.43 | -4.06% | +4.06% |
| 11 | | | -10% | 483.38 | | |
| 12 | | | -20% | 623.03 | | |

此外，运用敏感性分析图还可以进行经济指标达到临界点的极限分析。如图 4-3 所示，允许因素变动的最大幅度（极限变化）是：产品销售收入的下降不超过 9.8%，投资额的增加不超过 19.1%，经营成本的增加不超过 24.6%。如果这三个变量的变化超过上述极限，项目就不可行。

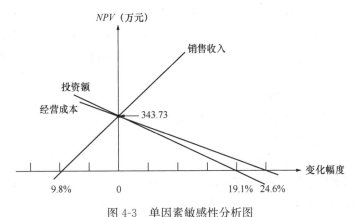

图 4-3　单因素敏感性分析图

**2. 多因素敏感性分析**

单因素敏感性分析方法适合于分析投资项目方案的最敏感因素，但它忽略了各个变动因素综合作用的可能性。无论是哪种类型的投资项目方案，各种不确定性因素对项目方案经济效益的影响都是相互交叉、综合发生的，而且各个因素的变化率及其发生的概率是随机的。因此，研究分析经济评价指标受多个因素同时变化的综合影响，研究多因素的敏感性分析，更具有实用价值。

多因素敏感性分析要考虑可能发生的各种因素不同变动幅度的多种组合，计算起来要比单因素敏感性分析复杂得多，在这里不做具体介绍。

**3. 敏感性分析的不足**

敏感性分析具有分析指标具体、能与项目方案的经济评价指标紧密结合、分析方法容易掌握、便于分析和决策等优点，有助于找出影响项目方案经济效益的敏感性因素及其影响程度，对于提高项目方案经济评价的可靠性具有重大意义。但是，敏感性分析没有考虑各种不确定性因素在未来发生变动的概率，这可能会影响分析结论的准确性。

实际上，各种不确定性因素在未来发生某一幅度变动的概率有所不同。可能有这样的情况，通过敏感性分析找出的某一敏感性因素未来发生不利变动的概率很小，因而实际上带来的风险并不大，以至于可以忽略不计；而另一不太敏感的因素未来发生不利变动的概率很大，实际上带来的风险比敏感性因素更大。

盈亏平衡分析、敏感性分析都没有考虑参数变化的概率。因此，这两种分析方法虽然可以回答哪些参数变化或假设对项目风险影响大，但不能回答哪些参数变化或假设最有可能发生变化以及这种变化的概率，这是它们在风险分析方面的不足。

## 4.4　风　险　分　析

风险分析又称风险估计、测定、测试、衡量和估算等。因为在一个投资项目中存在各种各样的风险，风险估计可以说明风险的实质，但这种估计是在有效辨识投资项目风险的基础上，根据投资项目风险的特点，对已确认的风险通过定性和定量分析方法量测其发生的可能性和破坏程度的大小，对风险按潜在危险大小进行优先排序和评价、制定风险对策和选择风险控制方案有重要的作用。投资项目风险分析较多采用统计、分析和推断法，一般需要一系列可信的历史统计资料和相关数据以及足以说明被评估对象特性和状态的资料作保证；当资料不全时往往依靠主观推断来弥补，此时投资项目管理人员掌握科学的投资项目风险分析方法、技巧和工具就显得格外重要。根据项目风险和项目风险分析的含义，风险分析的主要内容包括：

(1) 风险事件发生的可能性大小。
(2) 风险事件发生可能的结果范围和危害程度。
(3) 风险事件发生预期的时间。
(4) 风险事件发生的频率等。

风险因素的识别应与风险分析相结合，才能得知风险程度。投资项目涉及的风险因素有些是可以量化的，可以通过定量分析的方法对它们进行估计和分析；同时客观上也存在许多不可量化的风险因素，它们有可能给投资项目带来更大的风险。所以，在投资项目进行前，风险分析时有必要对不可量化的风险因素进行定性描述。因此，风险分析应采取定性描述与定量分析相结合的方法，从而对投资项目面临的风险作出全面的估计。

### 4.4.1 单个风险因素风险程度分析

单个风险因素风险程度分析可以找出影响项目的关键风险因素。一般可选用相对简单易行的方法，根据需要也可以采用概率分析的方法求得其概率分布，并计算期望值、方差或标准差。

**1. 简单估计法**

(1) 专家评估法

专家评估法是指以发函、开会或其他形式向专家进行调查，对项目风险因素及其风险程度进行评定，将多位专家的经验集中起来形成分析结论的一种方法。由于它比一般的经验识别法更具客观性，因此应用更为广泛。采用专家评估法时，所聘请的专家应熟悉该行业和所评估的风险因素，并能做到客观公正。为减少主观性，专家个数一般应有 20 位左右，至少不低于 10 位。具体操作可采取以下方式：请每位专家凭借经验独立对各类风险因素的风险程度打"√"，最后将各位专家的意见归集起来。

(2) 风险因素取值评定法

风险因素取值评定法是一种专家定量评定方法，是就风险因素的最乐观估计值、最悲观估计值和最可能值向专家进行调查，计算出期望值，再将期望值的平均值与风险分析中所采用的数值（风险分析采用值）相比较，求得两者的偏差值和偏差程度，据以判别风险程度。偏差值和偏差程度越大，风险程度越高。具体方法见表 4-3。

**风险因素取值评定表** 表 4-3

| 专家号 | 最乐观估计值 (1) | 最可能值 (2) | 最悲观估计值 (3) | 期望值 (4) [(1)+4×(2)+(3)÷6] |
|---|---|---|---|---|
| 1 | | | | |

续表

| 专家号 | 最乐观估计值(1) | 最可能值(2) | 最悲观估计值(3) | 期望值(4)<br>[(1)+4×(2)+(3)÷6] |
|---|---|---|---|---|
| 2 | | | | |
| 3 | | | | |
| 4 | | | | |
| 5 | | | | |
| 6 | | | | |
| 7 | | | | |
| 8 | | | | |
| 9 | | | | |
| 10 | | | | |
| 期望值平均值 | | | | |
| 偏差值 | | | 期望值平均值－风险分析采用值 | |
| 偏差程度 | | | 偏差值/风险分析采用值 | |

**2. 概率分析法**

根据需要，可以借助现代计算技术，运用概率论和数理统计原理进行概率分析，进一步求得风险因素取值的概率分布，并计算期望值、方差或标准差和离散系数，表明该风险因素的风险程度。

（1）经济效果的期望值

投资方案经济效果的期望值是指参数在一定概率分布下投资效果所能达到的概率平均值。其一般表达式为：

$$E(x) = \sum_{i=1}^{n} x_i p_i \tag{4-19}$$

式中　$E(x)$——变量的期望值；

　　　$p_i$——变量 $x_i$ 的概率。

【例 4-5】已知某方案的净现值及其概率见表 4-4，试计算该方案净现值期望值。

方案的净现值及其概率　　　表 4-4

| 净现值（万元） | 23.5 | 26.2 | 32.4 | 38.7 | 42.0 | 46.8 |
|---|---|---|---|---|---|---|
| 概率 | 0.1 | 0.2 | 0.3 | 0.2 | 0.1 | 0.1 |

【解】

$E(NPV) = 23.5 \times 0.1 + 26.2 \times 0.2 + 32.4 \times 0.3 + 38.7 \times 0.2 + 42 \times 0.1 + 46.8 \times 0.1 = 33.93$ 万元

即这一方案净现值概率平均值为 33.93 万元。

（2）经济效果的标准差

标准差反映了一个随机变量实际值与其期望值偏离的程度。这种偏离在一定意义上反映了投资方案风险的大小。标准差的一般计算公式为：

$$S = \sqrt{\sum_{i=1}^{n} p_i [x_i - E(x)]^2} \tag{4-20}$$

式中　$S$——变量 $x$ 的标准差。

【例 4-6】利用【例 4-5】中的数据，试计算投资方案净现值的标准差。

【解】

$$S = \sqrt{\begin{array}{l}0.1\times(23.5-33.93)^2+0.2\times(26.2-33.92)^2+0.3\times(32.4-33.93)^2+\\ 0.2\times(38.7-33.93)^2+0.1\times(42-33.92)^2+0.1\times(46.8-33.92)^2\end{array}}$$

$=7.15$ 万元

(3) 经济效果的离差系数

标准差虽然可以反映随机变量的离散程度，但它是一个绝对量，其大小与变量的数值及期望大小有关。一般而言，变量的期望值越大，其标准差也越大，特别是需要对不同方案的风险程度进行比较时，标准差往往不能够准确反映风险程度的差异。为此，我们引入另一个指标，称为离散系数，它是标准差与期望值之比，即：

$$C = \frac{S(x)}{E(x)} \tag{4-21}$$

由于离散系数是一个相对数，不会受变量和期望值绝对值大小的影响，能更好地反映投资方案的风险程度。

当对两个投资方案进行比较时，如果期望值相同，则标准差较小的方案风险更小；如果两个方案的期望值与标准差均不相同，则离散系数较小的方案风险更小。

### 4.4.2　项目整体风险分析

对于重大投资项目或估计风险很大的项目，应进行投资项目整体风险分析。一般应采用概率分析的方法，求出评价指标的概率分布，计算期望值、方差或标准差和离散系数，也可求得净现值大于或等于零的累计概率或其他项目效益的指标表明项目由可行转为不可行的累计概率。在具体操作中，对于离散型风险变量，可采用概率分析的理论计算法，运用概率树的形式进行；对于连续型风险变量，可采用模拟计算法，常用的是蒙特卡罗模拟法。

**1. 概率树法**

概率树法是一种用来分析和进行风险估计的方法。它能帮助我们探讨问题之间的联系，简化问题并确定各种概率。它被用来澄清可供采取的各种可能的行动方案及其后果。一般来说，概率树法可将大规模或复杂问题分解成小的子问题，这些小的子问题可以分别加以解决，然后再重新组织起来，当问题具有某些可以肯定的结果时，这种方法是很有用的。

(1) 概率树的画法

【例 4-7】某房地产公司欲在一繁华地段投资一物业，投资方案有：A 投资兴建一高级公寓；B 投资兴建一商业大厦。建成后，两方案皆以出租方式经营。这两种投资方案的年净收益率和市场情况见表 4-5，绘制其概率树。

**投资方案收益率和市场情况表**　　　　　　　　　　　　　　　　　表 4-5

| 方案 | 年净收益率（%） | | | 市场情况概率 | | |
| --- | --- | --- | --- | --- | --- | --- |
| | 畅销 $x_1$ | 一般 $x_2$ | 滞销 $x_3$ | 畅销 $x_1$ | 一般 $x_2$ | 滞销 $x_3$ |
| A | 40 | 30 | 20 | 0.10 | 0.80 | 0.10 |
| B | 50 | 30 | 20 | 0.20 | 0.60 | 0.20 |

【解】绘制概率树如图 4-4 所示。

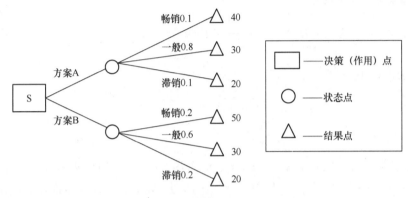

图 4-4 公司投资物业的概率树

可以看到，用概率树法来求解、分析问题就变得简单了。假定事件起源于 S 点，这里有两种可能的行动方案（A 或 B），如果我们选择 A，那么可有结果畅销、一般和滞销三种市场情况，相应取得 40%、30%、20% 三种不同的年净收益率，对 B 以此类推。图中，方案分析的结果从左至右依次展开，好像一棵不断分枝的树，用树形图作为可能状况及结果的完整关系表示图。

概率树是从左至右、从无到有逐步地分析事件的发生、发展，把决策过程引入概率树就变成了决策树。常用的方法是把概率树折叠，即从右往左的方向进行计算分析。每到一个决策点，就可以选取具有最大利益或最小损失（期望值）的行动方案，再把树转回到前一决策点，依此类推，最终完成决策活动。

概率树与决策树的方法基本是图形法，它的出现为解决决策问题提供了最大程度的近似方法。正因为如此，这个过程既可以认为它是一门科学，又可以认为它是一门艺术。每一分枝的发展，标定行动方案及其结果，对问题可能会怎样发展有了新的见解，对每一枝干都可以进行计算。如果某些枝干明显比其他枝干占优势，那么在早期把后者去掉，这样就不会把分析过程复杂化。

概率树与决策树的最大价值在于通过展开思路，然后再把它组织成一个合理的、有结构的框架。只要已经清楚地了解问题的脉络，一个完整的决策树只需要把图形画得畅通并且标定必要的步骤就可以了，而不一定包罗一切。

（2）概率树分析

1）假定风险变量之间是相互独立的，可以通过对每个风险变量各种状态取值的不同组合计算项目的内部收益率或净现值等指标。根据每个风险变量状态的组合计算得到的内部收益率或净现值的概率为每个风险变量所处状态的联合概率，即各风险变量所处状态发生概率的乘积。

若风险变量有 $A$、$B$、$C$、……、$M$，

每个输入变量有状态
$$A_1, A_2, \cdots, A_{n1};$$
$$B_1, B_2, \cdots, B_{n2};$$
$$\cdots, \cdots, \cdots, \cdots$$
$$M_1, M_2, \cdots, M_{nm}$$

各种状态发生概率为：

$$\sum_{i=1}^{n_1} P\{A_i\} = P\{A_1\} + P\{A_2\} + \cdots + P\{A_{n_1}\} = 1$$

$$\sum_{i=1}^{n_2} P\{B_i\} = 1$$

……

$$\sum_{i=1}^{nm} P\{M_i\} = 1$$

则各种状态组合的联合概率为：$P\{A_1\} \times P\{B_1\} \times \cdots \times P\{N_1\}$，$P\{A_2\} \times P\{B_2\} \times \cdots \times P\{N_2\}$，……，$P\{A_{n1}\} \times P\{B_{n1}\} \times \cdots \times P\{M_{nm}\}$，共有这种状态组合和相应的联合概率 $N_1 \times N_2 \times \cdots \times N_m$ 个。

2) 评价指标（净现值或内部收益率等）由小到大进行顺序排列，列出相应的联合概率和从小到大的累计概率，并绘制以评价指标为横轴、累计概率为纵轴的累计概率曲线，计算评价指标的期望值、方差、标准差和离散系数。

3) 由累计概率（或累计概率图）计算 $P\{NPV(i_c) < 0\}$ 或 $P\{IRR < i_c\}$ 的累计概率，同时也可获得：

$P\{NPV(i_c) \geqslant 0\} = 1 - P\{NPV(i_c) < 0\}$

$P\{IRR \geqslant i_c\} = 1 - P\{IRR < i_c\}$

当风险变量数和每个变量的状态数大于 3 个时，这时状态组合数过多，一般不适合采用概率树方法。若各风险变量之间不是独立，而是存在相互关联时，也不适合采用这种方法。

(3) 概率树分析案例

【例 4-8】某项目有三个主要的风险变量：固定资产投资 5000 万元，年销售收入 2500 万元，年经营成本 1500 万元。该项目的销售税金及附加为 6%，固定资产残值为零，流动资金忽略不计。该项目的生产期为 10 年，忽略建设期，$i_c = 10\%$。三个风险变量经调查认为，每个变量有两种状态，概率分布见表 4-6，项目的概率树如图 4-5 所示。试求：

(1) 税前净现值的期望值。

(2) 税前净现值大于等于零的累计概率。

**某项目的状态概率分布表** 表 4-6

| 项目 | 计算值 | -20% |
|---|---|---|
| 固定资产投资 | 0.8 | 0.2 |
| 年销售收入 | 0.7 | 0.3 |
| 年经营成本 | 0.7 | 0.3 |

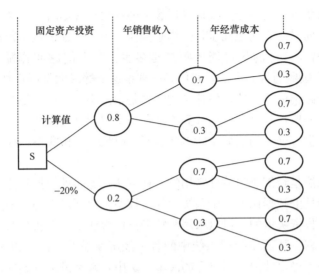

图 4-5 某项目概率树

**【解】** 税前净现值计算表见表 4-7。

税前净现值计算表　　　　　　　　　　　表 4-7

| 状态 | | | 发生可能性 | 净现值 | 加权净现值 |
| --- | --- | --- | --- | --- | --- |
| 固定资产投资 | 年销售收入 | 年经营成本 | | | |
| 计算值 | 计算值 | 计算值 | 0.8×0.7×0.7＝0.392 | 222.88 | 87.37 |
| 计算值 | 计算值 | －20% | 0.8×0.7×0.3＝0.168 | 2066.29 | 347.14 |
| 计算值 | －20% | 计算值 | 0.8×0.3×0.7＝0.168 | －2665.05 | －447.72 |
| 计算值 | －20% | －20% | 0.8×0.3×0.3＝0.072 | －821.67 | －59.16 |
| －20% | 计算值 | 计算值 | 0.2×0.7×0.7＝0.098 | 1222.91 | 119.85 |
| －20% | 计算值 | －20% | 0.2×0.7×0.3＝0.042 | 3066.29 | 128.78 |
| －20% | －20% | 计算值 | 0.2×0.3×0.7＝0.042 | －1665.05 | －69.93 |
| －20% | －20% | －20% | 0.2×0.3×0.3＝0.018 | 178.33 | 3.21 |
| 合计 | | | 1.0 | | 109.54 |

税前净现值的期望值＝109.54 万元

税前净现值大于等于零的累计概率＝$P(FNPV \geqslant 0)$＝$1-P(FNPV<0)$＝0.718

计算结果说明该项目盈利的可能性为 71.8%，抗风险能力也较强。

**2. 蒙特卡洛模拟法**

(1) 蒙特卡洛模拟法的含义

在经济计算中只有目前付出的投资额是比较固定的数值，而其他数据，如设备的使用寿命、产品的销售量、产品的销售价格，产品的成本等都是估计值，都是在一定范围内变动的值。如果把这些变动的值当作固定不变的值看待，那么计算结果就难免与将来出现的实际情况有偏差，从而带来某种程度的风险。近年来经济计算中越来越注意分析研究这种风险的程度和可能性，以便在决策时对今后出现的情况做到胸有成竹。蒙特卡洛模拟法 (Monte Carlo Method) 是解决这类问题十分简便的方法。

从前有一位数学家看见一个醉汉倚在广场上的一根灯杆站着，忽然无目的地向某一方向走几步，然后又向另一方向走几步，这样东倒西歪地走。这位数学家提出一个问题：醉汉走出几步之后离开灯杆的最可能的距离是多少？这个问题叫作随机行走（Random Walk）问题。如果按照通常的方法，我们必须观察这个醉汉大量的例如 1000 次以上的行走，然后求出行走距离的平均值，但这样的观察是很困难的，或是根本不可能实现的。这位数学家研究出一种所谓仿真试验的计算方法，后来发现这种方法可以用来测算赌博的规律，而这一方法与世界著名的赌城蒙特卡洛（Mont Carlo）相联系，故被称为蒙特卡洛模拟法。

蒙特卡洛模拟法是经济风险估计常用的一种方法，也叫模拟抽样法。它可以把一些具有经验分布统计特性的数据用于一个系统。如果模型是根据过去的房地产投资实际发生的情况来进行下一步投资决策的，可以采用蒙特卡洛模拟法，从真实分布中抽样，模拟一个房地产投资的全过程，从而使模拟系统中的各个经济变量及时间与过去的实际情况相对应。在一般采用的不确定性因素影响下的决策方法中，常常只考虑最好、最坏和最可能几种估计。如果这些不确定性因素有很多，只考虑这三种估计便会使决策产生偏差或失误。因此采用的方法最好可以避免这种偏差情况的发生，使复杂情况下的房地产投资决策更为合理和准确。

对于大型的建设工程项目和环境工程项目等，常需进行更加全面和透彻的风险分析，这些项目不仅规模大、投资大、难度大，风险也大，而且这些项目的建设周期也很长，在合同期内，市场情况、利率、通货膨胀和技术进步情况等因素都在不断发生变化。因此，要进行房地产投资风险估计，首先面临的问题是对这些随机因素的影响作出估计，这是十分困难的，因为对大型的工程项目不能进行物理实验。即使使用计算机将所有的可能情况都计算一遍，也是十分困难的，需要的时间和费用相当多。

蒙特卡洛模拟法正是为解决这一困难而设计的，是对未来情况的幕景分析和模拟。它可以看作是一种对实际可能发生情况的模拟，是一种实验研究方法。如果我们对未来的情况不能确定而只知各输入变量按某一概率分布取值，便可以用一个随机数发生器来产生具有相同概率的数值，赋值给各输入变量，并计算各输出变量，以对应于实际可能发生的情况。如此反复取值，得出多种数据，投资者便可根据这些数据求出输出变量的概率分布。输出变量的概率分布函数是随着反复的次数而变化的，次数越多，则这种分布越接近于真实的分布。

（2）蒙特卡洛模拟法的运用

首先让我们看一个例子，这是蒙特卡洛模拟法最原始的一个问题，它的目标是要估算正方形中不规则图形的面积，参见图 4-6 中的阴影部分。

将正方形放入直角坐标中，并设边长为 1，然后取两个 0~1 之间的随机数，第一个代表 $x$ 轴，第二个代表 $y$ 轴，这样就可以在平面上得到一点，该点可能落在阴影区内，也可能落在阴影区外，将该结果记录下来并作为第一次试验。然后再取第二个随机数，在平面又确定一点，作为第二次试验并记录下来。这样反复进行（最好是上千次试验），直到认为这些点足以代表图形的特征为止。

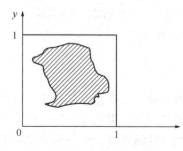

图 4-6　随机模拟图

最后统计出落在阴影部分里的点数与全部试验点数的比例，然后乘以矩形面积就可得到阴影区的面积。

从该示例可以看出，蒙特卡洛模拟法实质上是一种随机模拟或统计试验的方法。它是通过对每一个随机变量抽样，代入其数学函数式来确定函数值。这样独立模拟试验多次，得到函数的一批抽样数据 $z_1$、$z_2$，……，$z_n$，由此决定函数的概率分布特征，其中包括函数的分布曲线以及函数的数学期望、方差、偏度等。

与前两种方法一样，蒙特卡洛模拟法是一种常用的概率分析方法，只不过它要求各自变量要有理论的或经验的概率分布，仅知道各自变量的数学特征是不能进行模拟试验的。它优于前者之处是，对于不能用泰勒级数展开或项目经济评价人员数学知识有限而不能应用前两种方法时，蒙特卡洛模拟法可以提供一个相对简单并可圆满解决概率分析问题的途径。

应用该方法时，函数的数学期望与方差可以直接用下列公式计算：

$$m_z = \frac{\sum_{i=1}^{n} z_i}{N} \tag{4-22}$$

$$\sigma_z^2 = \frac{\sum_{i=1}^{n}(z_i - m_z)^2}{N} \tag{4-23}$$

式中　$N$——$z$ 的子样个数，即实验次数；

　　　$z_i$——实验得到的函数 $z$ 的第 $i$ 个子样，$i=1, 2, ……, n$；

　　　$m_z$——数学期望；

　　　$\sigma_z^2$——方差。

从函数的实际分布可求得项目失败的风险，即用落到函数临界值 $z_0$ 以外的频率来代替项目失败的频率。一般而言，用该方法计算的结果比按假设为正态分布求得的风险更为精确和可靠，但它要求实验的次数必须足够多，且每次实验都是随机的、独立的。例如已知大量统计资料，A、P、F 的分布见表 4-8。具体模拟方法如下：

**A、P、F 数学特征表**　　　　　　　　　表 4-8

| | | | | | | | |
|---|---|---|---|---|---|---|---|
| A | 组标 | 1285 | 1480 | 1675 | 1870 | 2060 | $m_A$=1645.75 |
| | 概率 | 0.17 | 0.20 | 0.36 | 0.15 | 0.12 | $\sigma_A$=237.80 |
| | 累计概率 | 0.17 | 0.37 | 0.73 | 0.88 | 1.00 | |
| P | 组标 | 12500 | 13100 | 13700 | 14300 | 14900 | $m_P$=13800.00 |
| | 概率 | 0.10 | 0.13 | 0.34 | 0.23 | 0.20 | $\sigma_P$=727.48 |
| | 累计概率 | 0.10 | 0.23 | 0.57 | 0.50 | 1.00 | |
| F | 组标 | 720 | 780 | 840 | 900 | 960 | $m_F$=826.60 |
| | 概率 | 0.17 | 0.22 | 0.34 | 0.17 | 0.10 | $\sigma_F$=71.85 |
| | 累计概率 | 0.17 | 0.39 | 0.73 | 0.90 | 1.00 | |

净现值表达式为：

$$z = A(P/A, I, n) + F(P/F, I, n) - P$$

取第一组随机数：0.98、0.08、0.62，表 4-8 中距离 0.98 最近的累积概率为 1，其对应的组标为 2060，故 $A_1$ 为 2060。

同理，最终得到相对应的 A、P、F 分别为：$A_1=2060$；$P_1=12500$；$F_1=840$
$z_1=2060\,(P/A,\,5\%,\,20)+840\,(P/F,\,5\%,\,20)-12500=13488.32$

取第二组随机数：0.48、0.26、0.45

相对应的 A、P、F 分别为：$A_2=1480$；$P_2=13100$；$F_2=780$
$z_2=1480\,(P/A,\,5\%,\,20)+780\,(P/F,\,5\%,\,20)-13100=5638.03$

如此反复进行几百次或上千次的实验，可以求得：

1) 评价指标函数的数字特征：

$$m_z=\frac{\sum_{i=1}^{n} z_i}{N} \tag{4-24}$$

$$\sigma_z^2=\frac{\sum_{i=1}^{n}(z_i-m_z)^2}{N} \tag{4-25}$$

2) 净现值小于零的概率：

$$P_{\text{rob}}(P<0)=P_{\text{rob}}\left(z<-\frac{m}{\sigma}\right) \tag{4-26}$$

3) 净现值大于某一规定数值 $P_0$ 的概率：

$$P_{\text{rob}}(P\geqslant P_0)=1-P_{\text{rob}}(P<P_0)=1-P_{\text{rob}}\left(z<\frac{P_0-m}{\sigma}\right) \tag{4-27}$$

4) 项目亏损的期望值：

$$E(P<0)=\frac{\frac{1}{\sqrt{2\pi}}\sigma e^{\frac{-m^2}{2\sigma^2}}}{P_{\text{rob}}\left(z<-\frac{m}{\sigma}\right)} \tag{4-28}$$

上述 2)～4) 项可以借助公式来计算，我们也可以用统计数据直接进行统计，最后得出所需要的计算结果。其计算步骤和统计方法如下：

① 净现值小于零的概率：统计所有 $z_i$ 中小于零的个数，该数被 $N$ 除即得净现值小于零的概率。

② 净现值大于某一规定数值 $P_0$ 的概率：统计所有 $z_i$ 中大于 $P_0$ 的个数，该数被 $N$ 除即得净现值大于 $P_0$ 的概率。

③ 项目亏损的期望值：统计所有 $z_i$ 中小于零的个数，该值的平均值即为项目亏损的近似期望值。

## 关 键 概 念

风险；不确定性；敏感性分析；盈亏平衡分析

**复习思考题**

1. 理解风险的概念应该把握哪三个要素？
2. 为什么要进行不确定性与风险分析？

3. 什么是盈亏平衡分析？
4. 盈亏平衡分析可以应用在哪些方面？
5. 怎样选择敏感性因素？
6. 敏感性分析需要哪些步骤？
7. 风险评估有哪些基本方法？
8. 什么是蒙特卡洛模拟法？
9. 某项目设计一年生产能力为 4 万 t，产品售价为 2000 元/t，生产总成本为 1200 元/t。其中，固定成本为 500 元/t，可变成本为 700 元/t。试求：

(1) 以产量、销售价格、生产能力利用率表示的盈亏平衡点。

(2) 如果当年实际生产量为 3 万 t，试分析该项目的盈亏情况。

(3) 如果计划年盈利为 30 万元，应如何安排产量？

10. 某化工机械厂年产零件 200 万件，售价为 6.25 元/件，产品成本为 3.64 元/件，固定成本为 0.39 元/件，可变成本为 3.25 元/件。如果按年计，试求：

(1) 盈亏平衡产量。

(2) 盈亏平衡销售价格。

(3) 如果售价由最初的 6.25 元/件降到 5.75 元/件，或升到 6.75 元/件，求各自的盈亏平衡产量。

(4) 假定可变费用增减 10%，同时折旧和固定费用或固定成本均保持不变，求盈亏平衡产量。

11. 某日用品厂准备推出一种新型洗发液。购买配方等花费 12000 元，每 1000 瓶洗发液的包装、灌装及洗发液本身的费用为 4000 元。洗发液的销售最终取决于售价，其关系见表 4-9。试求：

洗发液销售单价与销售量关系表　　　　　表 4-9

| 每瓶售价（元） | 20 | 14 | 7 |
|---|---|---|---|
| 预计销售量 | 2000 | 4000 | 10000 |

(1) 在上述哪种售价条件下，该厂能获得最大利润？

(2) 营销人员认为，如果花 2 万元做宣传广告，在每一种售价水平下，洗发液的销售量都会增加一倍。若采纳该建议，售价以哪种最有利？

12. 某产品的价格与销售量的关系为 $P=300-0.025Q$（元/t），固定成本为 2 万元，单位产品的可变成本与产量的关系为 $V_c=90-0.01Q$（元/t）。试求：

(1) 该项目的盈亏平衡产量范围。

(2) 最大的盈利额及相应的最佳产量。

13. 已知某工厂的年生产能力为 15000t，固定成本为 20 万元，产品价为 60 元/t，净收益为 20 元/t。试求：

(1) 盈亏平衡产量和价格。

(2) 当可变成本和产品售价都上涨 20% 时，年盈亏平衡产量是多少？

(3) 若为促销降低价格，在保证年净收益不变的条件下，价格最低是多少？

## 典　型　案　例

假设你是某企业的风险管理项目经理。该企业拟增加某种产品的生产能力，提出 A、B、C 三个方案。A 方案是从国外引进一条生产线，需要投资 800 万元；B 方案是对原生产车间进行改造升级，需要投资 250 万元；C 方案是通过将次要零件扩散给其他企业生产，实现横向联合，不需要投资。根据市场调查与预测，该产品的生产有效期是 6 年，项目基本资料见表 4-10。

案例解析

项目基本资料  表 4-10

| 方案 | 销路好（概率：0.7） | 销路不好（概率：0.3） |
|---|---|---|
| A | 430 万元 | −60 万元 |
| B | 210 万元 | 35 万元 |
| C | 105 万元 | 25 万元 |

（1）请写出此项目可能面临的风险。
（2）请用决策树法选择决策方案。

### 思考感悟：从不确定性与风险分析中锻炼批判性思维

我们身处不断变化的世界，其中充满不确定性和风险，在与不确定性和风险对抗时，批判性思维必不可少。管理学大师彼得·德鲁克曾说过，动荡时代最大的危险不是动荡本身，而是仍然用过去的逻辑做事。因此，我们首先要清楚不确定性和风险有哪些，以及如何锻炼和运用批判性思维来应对挑战。

关于不确定性和风险，我们可以梳理出以下三种情况：第一种情况最理想，决策者能够在完全确定的情况下作出决策。他们明确地知道每一个行动会带来什么后果，同时还清楚各种替代方案。虽然这种理想的决策环境并不常见，但还是有可能存在的。第二种情况最糟糕，即决策者必须在不确定的情况下作出决策，全然不知会有什么结果。介于两者之间的第三种情况，是在有风险的情况下作出决策，即决策者清楚各种结果的可能性。他们清楚自己的决策可能会带来的后果，但是他们并不能完全确定，他们是在有风险的情况下作出决策的。

批判性思维之所以重要，一方面是因为我们在思考、讨论以及得出结论的过程中带有偏见，而我们抱有偏见的原因就是所谓的"合意偏误"，也就是一厢情愿地只看到我们想看到的。与之类似的概念是"确认偏误"，即我们倾向于看到能印证自己观念的东西。我们选择性地采纳能够证明自己观点的事实，却忽略其他事实，从而更加坚信自己的观点。另一方面，社会各界都需要适应改变。如果每个人都具备批判性思维，能够充分考虑事实和问题并表达出自身的观点，尊重所有观点的两面性，最终会带来广泛利益。

该如何从不确定性与风险分析中锻炼批判性思维呢？我们要对具体问题涉及的知识进行系统的学习，对其不确定性与风险进行全面分析，在收集广泛的观点后进行批判性的思考，学会分析、交流、收集证据、理性辩论，由此一步步掌握批判性思维的技巧，并应用于面临的挑战中。在这个深刻变革的时代，我们更需要主动培养批判性思维来应对不确定性与风险的挑战。

# 5 项目方案比选

## 5.1 概 述

### 5.1.1 项目方案比选的内涵

在投资项目决策中,往往面临许多方案的选择,这些方案或是采用不同的技术工艺和设备,或是有不同的规模和坐落位置,或是利用不同的原料和半成品等。当这些方案在技术上都可行,经济上也都合理时,投资项目方案比选的任务就是从中选择最好的方案。投资项目方案比选是指对根据实际情况所提出的多个备选方案,通过选择适当的经济评价方法与指标,来对各个方案的经济效益进行比较,最终选择出具有最佳效果的方案。

### 5.1.2 项目方案比选的原则

在实际工作中,投资项目的决策者在面对多个技术上可行的项目,每个可选项目还可能有多个方案时,需在考虑备选项目、方案之间的关系,考虑资金限制等原则的基础上进行投资项目的方案比选。同时,应坚持分清工程项目方案属于何种类型这一原则,方案类型不同,其评价方法选择和判断的尺度也不同。错误的评价方法选择会带来错误的评价结果。

## 5.2 投资方案之间的关系

### 5.2.1 常见关系

投资项目方案比选时,各方案之间通常有三种关系:
(1) 各方案之间互不相容、互相排斥;
(2) 各方案现金流量是不相关联的,各自具有独立性;
(3) 相关关系,任一方案的取舍会对其他方案取舍产生影响。

### 5.2.2 方案类型

根据方案之间的几种常见关系,我们可以把投资项目方案比选划分为以下三种类型:

**1. 互斥型方案**

在若干备选方案中,各个方案彼此可以互相代替,因此方案具有排他性,选择其中任何一个方案,则其他方案必然被排斥,这种择此就不能择彼的若干方案就叫互斥型方案或排他型方案。这类方案的选择在实际投资项目中很常见,例如,投资项目地址的选择,一个项目只能选定一个地点,选择了一个方案,另一个方案自然就被排斥了。

在投资项目中,互斥型方案还可按以下因素进行分类:
(1) 按服务寿命期长短不同,投资方案可分为:

1) 相同服务寿命期的方案；
2) 不同服务寿命期的方案；
3) 无限服务寿命期的方案，如永久性工程：大型水坝、运河工程等。
(2) 按规模不同，投资方案可分为：
1) 相同规模的方案——相同的产出量或容量、满足相同功能；
2) 不同规模的方案——不同的产出量或容量、满足功能数量不一致。

**2. 独立型方案**

独立型方案是指方案间互不干扰、在经济上互不相关的方案，即这些方案是彼此独立无关的，选择或放弃其中一个方案，并不影响对其他方案的选择。例如，在没有资金限制的情况下，某施工企业拟投资购买一批施工机械，其可选方案有一台挖掘机、一台打桩机、两台运输车辆，这三个方案之间不存在排斥或约束关系，显然就是一组独立型方案。

单一方案的评价也属于独立型方案评价，单一方案是独立型方案的特例。

**3. 相关型方案**

相关型方案是指各种方案中某一方案的采纳或放弃会明显地改变其他方案的现金流量，进而影响其他方案的采用或拒绝。常见的相关型方案有以下三种情况：

(1) 条件型方案

条件型方案是指在接受某一方案的同时，要求接受另一方案，也就是说方案之间的关系具有一定的条件约束。条件型方案分为单向条件型方案和双向条件型方案。例如建设机场和建设机场高速两个方案，机场方案是高速方案的先决条件，此为单向条件型方案；又如生产同一种产品的两个零部件，两者互相依存，此为双向条件型方案。

(2) 互补型方案

在多种方案中，出现技术经济互补的方案称为互补型方案。互补型方案又可以分为对称互补方案和非对称互补方案。如建设一个大型非坑口电站，必须同时建设铁路、电厂，它们无论在建成时间、建设规模上都要彼此适应，缺少其中任何一个项目，其他项目就不能正常运行，这时铁路建设方案和电厂建设方案就构成了互补型方案；又比如，建造一座建筑物和增加一个空调系统，采用建筑方案并不一定要采用空调系统方案，但建筑方案是空调系统方案的先决条件，则可以称之为非对称互补方案。

(3) 现金流量相关型方案

方案间不完全互斥，也不完全互补，如果若干方案中任一方案的取舍会导致其他方案现金流量的变化，这些方案之间也具有相关性。例如在某条河上建桥或在两岸建设轮渡码头，两个方案的收入均会受到另一个方案的影响。

投资方案之间的关系是动态的，当项目外部环境发生变化时，独立关系可能变为互斥关系，互斥关系也可能变为独立关系。例如，两个独立型方案如果突然受到了资金的限制，投资者只有足够的资金投资其中一个方案，则两个方案从独立关系改变为互斥关系。投资方案的比选应充分考虑各方面限制条件及其变化情况，审慎地进行选择。

投资方案之间的关系类型，如图5-1所示。

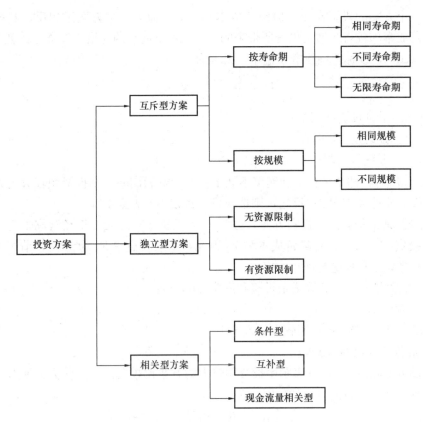

图 5-1 投资方案之间的关系类型图

## 5.3 互斥型方案的比选方法

互斥型方案的经济评价包括以下两个方面的内容：
(1) 绝对效果的评价，即考虑各方案自身的经济效果是否可行；
(2) 相对效果的比选，即考虑各方案中哪个方案的相对经济效果最优。

两个方面的内容缺一不可，各方案应首先经过绝对效果的评价，经济上可行，才值得继续进行方案比选，如果只比选方案的相对效果，却忽略方案的绝对效果，则是本末倒置。因此，方案比选需要保证最后选出的方案是可行且最优的。

此外，进行互斥型方案比选时，需要考虑计算口径、方案功能及时间和范围上的一致性。

### 5.3.1 互斥型方案的静态比选方法

静态比选方法通常用于短期方案的比选或中长期方案的初选。

**1. 增量投资利润率（$\Delta R$）**

增量投资利润率法就是通过计算互斥型方案的增量投资利润率，以此判断互斥型方案的相对经济效果，据此选择方案。

例如有甲、乙两个互斥型方案，其效用（效益、规模）相同或基本相同时，如其中一个方案的投资额和经营成本都为最小，则该方案就是最理想的方案。但实践中经常出现的情况是某一个方案的投资额小,但经营成本却较高;而另一个方案正相反,其投资额较大,但经营成本却较省。增量投资所带来的经营成本上的节约与增量投资之比就叫增量投资利润率($\Delta R$),或称差额投资收益率。公式为:

$$\Delta R = \frac{C_1 - C_2}{K_2 - K_1} \times 100\% \tag{5-1}$$

式中　$\Delta R$——增量投资利润率;

　　$K_1$,$K_2$——方案投资额($K_2 > K_1$);

　　$C_1$,$C_2$——方案年经营成本($C_1 > C_2$)。

当$\Delta R \geqslant R_c$时,即增量投资利润率不低于基准投资利润率,则投资额较大的方案2经济效果更好,应选择方案2;反之,则选择投资额较小的方案1。

**【例5-1】** 某工程有两个投资方案,方案A需投资270万元,年经营成本为80万元,方案B需投资300万元,年经营成本为75万元,基准收益率$R_c$为12%,请用增量投资利润率法判断该工程应选择哪个方案。

**【解】** 根据式(5-1)计算增量投资利润率$\Delta R$,得:

$\Delta R = (80 - 75) \div (300 - 270) \times 100\% = 16.7\%$

$\Delta R > R_c$,即应选择投资额较大的方案B。

**2. 增量投资回收期($\Delta P_t$)**

增量投资回收期($\Delta P_t$)表示用投资额较大的方案比投资额较小的方案所节约的经营成本来回收其增量投资所需要的年限。公式为:

$$\Delta P_t = \frac{K_2 - K_1}{C_1 - C_2} = \frac{1}{\Delta R} \tag{5-2}$$

式中　$\Delta P_t$——增量投资回收期;

　　$K_1$,$K_2$——方案投资额($K_2 > K_1$);

　　$C_1$,$C_2$——方案年经营成本($C_1 > C_2$)。

当$\Delta P_t \leqslant P_c$时,即增量投资回收期不长于基准投资回收期,则投资额较大的方案2经济效果更好,应选择方案2;反之,则选择投资额较小的方案1。

**3. 年折算费用($Z_j$)**

年折算费用法就是计算各方案的年折算费用,再与各年的年经营成本相加,相当于把投资摊分到每年。当互斥型方案个数较多时,采用此方法较简便。公式为:

$$Z_j = \frac{K_j}{P_c} + C_j \tag{5-3}$$

式中　$Z_j$——$j$方案的年折算费用;

　　$K_j$——$j$方案的投资额;

　　$C_j$——$j$方案的年经营成本;

　　$P_c$——基准投资回收期。

在投资方案比选时,可以各方案的年折算费用大小作为评价准则,选择年折算费用最小的方案为最优方案。这与增量投资利润率法的结论是一致的。

**4. 综合总费用($S_j$)**

综合总费用就是方案的投资与基准投资回收期内年经营成本的总和,公式为:

$$S_j = K_j + C_j \cdot P_c \tag{5-4}$$

式中　$S_j$——$j$ 方案的综合总费用；

$K_j$——$j$ 方案的投资额；

$C_j$——$j$ 方案的年经营成本；

$P_c$——基准投资回收期。

在方案评选时，综合费用最小的方案即为最优方案。

**【例 5-2】** 某项目有可供选择的四个方案，其基础数据及年折算费用见表 5-1，基准投资回收期为 5 年，请选择最优方案。

各方案基础数据及年折算费用（单位：万元）　　　　表 5-1

| 投资方案 | 投资额 | 年经营成本 | 年折算费用 |
|---|---|---|---|
| A | 2700 | 700 | $Z_1=700+2700/5=1240$ |
| B | 2500 | 580 | $Z_2=580+2500/5=1080$ |
| C | 2650 | 640 | $Z_3=640+2650/5=1170$ |
| D | 2450 | 600 | $Z_4=600+2450/5=1090$ |

各方案的年折算费用计算如表 5-1 所示。根据表 5-1 可得，方案 B 的年折算费用最小，证明其投资效果最佳，为最优方案。同理，利用综合总费用法所得结果与年折算费用法一致。

### 5.3.2　计算期相同的互斥型方案动态比选方法

对于计算期较长（超过 1 年）的互斥型方案比选，一般需要用动态比选指标进行比较。计算期相同的互斥型方案，可以采用各方案的净现值、净年值进行比较，也可以利用增量净现值或增量内部收益率进行比较。若收益大致相同，可采用费用现值或费用年值对方案进行比较。

**1. 净现值（NPV）**

净现值法是对互斥各方案的净现值进行比较的方法。首先分别计算各方案的净现值，排除 $NPV<0$ 的方案，比较所有 $NPV \geq 0$ 的方案，选择净现值最大的方案作为最佳方案。

**【例 5-3】** 某项目有三个投资方案，计算期均为 5 年，设基准收益率为 10%，各方案的投资额、年经营成本、年收入见表 5-2，选择哪个方案最佳？

各方案基础数据（单位：万元）　　　　表 5-2

| 投资方案 | 投资额 | 年经营成本 | 年收入 |
|---|---|---|---|
| A | 3000 | 600 | 1600 |
| B | 4000 | 700 | 2000 |
| C | 5000 | 550 | 2050 |

**【解】** 首先计算各方案的年净收益，可得方案 A 年净收益为 1000 万元；方案 B 年净收益为 1300 万元；方案 C 年净收益为 1500 万元。

计算各方案的净现值，可得：

$NPV_A = -3000 + 1000(P/A, 10\%, 5) = 791$ 万元

$NPV_B = -4000 + 1300(P/A, 10\%, 5) = 928$ 万元

$NPV_C = -5000 + 1500(P/A, 10\%, 5) = 686$ 万元

可见，三个方案的 $NPV$ 均大于 0，均经济上可行。B 方案的 $NPV$ 在三个方案中最大，是最优方案。本项目应选择方案 B。

**2. 净年值（NAV）**

净年值评价与净现值评价是等价的（或等效的）。同样，在互斥型方案评价时，首先应计算各方案的净年值，排除 $NAV<0$ 的方案，在 $NAV \geqslant 0$ 的方案中，选择净年值最大的方案为最优方案。

【**例 5-4**】某工程项目的基础数据同【例 5-3】，试用净年值法选择最佳方案。

【**解**】计算各方案的净年值：

$NAV_A = 1000 - 3000(A/P, 10\%, 5) = 1000 - 3000 \times 0.2638 = 209$ 万元

$NAV_B = 1300 - 4000(A/P, 10\%, 5) = 1300 - 4000 \times 0.2638 = 245$ 万元

$NAV_C = 1500 - 5000(A/P, 10\%, 5) = 1500 - 5000 \times 0.2638 = 181$ 万元

经计算可得，以上三个方案的 $NAV$ 均大于 0，经济上可行。B 方案的净年值在三个方案中最大，是最优方案。本项目应选择方案 B，和净现值法的结论一致。

**3. 增量净现值（ΔNPV）**

增量净现值法比选的实质是判断增量投资（差额投资）的经济性，即投资额大的方案相对于投资额小的方案多投入的资金能否带来满意的增量净现值（ΔNPV）。

该法把投资额较大的方案 B 的现金流减去投资额较小的方案 A 的现金流，以此形成一个新的方案，称为增量方案。增量净现值指的就是增量方案的净现值，其表达式为：

$$\Delta NPV = \sum_{t=0}^{n} \frac{(CI_t - CO_t)_B - (CI_t - CO_t)_A}{(1+i_c)^t} \tag{5-5}$$

式中 $\Delta NPV$——增量净现值，即增量方案（B-A）的净现值；

$(CI_t - CO_t)_B$——投资额较大的方案 B 第 $t$ 年净现金流量；

$(CI_t - CO_t)_A$——投资额较小的方案 A 第 $t$ 年净现金流量；

$i_c$——基准收益率。

其判断依据是，当 $\Delta NPV \geqslant 0$ 时，该增量方案经济上可行，也就是投资额较大的方案 B 相对于方案 A 所追加的投资资金所产生的收益，不低于基准收益率，值得追加投资。也就是投资额更大的方案 B 较优。反之，若 $\Delta NPV < 0$，则应选择投资额小的方案 A。

同样，利用 $\Delta NPV$ 比选方案时，需要先排除 $NPV < 0$ 的方案。只有 $NPV \geqslant 0$ 的方案才值得进行比选。

【**例 5-5**】某工厂准备新增生产线，有两个方案可选，各自的投资额及各年收益见表 5-3，设基准收益率为 10%，选择最佳方案。

**各方案现金流**（单位：万元） 表 5-3

| 年份 | 0 | 1~10 |
|---|---|---|
| 方案 A | -400 | 69 |
| 方案 B | -200 | 35 |
| 增量现金流（A-B） | -200 | 34 |

【**解**】先把各方案投资额按从小到大的顺序排列，注意添加 0 方案（即全不投资），选

择初始投资最少的方案作为临时最优方案，以下一投资额较大的方案的现金流减去上一投资额方案的现金流，得到增量现金流。例中，先计算方案B减方案A的$NPV$：

$$NPV_B = -200 + 35(P/A, 10\%, 10) = 15.06 \text{万元}$$

然后，选择方案A减去方案B，获得增量现金流（A−B），计算$\Delta NPV$。

$$\Delta NPV_{A-B} = -200 + 34(P/A, 10\%, 10) = 8.92 \text{万元}$$

若$\Delta NPV \geq 0$，说明投资额较大的方案优于临时最优方案，如现在A−B方案的$\Delta NPV > 0$，则方案A更佳。

如有更多方案比选，则重复以上步骤。

例中，投资额较大的方案A优于方案B。

**4. 增量内部收益率（$\Delta IRR$）**

应用内部收益率（$IRR$）对互斥型方案进行评价时，不能直接按各互斥方案内部收益率的高低来选择方案。原因是内部收益率不是项目初始投资的收益率，而且内部收益率受现金流量分布的影响很大，净现值相同的两个分布状态不同的现金流量，会得出不同的内部收益率。

因此，我们需要用增量内部收益率（$\Delta IRR$）来对互斥型方案进行比选。增量内部收益率（$\Delta IRR$）是方案各年净现金流量差额的现值之和等于零时的折现率。其表达式为：

$$\Delta NPV = \sum_{t=0}^{n} \frac{(CI_t - CO_t)_B - (CI_t - CO_t)_A}{(1 + \Delta IRR)^t} \tag{5-6}$$

式中 $\Delta NPV$——增量净现值，即增量方案（B−A）的净现值；

$(CI_t - CO_t)_B$——投资额较大的方案B第$t$年净现金流量；

$(CI_t - CO_t)_A$——投资额较小的方案A第$t$年净现金流量；

$\Delta IRR$——增量内部收益率，即增量方案（B−A）的内部收益率。

满足式（5-6）时，可得$NPV_A = NPV_B$，即增量内部收益率实际上是A、B两个方案净现值相等时的$IRR$，即两个方案的净现值函数曲线相交时所对应的$i$。利用$\Delta IRR$对多方案进行评价比选，可以解决单纯采用$IRR$比选多方案时出现的问题。

增量内部收益率法的判断依据是，将$\Delta IRR$与基准收益率$i_c$进行比较。

当$\Delta IRR < i_c$时，增量投资经济上不可行，不值得追加投资，即投资额较小的方案A优于投资额较大的方案B，即方案A更优。

当$\Delta IRR \geq i_c$时，增量投资经济上可行，值得追加投资，即投资额较大的方案B优于投资额较小的方案A，即方案B更优。

同样，利用$\Delta IRR$比选方案时，需要先排除$IRR < i_c$的方案。只有$IRR \geq i_c$的方案才值得进行比选。

【例5-6】现有两个互斥型方案，其净现金流量见表5-4。设基准收益率为10%，试用净现值和内部收益率评价方案。

各方案净现金流量（单位：万元） 表5-4

| 年份 | 0 | 1 | 2 | 3 |
| --- | --- | --- | --- | --- |
| 方案A | −8000 | 3000 | 4000 | 6000 |
| 方案B | −6000 | 2000 | 3000 | 5000 |

**【解】**（1）净现值 $NPV$ 计算

$NPV_A = -8000 + 3000(P/F, 10\%, 1) + 4000(P/F, 10\%, 2) + 6000(P/F, 10\%, 3) = 2540.9$ 万元

$NPV_B = -6000 + 2000(P/F, 10\%, 1) + 3000(P/F, 10\%, 2) + 5000(P/F, 10\%, 3) = 2054.1$ 万元

（2）内部收益率 $IRR$ 计算

由 $NPV_A = 0$，解得：$IRR_A = 25.24\%$

由 $NPV_B = 0$，解得：$IRR_B = 25.77\%$

则有 A、B 方案 $NPV$ 均大于 0，$IRR$ 均大于 $i_c$，两个方案均在经济上可行。

（3）计算增量方案（表 5-5）的 $\Delta NPV$ 和 $\Delta IRR$

增量方案现金流（单位：万元）　　　　　　表 5-5

| 年份 | 0 | 1 | 2 | 3 |
|---|---|---|---|---|
| （A－B）方案 | －2000 | 1000 | 1000 | 1000 |

$\Delta NPV = -2000 + 1000(P/F, 10\%, 1) + 1000(P/F, 10\%, 2) + 1000(P/F, 10\%, 3) = 486.9$ 万元

$\Delta NPV = 0$ 时，解得：$\Delta IRR = 23.38\%$。

则有，$\Delta NPV > 0$ 且 $\Delta IRR > i_c$，增量方案（A－B）经济上可行，值得追加投资，因此，A、B 两个方案中，投资额较大的方案 A 更佳。

上述例题中，若设 $i_c = 25\%$，其增量方案（A－B）的 $\Delta NPV = -48$ 万元 $< 0$，$\Delta IRR < i_c$，也就是说，无论以哪个指标进行评价，得出的结论完全一致，增量方案不值得追加投资，投资额较小的方案为优，B 方案优于 A 方案。由此看出，以增量内部收益率比选方案，评价结果总是与按净现值指标评价的结果一致。

**5. 费用现值（PC）和费用年值（AC）**

费用现值（Present Cost，PC）是指在对多个方案比较选优时，如果诸方案产出价值相同或满足同样需要，可以对各方案的费用进行比较从而选择方案。费用现值将各方案计算期内的投资及费用换算成与其等额的现值之和，以费用现值最小为准则判断方案的取舍。其计算方法与净现值相似，只是现金流量符号相反。

费用年值（Annual Cost，AC）是指将各方案计算期内的投资和费用换算成费用的等额年值，以费用年值最小为准则判断方案的取舍。其计算方法与净年值相似，只是现金流量符号相反。

**【例 5-7】** 某项目有三个空调方案 A、B、C，均能满足同样的需要，其费用数据见表 5-6，经济寿命均为 10 年，在折现率为 10% 的情况下，试用费用现值和费用年值确定最优方案。

费用数据（单位：万元）　　　　　　表 5-6

| 投资方案 | 投资额 | 年经营费用 |
|---|---|---|
| A | 200 | 60 |
| B | 300 | 50 |
| C | 400 | 30 |

【解】(1) 各方案的费用现值：
$PC_A = 200 + 60(P/A, 10\%, 10) = 568.70$ 万元
$PC_B = 300 + 50(P/A, 10\%, 10) = 607.23$ 万元
$PC_C = 400 + 30(P/A, 10\%, 10) = 584.34$ 万元

(2) 各方案的费用年值：
$AC_A = 200(A/P, 10\%, 10) + 60 = 92.55$ 万元
$AC_B = 300(A/P, 10\%, 10) + 50 = 98.82$ 万元
$AC_C = 400(A/P, 10\%, 10) + 30 = 95.10$ 万元

由上可得，方案 A 的费用现值和费用年值均为三个方案中最小的，因此，方案 A 最优。

费用现值法的适用条件如下：各方案除了费用指标外，其他指标和有关因素基本相同；被比较的各方案，特别是费用现值最小的方案，应达到盈利目的；费用现值只能判别方案优劣，而不能用于判断方案是否可行；仅能用于寿命相同的多方案比选。

费用年值法与费用现值法的区别在于前者可用于寿命不同的多方案比选。

### 5.3.3　计算期不同的互斥型方案动态比选方法

计算期不同的互斥型方案，不能直接用净现值（$NPV$）或费用现值（$PC$）进行比选，其比选可以用以下方法。

**1. 最小公倍数法**

以各备选方案计算期的最小公倍数作为方案比选的共同计算期，并假设各个方案均在这样一个共同的计算期内重复进行，即各备选方案在其计算期结束后，均可按与其原方案计算期内完全相同的现金流量系列周而复始地循环下去，直到共同的计算期。在此基础上计算出各个方案中净现值最大的方案为最佳方案。

但对于某些不可再生资源开发型项目、计算期过长超过项目寿命期上限的情况，均不适合用最小公倍数法。

**2. 研究期法**

研究期法是根据对市场前景的预测，直接选取一个适当的分析期作为各个方案共同的计算期。通过比较各个方案在该研究期内的净现值来对方案进行比选，以净现值最大的方案为最佳方案。研究期的确定一般以互斥型方案中年限最短或最长方案的计算期作为互斥型方案评价的共同研究期。当然也可取所期望的计算期为共同研究期。

对于研究期比计算期长的方案，应注意对其在研究期以后的现金流量余值进行估算，并考虑固定资产残值回收。其处理方式可以把计算期内的现金流量等值转化为年金计入计算期各年，再计算研究期的净现值，并与计算期短的方案作比较。

**3. 无限计算期法**

铁路、桥梁等基础建设项目计算期可以达到百年以上，经济评价时可以考虑将这些建设项目视为无限计算期。如果评价方案的最小公倍数计算期很长，上述计算非常麻烦，也同样可取无限大计算期法计算 $NPV$，$NPV$ 最大者为最优方案。

当 $n \to \infty$，即工程项目计算期为无限大时，有：

$$NPV = \frac{NAV}{i} \tag{5-7}$$

利用式（5-7）可以简便地进行计算期无限大的互斥型方案比选。

**4. 净年值（NAV）或费用年值（AC）**

用净年值法或费用年值法进行寿命不等的互斥型方案经济效果评价，实际上隐含着作出这样一种假定：各备选方案在其寿命结束时均可按原方案重复实施或以与原方案经济效果水平相同的方案接续。净年值是以"年"为时间单位比较各方案的经济效果。

【例5-8】已知表5-7中的数据，试用最小公倍数法、研究期法、净年值法进行方案比较，设 $i_c=12\%$。

各方案数据　　　　　　　　　　　　　　　　　表5-7

|  | 投资<br>（万元） | 年收益值<br>（万元） | 年支出值<br>（万元） | 估计寿命<br>（年） |
| --- | --- | --- | --- | --- |
| 方案A | 3500 | 1900 | 660 | 4 |
| 方案B | 5000 | 2500 | 1400 | 8 |

【解】（1）最小公倍数法

利用各方案研究期的最小公倍数计算，本例即为8年的研究期。

$NPV_A = -3500 \times [1+(P/F, 12\%, 4)] + 1240(P/A, 12\%, 8) = 435.57$ 万元

$NPV_B = -5000 + 1100(P/A, 12\%, 8) = 464.36$ 万元

应选择方案B。

（2）研究期法

取年限短的方案计算期作为共同研究期，本例为4年。

$NPV_A = -3500 + 1240(P/A, 12\%, 4) = 266.25$ 万元

$NPV_B = [-5000(A/P, 12\%, 8) + 1100](P/A, 12\%, 4) = 283.99$ 万元

应选择方案B。

（3）净年值法

$NPV_A = -3500(A/P, 12\%, 4) + 1240 = 87.8$ 万元

$NPV_B = -5000(A/P, 12\%, 8) + 1100 = 93.5$ 万元

应选择方案B。

## 5.4 独立型方案的比选方法

独立型方案的比选，可以决定选择其中任何一个方案或多个方案，也可以都不选。一般独立型方案可根据有无资源限制分为以下两种情况：

（1）无资源限制：当独立型方案之间共享的资源（例如资金）没有受到限制时，则任何一个方案只要经济上可行，都可以采纳并实施；

（2）有资源限制：当独立型方案之间共享资源有限时，不能满足所有方案的需要，为了使有限的资源得到合理利用，则需要在不超出资源限制的条件下，进行独立型方案的优化组合。其组合方式有两种：排序组合法和组合互斥化法。

**1. 排序组合法**

排序组合法可快速简便地完成有限资源下独立型方案的比选。首先，需要选择效率指

标，然后按效率指标进行排序，再对方案进行组合。比选过程中，往往使用排序组合图。

(1) 内部收益率排序法

内部收益率排序法步骤如下：

1) 计算各方案内部收益率，淘汰 IRR<0 的方案；

2) 按 IRR 从大到小对各方案进行排序，以直方图形式绘制排序组合图，标出基准收益率水平线及投资限额竖线；

3) 排除在基准收益率水平线以下的方案，以及在投资限额竖线右侧的方案，留下来的方案则是最优组合。

【例 5-9】某企业的投资项目有以下 6 个方案可供选择，各方案计算期均为 4 年，计划投资限额 4800 万元，设基准收益率为 15%，各方案现金流量表见表 5-8，应选择哪些方案？

**各方案现金流量表**　　　　　　　　　　　　　　　　　　　表 5-8

| 方案 | 投资额（万元） | 每年净收益（万元） | IRR（%） |
|---|---|---|---|
| A | 1000 | 675 | 56.17% |
| B | 1400 | 840 | 47.22% |
| C | 800 | 570 | 60.49% |
| D | 1800 | 800 | 27.77% |
| E | 1500 | 645 | 25.86% |
| F | 1700 | 540 | 10.32% |

【解】(1) 求各方案 IRR，解得数据见表 5-8。

(2) 对各方案根据 IRR 排序，画独立型方案排序组合图，如图 5-2 所示。

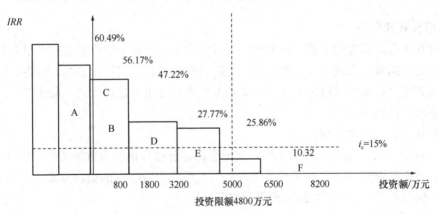

图 5-2　方案排序组合图

(3) 排除在基准收益率水平线以下的方案，排除在投资限额竖线右侧的方案，组合方案直至投资资金限额。

注意：由于组合 C+A+B 远不足投资限额，余下的 1600 万元资金没有得到充分利用，组合 C+A+B+D 的投资超出了限额，不予考虑，而组合 C+A+B+E 的投资额度为 4700 万元，接近投资限额，故最优组合为 C+A+B+E。

内部收益率排序法的目的是优先选择单位投资效率高的方案，以确保资金得到充分合理利用，由于投资方案不可分割，某个方案只能作为一个整体被接受或放弃，因此，经常会出现资金没有被充分利用的情况，所以，最佳投资组合方案应尽量接近投资限额。

（2）净现值指数排序法

净现值率（NPVR）大小说明该方案单位投资所获得的超额净效益大小。应用 NPVR 评价方案时，将净现值率大于或等于零的各个方案按净现值率的大小依次排序，并依此次序选取方案，直至所选取的方案组合的投资总额最大限度地接近或等于投资限额为止。

【例 5-10】现有七个相互独立的方案，其初始投资、净现值的计算结果已列入表 5-9，试在投资预算限额为 12000 万元内，用净现值率排序法确定其投资方案的最优组合。

各方案投资额及评价指标　　表 5-9

| 方案 | A | B | C | D | E | F | G |
|---|---|---|---|---|---|---|---|
| 投资额（万元） | 4000 | 2400 | 2600 | 2600 | 7200 | 600 | 3000 |
| NPV（万元） | 2000 | 980 | 572 | 520 | 1100 | 72 | 1080 |
| NPVR | 0.50 | 0.41 | 0.22 | 0.20 | 0.15 | 0.12 | 0.36 |

【解】求出各方案的净现值率 NPVR 如上表所示，按其大小进行排序为 A、B、G、C、D、E、F。得出最佳方案组合投资：

A+B+G+C=4000+2400+3000+2600=12000 万元。

最佳组合方案的净现值为 4632 万元。

注意：利用净现值率对独立型方案进行排序，会倾向于选择投资规模偏小、资金利用率高的项目，与以净现值最大为准则比选的结论可能不一致。在这种情况下，以净现值评价为准。

**2. 组合互斥化法**

组合互斥化法是先列举独立型方案所有可能的组合，每个组合形成一个组合方案，其现金流量为被组合方案现金流量的叠加。各组合方案直接形成互斥关系，最终，选出其中一种组合方案。比选时可以用互斥型方案的方法来对各组合进行比选，最优组合方案即独立型方案的最佳选择。

组合互斥化法具体步骤：

（1）对于 N 个非直接互斥型方案，列出全部相互排斥的组合方案（$2^n-1$）个；

（2）保留投资额不超过投资限额且 $NPV \geqslant 0$ 或 $NPVR \geqslant 0$ 的组合方案；

（3）保留的方案中 NPV 最大的组合方案最优。

【例 5-11】现有三个相互独立的方案 A、B、C，其现金流量见表 5-10，投资限额为 450 万元，基准收益率为 10%。

现金流量表（单位：万元）　　表 5-10

| 年份 | 0 | 1～10 |
|---|---|---|
| A | −100 | 20 |
| B | −300 | 55 |
| C | −250 | 45 |

**【解】** 列举 A、B、C 的所有互斥组合方案，见表 5-11。

表 5-11　组合方案列举（单位：万元）

| 组合方案序号 | 组合状态 | 0 | 1~10 | NPV |
| --- | --- | --- | --- | --- |
| 1 | A | −100 | 20 | 22.89 |
| 2 | B | −300 | 55 | 37.95 |
| 3 | C | −250 | 45 | 26.51 |
| 4 | A+B | −400 | 75 | 60.84 |
| 5 | A+C | −350 | 65 | 49.40 |
| 6 | B+C | −550 | 100 | 64.46 |
| 7 | A+B+C | −650 | 120 | 87.35 |

由上表可得，组合 B+C、A+B+C 的投资超出了限额 450 万元，无法选择。在投资限额中的组合方案，A+B 方案净现值最大，因此，选择 A+B 方案为最优组合方案。

利用组合互斥化法进行独立型方案的选优，其优点是不会漏掉任何一个可能的组合方案，缺点是计算比较繁杂，尤其是当独立型方案数量较多时，组合计算更为烦琐。

## 5.5　相关型方案的比选方法

常见的相关型方案有条件型方案、互补型方案、现金流量相关型方案。

**1. 条件型方案经济评价**

单向条件型方案可以转化为先决条件项目单个方案和两个方案组合为一个整体来进行比较。例如，建设机场 A 和建设机场高速 B 两个方案，可转化为机场方案 A 以及机场＋高速组合方案 C。

双向条件型方案可以直接把两个方案结合在一起，以一个方案来考虑。

**2. 互补型方案经济评价**

经济上互补而又对称的方案可以结合在一起作为一个"综合体"来考虑；经济上互补而不对称的方案，如没有空调安装的建筑物方案 A 和空调安装方案 B，则可把问题转化为有空调安装的建筑物方案 C 和没有空调安装的建筑物方案 A 这两个互斥型方案的经济比较。

**3. 现金流量相关型方案经济评价**

对现金流量相关型方案不能简单地按照独立型方案或互斥型方案的评价方法来分析，应首先确定方案之间的相关性，对其现金流量之间的相互影响作出准确的估计，然后根据方案之间的关系，把方案组合成互斥的组合方案。

## 5.6　多方案比选的总结

多方案比选需要综合考虑多方面情况，主要考虑如下内容：

**1. 备选方案的筛选，剔除不可行的方案**

因为不可行的方案是没有资格参加方案比选的。备选方案的筛选实际上就是单方案检验，利用经济评价指标的判断准则来剔除不可行的方案。

**2. 进行方案比选时所考虑的因素**

多方案比选可按方案的全部因素来计算多个方案的全部经济效益与费用，进行全面的分析对比，也可以就各个方案的不同因素计算其相对经济效益和费用，进行局部的分析对比。另外，还要注意各个方案间的可比性，要遵循效益与费用计算口径相一致的原则。

**3. 各个方案的结构类型**

对于不同结构类型的方案要选用不同的比较方法和评价指标，考察的结构类型所涉及的因素有：方案的计算期是否相同，方案所需的资金来源有无限制，方案的投资额是否相差过大等。

投资项目方案比选是一个复杂的系统工程，涉及许多因素，这些因素不仅包括经济因素，而且还包括诸如项目本身以及项目内外部的其他相关因素，如产品市场、市场营销、企业形象、环境保护、外部竞争、市场风险等。只有对这些因素进行全面的调查研究与深入分析，再结合项目经济效益分析的情况，才能比选出最佳方案，才能作出科学的投资决策。

## 关 键 概 念

互斥型方案；独立型方案；相关型方案

**复习思考题**

1. 投资项目方案比选有哪些类型？
2. 互斥型方案有哪些比选方法？
3. 独立型方案有哪些比选方法？
4. 某项目有两个可选方案，两个方案为互斥关系，其净现金流量见表 5-12。设基准收益率为 10%，试用净现值和内部收益率评价方案。

各方案净现金流量表（单位：万元）　　　　　　表 5-12

| 年份 | 0 | 1 | 2 | 3 |
|---|---|---|---|---|
| 方案 A | −500 | 150 | 250 | 400 |
| 方案 B | −300 | 100 | 150 | 250 |

5. 已知两个互斥型方案数据见表 5-13，试用最小公倍数法进行方案比较，设 $i_c = 12\%$。

各方案数据　　　　　　表 5-13

| | 投资（万元） | 年收益值（万元） | 年支出值（万元） | 估计寿命（年） |
|---|---|---|---|---|
| 方案 A | 170 | 100 | 40 | 4 |
| 方案 B | 320 | 130 | 60 | 8 |

6. 某项目有以下五个方案可供选择，各方案计算期均为 4 年，计划投资限额 410 万元，设基准收益率为 10%，各方案现金流量见表 5-14，应选择哪些方案？

各方案现金流量表 表 5-14

| 方案 | 投资额（万元） | 每年净收益（万元） |
|---|---|---|
| A | 120 | 50 |
| B | 140 | 60 |
| C | 90 | 40 |
| D | 150 | 55 |
| E | 58 | 18 |

## 典 型 案 例

某公司欲投资三个项目，每个项目投资寿命期为 1 年，各项目彼此独立。每个项目有两个或两个以上可选方案。其投资额和投资后的净收益见表 5-15。该公司本年度可以投资的资金为 400 万元，现公司决策者正在考虑如何对这些项目及其方案作出选择。项目基准收益率 $i_c = 12\%$。

案例解析

三个项目的投资方案（单位：万元） 表 5-15

| \multicolumn{3}{c}{A 项目} | \multicolumn{3}{c}{B 项目} | \multicolumn{3}{c}{C 项目} |
|---|---|---|---|---|---|---|---|---|
| 方案 | 投资额 | 净收益 | 方案 | 投资额 | 净收益 | 方案 | 投资额 | 净收益 |
| $A_1$ | 100 | 20 | $B_1$ | 100 | 30 | $C_1$ | 100 | 10 |
| $A_2$ | 200 | 30 | $B_2$ | 200 | 45 | $C_2$ | 200 | 30 |
| $A_3$ | 300 | 40 |   |   |   | $C_3$ | 300 | 40 |

### 思考感悟：在投资方案比选中融入企业社会责任感

事实上，随着技术的进步和经济的发展，许多投资方案在技术上或是经济上均存在可靠性和合理性，当投资方案难分伯仲时，如何选择更优的方案就需要企业具备社会责任感。实际上，在投资方案比选过程中，企业不应把追求自身经济效益作为唯一的原则。进入新发展阶段，我国强调要将社会责任投资与"十四五"规划、"2035 年远景目标"紧密结合起来，引导资本兼顾社会绩效与财务绩效的双重目标。

社会责任投资是一种全新的投资理念，强调在满足企业经济收益的基础上，兼顾投资的社会与环境效益。一味地追求经济回报有可能会导致资源的过度消耗、环境污染、生态破坏、贫富差距扩大，阻碍经济的可持续发展。因此，我国吸取发达国家的经验教训提出要建设具有中国特色的社会责任投资生态体系，要让社会责任投资从边缘向主流迈进，推动高质量、可持续发展目标的实现。

随着可持续发展意识的增强，越来越多的企业将非财务指标纳入投资决策中，力图把企业在追求利润最大化过程中造成的"外部性"内部化，以应对日益严峻的社会与环境问题。通过研究表明，社会责任投资是可以带来超额收益的。为了倡导社会责任投资理念，不同机构也先后提出了 ESG 投资、影响力投资、可持续投资等概念。虽然这些概念的表述不尽相同，但它们倡导的理念一致，都强调投资应当兼顾财务目标之外的社会目标。

为了促进投资方案比选决策中融入社会责任感，可以建立具有社会责任投资"共同语言"的评价体系,即明确绿色金融、ESG投资、影响力投资、社会价值投资、可持续金融等方面的概念;在设计投资方案的评价体系时,增设与社会责任投资有关的指标。此外,应发挥政府作为市场促进者的催化作用,即通过制定发展目标和战略来动员各级政府和决策部门认可、倡导、支持社会责任投资,形成"政府引导、市场主导"的模式。同时,还要健全信息披露机制,运用大数据助力社会责任数据库的建设,探索制定可持续的会计准则。

# 6 项目的可行性研究与投资决策

## 6.1 概　述

### 6.1.1 可行性研究的历程、阶段及内容

**1. 可行性研究国内外发展历程**

投资项目的可行性研究是指通过详细调查研究，通过市场分析、技术分析、财务分析及国民经济分析，对拟投资项目的必要性、可行性以及经济、社会有利性进行全面、系统、综合的分析和论证的综合评价。其基本任务是对拟投资项目作出可行或不可行的判断。

可行性研究萌芽于 19 世纪初至 20 世纪 50 年代，西方国家首先采用简单的财务评价方法来判断项目的可行性。英国经济学家马歇尔（Marshall）在法国工程师让尔·杜比（J. Dolby）的启发下，正式提出"消费者剩余"的概念，随后逐渐发展为"费用—效益"分析，成为可行性研究的雏形。20 世纪 60 年代，世界银行及联合工业发展组织开始采用财务分析和经济分析两种方法来评价其贷款项目。20 世纪 60 年代末期，社会分析的方法问世，将可行性研究的发展带到了新高度。1972 年，联合国出版了《联合国在发展中国家顾问使用手册》一书，同年，P. 达斯古帕塔（P. Dasgupta）、S. A. 玛格林（S. A. Marglin）等人受托编制出版了《项目评价准则》一书，为各国投资项目的经济性评估及可行性研究提供了参考依据。1978 年，联合国工业发展组织出版了《工业可行性研究编制手册》，正式规定了可行性研究的主要内容和计算方法。这个时期，可行性研究主要是对项目的技术和经济状况进行分析和评估，包括市场分析、生产能力和技术评价、财务分析和国民经济评价等。

20 世纪 80 年代后期，经过相关学者们的研究和完善，可行性研究理论中融入了许多新的算法和思想，在预测、风险、决策方面取得了有效成果，主要表现为在投资项目可行性研究中引入了不确定性分析，用盈亏平衡分析、敏感性分析及概率分析等方法来确定对投资项目影响较大的关键因素，从而控制这些影响因素的变化情况。同时，也引入了层次分析法、实物期权法等算法，为多目标方案决策提供了更完善的理论基础。更新了的"可行性研究"应用于各个领域的投资项目中，并在全世界范围内推广开来。各国也在以上理论规范的基础上，编制了适应各国政治、经济情况的可行性研究方法，并规范成册。例如，20 世纪 80 年代，日本国际协力机构（Japan International Cooperation Agency，JICA）编写发布了《项目的经济分析、调查、研究》一书；1987 年，我国出版发行了《建设项目经济评价方法与参数》等。

随着人们对工程的认识不断深入，项目评价已从技术经济评价发展到现行的对技术、经济、环境和社会的综合评价，各国也将该理论应用于各个领域的投资项目评价中。在理

论指导方面，2004年，日本国际协力机构发布了《考虑环境与社会影响指导大纲》，综合考虑了经济项目对社会环境的影响。理论应用方面，相关学者将能值分析法引入项目评价中，对项目技术给环境和社会造成的影响进行评价。例如，2008年，R. M. 普尔赛利（R. M. Pulselli）采用能值分析方法研究并评价了混凝土和水泥在建造过程中的传输效果，分析了建筑外墙采用不同建筑材料和构造对环境的影响。

1979年，我国举办第一期可行性研究培训班，可行性研究方法和理论在国内逐步发展起来。1983年，国家计委正式下发文件，将可行性研究纳入基本建设和投资程序。1987年，我国出版了《建设项目经济评价方法与参数》一书，明确规定并说明了经济评价的程序、方法和指标。这个时期可行性研究以经济评价为主要内容。1991年，我国将国内投资项目的设计任务书和外资项目的可行性研究报告统称为可行性研究报告，标志着我国可行性研究的规范化。

2002年，国家计委发布《投资项目可行性研究指南（试用版）》，该书规范了我国可行性研究工作的内容和方法，并首次将可行性研究列为投资项目评价的重要组成部分，指导可行性研究在技术、经济及社会影响方面的工作。1993年及2006年，我国先后出版了《建设项目经济评价方法与参数》的第二版与第三版，对可行性研究的方法和参数进行了完善。相较于前两版内容，第三版在大量的调查测算下，提出了一套比较完整可行的经济评价方法与参数体系。该版本增加了财务效益与费用估算、资金来源与融资方案、经济费用效益分析、费用效果分析及风险分析等内容，对社会影响评价作了进一步说明，我国的技术、经济、环境和社会综合评价体系也逐步发展起来。

钱学森教授早在1990年就指出城市经济系统、环境系统和社会系统之间的复杂关系。2004年，保罗·K·盖勒特（P.·K.·Gellert）和芭芭拉·D·林奇（B.·D.·Lynch）探讨了三峡工程引发的社会迁移，以及由此带来的社会文化变迁。同年，冯为民教授指出，项目评价应该与区域作为一个整体的大系统来进行综合评价，并以可持续发展作为测度。2009年，杨永峰提出三峡工程、南水北调、退田还湖工程的评价体系要考虑影响人们健康的社会指标。由此可以看出，环境和社会影响评价在我国项目的可行性研究中逐步占据了重要地位。随着科学技术的发展，项目评价也随着评价内容的扩展不断引入新的方法和工具，如生态学方法、信息技术工具（BIM、GIS技术、RS技术）等。

2008—2012年，在《投资项目可行性研究指南（试行版）》的基础上，我国住房和城乡建设部等有关部委相继在市政、煤炭、石油、农业、建材、公路、铁路、公共卫生等领域发布了各行业的项目经济评价规范，例如《市政公用设施建设项目经济评价方法与参数》《石油建设项目经济评价方法与参数》等。具体行业可行性研究评价方法的开发与发布使得各类投资项目的可行性研究有章可循、有据可依。可行性研究在我国基本建设和投资项目建设的实践中逐步推广开来，逐步渗透于各个行业的项目研究中，成为论证项目的必要环节。近年来，随着我国各行业市场发展的需要及可行性研究理论方法的完善，各部委也及时更新了可行性研究文件的编制办法。例如，2018年，国家铁路局在旧版规范的基础上，编制发布了新版《铁路建设项目预可行性研究、可行性研究和设计文件编制办法》，以适应我国铁路建设项目的最新发展趋势。

2022年，党的二十大报告指出，要加快构建新发展格局，着力推动高质量发展。高质量发展需要高质量的投资，高质量的投资需要高质量的投资决策，而可行性研究是投资决策的核心环节。为贯彻落实党的二十大精神，加强对项目前期工作的政策指导，巩固和深化投融资体制改革成果，推动投资高质量发展，国家发展改革委在2002年《投资项目可行性研究指南（试用版）》的基础上，研究制定了《政府投资项目可行性研究报告编写通用大纲（2023年版）》《企业投资项目可行性研究报告编写参考大纲（2023年版）》和《关于投资项目可行性研究报告编写大纲的说明（2023年版）》并于2023年4月正式通知发布。

投资项目的可行性研究是对投资项目的必要性、市场趋势、技术要求、投资回报、资金状况、社会影响等方面进行的综合性研究分析，需要经过机会研究、初步可行性研究、详细研究、分析报告与评价等多个阶段，每个阶段研究的粗细程度不一，其耗费的时间和资金也就有所差别。可行性研究的基础是进行有效的市场分析和预测，充分了解市场需求、基本情况及发展趋势，这也是做好后续财务分析及社会评价的前提。完成以上可行性研究工作后，我们还需要编制可行性研究报告，对所研究的内容和得到的结论进行整理分析，最终得出具有完整性过程及结论性评价的书面报告。

**2. 可行性研究的阶段划分**

根据联合国工业发展组织编写的《工业可行性研究手册》一书，可行性研究工作可划分为四个阶段，即机会研究阶段、初步可行性研究阶段、详细可行性研究阶段和项目评价与决策阶段。

（1）机会研究阶段

机会研究也可称为机会鉴定，它是可行性研究的最初阶段，根据市场供需、政策规定等情况对项目进行粗略估计，为项目投资者寻求可行的投资方向，寻求最有利的投资机会。机会研究的一般方法是从经济、技术、社会及自然情况等大的方面发生的变化中发掘潜在的发展机会，通过创造性的思维提出项目设想。

机会研究致力于研究项目的潜在实力及发展前景，相当于我国的项目建议书阶段，国内尚没有采取这种形式。项目建议书的核心内容和主要目标就是机会研究。由于前期判断存在一定的主观性及不确定性，因此，其研究范围一般较广，研究程度浅显且粗略。相对来说，机会研究要求花费的时间和资金也是最少的。一般来说，机会研究的基础数据估算误差为30%，研究费用占项目总投资的0.2%~1%，研究时长一般为1~2个月。

（2）初步可行性研究阶段

初步可行性研究又称预可行性研究。初步可行性研究是以机会研究为基础，对机会研究所提出的项目设想的技术、经济条件进行进一步论证，从技术、经济、市场需求等方面全面综合分析项目的经济性，从而评估项目的可行性。

初步可行性研究的主要任务是对选定的投资项目作市场分析，进行初步技术经济评价，作出投资决定，并确定是否需要进行更深入的研究，最后判断项目的盈利能力和生存能力。

初步可行性研究位于机会研究与详细可行性研究之间，相较于机会研究，初步可行性研究所获得的资料更为详细。一般来说，初步可行性研究的基础数据估算误差为20%，研究费用占项目总投资的0.25%~1.5%，研究时长一般为4~6个月。

（3）详细可行性研究阶段

详细可行性研究又称最终可行性研究，是项目前期研究的关键性环节，为实施投资项目及建成后的经济运行提供科学依据。这一阶段的主要任务是对投资项目的市场需求、技术要求、资金方案等各方面的可行性问题，通过收集全面、准确的相关资料，结合实际调研情况，进行全方位、系统的分析和论证，并进行多方案比较。

详细可行性研究的主要目的是对各种可能的方案进行深入研究，进行更深层次的技术经济分析，推荐多个可行方案；对各方案的经济效益及国民经济效益进行分析和评价，确定最佳方案；确定方案选择的技术和经济标准，对项目提出结论性意见。

一般来说，详细可行性研究的基础数据估算误差为 10%，中小型项目的研究费用占项目总投资的 1%～3%，研究时长一般为 4～6 个月；大型项目的研究费用占项目总投资的 0.8%～1%，研究时长一般为 8～12 个月。

（4）项目评价与决策阶段

项目评价与决策是投资项目可行性研究的最终环节，它是根据详细可行性研究的内容和结论，对投资项目的市场情况、目标客户群、技术要求、资金方案、投资回报、社会影响及发展趋势等进行综合全面的评价，并在所有可行方案中选出经济性最优、国民经济效益最好的一个方案，给出项目评选的最终决策及结论性意见。

**3. 可行性研究的内容**

可行性研究常从投资项目的必要性分析、市场需求及规模、技术要求、项目选址、投资估算、资金筹措、项目计划与资金规划、财务分析、国民经济评价及不确定性分析等方面进行综合分析，其主要内容如下：

（1）必要性分析

项目的必要性是项目能否实施的基础，只有在规划项目符合该地区的相应需求，对地方的居民生活、经济发展有促进作用的前提下，项目才有进一步实施的可能。因此，项目的必要性分析是可行性研究的前提内容。必要性分析主要从地方经济发展的需要和企业发展的战略角度出发，对项目的必要性进行综合考量，并确定项目的合理投资时机，一般可通过市场调查的方法来完成。

（2）市场需求及规模

市场需求量是考量项目是否可以盈利的一项重要指标。通过对地区目标消费者的市场调查，确定消费者的消费意愿、主观要求及期望价格，同时可以有效收集项目的市场信息，从而确定更符合地区需求的产品定位。通过需求调查，可以确定项目的规模及年产量，为制订资金计划提供有效信息，还可以很好地规避盲目投资带来的问题。

（2）技术要求

可行性研究需要对规划项目所需的技术方案进行详细研究，对技术的经济性与合理性作出比选和决策，选择成本低、性能优的最佳技术方案。对于技术难度及风险较大的项目，应慎重考量其可行性，作出合理决策。

（4）项目选址

其是指根据项目的市场定位及产品定位，确定项目的目标客户群、产品原料来源，综合考虑客户群位置、原料来源、项目周边环境、配套设施、交通条件及区域未来规划等因素，确定最有利于项目经营及未来发展的地理位置。例如，由于近两年来城市地价急速上升，在综合考量以上因素的同时，也要评估其经济合理性，选择性价比最高的地块。同样，公共基础设施的建设也会有项目选址问题。

(5) 投资估算

其是指在项目可行性研究阶段运用概算指标估算法、指数估算法、系数估算法等方法，对建设期各阶段的资金投入进行全面估算。其包括对拟建项目固定资产投资、流动资金和项目建设期贷款利息的估算。

(6) 资金筹措

其是指研究各种可能的资金来源，如资本金、银行贷款、发行债券等。计算各来源资金的使用成本，确定合理的资金筹措结构。在满足资金要求的情况下，优选使用成本最低的方案，编制资金筹措计划。

(7) 项目计划与资金规划

其是指根据项目的组成、工程量、实施难度等实际情况，安排项目的实施计划。同时，根据工程量等因素确定各阶段所需的资金数额，对资金的筹措进度进行具体规划，保证每阶段资金按时到位。

(8) 财务分析

其是指用现行的市场价格，对项目运营后可能的财务状况以及项目的财务效果进行科学的分析、测算和评价，预测项目的盈利能力、营运能力、偿债能力和增长能力，对项目的财务可行性及生存能力作出合理判断。

(9) 国民经济评价

其是指从国民经济宏观角度，用影子价格、影子汇率、影子工资和社会折现率等经济参数，考察项目的效益和费用，计算、分析项目需要国家付出的经济代价和对国家的经济贡献，判断项目投资的经济合理性和宏观可行性。

(10) 不确定性分析

其是指用盈亏平衡分析、敏感性分析、概率分析等方法，对生产、经营过程中各种事前无法控制的外部因素变化与影响所进行的估计和研究，计算各因素发生的概率及其对决策方案的影响，同时测算项目的风险程度，为方案决策提供依据。

### 6.1.2 投资决策的一般原理

**1. 投资决策的意义**

投资项目规模庞大，投入的人、财、物多，具有长期性、综合性等特点，其决策过程复杂、决策后果影响重大。此外，由于每一个投资项目的目标和条件都不相同，投资决策的难度较大。因此，投资决策不是简单地对投资项目方案作出的一种选择和判断，必须通过建立完整的理论方法体系，基于严格的决策制度和决策程序对投资项目作出科学的分析和判断。投资决策正确与否对投资项目的成败和经济效益起决定性作用。同时，投资决策的意义不仅限于一个项目的得失，它对整个国家（地区、部门）的经济也将产生较大影响。特别是重大投资项目决策的正确与否，对国民经济的影响举足轻重。

**2. 投资决策的原则**

投资决策必须遵循一定的原则，以便正确处理决策过程中的各种关系。投资决策应以科学理论为指导，依照科学的决策程序，由有关方面的专家、学者及具有丰富实践经验的决策分析人员，与承担决策的各级领导共同，经过可行性研究和项目评估等科学论证，对项目建设的可行性作出决断；择优确定项目方案，使投资决策符合科学决策的检验标准，以实现投资决策的经济效益与社会效益。投资决策的原则包括以下几个方面：

（1）以党和国家的经济建设方针、政策为指导，坚持投资决策符合国家、社会、人民群众的根本利益。

（2）遵循投资决策的科学程序。

（3）投资决策必须进行科学的分析和论证。

（4）投资决策应充分发扬民主。

（5）投资决策必须严肃、公正。

**3. 投资决策的程序**

（1）决策程序

决策是提出问题、分析问题和解决问题的系统分析过程，必须遵循科学的决策程序。科学的决策一般包含三个要素：有既定的目标、有若干个可行的方案、可从若干可行方案中选出一种最佳或比较理想的方案。科学的决策程序包括以下五个步骤：

1）确定决策目标

目标是决策的前提，包括决策所要解决的问题和要达到的技术经济目的。通过找出目标和现实情况的差距，分析产生差距的主要原因，找出要解决的关键问题。

2）方案设计

方案设计的目的在于提出解决问题和实现目标的方案。为了设计出多种可行方案备选，需从不同角度进行设计。

3）方案分析评价

对每一个备选方案进行分析论证，作出综合评价。在分析论证时把定量分析与定性分析有机结合起来，采用以定量分析为主的决策方法。各项方案的分析评价以技术上的先进性、经济上的合理性及方案实现的可能性三个方面为主。

4）确定最佳方案

通过对各可行方案的分析评价，确定一个最佳方案。

5）决策的实施及信息反馈

确定最佳方案并不意味着决策的结束。决策方案在实施过程中会出现新情况、新问题，需要及时修订。在方案实施过程中借助信息反馈手段，及时发现问题并予以调整，保证决策目标的实现。

（2）投资决策的一般程序

投资决策的一般程序包括投资机会研究、初步可行性研究、可行性研究、项目决策评价。

1）投资机会研究

投资机会研究是指为寻找有价值的投资机会而进行的准备性调查研究，分为一般机会研究和具体项目投资机会研究。

① 一般机会研究

一般机会研究需要进行广泛的调查，收集大量的数据。具体可分为以下三类：

a. 地区投资机会研究。通过调查分析地区的基本特征、地区产业结构、经济发展趋势、地区进出口结构、人口数量及人均收入等，确定某一特定地区的投资机会。

b. 部门投资机会研究。通过调查分析产业部门在国民经济中的地位和作用、产业的规模和结构、各类产品的需求及其增长率等状况，确定某一特定产业部门的投资机会。

c. 资源开发投资机会研究。通过调查分析资源的特征、储量、可利用和已利用状况、相关产品需求和限制条件等，确定开发某项资源的投资机会。

② 具体项目投资机会研究

经过一般机会研究初步筛选出投资方向和投资机会后，开展具体项目的投资机会研究。具体项目投资机会研究比一般机会研究更深入、具体，需要对项目的背景、资源条件、市场需求、发展趋势、需要的投入和可能的产出等进行研究分析，投资机会研究阶段一般参照相似项目的数据对本项目的建设投资和生产成本进行粗略估算。投资机会研究的成果是机会研究报告，是开展初步可行性研究工作的依据。

2）初步可行性研究

初步可行性研究也称预可行性研究，是在投资机会研究的基础上，对项目方案进行初步的技术经济分析和社会环境评价，初步判断项目是否可行。初步可行性研究的主要目的是判断项目是否值得投入更多的人力和资金进行可行性研究。

根据国民经济和社会发展长期规划、行业规划和地区规划以及国家产业政策，分析论证项目在宏观上建设的必要性，并初步分析项目投资建设的可能性。

初步可行性研究的成果是初步可行性研究报告或项目建议书，可根据投资主体及审批机构的要求确定。它们之间的差别表现在对研究成果的具体阐述上，初步可行性研究报告比项目建议书要更详尽一些。

3）可行性研究

可行性研究是在初步可行性研究的基础上、对主要建设方案进行分析比选论证的详细研究，进而得出该项目是否值得投资、建设方案是否合理可行的研究结论，为项目最终决策提供依据。可行性研究的成果是可行性研究报告。

4）项目决策评价

项目决策评价指根据可行性研究的结果，对项目建议书、可行性研究报告进行评价，进而获得全面系统、科学化的研究结论。项目决策评价在投资决策过程中起承前启后的桥梁作用。

5）决策制定

决策制定以项目评价结果为主要依据，由投资者通盘考虑、全面权衡，作出项目确立或取消的决定，即作出项目是否投资兴建的正式决策。

### 6.1.3 可行性研究与投资决策间的关系

由于建设项目投资额度大、建设周期长、社会牵扯面广、经济风险大，因此项目的投资决策需要一个较长的工作过程，主要由调查研究阶段（包括投资机会研究、初步可行性研究、可行性研究）、项目决策评价阶段、决策制定阶段构成，其中可行性研究阶段为调查研究阶段的主要内容。

项目的投资决策过程需从调查研究阶段开始，调查该项目的投资目标、投资地点；该项目是否具备建设条件、生产经营条件、获得预期盈利及效益的条件等。这一系列调查研究工作经过实践被总结成一套完整的科学化、系统化的项目调研理论、程序、原则和方法，最终形成项目的可行性研究。

由此可知，可行性研究是投资决策起始阶段中的重要环节，是对前期调查研究中的投资机会研究和初步可行性研究系统化地深入研究。同时对项目的后续决策评价和决策制定起到关键性的指导作用。因此，可行性研究在投资决策过程中具有承上启下的作用。可行性研究基于投资机会研究和初步可行性研究阶段获得的大量资料，对项目的市场前景、技术方案、资源供给、经济效益等各个方面进行预测、分析、论证，明确项目的客观条件、存在的问题及可行性，找出项目实施过程中的风险点，为后续项目决策评价和决策制定提供科学依据。可行性研究质量的高低，直接影响和决定着投资决策的科学性与准确性。因此，做好可行性研究是制定科学、正确的投资决策的关键，是确保投资活动顺利开展的重要保证。

## 6.2 市场分析

市场分析是可行性研究的重要内容，其方法的科学性直接影响可行性研究结果的可靠性，进而影响投资决策的质量。在可行性研究中，市场分析的主要目的是预测项目的市场前景，判断项目的市场潜力和市场价值。通过对项目所在行业的发展趋势、目标客户群体的需求变化、潜在竞争对手等因素进行调研分析，运用不同的方法对项目未来几年的市场需求进行预估。市场分析的结果将直接影响项目的产能规划、投资估算、经济效益测算等后续内容，最终为项目的投资决策提供依据。做好市场分析是确保可行性研究结果真实可靠且制定出科学、正确投资决策的重要保证。因此，本节将对市场分析进行详述。

市场分析的重点是了解产品的市场需求、目标客户群、竞争性产品相关信息，预测产品的发展前景，制定有竞争力的产品方案及发展规划。产品的市场需求是项目必要性的基础，也是解决项目必要性问题的关键。项目的产品定位、生产规模以及可能被市场所接受的价格等信息也都来自于市场分析。因此，市场分析是项目可行性研究中最重要的部分，是项目可行性研究的第一步，也是后续工作的基础内容。

市场分析是指通过市场调查和市场预测的方法，对项目的市场经济环境、总体趋势、政策影响、市场供求及竞争等进行分析，从而判断项目的市场潜力和市场价值，以便制定更好的市场策略。本节主要介绍市场分析的内容及市场调查、市场预测。

### 6.2.1 市场分析的内容

市场分析包括市场经济分析、市场总体趋势分析、市场政策影响分析、市场供求分析、产品分析、消费者行为分析、竞争分析七个方面的内容。

**1. 市场经济分析**

市场经济分析可从宏观经济分析和区域经济分析两方面入手。宏观经济即指宏观层面的国民经济总体及其经济活动和运行状态。在进行宏观经济分析时，我们可把常规研究和专题研究结合起来，进行定期分析和不定期分析。定期分析要求企业把对各种宏观经济及地区经济分析成果收集起来进行研究，并把它当作定期进行的程序化工作。不定期分析则是对宏观经济生活中无法解析和预测的重要事件进行不定期、多方合作、非程序化的研究。

区域经济即指分布于各个行政区的部分国民经济的经济活动和运行状态。人类的经济活动在区域之间的差异和联系便构成了区域经济分析所研究的基本要素。区域经济分析的研究方法不仅是定性说明，更重要的是定量分析。其主要方法有系统分析法、综合调查法、比较分析法、数量分析法等。

### 2. 市场总体趋势分析

在对项目市场进行分析的过程中，总体趋势分析是很关键的一个步骤。把握总体趋势就能把握市场变化的大方向。在研究市场总体趋势时，我们可结合市场价格和事件表现出来的市场运行及经济环境状况，采用指数分析法、景气分析法、区位商法、投入产出法、价格及销量分析法等方法，对市场的整体趋势进行分析，从而把控市场的未来走向，作出合理的决策并制订方案。

### 3. 市场政策影响分析

国家及地方政策往往对市场有较大的影响。因此，关注和分析政策是市场分析的重要工作，然而政策分析很难归纳出一套方法或操作流程。市场的主体是多元的，他们往往有不同的价值观及利益目标，因而其政策目标及方向也不尽相同。研究和分析政策影响时，我们要尽可能多地收集、整理、筛选大量的政策信息，可以从政策目标的号召力、影响市场行情的程度、可操作的程度、影响的部位、实施影响的手段及传播影响的途径等方面入手，主要考虑政策目标、政策手段、政策部位、政策效果、政策实施主体、政策决策主体等。

### 4. 市场供求分析

在进行市场供求分析之前，我们首先要进行市场细分。市场细分通常包括两方面的内容，一是对产品的细分，分别根据产品的用途、特点、性能等对市场供给的产品进行分类；二是对需求方的细分，根据消费者的特性把消费者分为具有各种共同特征或消费偏好的不同组别。

进行市场细分的目的是寻找某类子市场与某组消费者之间的配合关系，进而对子市场的供求数量进行分析。将子市场的供给和需求分类，把供给量和需求量进行对比，差额便是供求缺口，其中的关键是找到供给与需求规律性的关系。

### 5. 产品分析

产品分析是指在市场供求分析后，对方案产品的功能特性及生命周期进行的全方位分析，旨在了解产品的生存优势、不利因素及投产时所处的阶段，寻找其核心竞争力及进入市场的最佳时机，判断产品在市场上的生存空间及发展趋势，便于产品方案的选择与优化。

### 6. 消费者行为分析

消费者偏好引导着产品市场的走向，消费者需求决定了产品规模及生存空间。因此，了解消费者行为是产品市场分析的关键步骤。消费者行为分析主要是通过调查消费者的购买类型、兴趣偏好、行为动机等，分析消费者对产品的功能及数量需求，判断产品的生存周期，从而优化产品方案及投资计划，提高项目的生存力及经济效益。

### 7. 竞争分析

竞争产品的功能特性、价格定位及市场需求为产品方案的制订提供了有效参考。了解竞争产品的基本信息及竞争企业的相关策略，对企业了解市场情况、优化产品信息、规避不必要风险是十分有益的。因此，竞争分析也是市场分析的主要内容之一。

竞争分析主要分为竞争力分析、竞争环境分析及竞争战略选择三部分内容。竞争力分析主要是指分析产品对外部影响的应变能力，通常从产业结构的角度考虑产品在行业内的竞争力，可利用波特五力模型进行分析。竞争环境分析主要是指分析企业的内外部环境，常常采用简单实用的 SWOT 分析法。内部环境分析包括优势（Strengths）分析与劣势（Weaknesses）分析，外部环境分析包括机会（Opportunities）分析与威胁（Threats）分析。竞争战略选择主要分为成本领先战略、差异化战略和目标聚集战略。成本领先战略主攻价格优势，通常以低价取胜；差异化战略一般注重产品的某一特性，吸引目标群体；目标聚集战略注重创新，快速区别其他竞争产品。企业可根据自身特点及产品优势选择适合的竞争战略。

#### 6.2.2 市场调查

**1. 市场调查的基本内容**

市场调查是市场分析的主要任务，是获取市场信息及方案决策的关键步骤。市场调查的基本内容可以分为对象调查、需求调查及竞争调查三方面。

对象调查即对产品或项目需求者的调查，主要在于了解产品所面向的消费群体以及目标消费群体的消费偏好，主要服务于项目的客户定位。了解产品的目标对象有利于产品方案的制订，同时为了解市场需求及规划生产规模提供了有效依据。

需求调查是对产品或项目市场需求量、需求品种及需求质量的调查，主要是为项目或产品定位收集相关信息。市场需求量决定了项目的必要性及生产规模，品种及质量的需求是产品定位的关键信息。因此，做好需求调查及分析是项目顺利开展的前提。

竞争调查是对产品或项目的市场价格及竞争产品进行全方位的调查，主要是为了便于企业更全面地了解产品价格趋势、竞争产品的特点及竞争对手的策略等。掌握竞争者信息，有利于企业制订应对方案，提高产品在市场上的核心竞争力，促进其更长远的发展。

**2. 市场调查的程序**

市场调查的程序主要可以分为调查准备、调查实施及结果分析三个阶段。

调查准备阶段主要是明确调查目标、确定调查对象和范围、选择调查方法、制订调查计划、设计调查问卷等。调查准备阶段属于调查工作的前期阶段，主要任务是制订完备的计划并做好准备工作，便于后续阶段工作能高效、高质量的实施。

调查实施阶段主要是收集已有情报数据及实际情况数据。已有情报数据是指资料库中已经统计好的现有数据，可通过查阅政府统计部门公布的统计资料、已出版的资料汇编及调研报告、年鉴、各类图书等获得。实际情况数据是指在现有条件下还未收集或统计过的数据，需要我们通过发放问卷、实地走访、调查记录等方式获取相关信息。

结果分析阶段是对收集到的数据进行整理、分析、筛选，并对有效数据进行处理，通过综合分析完成调查报告，对需要进行预测的部分进行预测，描述市场分析的结论，对其进行论据充足、观点明确而客观的说明和解释，并提出结论性意见。

**3. 市场调查的方法**

市场调查的方法可分为资料分析法和直接调查法两大类。资料分析法是对既有的资料和数据进行整理分析，来确定市场动态和发展趋向的方法。直接调查法是通过一定的形式向被调查者提问，从而获取一手资料及数据的方法，其中包括访问法、观察法、实验法等。

（1）资料分析法

资料分析法也称文案调查法，是指通过收集历史资料和现实动态资料（即二手资料），筛选出与调查内容相关的信息，并对调查内容进行分析的方法。资料分析法的资料来源可分为内部资料和外部资料两大类。内部资料主要是指来源于企业内部的各种相关信息资料，如合同、生产报告、财务账目等；外部资料是指来自企业外部的相关信息资料，如政府性文件、新闻媒体资料、数据库资料等。

资料分析法的优点是获取信息方便，程序简单，成本较低，且不受时空限制，信息相对可靠准确；其缺点是信息不具有时效性，资料可能存在遗漏，很难收集到所需要的全部文献资料，且对调查人员的专业知识水平要求较高。

（2）直接调查法

直接调查法是指通过一定的形式直接向被调查者提问，从而获取一手资料及数据的方式。直接调查法分为访问法、观察法、实验法等。

访问法是指访问者通过口头或书面的方式对被访问者进行提问，从而获取目标信息的调查方式。访问法可分为面谈访问、邮寄访问、电话访问、留置访问以及网络访问等。目前市面上比较常见的访问方式为电话访问、留置访问以及网络访问。电话访问是指以电话交谈的形式采访被访问者，从而获取有效信息的方式。以该方式获取信息的速度较快，具有较大的灵活性，且费用成本较低；但是该方式不容易取得与被访问者的合作，且调查时间较短，信息量相对较少。留置访问是指向调查者当面发放问卷，让其按说明填写并按期回收问卷的方式，也存在现场填写并收回的形式。该方式能够让被调查者有充分的时间考虑问题，获取的信息较为准确；但是该方法的后期整理时间较长，程序繁杂。网络访问是指通过网络问卷的形式，将问卷发布到互联网上收集信息的方式。该方式的优点是调查范围较大，成本低，周期短，时效性高，且形式丰富；但该方式问卷回收率较低，且信息的有效性不高，数据缺乏可靠性。

观察法是指观察者利用现场观察或仪器观察等方法，记录被观察者的行为和语言，从而获取调查信息的方式。观察法具有直接、客观和全面的特点，直接获取被观察者的行为特征，没有对被观察者进行任何干预，且能有效提取调查者所需要的全部信息。根据观察的形式，可将观察法分为直接观察法和间接观察法两类。直接观察法是指被调查者直接深入调查现场，对正在发生的市场行为和状况进行观察和记录。直接观察法又可分为参与性观察、非参与性观察和跟踪观察三种方式。间接观察法是指对被调查者采用各种间接观察的手段进行观察，并记录有效信息的方式。间接观察法又可分为痕迹观察、仪器观察和遥感观察三种方式。观察法的优点是直观可靠且简便易行，还能克服语言障碍带来的困扰。但是观察法耗费的时间较长，费用较高，且只能观察到表面信息，无法深入探究，易受观察者的主观因素影响，因此，对观察者的基本素质要求较高。

实验法又称实验观察法，是指将调查对象放置在一定条件下进行实验，通过观察分析获取调查资料的方法。实验法按照组织方式的不同可分为单一组实验和对照组实验。单一组实验也叫连续实验，是指对单一的实验对象在不同时间段进行前后监测，观察其结果变化的一种实验方法。对照组实验则是指对两个或两个以上的实验对象同时观测，并进行横向和竖向比较的实验方法。实验法的优点是结果具有客观性及实用性，可以进行实验控制，且实验结果说服力较强；但是实验法时间长、费用高，在应用上具有一定的局限性，并且由于具有一定的时间限制，实验结果往往会有误差。实验法常应用于产品测试、价格测试及销售测试等方面。

在现实生活中，资料分析法和访问法是我们较为常用的两类调查方法，可应用领域和范围较广，适用于信息量较大且影响因素较多的调查对象；观察法中调查者不参与被调查者行为，适用于收集相对客观、消费者主观意愿不影响调查结果的调查数据；而实验法的应用较为局限，通常应用于需要类比且影响因素较为单一的调查对象。

### 6.2.3 市场预测

市场预测是在市场调查研究的基础上，根据市场的历史发展和当前形势，利用经验及科学的预测方法，对市场未来的发展趋势和主要方向进行分析、测算和预估，得出符合市场变化规律的结论，为项目决策提供科学依据的过程。

市场预测是进行项目决策和制定项目战略的主要依据。根据科学的测算和分析，总结造成市场变化及影响供求关系的一些基本因素。市场预测包含四个要素，即信息、方法、分析和判断。信息主要是指市场预测的主要内容和数据，包含了市场的政策导向、供求关系、技术要求和资源供给等多方面内容。方法主要是指在市场预测过程中所运用的一些技术方法，包括定性预测法、时间序列分析预测法以及回归分析预测法。分析和判断则是对运用以上方法预测出来的数据进行处理和分析，对其结果作进一步判断，最后得出结论性的意见。

**1. 市场预测的内容**

影响产品或项目生存发展的因素是多种多样的，因此市场预测的内容也就十分广泛。从宏观角度来看，产品或项目的市场供需关系、市场饱和度及相关政策环境是我们应该关注的主要问题；从微观角度来看，产品的性能、价格、寿命周期及企业的财务经营能力也是影响产品发展的关键因素。因此，市场预测的具体内容包含市场供需预测、产品寿命周期预测、技术发展趋势预测、企业生产经营能力预测及市场环境预测五个方面。

（1）市场供需预测

市场供需预测包含市场供给预测和市场需求预测两部分内容。市场供给是指在一定时期内，企业可以投放市场进行销售的商品资源。市场需求是指一定时期内，在特定区域及营销环境下，消费者愿意购买目标产品的总数量。

市场供给预测是对未来一定时期内进入市场的商品总量及各具体商品的市场可供给量变化趋势的预测。在供给预测的过程中，我们要充分了解历年及现阶段产品的供应量、销量、价格、成本、技术水平等信息，进而测算出商品的资源量、适应市场需求的程度及其发展趋势。此外，在供给预测中还应注意关联性商品的变化和对新产品的供需分析。

市场需求往往受到人口、收入、价格、政策等多因素的影响，因此市场预测也主要从这些方面入手，其内容主要包括对人口趋势、社会购买力趋势、商品需求结构、商品价格、消费者需求偏好、内需与外需结构等进行的预测。

（2）产品寿命周期预测

产品的寿命周期是指产品从进入市场到被市场淘汰的全部过程。其具体阶段包括引入期、成长期、成熟期和衰退期。引入期是指产品从设计生产到投入市场进行测试的阶段，这一阶段的产品还未定型，知名度及客户群较小，因此常采用促销的方式来扩大市场。成长期是指试销后成功打开市场的阶段，成长期产品的需求量和销售量迅速上升，容易吸引竞争者加入市场。成熟期是指产品在经历成长期后，需求量及销售量趋于稳定的阶段，该阶段市场逐渐饱和，但竞争日益激烈。衰退期是指产品逐步被市场淘汰的阶段，随着科学技术的发展，产品快速更新换代以适应消费者的需求，本阶段的销售量急剧下滑，生产商逐步停止生产。

对产品的寿命周期进行预测，可以合理测算产品的偿债周期及盈利周期，分析产品的盈利能力，便于企业作出正确的经营决策和制订合理的资金计划，优选产品方案，避免不必要的投资风险。在后期销售阶段，可根据预测结果及时调整营销方案，避免产品的积压和滞销。

（3）技术发展趋势预测

技术发展趋势预测是对该产品领域科学技术的未来发展方向以及其未来可能对社会产生的影响进行预测。产品的更新换代离不开科学技术的支持，科技的发展紧密影响着社会生产力和消费者需求。密切关注科技的进步和更新，有利于企业及时掌握最新生产技术，了解消费者新的偏好和需求，便于制订和调整产品方案。

（4）企业生产经营能力预测

企业生产经营的基本要素为人力、物力和财力，而企业的生产经营能力是指在一定时期内，通过一定的生产技术和组织条件，在保证直接参与生产的生产设备、劳动手段、人力资源和其他服务条件的前提下，企业能够生产各类产品的产量或加工处理原材料的能力。

企业的生产经营能力直接影响企业的盈利能力，生产经营能力越强，其平均成本越低，产量越高，盈利能力越好。因此，预测企业的生产经营能力，便于企业直接判断项目未来的生存状况及发展趋势。

（5）市场环境预测

产品的生存受政治、经济、文化、科技等多方面因素的影响，因此，产品的市场环境是影响产品发展的关键。市场环境通常包括市场政治环境、市场经济环境和市场文化环境三方面内容。

市场政治环境是指市场活动的外部政治形势、法律政策及其变化。政治环境的变化往往会对市场活动产生较大范围的宏观影响，它决定着整体市场活动的基本发展方向。政策的导向往往引导着市场未来的发展方向，紧密关注市场的政治环境变化，有利于企业规避风险，营造健康的生存环境。

市场经济环境是指市场活动的外部社会经济条件，包括消费者行为、消费水平、消费结构、经济发展水平及行业发展状况等多方面的内容。市场经济环境往往决定着产品的生存能力及发展水平，经济环境越好，需求量越高，产品销售量的走向就越好。

市场文化环境是指产品所在地区的文化氛围和民俗风情，通常代表着该地区消费者的价值需求和行为导向。充分了解市场的文化环境，有利于企业确定正确的产品定位，生产符合消费者偏好的产品，提高产品的生存能力和竞争能力。

**2. 市场预测的方法**

市场预测的方法可分为定性方法和定量方法两大类。定性方法是指以市场调查为基础，依靠个人经验和主观判断进行预测的方法，包括专家预测法、调研判断预测法和主观概率法；定量方法则是指以统计资料为基础，运用数学工具进行分析计算的预测方法，包括时间序列分析预测法和回归分析预测法。

（1）专家预测法

专家预测法是指向有关专家提供一定的背景资料，使其按照知识储备和过往经验，对市场未来的发展趋势作出判断和预估的方法。专家预测法可以分为专家会议预测法、头脑风暴（Brian Storming）法和德尔菲（Delphi）法三种。

专家会议预测法是召集专家通过会议进行集体的分析和判断，将专家们的意见综合整理分析，最终得出一致性结论的方法。专家会议法经过众多专家的集中讨论，可以避免个人判断的不足，缩小结论的局限性和不可靠性。但是，专家会议法容易受到专家个人主观情感、情绪及知识能力的影响，其结论还是存在一定的主观性。

头脑风暴法是指将相关人员召集起来，通过营造轻松愉悦的氛围，激励大家充分发挥想象力，各抒己见，畅所欲言，从而得到问题的各种解决方案的方法。头脑风暴法的优点是讨论者不受约束，思维发散，容易碰撞出新的想法，且容易产生高质量的方案；但是该方法容易受权威专家左右，且氛围及话题范围不好控制，对主持人的素质能力要求较高。

德尔菲法是在专家会议预测法的基础上发展起来的一种定性预测方法。它是通过函询的调查方式向专家提出相关问题，并将答案整理分析，然后匿名反馈给专家再次征求意见，加以归纳、分析和总结，最后得出预测结论的一种方式。相较于传统的专家会议预测法，德尔菲法具有匿名性、反馈性和数理性的特点，它克服了专家个人预测的局限性和专家会议预测容易受到心理因素干扰的问题，借助统计归纳的方法，使得专家意见逐渐趋于一致，保证了结果的相对可靠性。

（2）时间序列分析预测法

时间序列分析预测法是市场预测中经常采用的一种定量预测法，它是将某一经济变量的实际观察值按时间先后次序排列成一个序列，并根据时间序列所反映的经济现象的发展过程、方向和趋势，应用某种数学方法建立模型，使其外推或延伸，从而预测该经济变量未来发展变化趋势和变化规律的一种预测技术。时间序列分析预测法可分为简易平均预测法、移动平均预测法、指数平滑预测法和季节指数预测法。

简易平均预测法是最简单的数学方法，适用于波动不明显而又受随机波动影响小的时间序列的预测。移动平均预测法是在简易平均预测法的基础上改进的，其特点是重视近期数据，描述新趋势变化的能力很强，有较好的预测效果。指数平滑预测法是一种特殊的加权移动平均法，它具有连续运用、不需要保存历史数据、计算简易等优点。季节指数预测法是以市场季节性周期为特征，计算反映在时间序列资料上呈现明显的有规律季节变动系数，达到预测目的的一种方法，适用于时间序列以季节的循环周期为特征的时间序列的预测。

（3）回归分析预测法

回归分析预测法是指从经济现象的因果关系出发，在分析因变量与自变量之间相互关系的基础上，建立变量间的回归方程，并进行参数估计和显著性检验后，运用回归方程式预测因变量数值变化，揭示经济现象与其他因素之间的数量依存关系，推测经济现象变化的一种定量分析预测方法。回归分析法可分为一元线性回归分析预测法、多元线性回归分析预测法、非线性回归分析预测法和虚拟变量回归分析预测法。

一元线性回归分析预测法是分析一个因变量与一个自变量之间的线性关系的预测方法，适用于只考虑事物的一个影响因素的预测对象。多元线性回归分析预测法是指通过对两个或两个以上的自变量与一个因变量的相关分析，建立预测模型进行预测的方法，与一元回归预测的原理基本相同，但计算更复杂。非线性回归分析预测法适用于变量之间是非线性关系的预测对象，可通过变量代换将非线性回归转化成线性回归。虚拟变量回归分析预测法适用于变量中含有品质变量的预测对象，品质变量通常是指性别、文化程度、职业、自然灾害等一些很难量化的变量。

以上便是市场预测常用的三类方法，我们在进行市场预测的过程中，可根据对象的不同情况选择相应的预测方法。每一类方法中的具体方法和技术可参阅有关文献。

**3. 市场预测的特点**

正确认识市场预测是我们开展预测工作的前提条件，全面客观的市场预测是产品或项目开发成功的保证。但是在市场预测的过程中，既不可以盲目依赖预测及其结果，也不要全盘否定预测的作用。从对上述几种方法的简单介绍，我们基本可以看出市场预测的主要特点：

（1）预见性与不确定性

市场预测是通过对历史及现有资料的分析对比，对未来某一时间段内的市场发展趋势进行预估，提供预测对象的未来信息，为科学决策提供依据。因此，市场预测具有一定的预见性。但是，市场预测仅仅是对未来的一种预估，并不是精确的测算，因而其结果也存在一定的不确定性。

（2）可测性

通过上述方法我们可以看出，预测对象的所有影响因素都是可测度的、可量化的、可分解的。即使是品质变量，也要通过打分、编码等形式将其量化来进一步处理分析。因此，市场预测的结果往往都是由其影响因素指标量化表达的，这体现了市场预测的可测性。

（3）时间性

市场预测的对象都是在一定的时空中发生与变化的，因此，市场预测一般建立在变量随时间的变化而变化的基础上，其主要研究预测对象在未来发展中伴随时间的一种趋势，从而我们可以看出，市场预测的过程中往往会将时间作为变量之一，也就是说市场预测具有时间性的特点。

（4）近似性

市场预测通常是通过整理分析相关历史资料，利用特定的数学方法建立模型，对历史数据进行拟合处理，从而找出变量随时间变化的规律，并预测其在未来时点的近似值。且预测对象的未来发展环境十分复杂，影响因素众多，个别预测方法主观性较强。因此，市场预测的结果无法做到精确测算，具有近似性。

值得提及的是，随着新兴技术的发展，基于大数据、AI 和 BIM 及相关空间信息技术，市场分析方法和市场预测方法也在创新。这些新方法和新工具的应用使市场分析和预测逐步更加准确和精确。例如，采用大数据和 AI 技术的市场分析与预测、大型项目的空间经济性分析与预测。新方法和新工具的应用有助于提升项目可行性研究工作的科学性和预测的精准性。

## 6.3 可行性研究报告的编制

### 6.3.1 可行性研究报告的编制依据

可行性研究报告是可行性研究工作的最终成果，是以书面的形式对可行性研究进行总结并提出结论性建议。可行性研究报告是企业判断项目是否可行的决策性依据，也是对外报批、合作的关键性文件。可行性研究报告可以用于企业融资和对外招商合作、国家发展改革委立项审批、银行贷款、申请进口设备免税、境外投资项目核准等。2002年，国家计委委托中国国际工程咨询公司组织编写了《投资项目可行性研究指南（试用版）》，其对可行性研究报告的编制依据、步骤及结构内容作出了如下要求。

**1. 项目建议书（或初步可行性研究报告）及其批复文件**

项目建议书是企业就某一具体新建、扩建项目提出的项目建议文件，是项目可行性研究工作开展前的重要依据。有关部门在收到项目建议书后，应对其进行批复并反馈给筹建单位，其批复的内容为项目的立项提供了可靠的参考依据。

**2. 国家和地方的经济和社会发展规划，行业部门发展规划**

不同的项目由于其地理位置和资源条件不同，其发展的方向和战略各有侧重。根据国家或地方的发展规划文件进行可行性研究报告的编制，能够充分了解项目行业领域的宏观规划路线，减小不必要的风险。国家或地方的发展规划文件包含国家资源报告、国土开发整治规划、工业基地规划、区域发展规划、江河流域开发治理规划、铁路公路路网规划、电力电网规划等。

**3. 国家有关法律、法规、政策**

项目的实施和发展总是以国家的政策导向为背景，其在运行的过程中又离不开相关法律法规的制约。因此，紧密关注国家政策及规划的变化，了解法律法规的相关规定，以其作为编制可行性研究报告的依据，可以有效避免项目的政治风险。主要的法律法规包括土地法、合同法、经济法、劳动保护条例等。

**4. 国家矿产储量委员会批准的矿产储量报告及矿产勘探最终报告**

通过查阅我国矿产储量报告及矿产勘探最终报告，可以充分了解我国当前的矿产储量及其分布情况，其是矿产类产业或与其相关产业编制可行性研究报告的重要依据。

**5. 有关机构发布的工程建设方面的标准、规范、定额**

工程建设的标准和规范是项目建设实施的指导性文件，工程定额又是核算项目造价、确定项目投资的基本规范文件。因此，工程建设的标准、规范和定额是研究项目技术可行性及经济可行性的主要依据。

**6. 中外合资、合作项目各方签订的协议书或意向书**

对于中外合资、合作项目来说，由于合作双方国家的法律政策不同，在合作中往往会遇到一些有分歧的地方，而这种分歧一般都会在协议书中有明确规定。因此，我们在研究项目可行性并编制报告的过程中，要以协议书或意向书为依据，要仔细研读其中的内容，分析风险条款，作出准确判断。

**7. 编制可行性研究报告的委托合同**

在可行性研究报告的委托合同中，一般会明确指出可行性研究报告的编制内容、要求及其他规定，它既是编制可行性研究报告的依据，也是指导性文件。因此，我们在编制报告时要仔细阅读合同内容，对其中的每项要求了然于心，避免后期的分歧和矛盾。

**8. 其他有关资料**

除了以上依据之外，根据不同项目的特点和用途，可行性研究报告的编制还有可能参考试验试制报告、自然地理资料、气象资料及其他参数指标等有关文件，具体要依据项目的内容而定。

### 6.3.2　可行性研究报告的编制步骤

**1. 签订委托协议**

可行性研究报告一般由建设单位委托专业机构进行编制，委托方对项目的基本情况向专业机构进行交底，双方就项目的内容、编制范围、要求、时间、费用等进行商议并达成共识，签订可行性研究报告委托协议。

**2. 组建工作小组**

签订委托协议后，编制单位就项目可行性研究的具体工作成立工作小组，对研究工作的内容、范围、工作量及任务进行确认和分工。依照分工可成立组内的专业小组，各小组协调配合，共同完成可行性研究工作。

**3. 制订工作计划**

工作小组建立后，根据各组的工作任务，各自制订相关的工作计划，对工作的内容、重点、程序、进度、资金及人员进行安排，并与委托单位进行商议，确定最终的工作计划。

**4. 调查研究，收集资料**

根据项目的基本情况，确定可行性研究工作中所需的信息数据，并按照前文中所介绍的市场调查方法与特点，选择适宜的方法并收集资料。通过市场调查与资料分析，充分了解项目的客户需求、发展趋势及竞争者状态。

**5. 编制与优化方案**

通过市场调查了解项目的目标群体、市场需求及发展趋势后，委托单位可根据上述信息对项目的设计方案、技术方案、资金方案及营销方案等进行研究和判断，分析其利弊，优选并优化项目方案，给出方案建议。

**6. 项目评价**

选出最优方案后，编制单位对该方案的设计内容、技术要求、资金筹措计划、盈利能力、生存能力及社会影响力等做进一步研究，对方案的优劣进行评价，分析项目的可行性，最终得出结论性建议。

**7. 编制可行性研究报告**

在完成上述工作后，编制单位应根据之前所完成的工作内容，各组分工协作，按照协议书的要求，合理、完整地编制可行性研究报告，对项目的各方面情况作出书面性的总结，并反馈给委托单位。

**8. 交换意见**

编制单位将报告上交给委托单位的同时，应对报告的内容及其他问题进行说明。委托单位收到可行性研究报告后，要及时验收检查，对于报告中不清楚的问题，双方相互协商、交换意见。编制单位对报告及时修改完善后，提交最终的可行性研究报告。

### 6.3.3　可行性研究报告的格式及内容

一份完整的可行性研究报告应包括概述、项目建设背景和必要性、项目需求分析与产出方案、项目选址与要素保障、项目建设方案、项目运营方案、项目投融资与财务方案、项目影响效果分析、项目风险管控方案等方面的内容。其具体内容见表6-1。

可行性研究报告的内容　　　　　　　　　　　　表 6-1

| | | |
|---|---|---|
| 1. 概述 | (1) 项目概况 | 拟建项目的建设地点、建设内容和规模、总体布局、主要产出、总投资和资金来源、主要技术经济指标等内容 |
| | (2) 项目单位概况 | 是对项目单位基本信息的阐述 |
| | (3) 编制依据 | 拟建项目取得的相关前置性审批要件、主要标准规范及专题研究成果 |
| | (4) 主要结论和建议 | 简述可行性研究的主要结论和建议 |
| 2. 项目建设背景和必要性 | (1) 项目建设背景 | 主要简述项目提出背景、前期工作进展等情况，便于项目决策机构掌握项目来源、工作基础和需要解决的重要问题等 |
| | (2) 规划的政策符合性 | 从扩大内需、共同富裕、乡村振兴、科技创新、节能减排、碳达峰碳中和、国家安全、基本公共服务保障等重大政策目标层面进行分析 |
| | (3) 项目建设的必要性 | 从宏观、中观和微观层面展开分析，研究项目建设的理由和依据 |
| 3. 项目需求分析与产出方案 | (1) 需求分析 | 根据经济社会发展规划、国家和地方标准规范，分析需求现状和未来预期等情况，研究提出拟建项目的近期和远期目标、产品或服务的需求总量及结构 |
| | (2) 建设内容和规模 | 阐述拟建项目的总体目标及分阶段目标，提出拟建项目的建设内容和规模，明确项目产品方案或服务方案及其质量要求，并评价项目建设内容、规模以及产品方案的合理性 |
| 4. 项目选址与要素保障 | (1) 项目选址选线 | 从规划条件、技术条件、经济条件和资源节约集约利用等方面，对拟定的备选场址方案或线路方案进行比较和择优 |
| | (2) 项目建设条件 | 拟建项目所在地的自然环境、交通运输、公用工程等支撑项目建设的外部因素 |
| | (3) 要素保障分析 | 包括土地要素保障，以及水资源、能耗、碳排放强度和污染减排指标控制要求及保障能力等 |
| 5. 项目建设方案 | (1) 技术方案 | 包括核心技术方案和核心技术指标，并对专利或关键核心技术的获取方式可靠性、知识产权保护情况、技术标准和自主可控性加以分析 |
| | (2) 设备方案 | 包括主要设备（含软件）的规格、数量、性能参数、价格、来源、技术匹配性、可靠性和对工程方案的设计技术需求 |
| | (3) 工程方案 | 从土地利用、地上地下空间综合利用、人民防空工程、抗震设防、防洪防灾、消防应急要求以及绿色和韧性工程角度，对拟定的工程项目方案进行比选和择优，并明确工程项目的建设标准、总体布局、主要建（构）筑物和系统设计方案、外部运输方案、公用工程方案及其他配套设施方案 |

续表

| | | |
|---|---|---|
| 5. 项目建设方案 | (4) 用地用海征收补偿（安置）方案 | 依据有关法律法规，提出征收范围、土地现状、征收目的、补偿方式和标准、安置对象、安置方式、社会保障、补偿（安置）费用等内容 |
| | (5) 数字化方案 | 包括技术、设备、工程、建设管理和运维、网络与数据安全保障等方面内容在内的拟建项目数字化应用方案 |
| | (6) 建设管理方案 | 提出项目建设组织模式和机构设置，根据项目实际提出拟实施的以工代赈建设任务，提出项目建设工期、拟建项目招标方案及拟采用的建设管理模式 |
| 6. 项目运营方案 | (1) 运营模式选择 | 政府投资项目要评价市场化运营的可行性和利益相关方的可接受性，企业投资项目要确定"生产经营方案"，突出运营有效性 |
| | (2) 运营组织方案 | 研究项目组织机构设置方案、人力资源配置方案、员工培训需求及计划，提出项目在合规管理、治理体系优化和信息披露等方面的措施 |
| | (3) 绩效管理方案 | 制定项目全生命周期关键绩效指标和绩效管理机制，提出项目主要投入产出效率、直接效果、外部影响和可持续性等绩效管理要求 |
| | (4) 安全保障方案 | 牢固树立安全发展理念，明确安全生产责任和应急管理要求，强化运营单位主体责任，落实政府监管要求 |
| 7. 项目投融资与财务方案 | (1) 投资估算 | 准确度要求在±10%以内，充分考虑项目周期内有关影响和风险管理的费用安排，如环境保护与治理、社会风险防范与管控、节能与减碳、安全与卫生健康等相关建设投入和费用支出等 |
| | (2) 融资方案 | 研究项目的可融资性以及采用政策性开发性金融工具、发行产业基金、权益型金融工具、专项债等融资方式的可行性 |
| | (3) 盈利能力分析 | 重点是现金流分析，通过相关财务报表计算财务内部收益率、财务净现值等指标，判断投资项目的盈利能力 |
| | (4) 债务清偿能力分析 | 论证项目计算期内是否有足够的现金流量，按照债务偿还期限、还本付息方式偿还项目的债务资金，从而判断项目支付利息、偿还到期债务的能力 |
| | (5) 财务可持续性分析 | 综合考察项目计算期内各年度的投资活动、融资活动和经营活动所产生的各项现金流，计算净现金流量和累计盈余资金，判断项目是否有足够的净现金流量来维持项目的正常运营 |
| 8. 项目影响效果分析 | (1) 经济影响分析 | 从经济资源优化配置的角度，利用经济费用效益分析或经济费用效果分析等方法，评价项目投资的真实经济价值，判断项目投资的经济合理性，从而确保项目取得合理的经济影响效果 |

续表

| | | |
|---|---|---|
| 8. 项目影响效果分析 | (2) 社会影响分析 | 从项目可能产生的社会影响、社会效益和社会接受性等方面,研究项目对当地产生的各种社会影响,评价项目在促进个人发展、社区发展和社会发展等方面的社会责任,并提出减缓负面社会影响的措施和方案 |
| | (3) 生态环境影响分析 | 从推动绿色发展、促进人与自然和谐共生的角度,分析拟建项目所在地的生态环境现状,评价项目在污染物排放、生态保护、生物多样性和环境敏感区等方面的影响 |
| | (4) 资源和能源利用效果分析 | 从实施全面节约战略、发展循环经济等角度,分析论证除项目用地(海)之外的各类资源节约集约利用的合理性和有效性,提出关键资源保障和供应链安全等方面的措施,评价项目的能效水平以及对当地能耗调控的影响 |
| | (5) 碳达峰碳中和分析 | 通过估算项目建设和运营期间的年度碳排放总量和强度,评价项目碳排放水平,以及与当地"双碳"目标的符合性,提出生态环境保护、碳排放控制措施 |
| 9. 项目风险管控方案 | (1) 风险识别与评价 | 识别项目存在的各种潜在风险因素,包括市场需求、要素保障、关键技术、供应链、融资环境、建设运营、财务盈利性、生态环境、经济社会等领域的风险,并分析评价 |
| | (2) 风险管控方案和风险应急预案 | 提出规避重大和较大风险的对策、措施及应急预案,建立健全投资项目风险管控机制 |

## 6.4　项目常用的投资决策方法

根据决策问题所处条件不同,可将决策问题分为确定型、不确定型和风险型三种类型。确定型决策问题的特征是只有一个确定的自然状态,有两个或两个以上的行动方案,各种行动方案在确定的条件下,收益值或损失值均可计算得到。不确定型决策问题的特征是有两个或两个以上的行动方案,每一个方案有两种或两种以上的自然状态,每种自然状态出现的概率事先无法确定。风险型决策问题亦称为随机型决策问题,它的特征是有两个或两个以上的行动方案,每一个方案有两种或两种以上的自然状态,每种方案在不同状态下的损益值及各状态出现的概率均可事先确定。根据决策问题的不同类型,需要采用不同的分析方法。

由于确定型决策问题的方案结果不会因其他条件的变化而变化,因此,决策者可迅速、果断地作出决定,并竭尽全力去实现最佳结果。确定型决策问题常用的分析方法有直观分析法、线性规划法、盈亏平衡分析法等。

由于不确定型决策问题的自然状态无法明确估计,且各种自然状态发生的概率亦无法确定,因此,在比较不确定型决策问题不同方案的效果时,大多根据主观选择进行,通常采用的方法有乐观决策分析法、悲观决策分析法、折中决策分析法、后悔值分析法等。

风险型决策问题能够估计各种自然状态出现的概率,常用的风险型决策分析方法包括表格法、正态分布表法、决策树法。同时,风险型决策问题是在投资决策中最常遇到且需要研究最多的问题,因此,本节将对风险型决策问题常用的分析方法进行阐述。因决策树法的基本原理在 5.4.3 节中已进行详述,本节不再赘述。

### 6.4.1 表格法

表格法的基本原理是根据已知条件下的状态收益值或损失值、状态概率,计算状态期望值,通过累计状态期望值得到方案期望值,再计算可能出现的所有自然状态的方案期望值。通过比较所有自然状态的方案期望值进行决策。

【例 6-1】某工厂生产的产品每批 1000 件,原生产工艺产生的次品率 $d$ 及其概率 $P(d)$ 见表 6-2。

原工艺次品率及其概率　　　　　　　　　　　表 6-2

| $d$ | 0.02 | 0.05 | 0.10 | 0.15 | 0.20 |
|---|---|---|---|---|---|
| $P(d)$ | 0.40 | 0.30 | 0.15 | 0.10 | 0.05 |

更换次品每件需 1.5 元。现考虑采用一个新工艺,需每批用一笔固定费 50 元以减少次品,达到仅有 0.02 的次品率。试分析,能否决定采用此新工艺。

【解】采用原工艺与新工艺两种方案的费用期望值见表 6-3:

其中,第 1、2 列为已知条件;

第 3 列为使用原工艺,每生产一批,处理次品的费用 $1000 \times d \times 1.5 = 1500d$;

第 4 列为产生不同次品率而发生费用的期望值 $1500d \times P(d)$;

第 5 列为使用新工艺,每生产一批,处理次品的费用 $1000 \times 0.02 \times 1.5 + 50 = 80$;

第 6 列为产生不同次品率而发生费用的期望值。

方案费用期望值计算表　　　　　　　　　　　表 6-3

| | | 原工艺 | | 新工艺 | |
|---|---|---|---|---|---|
| $d$ | $P(d)$ | 状态费用 | 状态期望 | 状态费用 | 状态期望 |
| 0.02 | 0.40 | 30 | 12 | 80 | 80 |
| 0.05 | 0.30 | 75 | 22.5 | 80 | 0 |
| 0.10 | 0.15 | 150 | 22.5 | 80 | 0 |
| 0.15 | 0.10 | 225 | 22.5 | 80 | 0 |
| 0.20 | 0.05 | 300 | 15 | 80 | 0 |
| 合计 | 1.00 | | 94.5 | | 80 |

原工艺方案费用期望值为 94.5 元,新工艺方案费用期望值为 80 元,选择采用新工艺。

### 6.4.2 正态分布表法

正态分布表法是利用正态分布的概率密度函数特点,通过查表的方式求解正态随机变量取值落在某个区间内的概率,从而进行决策分析的方法。该方法的基本思路是:先确定正态随机变量的期望值和标准差,在正态分布概率密度曲线上标出问题关注的取值区间;然后,根据正态分布的对称性,计算出该区间所对应的概率面积值;最后,查询正态分布表,获得正态随机变量落在这个区间内的概率大小。根据概率大小判断发生风险的可能性,从而作出相应的决策。正态分布表法操作简便快速,在实际中应用广泛。

【例 6-2】某工厂拟购买一台大型设备,设备的运转费用是 9400 元/年,较原小型设备节约 8 元/h,就其他厂使用该大型设备的情况统计,平均一年能运转 1400h,运转时间在 1200~1600h 之间的概率约占 0.75,现需决策是否购买该设备。

【解】大型设备运转费 9400 元/年,其年运转小时数应超过 9400÷8＝1175h 才能比小设备总运转费低。

在标准正态密度函数图的横坐标上标注 1175、1200、1400、1600 表示小时数,如图 6-1 所示。

根据题干条件,图中 1200~1600 之间的面积是 0.75,那么 1400~1600 之间的面积为 0.75÷2＝0.375。

查正态分布表:

$P=0.375$ 时,$E=1.15\sigma$,即 $200=1.15\sigma$,得 $\sigma=173.9$。

又 $E'=e'\sigma=1400-1175=225$,得 $e'=225\div173.9=1.29$。

查正态分布表,$e'=1.29$ 时,$P(1175<x<1400)=0.4015$

小于 1175h 的概率 $P(x<1175)=0.5-0.4015=0.0985$

该大型设备每年运转时间小于 1175 小时的概率不到 0.1,可以购买。

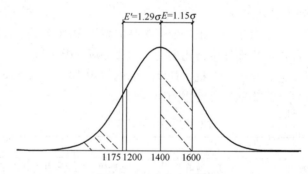

图 6-1　正态密度函数图

## 关 键 概 念

可行性研究;可行性研究的内容;投资决策;投资决策的程序;市场分析;市场调查;市场预测;可行性研究报告;投资决策方法

**复习思考题**

1. 什么是可行性研究?可行性研究分为哪些阶段?其主要的研究内容是什么?
2. 简述投资决策的一般程序。
3. 简述可行性研究与投资决策间的关系。
4. 市场分析的内容包括哪几个方面?
5. 市场调查和市场预测的方法包括哪些?
6. 简述编制可行性研究报告的工作程序。
7. 简述可行性研究报告的结构及内容。
8. 风险型决策问题常用的几种分析方法是什么?

## 典型案例：某汽车站项目可行性研究案例

1. 概述

（1）项目概况

本项目所在地为 A 市所管辖的县，位于某省东南部，现辖 13 个镇、11 个乡，436 个村委会，30 个居委会，全县面积 3057.28 平方公里，第六次人口普查常住人口 97.8 万人，地处海峡西岸经济区经济最发达的板块中间接合部，距 B 市区 60km，距 A 市区 50km。

该汽车总站按一级汽车客运站设计，设计日发车班次 1173 班，日均发送旅客量 2.056 万人次，设发车位 24 个。项目总用地面积 70 亩，总建筑面积 46142.6m$^2$，其中地上建筑面积 36693.2m$^2$，地下建筑面积 9449.4m$^2$。建设内容包括 1 幢 10 层主站房、1 幢检测维修车间以及 1 幢 3 层配套用房。

（2）编制依据

① 项目建议书（或初步可行性研究报告）及其批复文件；

② 国家和地方的经济和社会发展规划、行业部门发展规划；

③ 国家有关法律、法规、政策；

④ 国家矿产储量委员会批准的矿产储量报告及矿产勘探最终报告；

⑤ 有关机构发布的工程建设方面的标准、规范、定额；

⑥ 中外合资、合作项目各方签订的协议书或意向书；

⑦ 编制可行性研究报告的委托合同；

⑧ 其他有关资料。

（3）主要结论和建议

通过对项目建设背景及必要性、项目市场预测、工程实施的可行性和规划设计的科学性进行认真的分析和论证，本可行性研究报告认为：

① 项目的建设符合该城市发展总体规划，符合该县"十四五"发展规划；

② 项目的选址符合《汽车客运站级别划分和建设要求》的选址要求；项目地理区位交通方便，水、电、天然气、通信等基础设施较为完善，项目地质条件适宜；

③ 项目的建设规模及内容符合实际需求，项目的建设方案符合国家建设标准；

④ 本项目在建设期以及运营期采取有效的污染物防治措施，能降低项目对环境的影响，达到国家相应的标准；

⑤ 项目的实施能促进经济发展、增加财政税收；完善城市基础服务功能；提升该县城市形象，完善区域规划；提高交通基础服务设施的质量；规范客运市场管理、为形成开放、统一、竞争、有序的公路客运站场创造条件；增加所在地居民就业和收入；提升区域土地价值；具有较大的社会效益；

⑥ 根据项目的风险分析，本项目为 A 市汽车运输总公司建设的项目，其承担的风险较小，采取有效措施可以避免。

综上所述，项目在工程、技术、社会效益等方面具有建设必要性和实施可行性。

主要建议：

① 该项目用地存在拆迁安置问题，业主应尽快与政府部门沟通，做好征地拆迁工作；

② 为使项目能顺利实施，建设单位应合理组织与安排项目建设的时序，抓紧各方面工作的协调落实；

③ 项目建设单位应加强工程建设"三控制、两管理、一协调"，加强核算，减少不可预见的工程事件发生导致的工程建设费用增加；

④ 项目在运营过程中注意节电、节水，规范站内用电、用水制度；

⑤ 项目在运营过程中应做好安保工作以及运输过程的安全保障措施。

**2. 建设项目背景和必要性**

根据该县"十四五"规划，至 2026 年全县生产总值突破 1800 亿元、财税总收入突破 130 亿元，均比 2021 年翻一番；五年累计完成全社会固定资产投资 3000 亿元以上。"十四五"期间，该县将组织实施一批重大基础设施项目，推动该县进入"高速"时代，融入 A 市、B 市"一小时经济圈"，完善基础设施功能，增强经济发展后劲。综上所述，该项目外部环境发展良好，经济发展趋势稳步上升。

该县拥有各级客运站场 10 个，客运企业 3 家，营运车辆 400 台，出租车公司 1 家，共有出租车 25 台。2021 年，全社会客运量 1294.75 万人。A 市汽车站年发班车总班次 234695 班次，年客运量 707.75 万人次，客运周转量 54661 万 km。从上述数据我们可以看出，客运站生产能力不足，客运服务设施落后，不利于该县的经济发展。因此，本项目的建设是十分必要的。

**3. 项目需求分析与产出方案**

收集分析该县近十年来公路客运发送资料，采用回归分析、GM（1，1）模型等定量预测的方法，计算出公路客运量。根据经验数据计算出公路客运适站量；基于此，综合各预测结果进行修正，确定该汽车总站客运适站量。最后，得到设计年度 2026 年该项目日发送旅客量 2.056 万人次/天。

建设规模以设计生产能力为测算基础，能够满足站场所需要的各项作业内容。以相关的建设要求和标准为主要依据，同时借鉴同类站场建设经验进行估算。还需要把握当前客运发展的趋势，如旅客出行快速化、行包小型化和客运站后勤保障社会化等。根据这些变化，适当调整客运站规模以达到客运站最优经济运能。

根据测算，该项目拟采用的方案与计算指标相比，总规模不变，布局略有调整，设计方案各项经济技术计算指标见表 6-4。

**4. 项目选址与要素保障**

本项目位于该县城区二环路东侧，南为 45m 宽城市规划路，东侧为某公路，北侧为山地，位于二环路的交叉口位置，该地段交通便捷。该地块已领取建设用地规划许可证，符合用地要求，且场地稳定，适宜建筑。

周边对水、电、通信、排水排污、燃气等市政配套工程已进行了统一规划和建设，配套齐全，市政配套工程完备。本项目受到县委、县政府的高度重视，纳入该县建设工程重点项目，得到了交通主管部门的大力支持，具有较好的软环境建设条件。

**5. 项目建设方案**

本项目依据工程特点及相关规范要求，对项目的技术方案、设备方案、工程方案、用地征收补偿（安置）方案、数字化方案和建设管理方案作了明确的方案规划。

技术方案中，对项目采用的各项工程技术进行了明确的梳理，确保工程项目在技术上可行。设备方案中，根据项目的电气设计范围、相关依据及施工主要参考图集，确定了电力负荷等级与供电电压，并对配电系统与线路敷设、设备安装高度、防雷接地、总等电位联结及安保措施等进行了详细设计，在明确设计规范、参数及内容后，对建筑物的空调系统、通风系统、防火措施、自控系统及节能措施进行设计。工程方案中，对车流流线及人流流线进行了设计，避免流线的相互交叉，根据建筑红线、日照间距、建筑功能等要求，对建筑物的布局进行了明确规定，同时也设计了该项目的绿化系统；根据项目抗震等级、使用年限、设计荷载等要求，规定了基础形式及各种材料的种类和规格；根据各类规范要求，对生活给水系统、排水系统、雨水系统及管材进行了详细的方案设计，并根据生活用水和消防用水的不同要求，明确了不同情况下的管道敷设及连接方式。用地征收补偿（安置）方案中，明确了用地征收补偿（安置）措施和措施的实施办法及实施保障。数字化方案中，根据项目实际情况，明确了工程项目预计采用的数字化技术以及数字化技术对工程项目建设过程中以及工程项目投产后的价值所在。建设管理方案中，根据有关规定，明确了项目的建设单位和管理单位，规定了项目建设管理办法和体制机制。

设计方案各项经济技术计算指标　　　　　表 6-4

| 指标 | | 数量 |
|---|---|---|
| 车站总用地面积（$m^2$） | | 46663.9 |
| 总建筑面积（计容建筑面积）（$m^2$） | | 36693.2 |
| 其中 | 主站房（$m^2$） | 26421.5 |
| | 维修区（$m^2$） | 9628.6 |
| | 钢架雨披面积（$m^2$） | 1286.2 |
| 建筑占地面积（$m^2$） | | 11305 |
| 主站房地下室面积（不计入容积率）（$m^2$） | | 9449.4 |
| 站场内停车位（个） | | 115 |
| 其中 | 发车位（个） | 24 |
| | 代班车位（个） | 34 |
| | 进站旅客下车位（个） | 5 |
| 容积率 | | 0.78 |
| 建筑密度 | | 24.2% |
| 绿地率 | | 34.0% |

6. 项目运营方案

(1) 运营组织方案

该汽车总站是 A 市公路运输站场的重要组成部分。由于该县经济社会发展迅猛，现有公路运输站场少，且均简陋、陈旧、老化并处于市区中心，对城区交通和环境的压力日益加大，远远不能满足城区发展的需要。该汽车总站按一级汽车客运站设计，设计日发车班次 1173 班，日均发送旅客量 2.056 万人次，设发车位 24 个。

因此，该汽车总站的运营具有相当的紧迫性和必要性，需按要求制定科学合理的运营计划，对项目组织机构、人力资源配置方案、员工培训需求及计划作出详细规定。

(2) 安全保障方案

劳动安全。按照"安全第一、预防为主"的方针将劳动保护、安全防护的措施贯彻到各专业设计中，既做到安全可靠、保障健康，又做到技术先进、经济合理。

消防设计。根据建筑专业、给水排水专业、电气专业及暖通专业的不同，按照各专业规范对其消防进行设计。建筑专业设置防火分区，并设计安全疏散通道及出口。给水排水专业对消防设备、消防用水及灭火装置进行了详细规定。电气专业对消防设备用电、事故照明、消防电梯、火灾自动报警系统及联动控制系统做了详细设计和分析。暖通专业主要对大楼防排烟系统进行了设计与规定。

7. 项目投融资与财务方案

相关参数：项目计算期15年（包括项目建设期2年）。依据财政部、国家税务总局等《关于全面推开营业税改征增值税试点的通知》《关于调整增值税税率的通知》《关于深化增值税改革有关政策的公告》，结合本项目的实际情况，基准收益率取 $i_c=8\%$，增值税率取9%，城市维护建设税取5%，教育费附加取3%，地方教育附加取2%。

本项目固定资产折旧采用平均年限折旧法，房屋及建（构）筑物折旧年限为15年，残值率为4%；机器设备折旧年限为10年，残值率为4%；其他固定资产折旧年限为10年，残值率为4%。

（1）投资估算

本项目总投资估算为17338.17万元，其中：建筑安装工程费用11963.1万元，设备及工器具购置费1734万元，工程建设其他费用2402.15万元，工程预备费483.35万元，建设期利息755.57万元，详见表6-5。

**项目投资估算表** 表6-5

| 序号 | 工程或费用名称 | 单位 | 数量 | 单位指标（元） | 估算金额（万元） | 备注 |
|---|---|---|---|---|---|---|
| 一 | 建筑安装工程费用 | m² | | | 11963.1 | |
| （一） | 地下室工程 | m² | 9449.40 | 4500.00 | 4252.23 | |
| 1 | 桩基础工程 | m² | 9449.40 | 400.00 | 377.98 | |
| 2 | 地下室土建工程 | m² | 9449.40 | 3500.00 | 3307.29 | |
| 3 | 地下室安装工程 | m² | 9449.40 | 600.00 | 566.96 | |
| （二） | 主站房 | m² | 26421.50 | 2000.00 | 5284.31 | |
| 1 | 土建及装修工程 | m² | 26421.50 | 1500.00 | 3963.23 | |
| 2 | 安装工程 | m² | 26421.50 | 500.00 | 1321.08 | |
| （三） | 配套用房 | m² | 9628.60 | 1500.00 | 1444.29 | |
| 1 | 土建及装修工程 | m² | 9628.60 | 1100.00 | 1059.15 | |
| 2 | 安装工程 | m² | 9628.60 | 400.00 | 385.14 | |
| （四） | 室外工程 | m² | | | 982.27 | |
| 1 | 综合管网 | m² | 46663.90 | 50.00 | 233.32 | |
| 2 | 景观绿化工程 | m² | 15865.42 | 150.00 | 237.98 | 绿化率34% |
| 3 | 道路工程 | m² | 6999.59 | 250.00 | 174.99 | 按占地15%计算 |
| 4 | 广场及停车场硬化 | m² | 18665.56 | 180.00 | 335.98 | 按占地40%计算 |

续表

| 序号 | 工程或费用名称 | 单位 | 数量 | 单位指标（元） | 估算金额（万元） | 备注 |
|---|---|---|---|---|---|---|
| 二 | 设备及工器具购置费 | m² | | | 1734.00 | |
| 1 | 电梯 | 部 | 4 | 350000 | 140.00 | |
| 2 | 变配电 | kVA | 2572 | | 300.00 | |
| 3 | 柴油发电机组 | kW | 600 | | 80.00 | |
| 4 | 其他设备 | | | | 1214.00 | |
| 三 | 工程建设其他费用 | 万元 | | 0.00 | 2402.15 | |
| 1 | 施工图设计审查费 | 万元 | 13697.10 | 0.16% | 21.92 | 闽价房〔2009〕168号 |
| 2 | 勘察文件审查费 | 万元 | 76.16 | 3.50% | 2.67 | 闽价房〔2009〕169号 |
| 3 | 工程招标代理费 | 万元 | 13697.10 | 0.38% | 52.05 | 计价格〔2002〕1980号 |
| 4 | 工程监理费 | 万元 | 13697.10 | 1.80% | 246.55 | |
| 5 | 设计费 | 万元 | 13697.10 | 2.58% | 353.39 | |
| 6 | 勘察费 | 万元 | 353.39 | 25.00% | 88.35 | 设计费25% |
| 7 | 前期工作咨询费 | 万元 | 13697.10 | 0.27% | 36.98 | 计价格〔1999〕1283号 |
| 8 | 环境影响评价费 | 万元 | 13697.10 | 0.05% | 6.85 | 计价格〔2002〕125号 |
| 9 | 政府规费 | 万元 | 13697.10 | 0.20% | 27.39 | 按建筑安装工程费用的0.2% |
| 10 | 征地拆迁费 | | | | 1566.00 | |
| 四 | 预备费 | | | 3% | 483.35 | |
| 五 | 建设期利息 | | | | 755.57 | |
| 六 | 项目总投资 | | | | 17338 | |

因客运站的特殊运营方式，每天都有大量的售票现金收入，其中75%以上是应分配给各联运单位的，属于客运站拥有的营业收入不足25%。但是，根据每月结算一次的行业规定，客运站可以占用这部分资金到下月财务结算日。占用资金维持客运站的正常运转所需现金流，仍有较大富余。因此，本项目投资估算中对铺底流动资金不予估算。

总成本费用估算（达产期的成本估算）

① 燃料及动力消耗成本分析（主要是水电消耗，燃气属商业寻租者使用，未列入成本）。

全年耗水按照平均日用水量计算，单价按3.5元/t计算，即$3.5 \times 400 \times 365 \times 0.7 = 36$万元/年。

年耗电按照用电负荷的70%计算，电价按0.70元/kW·h计算，即$0.7 \times 3000 \times 8 \times 365 \times 0.7 = 429.24$万元。

② 工资及福利：项目定员97人，福利费按职工本人工资的15%估算（含奖励费用）。客运站年工资总额为346.6万元（含福利费）。

③ 修理费：按固定资产折旧费（不含摊销费）的30%计取。

④ 其他费用：根据相似客运站的调查结果，管理费用（扣除工资及福利）按年职工工资福利总额的14%计取，即$346.6 \times 14\% = 48.53$万元。

## (2) 融资方案

本项目建设资金除争取省交通厅补助及银行贷款外,其余均由企业自筹。其中,业主方自有资金5600.00万元,银行贷款11738.17万元,详见表6-6。

资金筹措及分年投入表(单位:万元)　　　　表6-6

| 序号 | 项目 | 合计 | 建设期 | |
|---|---|---|---|---|
| | | | 1 | 2 |
| | 分年计划(%) | 100.00 | 49.49 | 50.51 |
| 一 | 总资金 | 17338.17 | 8580.66 | 8757.51 |
| 1 | 建设投资 | 16582.60 | 8206.73 | 8375.87 |
| 2 | 建设期利息 | 755.57 | 184.80 | 570.77 |
| 二 | 资金筹措 | 17338.17 | 8580.66 | 8757.51 |
| 1 | 自有资金 | 5600.00 | 2771.44 | 2828.56 |
| 2 | 借款 | 11738.17 | 5809.22 | 5928.95 |

## (3) 盈利能力分析

1) 营业收入与税金估算

① 经营单价分析

依据有关规定,参照目前一级客运站收费的情况,结合本项目的实际情况测算单价。客运收入包括售票和杂项收入(如行李、包裹托运等),旅客发送量按年适站量750万人次,则营收初年适站量750万人次。计算期内跨省运输量约占10%,跨地区运输量约占90%。跨省运输平均运距按900km;跨地区运输平均运距按250km。

每人次公里运输票基价按0.13元计,考虑到票价适当递增,营收年收入(达产年)为:$750\times0.13\times(900\times10\%+250\times90\%)\times1.034=31756.73$万元。

跨省运输平均收费桥、站20个,省内跨地区运输平均收费桥、站10个,相关文件规定,运输企业向每单位旅客代征车辆通行费1元,则该年收入为:$750\times10\%\times20\times1+750\times90\%\times10\times1=8250$万元。

则项目年售票总收入为$31756.73+8250=40006.73$万元。

售票总收入包括客运站和车辆创收两部分:其中客运站收入主要是劳务费收入,目前占售票总收入的10%,近年内将达到15%。则$40006.73\times15\%=6001$万元。

客运站其他杂项收入(行包费、装卸费、寄存保管费)按售票总收入的5%计,则有$40006.73\times5\%=2000.34$万元。

本项目建成后将面向社会,使"车归站、人归点"。目前停车费的收入按20元/车,则$20\times1.034\times750\div35=443.14$万元。因此营运当年客运站总收入为:$6001+2000.34+443.14=8444.48$万元。

附属写字楼、商铺:

客运站主站房上层写字楼月租金按75元/$m^2$估算,总共7层,每层面积按1332$m^2$计算,出租率100%的情况下年收入为$75\times7\times1332\times100\%\times12=839.16$万元,其他商铺每月租金按120元/$m^2$估算,总共3层,每层面积为2032$m^2$,年收入为$120\times3\times2032\times100\%\times12=877.82$万元。

② 经营收入

经营期第 1 年（即建设期第三年）营业收入按 50％的负荷估算，经营收入为（8444.48＋839.16＋877.82）×50％＝5080.73 万元；达产年份经营收入为 8444.48＋839.16＋877.82＝10161.46 万元。

③ 增值税及附加税估算

经营期第 1 年缴纳增值税及附加税为 5080.73×9％/(1＋9％)×(1＋5％＋3％＋2％)＝461.46 万元；

达产年份增值税及附加税为 10161.46×9％/(1＋9％)×(1＋5％＋3％＋2％)＝922.92 万元。

④ 生产成本估算

总成本估算：达产年总成本均值 36＋429.24＋346.6＋1227.4＋48.53＋723.6＝2811.37 万元；经营成本估算：达产年经营成本为 36＋429.24＋346.6＋1227.4＋48.53＝2087.77 万元。

2）静态分析

通过分析表明，项目静态盈利能力指标如下：

总投资收益率 $ROI$＝(10161.46－922.92－2811.37)/17338.17＝37.07％

资本金净利润率 $ROE$＝(10161.46－2811.37)/17338.17＝42.39％

3）现金流量分析

本项目基准收益率取 8％，测算出全部投资的盈利能力指标如下：

全部投资财务净现值（$FNPV$）：

$-8581-8758/1.08+1812/1.08^2+6435/1.08^3+\cdots+6435/1.08^{14}=26439.60$ 万元

静态投资回收期：

(8581＋8758－1812)/6435＋3＝5.41 年（从建设期起算）

以上指标表明：项目净现值、投资回收期均满足投资需求，说明此项目具备一定的盈利能力。

4）财务生存能力分析

通过对项目进行财务计划现金流量分析，该项目具备较好的财务生存能力，在项目计算期内，净现金流量每年处于 1500 万～6500 万元之间，累计盈余资金达到－8581－8758＋1812＋6435×12＝61693 万元。

(4) 债务清偿能力分析

依据项目初步的盈利能力和现金流分析，在项目最大偿还能力的基础上，为充分保障项目贷款的偿还，初步拟定项目银行贷款的偿还计划，即项目第三年（运行期第一年）起，按项目每年最大偿债能力开始偿还贷款。银行贷款利息均为当期偿还，并记入项目总投资，运营期利息在银行贷款利息产生当年年末偿还，表明项目在其余年份中具备较强的偿债能力。

通过对项目利息备付率和偿债备付率分析可知，项目在偿债年份里，利息备付率均大于 2、偿债备付率均大于或等于 1，表明项目具备较强的偿债能力。

项目偿债备付率分析见表 6-7，项目利息备付率分析见表 6-8。

**项目偿债备付率分析表** 表 6-7

| 年度 | 单位 | 第 3 年 | 第 4 年 | 第 5 年 |
|---|---|---|---|---|
| 息税折旧摊销前利润 | 万元 | 2116 | 7046 | 7070 |
| 所得税 | 万元 | 457 | 915 | 915 |
| 应计利息 | 万元 | 820.4 | 741.2 | 374 |
| 当年还本 | 万元 | 838.6 | 5390 | 5509 |
| 偿债备付率 | — | 1 | 1 | 1.04 |

**项目利息备付率分析表** 表 6-8

| 年度 | 单位 | 第 3 年 | 第 4 年 | 第 5 年 |
|---|---|---|---|---|
| 息税前利润 | 万元 | 1432 | 4640 | 4640 |
| 应付利息 | 万元 | 820.4 | 741.2 | 374 |
| 利息备付率 | — | 1.75 | 6.26 | 12.41 |

(5) 财务可持续性分析

1) 盈亏平衡分析

通过对项目的盈亏平衡分析,以考察项目的不确定性。通过对项目运营期内的平均数据进行盈亏平衡分析,本项目盈亏平衡点计算如下:

盈亏平衡点（BEP）＝固定成本/(营业收入－变动成本－增值税及附加税)×100%
＝2087.77/(10161.46－723.6－914.53)×100%＝24.50%。

以上分析表明,项目盈亏平衡点比较低,盈利能力比较稳定。

2) 敏感性分析

单因素敏感性分析见表 6-9,可以看出,影响该生产线经济效益的几个主要因素当中,营业收入最为敏感,其次为建设投资变动,最后为经营成本。营业收入的多少最终转化为旅客客运量的人次,按照本站的规划,本站建成之后将成为 A 公路运输站场的重要组成部分,所以该风险较小。建设投资增加±10%时,财务净现值均大于 0。但是,项目还是需要加强建设成本核算,在项目的建设过程中加大监管力度,减少投资成本。经营成本变动±10%时,财务净现值均大于 0,内部收益率大于基准收益率,因此经营成本的风险可忽略不计。

**单因素敏感性分析表** 表 6-9

| 序号 | 指标名称 | －10% | 0% | 10% | β |
|---|---|---|---|---|---|
| 1 | 营业收入（万元） | 9145.15 | 10161.46 | 11177.41 | |
| 1.1 | 项目财务净现值（万元） | 19137.62 | 26439.60 | 33741.60 | 2.76 |
| 1.2 | 项目投资回收期（年） | 6.03 年 | 5.41 年 | 4.95 年 | －0.86 |

可以看出,营业收入的变动对净现值影响较大,所以一定要保持营业额,才能保证项目良好的盈利状况。最主要是控制好本项目的投资成本,仍能保持动态盈利,资金来源与运用见表 6-10,说明该项目具备一定的财务可持续性。

8. 项目影响效果分析

(1) 经济及社会影响分析

项目对所在地生产建设的影响：促进经济发展，增加财政税收；适应社会发展需要，完善城市服务功能；提升城市形象，完善区域规划。项目对当地基础设施、社会服务容量的影响：提高该地区交通基础服务设施的质量；规范客运市场管理，为形成开放、统一、竞争、有序的公路客运站场创造条件。项目对所在地居民就业和收入的影响：有助于提高当地劳动力收入；配套生活区的商业、服务业以及城建、环卫、绿化、保安等行业和机构将为当地群众提供大量的就业和再就业机会；促进当地餐饮、住宿、交通、商贸、旅游等相关产业发展，带来更大的收入效应。项目对区域土地价值的影响：随着客运枢纽站的建设，用地性质将会改变，由以前的农业用地或者工业用地逐渐转变为居住和商业用地，土地价值空前提升。根据规划要求，该汽车总站近期将配置集购、娱、食、住、游"一条龙"服务于一体的大型高档城市综合体，形成独具特色的商业服务区，这势必将带动周边土地增值。

（2）生态环境影响分析

建设期对环境的不良影响主要包括：项目的建设实施，对项目周边的植物植被造成一定程度的破坏、并产生一定程度的水土流失；施工车辆、施工机械等排出的废气、土方挖填运输、水泥装卸、混凝土搅拌引起扬尘等，对区域的大气环境产生一定程度的影响；施工过程中，施工设备、混凝土搅拌及振捣，将对施工场地附近区域产生声环境污染。运营期对环境产生的影响包括：生活垃圾、生活污水和噪声、尾气。

针对以上影响，可采取的环境保护措施为：施工单位应制订文明施工的技术措施，加强管理，做到合理安排、计划实施；施工场地及临时施工道路应经常洒水，有效控制扬尘对大气的污染；应合理组织施工，注意控制施工场地机械作业、施工车辆进出时间，限制夜间作业时间；对于施工过程中所产生的建筑垃圾和其他废弃物，应统一收集，分类处置；生活污水经排污管道排入市政污水管网，粪便经化粪池处理后排入污水管网。采取环保措施后，本项目对环境的破坏和污染程度比较轻微。

（3）资源和能源利用效果分析

本项目能源主要消耗于照明、通风空调、餐饮和热水系统等。主要耗能设备是灯、空调和厨房设备等。项目日最高用水量400t，年平均用水量按最高用水量的0.7计算，年总用水量10.3万t。预测用电总负荷3000kW，按每天8h，负荷按总负荷的0.7算，年总用电量613.2万kW·h。本项目按220个床位宾馆计算，按9420.5MJ/床年计算，年用气量约为5.3万$m^3$（燃气低热值为38931kJ/$m^3$）。项目能耗折标为850.6t标准煤。

可采取的合理利用能源措施有：供电照明方面，在容量不变的情况下，根据负荷利用的实际情况，考虑配置多台变压器；合理配置设备和灯具的数量及位置；各种光源采用高效节能型灯具。天然气方面，选用高效设备，加强能耗管理。供水方面，加强自来水管网的管理，及时排除管网泄露现象，采用节水型设备。

9. 项目风险管控

（1）风险识别

通过对该项目进行风险分析，我们可知该项目存在来自于市场、外部条件、建设资金断档、工程技术、社会、经营管理等多方面的风险。

（2）风险评价

采用专家评估法对以上风险因素进行评估，其风险因素和风险程度分析表见表6-11。

根据上述风险评估，应在建设和运营过程中采取以下对策，降低项目风险：加强与上级部门的联系，确保申请资金按计划到位，以免延误工期；加强与被征地农民的协调沟通，落实好征地拆迁补偿工作；强化建设组织和管理，对工程建设进行封闭管理，引导非工作人员远离建设现场，尽量避免在夜间施工；加强安全生产管理；建立人员培训机制，加强重点岗位安全培训和服务培训，树立安全生产意识和服务意识，提高服务水平。

资金来源与运用表　　　　　　　　　　　　　　　表 6-10

| 序号 | 项目 | 计算期 | | | | | | | | | | | | | |
|---|---|---|---|---|---|---|---|---|---|---|---|---|---|---|---|
| | | 1 | 2 | 3 | 4 | 5 | 6 | 7 | 8 | 9 | 10 | 11 | 12 | 13 | 14 | 15 |
| 1 | 资金来源 | 0 | 0 | 5081 | 10161 | 10161 | 10161 | 10161 | 10161 | 10161 | 10161 | 10161 | 10161 | 10161 | 10161 | 10161 |
| 2 | 资金运用 | 8581 | 8758 | 3269 | 3726 | 3726 | 3726 | 3726 | 3726 | 3726 | 3726 | 3726 | 3726 | 3726 | 3726 | 3726 |
| 3 | 盈余资金 | −8581 | −8758 | 1812 | 6435 | 6435 | 6435 | 6435 | 6435 | 6435 | 6435 | 6435 | 6435 | 6435 | 6435 | 6435 |

风险因素和风险程度分析表　　　　　　　　　　　表 6-11

| 序号 | 风险因素名称 | 风险程度 | | | | 说明 |
|---|---|---|---|---|---|---|
| | | 灾难性 | 严重 | 较大 | 一般 | |
| 1 | 市场风险 | | | | | |
| 1.1 | 市场需求量 | | | | √ | |
| 1.2 | 竞争能力 | | | | √ | |
| 1.3 | 价格 | | | | √ | |
| 2 | 技术风险 | | | | | |
| 2.1 | 先进性 | | | | √ | |
| 2.2 | 适用性 | | | | √ | |
| 2.3 | 可靠性 | | | | √ | |
| 2.4 | 可得性 | | | | √ | |
| 3 | 组织管理风险 | | | | | |
| 3.1 | 外部组织 | | | | √ | |
| 3.2 | 公司内部管理 | | | | √ | |
| 4 | 资金风险 | | | | | |
| 4.1 | 汇率 | | | | √ | |
| 4.2 | 利率 | | | | √ | |
| 4.3 | 资金来源中断 | | | √ | | |
| 4.4 | 资金供应不足 | | | √ | | |
| 5 | 政策风险 | | | | | |
| 5.1 | 政治条件变化 | | | | √ | |
| 5.2 | 经济条件变化 | | | | √ | |
| 5.3 | 政策调整 | | | | √ | |
| 6 | 外部协作风险 | | | | | |
| 6.1 | 技术改造支持 | | | | √ | |
| 6.2 | 税务支持 | | | | √ | |
| 6.3 | 管理支持 | | | | √ | |
| 6.4 | 资金支持 | | | √ | | |
| 7 | 社会风险 | | | | √ | |
| 8 | 其他风险 | | | | √ | |

**思考感悟：提升可行性研究质量的重要性**

可行性研究是开展各类项目的基础和关键，高质量的可行性研究是选择高质量项目的基本前提。因此，我们常常将可行性研究的质量与投资项目的质量对等。可行性研究的质量不仅直接关系到项目投资决策的质量，还会对项目周期其他阶段的工作质量产生直接影响。在推动投资项目高质量发展的时代，必须强调和突出可行性研究在项目决策咨询及引导项目全生命周期咨询中的关键地位。

然而，在现实生活中，有些工作人员常常为了实现"项目的可行性"，在可行性研究中"夸大其词""胡编乱造"，最终致使可行性研究报告顺利通过前期审核，但投资项目后期却难以开展。任何可行性研究报告都应当遵守社会和经济的发展规律，通过充分的调研和考察来编制。尽管某些投资项目中可能存在攻关难题，但也应当在可行性研究报告中实事求是地说明。虽然在可行性研究中我们难以将所有的问题面面俱到，甚至事后可以对可行性研究中的"小失误"进行补救，然而任何失误都会产生"蝴蝶效应"，这对于投资项目而言无疑会带来不良后果。因此，在任何投资项目的可行性研究阶段，我们都应当注重可行性研究的质量，从而推动投资项目的顺利进行。

如何提升可行性研究的质量呢？首先，过硬的设计咨询队伍有助于提高项目的可行性研究质量；其次，科学合理的质量管理体系是提高项目可行性研究质量的保障；再次，高质量的投资项目可行性研究应当设计咨询周期；最后，投资项目可行性研究的后评估体系设计也对提高可行性研究的质量有举足轻重的作用。此外，优化工作人员对可行性研究的态度，树立正确的可行性研究意识，也将有助于提升可行性研究的质量。

# 第 2 篇　投资项目管理篇

# 7 项目管理的原则与知识体系

对于项目而言,想要获得预期成果关键是要开展科学的项目管理。从项目管理的发展历程来看,人们对项目管理的认知和态度发生了极大的转变,即人们越来越关注项目管理的重要性。因此,本部分将重点介绍项目管理的概述、项目管理的原则和知识体系。

## 7.1 概 述

### 7.1.1 项目管理的定义

早期的项目管理主要是指工程建设领域的项目管理,随着项目种类与范畴的扩大,项目管理已转变为一种广泛应用于各个领域的管理过程。本书主要结合 ISO 及 PMI 提出的定义,给出关于项目管理的定义。

**1. ISO 的项目管理定义**

ISO 给出的定义是:"项目管理是综合运用相关的方法、工具、技术和能力,开展项目的指导、启动、计划、监测、控制和收尾的管理活动。同时,在项目管理中需要有效管理分配给项目的各项资源,并激励参与项目的干系人实现项目目标。"项目管理还应根据一套流程和方法有序开展。具体而言,项目管理应包括综合项目管理实践、效益管理、干系人参与、范围管理、资源管理、时间管理、成本管理、风险管理、事项管理、质量管理、采购管理、沟通管理、信息和文件管理等。此外,项目管理还需要关注管理组织及社会变革。

**2. PMI 的项目管理定义**

PMI 给出的项目管理定义是"项目管理是将知识、技能、工具与技术应用于项目活动,以满足项目需求。"通过项目管理,可以有效指导工作,以实现预期成果的交付。项目团队可以应用多种方法来实现成果,比如:预测型方法、混合型方法、适应型方法等。项目管理需要符合价值交付系统和 12 项项目管理原则。PMI 还提出了一整套现代项目管理知识体系,主要包括 9 个项目绩效域、裁剪、模型方法及工件。

**3. 本书的项目管理定义**

本书给出的项目管理定义是"项目管理是为满足或超越项目干系人对项目的期待与要求,实现价值交付,运用知识、技能、方法、工具与技术对投资项目开展计划、范围、组织、进度、成本、质量与风险管理的活动"。项目管理是对项目全过程及项目所涉及的各方面或专项进行全面管理。

### 7.1.2 项目管理的内涵

从定义来看,项目管理的具体内涵应包括以下三个方面:

**1. 项目管理的根本目的是满足或超越项目干系人的期待与要求，并实现价值交付**

对于项目而言，各方的期待与要求既包括项目干系人明确的期待与要求，也包括国家的标准和法律法规的各项要求。同时，这种期待与要求既可以是项目干系人共同的期待与要求，也可以是项目干系人各自的期待与要求。但最重要的是，要为项目干系人创造价值，实现项目的价值交付。

如何理解"满足或超越项目干系人的期待与要求"？事实上，成功的项目管理活动就应该实现这一目标，甚至应达到项目干系人"喜出望外"的结果。反之，失败的项目管理就无法实现这一目标，最终会导致项目干系人"大失所望"。所以，项目管理的根本目的就是应用正确的知识、技能、方法、工具与技术实现投资项目的成功。对于项目干系人而言，"成功"是指在项目干系人能接受的前提下，在规定的时间（进度）、质量、费用（成本）内完成投资项目工作。

**2. 项目管理中要运用各种知识、技能、方法、工具与技术**

这既包括管理学中各种相关的知识、技能、方法、工具与技术，也包括项目管理专业领域的相关知识、技能、方法、工具与技术。其中，知识既包括对客观规律的正确认识，也包括前期项目管理中总结的经验；技能是指管理者掌握和运用知识、方法、工具与技术的各项能力；方法是指分析问题和解决问题的各种理论方法；工具是指管理者在分析问题和解决问题过程中应用的软件、平台或实物器具等；技术包括传统的实践检验，也包括有助于分析问题和解决问题的新型数字化技术。

**3. 项目管理涉及多重管理维度**

一方面，项目管理是专项管理，包括对范围、进度、成本、质量与风险的全面集成管理；另一方面，其还是项目的过程管理，即对项目活动、工作和阶段的全过程管理。此外，在专项管理与过程管理过程中都需要包括项目的起始、计划、组织、控制和结束五个方面，其中，投资项目的计划与组织是保障项目能否实现有序开始、全面控制和顺利结束的关键。

### 7.1.3 项目管理的特性

根据现代项目管理理论，投资项目管理应具备以下几个基本特性：

**1. 目的性**

从项目管理的定义与内涵可知，项目管理是存在目的性的。其中，项目的成功与价值交付是目的性的外在体现，而项目干系人对项目的期望是一种潜在的追求与目的。

**2. 特殊性**

项目作为一次性、独特性和不确定性的社会活动，其管理具有特殊性。在每一个项目中都具有特定的管理对象（项目）和管理内容（范围、进度、成本、风险等），同时每一个项目都有其特定的管理目的和方法。虽然项目管理中可以使用一般性的管理原理和方法，但是每个具体项目的管理都具有特定的要求和方法，也会使用适合项目的工具和技术。实际上，项目管理的特殊性是由项目的特殊性决定的。

**3. 普遍性**

尽管项目管理因项目的特殊性而具备特殊性，但由于项目普遍存在于人们的生活之中，因此，创建的各种管理方法、技术等都可以应用于投资项目管理。比如人们在以往的项目管理中获得的经验与教训可以应用于类似的、全新的项目管理之中；

再比如，每一个项目都需要经过起始、计划、组织、控制和结束各个管理环节，因此，项目管理既具有特殊性也具有普遍性。实际上，项目管理的普遍性也是由于项目具有普遍性而决定的。

**4. 集成性**

尽管项目管理包含各个专项管理，但是各个领域或专项管理并不是孤立开展的，而是需要按照项目管理的各个要素，合理配置关系形成集成管理。项目管理的成功与否往往不取决于各个专项管理的情况，而是取决于项目的集成管理情况。在项目管理中，项目干系人要按照项目的计划、范围、组织、进度、成本、质量与风险管理合理配置各项资源，并将上述专项管理整合成一个管理系统。总体而言，专项管理是项目管理的基础，而全面集成管理是项目管理成功与否的关键。

**5. 过程性**

项目管理并不是一蹴而就的，而是由一系列的管理阶段构成的全过程管理。实际上，项目管理的过程性是由于项目本身具有过程性而决定的。由于项目管理具有过程性，这就要求人们在管理过程中不仅要根据项目阶段开展管理，还需要根据不同性质的项目工作来开展过程管理。同时，在项目的不同阶段，环境和条件也会发展变化，这也会导致项目的过程性管理存在不同。此外，在管理过程中人们会不断获得新的知识和信息，作出变化性的决策与管理，因此项目管理过程也是一个学习和变更的过程。综合来讲，项目管理的过程性十分重要。

**6. 创新性**

一方面，由于项目具有创新性，因此人们的项目管理活动、方法与技术也需要具有创新性；另一方面，由于项目管理具有特殊性，因此，在管理过程中必须要明确项目及其管理的特殊性，从而实现创新性的项目管理。在现实环境中，由于地点、人员、环境条件的不同，每个项目都需要开展创新性管理。而对于创新创业类、具有很强不确定性的项目更需要运用创新性的方法、工具和技术开展项目管理。

除以上六个特性外，项目管理还具有团队性、变更性、预测性等，这些特性也将决定着项目的成败。只有正确认识项目管理的特性才能实现优秀的项目管理。

## 7.2 项目管理的原则

### 7.2.1 项目管理的价值观

在许多领域，"原则"具有法律或规则的作用。然而对于项目而言，管理原则并不具有法律性或规则性，而是用于指导项目战略、项目决策和解决项目中存在的问题的基本准则。项目管理原则的作用是指导项目干系人的行为，以期取得项目成果。尽管项目管理的原则未必完全反映项目干系人的职业道德及其行为，但是提出的项目管理原则需要与制约项目干系人职业道德及其行为规范的四项价值观保持一致。项目管理的核心价值观如图7-1所示。

### 7.2.2 项目管理的原则构成

在核心价值观的引领下，在项目管理中提出了12项管理原则。各项管理原则彼此间存在一致性，这就意味着没有任何一个原则与其他原则相抵触。甚至在实践过程中，不同

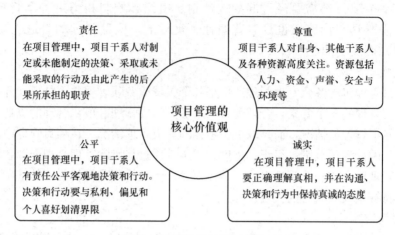

图 7-1 项目管理的核心价值观

原则间存在紧密关联。例如：管家式管理原则有利于营造更好的团队协作环境，同时也有可能实现更为有效的干系人参与。此外，通用管理原则也与投资项目管理原则之间存在交集，比如与价值相关的通用管理原则也可适用于投资项目管理。具体的项目管理原则构成如图 7-2 所示。

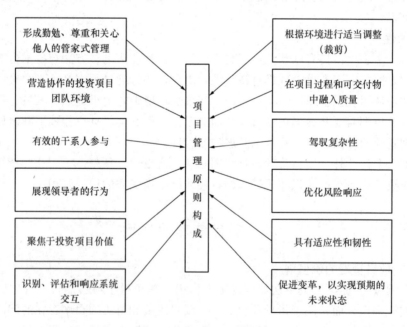

图 7-2 项目管理原则构成

### 7.2.3 项目管理具体原则内容

**1. 形成勤勉、尊重和关心他人的管家式管理**

尽管在不同的项目中，管家式管理的内涵与应用方法会略有不同，但是总体而言，管家式管理主要是指管理者在遵循内、外部各项准则的同时，秉持负责任、关心各项事务的态度，正直、可靠地开展投资项目管理活动。管家式管理中要求管理者以负责任的方式计划、使用和管理各项资源，此外，管理者还应监督投资项目开展的全过程，维护项目进展中的各项价值观与道德。管家式管理在组织内部及外部的职责见表 7-1。

**管家式管理在组织内部及外部的职责**　　　　　　表 7-1

| 分类 | 具体职责 |
|---|---|
| 组织内部职责 | 开展项目管理时要与组织的目标、战略、愿景及使命保持一致，并且维护组织的长期价值 |
| | 管理者要尊重参与的团队成员，并承诺公平对待团队成员、给予薪酬与机会 |
| | 管理者要积极监督投资项目中资金、材料及其他资源的使用情况 |
| | 当管理者身居领导层时，要时刻关注自身及其他管理者是否承担了相应的职责，职权与职责运用是否恰当 |
| 组织外部职责 | 要注意项目的开展对环境可持续性的影响，谨慎使用自然资源与材料 |
| | 管理者要与外部干系人（如合作伙伴）保持良好的关系 |
| | 管理者要关注投资项目及其组织对于市场、社会及项目所在地区的影响 |
| | 从专业化层面，要通过项目的开展与管理提升行业实践水平 |

同时，管家式管理还应具备以下特点：

（1）诚信

在参与投资项目工作及沟通过程中，均需要管理者做到诚实守信并合乎道德。管理者是团队的楷模，在团队中要秉持最高的行为标准，并且行为要与组织成员所需坚守的价值观和原则保持一致。在项目工作及决策实践中要符合组织的价值观，并建立信任。同时，管理者还需要充分考虑团队成员、同职级人员和其他干系人的想法。在项目管理中表现出同理心，能够进行自我反思并乐于接受意见。

（2）关心

在项目实施过程中，管理者需要密切关注与投资项目有关的组织内部各项事务。同时，管理者及其所在组织的政策、原则也需要包括对环境和自然资源的可持续利用、对全球公众状况的关心与关切。由于项目实施的开展可能会引发意想不到或是不希望发生的后果，因此，项目从业人员应识别、分析和管理项目成果可能带来的负面影响，并告知相关干系人可能发生的情况。综合来看，"关心"既包括营造透明的投资项目工作环境和开放的沟通渠道，也包括让干系人在项目实施过程中有机会提出自己的意见与顾虑。

（3）可信

管理者需要在项目的组织内部和外部明确自己的身份、角色及职权，这能令人们了解管理者能在多大程度上投入管理资源、作出项目决策或批准某项项目工作。当项目的组织内部、组织与外部存在利益冲突时，可能会削弱可信度，甚至导致投资项目的失信。因此，管理者还需要保护项目免受失信带来的负面影响。

（4）合规

管理者需要遵守已授权的法律法规、规则和各项要求。高绩效的项目会寻求通过各种方法将合规性更充分地融入投资项目文化，从而与可能相互冲突的准则更好地保持一致。如果管理者在项目管理过程中遇到了与其他各项准则相冲突的情况，应当寻求适当的建议或指导。

**2. 营造协作的项目团队环境**

项目团队一般由具有多种技能、知识和经验的个人组成。同个人相比，具有协作精神的项目团队可以更高效率、更有质量地完成项目目标。另外，营造协作、包容的团队环境有助于团队成员更自由地交流知识和技能，这不仅能够更好地完成项目成果，也有利于团队成员的个人发展。团队共识、组织结构及工作分配过程等众多因素均会影响项目团队协作环境的形成。具体而言：

（1）团队共识

投资项目的团队共识是一套由项目团队制定的、团队成员需要共同遵守的行为与工作规范。团队共识应在项目开始前制定。随着项目合作的不断深入，团队共识还可能根据成功合作所遵循的规范、实施行动而不断演变。

（2）组织结构

项目组织结构是指为实现项目目标，项目相关的全体工作人员分工协作，在明确其职权、担责及职责方面所形成的结构体系，职权、担责及职责的定义见表 7-2。组织结构可以根据投资项目所需环境或是满足项目的特殊需求而开展设计。精准确定工作人员的角色与职责、形成特定目标任务的正式管理委员会等做法均有助于提升组织结构的协作水平。

职权、担责及职责的定义　　　　　　　　表 7-2

| 名词 | 定义 |
| --- | --- |
| 职权 | 在特定背景下，具有作出相关决策、制定或改进程序、应用项目资源、支出资金或给予批准的权力 |
| 担责 | 对投资项目成果负责，这一责任不能由他人承担 |
| 职责 | 职务上必须承担的工作范围、任务和责任，这一责任可同他人共同履行 |

（3）工作分配过程

项目团队会分配工作，这些工作的分配需要满足项目完成的目标。项目团队可采用工作分解结构（Work Breakdown Structure，WBS）、待办事项类别或任务板等方法对工作进行分配，并明确团队成员对分配过程是否同意。

**3. 有效的干系人参与**

干系人可以是影响项目组合、项目集及项目的决策、活动或成果的个人、群体或组织，也可以是受到这些决策、活动或成果影响的个人、群体或组织。干系人可能持有积极或消极的态度，直接或间接地参与投资项目的决策与活动，从而影响项目的绩效与成果。干系人参与对项目的影响见表 7-3。

干系人在项目全生命周期中可能随时参与进来，也可能随时退出。随着项目的进行，干系人的利益、对项目的影响和作用也会发生变化。特别是对项目影响力极大且持有不同意或中立观点的干系人需要有效地参与进来，这将有利于项目团队了解他们的利益和顾虑。项目团队通过解决问题和协调关系来打消干系人的顾虑，从而利于项目的成功开展。

干系人参与对项目的影响　　　　　　　　　　　　　　　表 7-3

| 影响方面 | 具体影响 |
|---|---|
| 范围或需求 | 项目范围或需求要素的增加、调整与删减 |
| 进度 | 通过提出加快、放慢或停止交付的想法来影响关键项目活动 |
| 成本 | 通过减少或取消计划支出，减少项目成本；通过提出额外的步骤、资源与需求，提高项目成本 |
| 投资项目团队 | 通过允许或限制人员在技能、知识或经验的交流来影响项目团队的工作与活动 |
| 计划 | 通过提供信息、变更商定的工作或活动来影响投资项目计划 |
| 成果 | 通过开展或组织某些投资项目工作来影响预期成果 |
| 文化 | 通过建立或定义项目团队、更广泛的参与来影响投资项目的文化 |
| 收益的实现 | 通过制定长期目标来影响项目交付预期成果的价值 |
| 风险 | 项目风险临界值的界定及对后续风险管理活动的影响 |
| 质量 | 通过明确投资项目的要求和需求来影响项目质量 |
| 成功 | 定义项目成功的因素及对项目成功评估的影响 |

有效的干系人参与不仅受到外界环境的影响，也在很大程度上依赖于干系人自身的特征，包括积极主动、正直、诚实、协作、尊重、同理心和信心。在项目中，项目团队可以看作是一组干系人。在整个项目进行期间，项目团队让其他干系人积极参与能够令潜在的消极影响最小化，并且令积极影响最大化。此外，这种做法不仅有助于提高其他干系人的满意度，也有利于项目团队取得出色的项目成果。其他干系人的参与也将有助于项目团队寻找到更易被所有干系人所接受的工作与解决方案。

### 4. 展现领导者的行为

对于项目而言，领导者的行为及其领导力至关重要。在项目中通常涉及多个组织、部门和干系人，他们对于利益有各自的诉求，因此他们会试图影响项目的开展以实现各自的利益，但这一行为也会造成项目中的冲突。这就需要拥有有效领导力的领导者从中协调和管理，以保障项目顺利开展。

领导者的行为及其领导力并非是特定角色独有的，高绩效的项目往往会有多名成员表现出领导者行为及其领导力技能。任何开展项目的工作人员均有可能展现有效的领导者行为和特质，以促进团队执行投资项目并交付所需要的结果。值得注意的是，领导力与职权有所不同。职权是指向组织内部成员赋予其控制地位，以保障和促进组织成员有效果及有效率地全面履行职能。因此，职权是正式授予的权力，而领导力是领导者展现出的管理技能。领导力是具有个性的，因此有不同的风格特征，包括专制型、民主型、放任型、指令型、参与型、自信型、支持型、共识型等。在所有的领导力风格中没有哪一种被认定是最好的或普遍推荐的，相对而言，不同的领导力风格只有在特定的项目管理情况下会展现其有效性。比如：当团队成员具有高度的责任心时，民主型比专制型更有效；当团队工作杂乱无章并亟待解决问题时，指令型比放任型更有效。

领导者的行为及其领导力技能也会影响项目团队成员的行为。这是因为领导者在团队中具有楷模作用，项目团队成员会仔细审视并效仿领导者的行为。当一个项目中有多个人表现出领导者行为时，会促使成员对项目目标担起共同的责任，这有利于营造健康和充满活力的工作环境。此外，当领导者对项目团队的成员进行有效激励时，投资项目的运作状态可能会达到最佳。激励因素包括资金、认可、自主权、成长机会等。

综合来看，积极的领导者行为及有效的领导力可以促进投资项目的成功，有助于项目取得积极的成果。因此，在投资项目开展过程中，有必要培养领导力技能和优化领导者行为。项目组成员往往通过增加或实践各种技能来深化领导力智慧，常见的方法如下：

(1) 让项目团队聚焦于商定的目标；
(2) 阐明项目成果的激励性愿景；
(3) 为项目寻求资源与支持；
(4) 就最优的前进方式达成共识；
(5) 克服项目进展中存在的障碍；
(6) 协商并解决团队内部及团队与其他干系人之间的冲突；
(7) 调整沟通风格和传递信息的方式；
(8) 指导项目团队的成员；
(9) 赞赏并奖励积极的行为与贡献；
(10) 为成员技能的提升与工作的开展提供机会；
(11) 促进合作性决策；
(12) 开展有效的对话并积极倾听诉求；
(13) 赋予项目团队成员权力及职责；
(14) 建立具有凝聚力且勇于承担责任的项目团队；
(15) 对团队成员及其他干系人的观点表达同理心；
(16) 能够深切认识自我偏见或行为，并予以改正；
(17) 管理并适应整个项目生命周期中的项目变化；
(18) 通过承认错误来纠正自身的不足，并开展学习；
(19) 就团队成员期望的行为进行角色示范。

**5. 聚焦于投资项目价值**

价值是项目是否成功的评定指标。价值主要体现在投资项目可交付的成果。项目的价值既可以是对项目组织的财务贡献，也可以是不可度量的社会公共利益，例如：既有建筑绿色改造项目有助于节能减排，对实现"双碳"目标具有重要贡献。由于价值具有主观性，从某种意义上来讲，同一件事物对于不同的干系人或组织具有不同的价值。由于所有项目都有一系列的干系人，所以，必须聚焦于每个干系人期望的价值，并且平衡每个干系人的期望价值与项目总体价值。

事实上，许多项目都是基于项目论证而启动的，项目的目的就是产生预期的成果，该成果就能反映出投资项目的价值。一般而言，项目论证可以从定性或定量多个方面来预估项目的价值。在预估项目价值时，项目论证至少需要包含以下要素：

(1) 项目需要

这是为项目的开展提供理由，即解释开展项目的主要原因。这些项目需要反映在项目章程或其他授权文件中。项目需要文件中会提供有关项目目标的详细信息，它可能关乎项目组织、组织的合伙方或公共福利。明确项目需要有助于项目团队明晰机会和存在的问题,从而提高项目成果的潜在价值。

(2) 投资项目的理由

投资项目的理由与项目需要有关。它解释了为什么项目值得投资及为什么需要在此时满足项目需要。一般而言,投资项目的理由会附上成本效益分析和假设条件。

(3) 项目战略

项目战略是指与项目价值实现有关的战略,所有的项目需要及投资项目的理由都需要与项目战略相关。这意味着项目战略引领项目的开展。

在项目全过程中,应清晰描述、并以迭代的方式评估和更新期望成果。这是由于项目可能会发生变更,项目团队就需要对项目价值作出相应调整。因此,在项目过程中或项目完成后均可以开展价值评估。可靠的价值评估要考虑项目的全部背景和整个生命周期。尽管项目的价值可能会随着时间的推移而实现,但通过评估明确项目完成时是否具有高效率和高质量的特点,可以帮助项目及时纠正偏差并尽早取得项目成果与价值。

### 6. 识别、评估和响应系统交互

从整体角度识别、评估和响应投资项目内部和周围的动态环境,能够对项目绩效产生积极的影响。实际上,项目离不开系统的概念,一个项目本身就是一个系统,同时项目也在其他更大的系统中开展与运作。例如:一个单独的项目可能是某一个项目集的组成部分,而项目集有可能是某一个项目组合的组成部分。这些相互关联的结构就称为系统体系。项目团队需要平衡系统内部、系统由内而外和由外而内的各种观点,从而保持系统体系的一致性。此外,一个项目内部也可能包含多个子系统。比如单个项目团队负责项目的某一项工作,他们可提供部分项目成果;当所有的项目团队都完成成果交付时,形成项目的最终成果。这就要求各个项目团队需要定期互动,使子系统的工作保持一致,使整个项目系统有效运行。

在项目中还需要考虑系统的时序要素,也就是随着时间推移,明确项目何时交付或实现什么成果。随着项目的开展,内部和外部的条件会不断发生变化,单个变化也可能产生多种影响。一方面,可能会对项目需求产生影响;另一方面,也可能对项目成本、进度、范围和绩效产生影响。虽然可以提前预测到某些变更,但是在项目生命周期内,影响项目的许多变更可能是实时出现的。借助系统的观点和对内外部条件的持续关注,项目团队可以更好地驾驭变更带来的影响。系统性的思考也适用于项目团队的自我学习与反思、项目团队在项目系统内的互动。

识别、评估和响应系统交互能够带来以下积极成果:

(1) 能够尽早考虑项目中的不确定性和风险,有利于明确替代方案以解决意外后果产生的问题;

(2) 在整个项目生命周期内,具有调整假设和计划的能力;

(3) 能够持续洞察项目情况,提供项目信息以说明计划和交付情况;

(4) 有关干系人能够清晰地沟通计划和进展,并作出预测;

(5) 能够保证项目的目的、目标和最终项目用户的目的、目标与愿景保持一致;

(6) 能够适应项目可交付物最终用户和发起人不断变化的需要;

(7) 能够在一致的项目中发现协调效应和节约性,或者发现主动性与积极性;

（8）能够利用未获取的机会，或是发现其他项目或举措中带来的威胁；
（9）明确最佳项目的绩效评估及其对项目参与者行为的影响；
（10）作出有利于整个组织收益的决策；
（11）更全面和更明智地识别风险。

**7. 根据环境进行适当调整（裁剪）**

适应项目特有的环境有助于项目的成功。实际上，裁剪是对有关项目的管理方法、治理过程作出深思熟虑的调整。适当调整或是裁剪的目的是使项目管理能更适合项目特定的环境和工作任务，即利用"刚好够"的过程、方法、模板或工具以实现项目预期的成果。团队规模、不确定性程度和项目的复杂性都是影响项目环境调整或裁剪的关键因素。

在一定程度上，每一个项目在开展过程中均需要进行适当的调整或裁剪，这主要是因为每个项目都存在于特定的环境之中。现有的方法论或常见的工作方法往往可以指导如何对项目进行裁剪。方法论是由专门学科的从业者采用的实践、技术、程序和规则所形成的体系。组织政策和程序则规定了项目团队被授权的可以调整或裁剪的项目边界。项目团队还需要考虑项目管理过程的时间和成本。未进行调整或裁剪的过程和成本可能会对项目或项目成果产生负面影响，比如导致进度的延长或成本的增加。除了对方法进行调整和裁剪外，项目团队还需要与该方法有关的干系人进行沟通，对决策进行适当的调整和裁剪。

经过适当调整或裁剪的项目环境会为组织带来直接和间接的收益，比如项目资源的浪费有所减少，即项目资源可以得到有效利用；项目团队成员的工作行为更加准确。此外，适当调整或裁剪的项目环境可以带来以下积极成果：

（1）促进项目的创新，提高项目的效率和生产力；
（2）吸取经验教训，以便将特定的交付方法改进之处进行分享，并将它们应用于下一轮的工作或未来的项目；
（3）采用新的方法和工具，组织的方法论也将得到进一步改进；
（4）通过实验能够发现改进的成果、过程和方法；
（5）在具有多个专业背景的项目团队内，将用于交付项目结果的方法和实践进行有效整合；
（6）从长远来看，能够增强组织的适应性。

值得注意的是，适当调整或裁剪项目环境是一个持续迭代的过程。项目团队需要收集所有干系人的反馈，了解项目进展中所采用的各种方法及其过程对项目成果有何效果，评估这些方法和过程的有效性，并决定是否继续调整或裁剪项目环境，以获得更好的项目成果及价值。

**8. 在项目过程和可交付物中融入质量**

项目生产的产品、提供的服务或项目成果均可称为项目的可交付物。质量是项目可交付物一系列内在特征的体现，"高质量"投资项目的可交付物能够满足干系人的期望及需求。可交付物的质量是可以进行度量的，即通过评估可交付物的质量确定项目是否符合验收标准并适合使用。常见的项目可交付物质量评估维度见表7-4，在评估时可以从其中一个维度开展，也可针对多个维度共同评估。

项目可交付物质量评估维度　　　　　　　　　　　表 7-4

| 评估维度 | 如何评估 |
| --- | --- |
| 绩效 | 可交付物的功能是否达到了项目团队及其他干系人的预期？ |
| 效率 | 可交付物是否以最少的成本和资源获得了最大的成果输出？ |
| 韧性 | 可交付物是否能在风险发生时，及时应对并快速恢复？ |
| 一致性 | 可交付物是否适合使用，并且符合规格要求？ |
| 满意度 | 可交付物是否从可用性或用户体验方面获得了用户的积极反馈？ |
| 统一性 | 与相同生产方式的其他可交付物相比，本项目的可交付物是否具有相同属性？ |
| 可靠性 | 可交付物在每次形成或应用时，是否会产生一致的度量指标？ |
| 可持续性 | 可交付物是否会对经济、社会和环境发展产生积极影响？ |

事实上，项目能否提供"高质量"的可交付物也与项目过程中应用的方法及各项活动有关。这说明在项目开展过程中，也需要对项目过程的质量进行评估，这类质量评估的目的是及时发现和预防可能发生的错误或缺陷。因此，"高质量"的项目过程管理和实践有助于最终形成"高质量"的可交付物，从而达到项目预期目标，符合项目组织和相关干系人的期望。综合来看，密切关注项目过程和可交付物的质量能够对项目产生积极的影响，包括：

（1）可交付物几乎无缺陷或缺陷最小化，同时能够符合验收标准及达到干系人的期望和项目目标，提高交付质量。

（2）能够控制项目成本，缩短交付时间和提高项目完成效率。

（3）减少成果的返工和报废，减少用户的投诉。

（4）能够有效整合供应链，提高生产力。

（5）提高项目团队的士气和满意度，并且有助于改进项目中的各项决策，形成可持续的改进过程。

**9. 驾驭复杂性**

由于任何项目都是由相互作用的要素构成的复杂系统，因此每个项目都具有一定的复杂性。复杂性源于项目要素与要素之间的交互、其他系统与项目环境的交互。各类交互的性质与数量决定了项目的复杂程度。通常来讲，项目团队无法预见复杂性的出现和控制项目中的复杂性，但是项目团队可以通过对项目活动的调整来削弱复杂性对项目造成的负面影响。实际上，复杂性产生的原因多种多样，有可能是由于多个原因导致的项目复杂性，也有可能是单一原因导致的项目复杂性，因此对于某一项目来讲，很难明确造成项目复杂性的特定原因。本书列举了部分常见的、导致投资项目复杂性的原因。

（1）人类行为

人的行动、举止、态度和经验的相互作用会形成多种多样的人类行为。因此，每个干系人的行为都会导致项目的复杂性。人类的主观态度不仅会令其行为更为复杂，也会导致项目复杂性的加深。

（2）系统行为

项目要素内部、要素及环境之间的动态依赖与交互形成了系统行为。项目各要素之间的交互可能导致相互关联的风险，造成新出现或不可预见的问题，这就导致了项目的复杂性。例如，不同系统之间的信息不对等可能导致项目的复杂性，从而影响项目的成果与成功。

（3）不确定性和模糊性

不确定性是指对问题、事件、遵循的路径和追求的解决方案缺乏理解和认识，比如"灰犀牛事件"和"黑天鹅事件"都超出了以往的经验和认知，它们的突发会导致项目的复杂性产生。而模糊性是指对项目中即将发生的情况或是项目中存在的某种状态不清晰。比如在项目决策中选项众多，不清楚哪个是最佳决策，就会因模糊性导致项目的复杂性。在项目实践中，不确定性和模糊性往往交织在一起，以至于很难分清是不确定性还是模糊性导致了项目的复杂性。

（4）技术创新

技术创新可能会导致产品、服务、工作方法、流程、工具、程序等方面的颠覆。比如计算机和新媒体的出现就属于技术创新的范畴。它们从根本上改变了传统项目工作方式。实际上，技术创新的不确定性也会提升项目的复杂性。这是因为技术创新有可能推动项目更好地解决问题，更高效地实现项目成果，但是也可能由于技术创新的不完善，导致项目流程混乱，从而使项目的复杂性加深。

复杂性有可能会出现在任何领域和项目生命周期的任何时点，并使项目受到影响。通过持续关注整个项目，项目团队可以摸清出现复杂性的迹象，继而通过系统性的思考和过往的工作经验，增强驾驭项目复杂性的能力。驾驭复杂性也将更高效和更高质量地实现项目交付。

**10. 优化风险响应**

风险是一旦发生就可能对一个或多个项目目标产生消极影响的不确定事件。即使是能够预知或识别的风险也有可能在项目中发生。在项目的全生命周期，项目团队应当努力识别和评估项目内部及外部可能发生的风险，并力求最大化地减少风险带来的威胁。风险带来的威胁包括项目进度延迟、成本超支、技术故障、绩效下降、项目团队声誉受损等。风险可能存在于投资企业、项目组合、项目集、项目和产品中。项目风险可能会减少项目收益，并影响项目价值。

为减少风险带来的威胁，项目团队应当履行职责，全面监督各种可能发生的风险。各种风险发生的不确定性来源是不同的，因此，全面监督各种可能发生的风险，旨在将项目风险发生概率保持在可接受的范围内。这就需要项目团队采用适当的管理策略，比如识别导致风险发生的驱动因素，并对其保持管理与控制。

项目团队成员应当争取相关干系人参与风险管理中，了解他们的风险偏好和风险临界值。风险偏好是指为了预期的回报，组织或个人愿意承担的不确定性程度。风险临界值反映了组织或干系人的风险偏好，它还能反映组织或个人愿意承担的不确定性的最大程度。

有效且适当地应对风险可以减少风险对项目的威胁，这就需要项目团队始终如一地确定潜在的风险应对措施，这些措施应具备以下特征：

(1) 风险应对措施应具备适当性和及时性，并需要与风险的重要性相匹配；
(2) 风险应对措施设计与应用要考虑成本效益；
(3) 风险应对措施设计要符合项目环境，即切合项目实际；
(4) 各个项目干系人应就风险应对措施达成共识；
(5) 每个风险应对措施应有一名责任人。

**11. 具有适应性和韧性**

正是由于大多数项目在某个阶段都会遇到风险、挑战或障碍，因此，项目团队应用的方法要具备适应性和韧性，以帮助项目适应各种负面影响并保障项目可持续推进。适应性是指应对不断变化情形的能力。韧性则包括两个具有互补性的特质，即吸收冲击的能力和从挫折或失败中快速恢复的能力。

尽管项目均有前期计划，但往往很少会严格按照前期计划执行。这主要是由于项目会受到内部和外部要素的影响，包括新需求、各种问题等。这些要素存在于一个相互作用的系统中，如果这个系统中的某个或某些要素失败或达不到预期，就需要项目团队重新组合、思考和计划，以推进项目开展。比如：在住房建设项目中，由于项目执行期内的政策调整可能会导致某些设计或计划的变更，这就需要项目具有适应性以应对此情形。还有一种观点则认为，项目应严格按照早期的计划和承诺加以执行，即使出现了新的或不可预见的问题也是如此。然而，这种观点对包括客户、项目最终用户在内的干系人是没有益处的，这种观点也束缚了价值创造的可能性，因此，项目需要具备适应性。值得注意是，应当从项目整体的角度考虑适应性，以防止某一阶段的变更影响其他阶段的开展。同时，项目团队应在项目过程发生变化时聚焦期望成果，这将有助于项目团队及时找到解决方案，从挫折中恢复过来；这也将有助于项目团队的学习和改进，更好地提升项目团队韧性。

如何使项目具有适应性和韧性？可通过以下几个方面：
(1) 较短的反馈循环，以便快速适应；
(2) 持续的学习和改进；
(3) 拥有宽泛技能组合的团队，在每个所需技能领域均具有广博知识的成员；
(4) 定期检查和调整项目工作，以识别改进机会；
(5) 多样化的投资项目团队，以获得广泛的经验；
(6) 开放和透明的项目计划，让团队内部和外部的干系人积极参与；
(7) 开展小规模的新方法实验，以明确新观点和尝试新方法；
(8) 充分运用新的思考方式和工作方式；
(9) 平衡工作速度和需求稳定性的过程设计；
(10) 组织的开放性对话；
(11) 具备从过去相同或类似工作中获得知识、学习成果的能力；
(12) 预测多种潜在情景，并为多种可能的情况提前做好准备；
(13) 将决策推迟到最后的时刻；
(14) 获得管理层的支持。

**12. 促进变革以实现预期的未来状态**

在当今，如何保持项目进展与项目成果的相关性是所有组织面临的根本挑战。要做到具有相关性，必须对干系人的需要和期望作出响应，即根据干系人的诉求，不断评估产品或服务，快速响应变革并成为变革的推动者。项目经理应当具备独特的能力，让组织做好变革的准备。变革管理是一种综合的、周期性的和结构化的方法，可使个人、群体和组织从当前的状态过渡到实现期望收益的未来状态。它与项目的变更控制不同，变更控制是一个过程，通过这个过程，项目团队可以识别、记录项目的文件、可交付物或基准的修改，然后同意或拒绝这些修改。

组织中的变革可能源自组织内部，比如应对绩效差异、需要新的技能等；也可能源自组织外部，比如科技的进步、社会需求的转变、人口结构的调整等。干系人推动变革可能有助于项目预期成果及可交付物的完成。但在组织中推动变革是充满挑战的，比如有些人天生安于现状，讨厌变革和厌恶困难。有效的变革管理应当采取激励型策略而非强制型策略。通过促进干系人的参与和沟通塑造良好的变革环境，以使变革被采纳或接受。有效地沟通还将有助于从抵制变革的用户那里收集到需要解决的问题。

项目团队的成员和项目经理可与相关干系人共同合作，解决抵制变革的问题，以提高客户或项目可交付物接收者对变革的接受度。这包括在项目早期沟通时，提出与变革相关的愿景和目的，争取多方对变革的认同。另外，项目经理也应说明在整个项目期间，变革可能带来的收益变化及变革对工作过程的影响。

此外，变革的次数也需要加以调整和控制。如果试图在极短时间内进行过多变革，可能会因变革饱和而受到抵制。即使干系人一直认为变革能为项目带来正面影响，获取更多价值收益，但他们仍然难以忍受频繁的变革带来的不确定性和挑战。值得注意的是，变革结束后仍需要采取激励措施维系变革成果，从而避免干系人回到变革前的初始状态。

## 7.3 项目管理的知识体系

项目管理的知识体系是指现代项目中所需的各种知识、理论、方法和工具及其相互关系的总和，也是项目管理的核心内容。

### 7.3.1 项目管理知识体系的基本组成

目前，PMI 提出了第七版现代项目管理知识体系，由第六版的十大知识领域凝练升级成八大项目绩效域。同时，知识体系中还囊括了要素管理的调整方法（裁剪）、模型、方法和工件。全新的项目绩效域是一组对有效交付投资项目成果至关重要的活动组合。绩效域构成的项目管理系统体现了彼此交互、相互关联且相互依赖的项目管理能力，只有这些管理能力协调一致才能实现期望的项目成果。综合来看，全新的项目绩效域更加关注项目可交付的成果，并围绕成果对项目绩效进行评估。项目管理知识体系的基本组成，如图 7-3 所示。

### 7.3.2 项目的绩效域

**1. 干系人绩效域**

（1）基本介绍

干系人绩效域涉及与干系人相关的活动和功能。干系人不仅是指能影响项目、项目集或项目组合的决策、活动或成果的个人、群体或组织，也指会受到或自认为会受到项目、

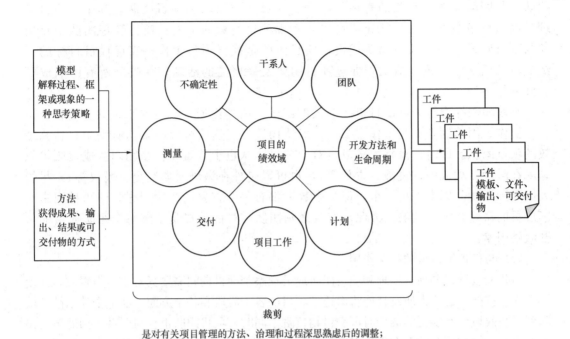

图 7-3 项目管理知识体系的基本组成

项目集或项目组合的决策、活动或成果影响的个人、群体或组织。项目既是由人实施的，也是为人实施的。因此，在项目进行中需要各个干系人通力合作、积极参与，以保证项目成果与他们的预期保持一致。此外，干系人之间的关系融洽和谐也有利于提高干系人的满意度，有助于在未来的项目中继续合作。

一个项目中可能有若干个干系人，也可能有数以百计或千计的干系人。在项目的不同阶段，干系人也有所变化，有的干系人主要在项目的某几个阶段参与，比如金融机构；而有的干系人参与会贯穿投资项目始终，比如地方政府、投资项目受益者等。随着项目的开展，干系人的影响、权力和利益也会发生变化。

（2）与其他绩效域的相互作用

干系人绩效域会渗透到项目的各个方面，他们会为团队定义需求和管理范围，并对需求和管理范围确定优先级排序。他们会通过参与项目来制订计划、明确项目的可交付物和项目成果的验收标准。大部分的项目工作都需要通过干系人的有效沟通而展开。某些干系人（比如行业专家）可以协助降低项目的不确定性，而某些干系人也可能会使项目的不确定性增加。客户、高层管理人员、项目管理办公室领导或项目经理等干系人还会重点关注项目及其可交付物的绩效测量。总的来说，干系人绩效域与其他绩效域之间均存在密切关联。

**2. 团队绩效域**

（1）基本介绍

团队绩效域需要创建文化和环境，使不同个体的集合能够演变成为高绩效的项目团队。与团队绩效域有关的有项目经理、项目管理团队和项目团队。其中，项目经理是由执行组织委派的，领导项目团队实现项目目标的个人；项目管理团队是直接参与项目管理活动的项目团队成员；项目团队是执行项目工作，实现项目目标的一组成员。团队绩效域包括识别促进项目团队发展所需的活动，并鼓励所有团队成员实施领导力行为。

有效的领导力行为可以打造高绩效的团队。诸如沟通、达成共识、共享责任、信任、协作、因地制宜调整工作、赋能、保持韧性、表达认可等因素均有助于打造高绩效的项目团队。同时，激励团队成员对于项目团队也十分重要。激励团队成员既可以是内在激励（如成就、挑战、责任等），也可以是外在激励（如奖金、股权等）。尽管人们受到激励的因素不止一个，但是多数人都有一个首要的激励因素，即哪种因素对于成员的激励是最有效的。因此，有效激励团队成员的前提是了解每个团队成员的首要激励因素。

（2）与其他绩效域的相互作用

团队绩效域强调项目经理和项目团队成员在整个项目期间需要具备领导力素质，并使用领导力技能。这些素质及技能将渗透到项目的各个阶段和各个方面。在整个计划绩效域和测量绩效域中都要说明谁会对可交付物负责。同时，项目团队也会与干系人沟通项目愿景和收益。项目团队的存在也将在参与项目工作中持有批判性思维，有助于减少项目工作中的不确定性。

**3. 开发方法和生命周期绩效域**

（1）基本介绍

项目生命周期是指项目从开始到结束所经历的一系列阶段。在项目的生命周期内用于提供和优化产品、服务或结果（可交付物）的方法称为项目的开发方法，包括预测型、迭代型、增量型、敏捷型、混合型方法等。在这一绩效域中，需要注意整个项目期间开展活动的节奏。其中，开发方法、项目生命周期和可交付物的类型与节奏存在重要关联。项目可交付物的类型决定了项目的开发方法，即项目如何开发；项目可交付物的类型和开发方法又决定了项目交付的节奏，即项目的可交付物是一次性交付、多次交付或定期交付；项目可交付物的开发方法和交付节奏又决定了投资项目的生命周期及其阶段。

实际上，多种要素影响着项目开发方法的选择，比如产品（服务或结果）、项目和组织。其中，产品（服务或结果）的需求确定性、结果创新性、范围稳定性、变更难易性、交付物选择的方案、风险性、安全性能及其涉及的法律法规均会影响项目开发方法的选择；项目中的干系人、进度制约因素、资金情况也会影响项目开发方法的选择；组织的结构、文化、能力和团队规模也对项目开发方法的选择存在一定影响。

受到不同开发方法的影响，项目的生命周期长短及其阶段可能有所不同，但大致可以分为启动阶段、计划阶段、实施阶段和交付阶段。启动阶段是指项目论证及其章程已获得批准，初步确定资金和资源需求、明确项目团队、初步制定战略规划的阶段。计划阶段是指为实现项目目标及最终的项目交付物，将各个工作内容详细分析，并制订详细计划的阶段。实施阶段是指按照计划的具体项目开展的阶段，这个过程不一定完全按照计划执行，可能会根据实际情况进行合理且适当的调整。由于项目交付物的类型不同，实施阶段中还可能包含许多特殊的阶段，比如测试阶段和部署阶段。交付阶段是指项目交付物完成的阶段，这一阶段要根据可交付物的类型决定，是一次性完成还是定期性完成。整体项目的生命周期结束后，项目团队成员还会对项目进行回顾和总结，不仅可以确定整个项目的收益和价值，还可以获得对未来开展相关项目的经验和教训。

（2）与其他绩效域的相互作用

除了测量绩效域外，开发方法和生命周期绩效域与其他绩效域均存在相互作用。项目生命周期中涉及大量的干系人和项目团队，其会贯穿整个项目工作。项目的交付物类型又对开发方法和项目生命周期有决定性作用。此外，项目的生命周期会影响项目的计划方式，而合理的开发方法及其开发节奏可以减少项目的不确定性。

**4. 计划绩效域**

（1）基本介绍

计划的目的是积极主动提出一种方法、制定一种策略来生产、建设项目的可交付物。项目愿景、项目章程、商业论证等初步计划甚至在启动阶段之前就已经开始。在获得项目批准授权后，项目团队则会更加精细、准确地制订完成投资项目所需的具体计划。如今，在项目的初步计划中，不仅要考虑项目的经济收益，还要考虑项目对社会及环境的影响。诸如，城市更新项目是否得到了预期的社会满意度？建设项目采用的材料是否有毒害性？建设项目过程是否会带来对环境的不利影响，比如高碳排放量？

由于每个项目均具有独特性，因此，计划的数量、时间安排和计划频率各不相同。影响项目计划的要素包括开发方法、项目可交付物的类型、组织需求、市场条件、法律及法规限制等。同时，为了做出一份完善的计划，还需要对工作的投入、工作时间、成本、人员及资源投入进行估算。随着项目的发展，估算可能会根据项目信息及情况的变化而发生变化。此外，项目的各项估算还需要注意其准确度和精确度。

（2）与其他绩效域的相互作用

计划会贯穿整个项目工作期间，因此，计划绩效域与其他各个绩效域之间存在相互整合的关系。根据选定的开发方法和项目生命周期，可以提出详细的计划，也可以对计划进行适当的调整。整个项目的计划均是围绕干系人的诉求、项目交付物而设计的。项目团队和干系人将明确计划成果的评估或测量指标，并将最终的项目绩效与计划进行比较。此外，在设计计划时，还需考虑项目中存在的不确定性。一旦项目中存在不确定性，就需要采取计划中的备选方案，以应对项目中的不确定性。

**5. 项目工作绩效域**

（1）基本介绍

项目工作绩效域涉及与提出项目过程、管理实物资源和营造学习环境相关的活动和功能。项目工作的目的是促使团队按期且高质量地完成项目并交付预期成果。项目工作主要包括：管理已有的工作及工作变更的流程、使团队保持专注、建立高效的项目系统和流程、与干系人沟通、管理资源和物流、规划和管理采购及其合同、监督可能影响项目的变更、促进项目学习和知识转移等。

（2）与其他绩效域的相互作用

项目工作绩效域与其他绩效域相互作用，并且对其他绩效域有促进作用。项目工作可促使计划更有效率、交付成果更高质量、测量结果更为准确。项目工作也为团队沟通、互动和干系人参与提供了良好的环境支持。项目工作可为驾驭项目中的不确定性、模糊性和复杂性提供支持，并且平衡其他项目制约因素及其影响。

### 6. 交付绩效域

（1）基本介绍

一切的项目活动都是为了项目交付物而进行的。项目交付绩效域聚焦于满足需求、范围和质量的期望，获得预期的可交付物。实际上，交付绩效域是项目价值的体现。项目通过开发新产品、提供新服务、解决或修复原有成果缺陷来提供价值。在不确定性和快速变化的项目环境中，项目交付物也会随着环境及干系人需求的变化而发生变化。因此，项目交付绩效域不是一成不变的，甚至正在交付和"已完成"的交付物也可能正在继续升级与革新，从而与预期的交付物存在一定差距，这种情况也被称为"完成偏移"。此外，完成的交付物还需要对其质量及其质量成本进行评估，以确定最终的交付结果是否实现了最优。

（2）与其他绩效域的相互作用

交付绩效域与其他绩效域之间具有紧密联系。其中，交付绩效域是计划绩效域中所有执行工作积累的结果。交付节奏是根据开发方法和生命周期绩效域的工作结构及方式而确定的。项目工作绩效域的有效开展能够促使成果交付。项目团队和干系人的需求会决定交付物的类型和预期质量。测量绩效域可以判断交付成果是否满足预期质量。而在获得不同的交付物过程中，项目的不确定性也会有所不同。

### 7. 测量绩效域

（1）基本介绍

测量绩效域会评估交付绩效域中完成的工作在多大程度上符合计划绩效域中确定的度量指标，即评估交付物结果是否满足预期计划。此外，通过评估项目工作绩效是否达到预期计划，还可对项目工作进行监督，促使项目团队及时采取措施解决预期偏差。实际上，人们会出于多种原因开展项目测量，包括：与预期绩效进行对比；跟踪资源利用的情况、完成工作的情况及预算支出的情况；向干系人反馈信息；评估项目的可交付物是否按照计划进行，能否按照计划交付等。测量的目的不在于收集和传播数据，而在于使用数据结果开展适合的行动。

为了实现对成果的有效测量，需要确定项目的关键绩效指标（Key Performance Indicator，KPI），KPI的两种类型包括提前指标和滞后指标。进度测量还可比较下列指标的计划和实际情况，包括开始日期和完成日期、人力投入和持续时间、进度偏差、进度绩效指数等。常见的成本测量指标包括成本偏差和成本绩效指数。资源测量指标可以看作是成本测量指标的子集，因为资源的偏差常常导致成本偏差，常用的资源测量指标包括：资源利用率和资源成本。对于项目的价值测量，常用的指标包括：成本效益比、投资回报率、净现值等。干系人和团队的满意度虽然不属于定量测量范畴，但可以通过定性的方式进行测量，包括净推荐值、情绪图、团队士气评估和离职率等。值得注意的是，测量虽然有助于团队目标的实现，但也会存在"测量陷阱"而影响项目目标的完成，比如霍桑效应、虚荣指标、误用测量指标、评估偏见等。

（2）与其他绩效域的相互作用

测量绩效域与计划绩效域、项目工作绩效域和交付绩效域具有相互作用的关系。测量绩效域可以对比计划的预期目标与实际可交付物，确定投资项目结果的质量。同时，测量绩效域可以应用在项目工作的各个环节，并及时反映不利于项目的信息，以作出项目调整。同时，干系人和团队应明确测量指标，因此，测量绩效域和干系人绩效域、团队绩效域具有关联性。当不确定性事件发生时，都会影响项目结果，从而影响项目的测量指标。因此，测量绩效域和不确定性绩效域之间也存在关联性。

**8. 不确定性绩效域**

（1）基本介绍

所有的项目都存在于具有不确定性的环境中。不确定性既可以是机会也可以是威胁，项目团队可以通过探索、评估来决定如何处理项目的不确定性。实际上，项目的不确定性也有细微差别，比如项目的模糊性是指项目不清晰的状态、难以识别起因，或是需要从多个选项中进行项目选择；复杂性则是指由于人类行为、系统行为和模糊性导致的项目、项目集或项目（集）环境难以管理的特性；风险则是指可能对项目目标产生消极影响的事件或条件；机会则是指可能对项目目标产生积极影响的事件或条件。

诸多因素都会造成项目的不确定性，比如：经济因素（价格波动、资源可用性、借款能力、通货膨胀/紧缩）、技术因素、政策因素、自然环境因素、舆论与社会因素等。而应对不确定性的方案也多种多样，比如：专家建议、提前做好备选方案、增加韧性等。

（2）与其他绩效域的相互作用

首先，不确定性绩效域和计划绩效域、项目工作绩效域、交付绩效域、测量绩效域存在相互作用。随着计划的进行，可将减少或抵御风险与不确定性的活动纳入项目工作。根据测量结果可以判断，随着时间的变化，风险是否对项目的实施产生了影响。由于项目交付物的差异，项目中存在的不确定性也有所不同。其次，在应对各种项目的不确定性时，项目团队成员和干系人可以提供信息、建议和协助。最后，生命周期和开发方法的选择将影响不确定性的应对方式。综合来看，不确定性绩效域与其他绩效域之间均存在相互作用。

### 7.3.3 项目知识体系与项目管理原则间的关系

尽管项目的管理原则与项目知识体系之间看似有重叠关系，但实际上两者之间既有区别又有联系。在项目管理中，原则是基本的规范和事实，是为了完成项目的目标团队成员和干系人需要遵守的准则。因此，项目管理原则主要是为团队成员及干系人的行为提供了指导。而项目知识体系中的绩效域是围绕项目可交付成果展开的，通过将各个绩效域整合成一个项目管理系统，从而促使成功交付项目预期成果。然而，若要绩效域整合成的管理系统有序开展，则需要团队成员和干系人遵守项目管理原则。因此，项目管理原则对于项目绩效域的活动及行为具有指导作用，如图7-4所示。

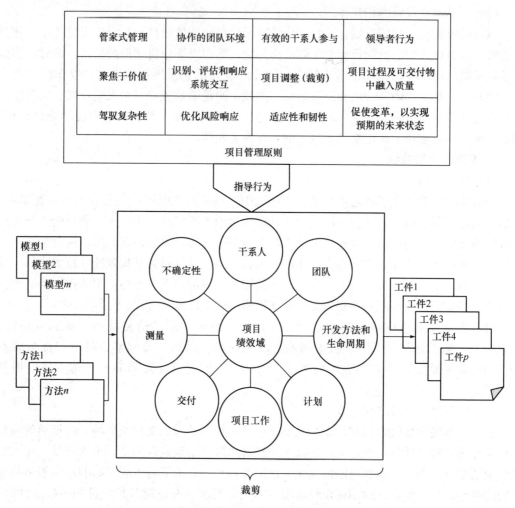

图 7-4 项目绩效域与项目管理原则之间的关系

关 键 概 念

项目管理；项目管理的知识体系；裁剪

**复习思考题**

1. 简述项目管理的特性。
2. 简述项目管理的价值观。
3. 什么是项目管理原则？其由哪些具体原则构成？
4. 简述项目管理知识体系的基本组成。
5. 项目管理绩效域有哪些？它们之间存在什么样的关系？
6. 项目管理知识体系与项目管理原则间存在什么样的关系？

典 型 案 例

A 工程项目已进入投标阶段。A 工程项目的投标建议中明确表示投标企业需要具备项目管理方法体系，以确保 A 工程项目的顺利开展。然而，J 投标公司的领导者深知，目前公司不具备系统性的项目管理方法体系，但是与他们竞争的对手公司具备较为成熟的项目管理方法体系，因此，公司领导者决定要制定一套项目管理方法体系，以提高项目的中标率。J 投标公司应当采取怎样的做法来制定一套符合企业发展需求和利于竞标的项目管理方法体系呢？

案例解析

**思考感悟：中国古代的投资项目管理智慧**

虽然，我们现在讨论的现代项目管理往往是借鉴美国的项目管理体系，但实际上，我国古代提出的许多观点都能够体现出现代项目管理的智慧。

中华文化源远流长，不少历史人物的至理名言为我们展示了中国人治国、修身的理念，同时这些名言也为现代项目管理提供了指导。比如，按照《周易》中的思想，企业的每个项目组织都是一个小宇宙，需要调节小宇宙中的"阴阳"平衡，这才是现代项目管理成功的法则。此外，从人性理论出发，也提出了"安和乐利"的管理模式。"安"是指在项目管理中应当追求项目管理团队的安定；"和"则是需要团队中成员、团队与干系人能和平共处；"乐"则是指康乐，在项目管理中可以看作是多方对项目工作的开展及交付物均能满意；"利"则是最终能够在多方满意的基础上，实现利益共赢。而《孙子兵法》中也提到"将者，智、信、仁、勇、严也。"古人口中的将领也是今天项目管理中的领导者，这说明优秀的领导者应当具备智慧才略、言而有信、爱护下属、勇敢果断、严于律己的特性。这既是兵家所谓的"五德"，也是项目管理领导者需要具备的"五德"，这也与项目管理的价值观及基本原则不谋而合。

综合来看，在开展现代项目管理的过程中，我们要吸收国际中的有益观点，也要时刻牢记中国的文化传统，将中国古代先进的项目管理智慧融入现代项目的管理过程中。

# 8 项目管理的价值交付系统

对于投资项目而言，能够交付有价值的成果是极为重要的。因此，本部分将重点介绍投资项目管理的价值交付系统、投资项目管理的基本职能及其环境。

## 8.1 概 述

### 8.1.1 价值交付的组成部分

干系人之所以投资或开展某一项目，关键在于这个项目存在价值。对于不同的项目而言，其创造价值的方式有所不同，包括：开发或提供满足用户需求的新产品、服务及各类成果；对社会和环境作出积极贡献；提高某个企业或产业的效率、生产力、应急响应能力；推动行业或企业变革；保证项目运营并获得收益等。

为了实现价值交付，项目、项目集、项目组合、产品、运营等均是价值交付的组成部分，可以单独或共同使用这些组成部分以创造价值。当这些组成部分有机耦合时，就构成了一个符合组织战略的价值交付系统，如图 8-1 所示。

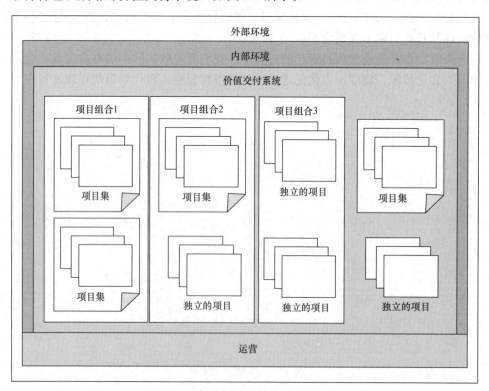

图 8-1 投资项目管理的价值交付系统示例

从图 8-1 可知，该价值交付系统包括三个项目组合，他们包含了项目集和独立的项目。该系统还包含了一个由多个项目组成的独立项目集、多个与项目组合或项目集无关的独立项目。任何项目组合、项目集和项目中都可能包含产品。运营可以直接影响项目组合、项目集、项目及它们的业务职能。项目组合、项目集和项目也会相互影响，并影响项目运营。此外，图 8-1 中显示价值交付系统是组织内部环境的组成部分，而内部环境存在于更大的外部环境之中。

综合来看，构建投资项目的价值交付系统主要是用于产出可交付物或项目成果。项目成果可带来收益，收益可为组织带来利益。因此，项目收益可以创造价值，而价值是最具有重要性或实用性的项目交付物及成果。

### 8.1.2 信息流

广义的信息流是指人们采用各种方式实现信息交流，包括面对面的直接交谈，采用现代化媒介收集、传递、处理、储存、检索和分析信息。狭义的信息流是指信息处理过程中信息在计算机系统和通信网络中的流动。为了保障价值交付系统的有效运作，信息会在项目组合、项目集、项目、运营等组成中流动，从而形成信息流。当信息在所有组成部分中以一致的方式共享和流动时，价值交付系统将最为有效。在价值交付系统中，信息的流动不仅包括从团队领导向团队成员的传递或传达，也包括团队成员向团队领导的反馈。通畅的信息流能够保证信息的有效传输，同时保证价值交付系统、战略和内外部环境保持一致。典型的投资项目信息流示例，如图 8-2 所示。

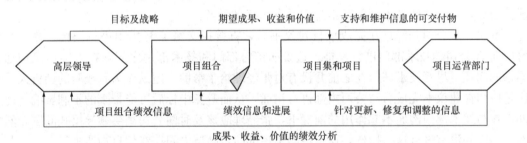

图 8-2 投资项目信息流示例

从图 8-2 中可以看出，高层领导制定项目战略，战略向项目组合、项目集和项目中流动，并最终将信息传递到运营部门。而运营部门则会向项目集和项目、项目组合等传递可交付物的更新、修复、调整信息，并进一步传递到领导处，以保证领导对项目开展作出正确的决断。此外，运营部门还会直接向领导层传递成果、收益、价值的绩效分析。

【例 8-1】A 公司是一家专业开发企业财务管理系统的中小规模软件研发公司。由于 A 公司开发系统的实用性及其销售人员卓越的工作能力，目前 A 公司已被诸多企业青睐，逐步进入高速发展阶段。

1 个月前，A 公司销售人员张经理参加了 B 集团的信息化建设项目招标工作。张经理多次和 A 公司提出希望技术部门的工作人员能够通力合作，参与项目建议书的编写工作。然而，技术部门并未落实相关人员合作，时间紧迫，最终由张经理独立完成项目建议书。由于实施方案可行和信息化建设思路新颖合理，最终顺利中标。

根据招标文件的要求，项目一周后正式立项。由于 A 公司还有其他业务需要处理，因此无法从其他项目组抽调研发人员形成新的项目小组，因此人力资源部门临时招聘了李工和其他五名软件工程师。李工具有丰富的技术水平和项目管理经验，被正式任命担任该项目的负责人。

李工接手该项目后，阅读了当时的项目建议书，很快发现了项目中的技术难题，在签订技术开发合同时就该问题与 B 集团进行了较为详细的说明。B 集团最终勉强接受了李工的建议并签订了技术开发合同，合同中并未包含项目建议书中无法实现的功能需求。

在完成技术开发合同签署后，李工组织人员进行需求调研。然而 B 集团总是强调项目建议书中无法实现的功能需求，并提出当初选择 A 公司主要是由于 A 公司开发的软件具备这些无法实现的功能，而这些功能是其他公司无法实现的。为了获得 B 集团的支持，李工尝试完成这些功能，但经过多方技术论证后，该功能在目前的条件下确实无法实现。作为项目负责人，李工感到了相当大的责任和压力。请问：

（1）在这个案例中，招标前，A 公司各部门在信息处理方面存在哪些问题？

（2）如果你是李工，该如何通过信息交流来化解这次难题？

【答】（1）首先，案例中提到 A 公司的张经理希望能够获得技术部门在项目建议书撰写方面的支持，然而技术部门并没有予以回应。这说明在技术部门和销售部门之间存在技术信息沟通不畅的问题。而面对这一问题，A 公司技术部门的管理者没有进行协调，这就导致了销售部门人员独立撰写项目建议书的情况。一般而言，销售人员在招标投标工作和签订合同交流时，需要有技术较强的专业技术人员的支持和参与，以确保后续技术的实现。因此，A 公司的技术部门在信息沟通方面存在不当。

其次，A 公司张经理在完成项目建议书后，直接提交给了 B 集团进行招标，并没有再次向 A 公司的技术部门进行反馈。这说明销售部门和技术部门之间存在方案信息沟通不畅的问题。尽管技术部门在之前并没有对张经理给予帮助，但是作为有经验的销售人员还是应当在建议书完成后与公司内部进行沟通，从而避免中标后可能带来的不利影响。此外，在与技术部门沟通不起作用的前提下，张经理应该及时向公司高层领导反映问题，然而张经理并没有进行这一操作，这也说明销售部门与高层之间存在信息沟通不足。

（2）首先，李工应该向公司高层领导汇报情况，把客户方"强调项目建议书中无法实现的功能需求"的意见反馈给高层领导，并提出技术论据说明现阶段无法实现该项功能的原因；也可召开项目小组会议，由项目组成员提出建议，并将会议纪要提交到公司。李工还应该提出，由 A 公司的高层主管领导与 B 集团高层领导进行沟通和协调，将处理的问题层次上移，以确保项目的继续进行。

其次，由于该项目建议书由张经理完成，也应与张经理商讨方案，并请张经理出面与 B 集团相关负责人进行沟通。李工则应将精力放在对原项目其他部分的关注，持续推进项目。

再次，无论是高层或张经理与 B 集团沟通的结果如何，均有可能影响项目的实施方案。因此李工应该与高层领导及张经理保持沟通，并就可能的谈判结果对项目带来的影响进行评估，并及时调整项目实施计划。

最后，继续保持对 B 集团的需求调研，并对业务需求进行详细的沟通与分析。由于无法完成的功能由 A 公司提出，如果经需求调研后发现该功能对于 B 集团的实际目标或需求无意义，那么可以进一步促进双方沟通，以目标为导向劝说 B 集团放弃软件中的这些功能，从而促进问题的解决。

### 8.1.3 组织管理系统

组织管理系统与价值交付系统协同运作，可实现流畅的工作流程、及时的管理问题解决与决策支持。组织管理系统提供了一个指导活动的职能和流程框架。这一框架中还可以包括监督、控制、价值评估、整合及决策能力等要素。

实际上，组织管理系统是一个整合的结构，可对环境和价值交付系统的变更、不确定性等开展管理与评估。组织管理系统中既可以对单个的项目进行管理，也可以对包含项目组合、项目集和单独项目的整个项目进行管理。在一些组织中，还会设立项目管理办公室为项目组合、项目集和项目的管理提供支持。项目管理办公室拥有批准变更或作出与项目相关的其他业务决策的职权。在管理过程中，要求项目管理办公室的管理需要与项目组合、项目集和项目的目标保持一致。

【例 8-2】H 制造业企业自成立以来，一直遵循在投资项目完成过程中改变组织结构以适应商业模式。企业之间传统单向链条式的契约关系被取缔，演变为纵横交错的网状关系，价值链逐渐向价值网转化。H 企业领导表示，传统时代制造业企业要么成为品牌企业，要么成为品牌企业的代工厂，但是企业要发展就要不断地调整企业发展战略。而企业发展战略的调整也不断促使企业组织结构模式的转型，如图 8-3 所示。那么在互联网和数字化时代，小微或创客的组织管理结构能为企业完成投资项目带来何种优势？

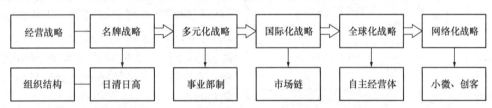

图 8-3 H 企业的经营战略及其组织结构演变

【答】小微企业通常指的是在自主经营体基础上进一步实现分布式网络，以自创业、自组织、自驱动为特征的创造用户价值的基本单元。H 企业把庞大的企业集团拆分成并联的、灵活的小微企业，由自主管理的员工企业家所经营，借助物联网平台，通过开放的共享平台直接与项目客户对接，将新的组织重点聚焦于利用物联网时代的零距离、去中心和分布式网络特性。分布式网络需要以扁平化组织为基础，着重在整个组织范围内分配资源，而不是总部强化对资源的控制。小微成员按单聚散，组织和人员不固定，自由选择、自由组合、自主经营、自负盈亏，其规模根据发展可包括一人到数十人不等，组织结构的适用性和灵活性有助于企业完成投资项目。目前，H 企业所拥有的小微企业类型包括创业小微企业、小微节点和微店，这有利于广泛的资源和人才整合，同时能为企业投资项目带来巨大的商业价值。

## 8.2 项目管理的基本职能

若要令价值交付系统能够有序运作，保障信息流的通畅，就需要组织管理系统中的人员具备投资项目管理的基本职能。

### 8.2.1 项目管理职能的履行

对于投资项目而言,最重要的是实现项目交付。只有当团队成员能够高效且高质量地履行项目中所必需的职能才能实现项目交付。与项目相关的职能可以由个人履行,也可以由一组人履行。实际上,在分配项目团队成员角色时,已经明确了各个成员需要履行的职能。

在履行职能和实施项目的过程中,协调集体工作至关重要。在不同的情况下应当采取不同类型的协调方式。比如,某些投资项目中团队成员倾向于自组织和自我管理,因此"去中心化"的协调方式较为适合;某些投资项目中需要凝聚团队力量,因此"集中化"的协调方式能够促使项目团队更有向心力,并且也有助于将其他自组织团队纳入进来,让其承担一部分工作。无论采用哪种方式,只有获得了团队成员和干系人的支持,形成了良好的、持续的和有意义的互动才是有效履行职能和获得项目成果的基础。

### 8.2.2 项目管理职能的内容

为了能够完成预期成果,按期提交投资项目的可交付物,投资项目团队需要履行的主要管理职能内容如图 8-4 所示。

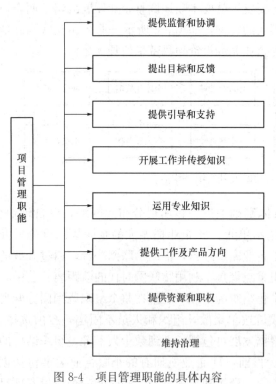

图 8-4 项目管理职能的具体内容

**1. 提供监督和协调**

尽管在项目团队中履行这一职能的人员因团队特点和项目特点而有所区别,但是他们都需要开展领导规划、工作监管和控制、协调工作内容等活动。具有这一职能特点的人员通常会精心安排和组织工作,帮助团队更高效率、高更质量地实现项目目标。

提供监督和协调的具体活动内容在各个阶段会有所不同。比如在项目前期,具有这一职能的人员会对项目的可行性和项目团队成员的能力进行评估,从而通过监督和协调工作内容来改善团队工作的进度、团队成员的健康与安全等。在项目实施过程中,相关人员还可就工作的进度、质量等进行监督;同时在干系人之间存在矛盾时,还可及时出面协调,以保障项目的有序实施。而在项目即将结束,已提交了可交付物时,还可通过监督项目的有关收益是否实现来明确项目目标是否达成。

**2. 提出目标和反馈**

具有这一职能的人员能够正确理解客户或最终用户的诉求,并就用户的观点和见解对其他人进行指导。值得注意的是,客户和最终用户并非是同一群体。客户是提出投资项目申请或提供项目资金的个人及群体;最终用户是直接使用项目可交付物或成果的个人及群体。

在投资项目中还需要获得持续的反馈。比如某一软件开发项目就需要根据客户及最终用户的需求来初步进行软件制作,在初步完成后,还需要通过测试得到客户及最终用户的反馈来对不合理及不实用的部分进行调整。在经历了多次的反馈及调整后,才能够获得最终的软件成果。这说明,在某些投资项目中,客户或最终用户会参与到投资项目的某个阶段,以便展开定期的审查及反馈。甚至,在一些项目中,客户代表还会加入投资项目团队中开展工作。

**3. 提供引导和支持**

实际上,引导和支持职能与监督和协调职能密切相关,具体取决于项目性质。这项工作职能涉及鼓励团队成员参与、协作及促进团队成员在工作中充满责任感。

引导这一职能有助于项目团队就解决方案达成共识,解决团队内的冲突并作出最佳决策。项目团队还需要通过引导职能来协调不同的观点,并以公平公正的方式实现项目目标。支持这一职能有助于为员工提供足够的工作资源及后盾,帮助员工克服障碍并获得成功。同时,可通过变革为项目团队成员提供支持。此外,支持职能可通过评估的方式,明确项目团队及其成员存在的不足,并及时提供帮助与反馈,以帮助他们更好地适应、学习和改进不足。

**4. 开展工作并传授知识**

具有这一职能的人员不仅会在项目期间以全职或兼职的身份开展工作,同时他们还会为产品生产或项目目标的实现传授所需要的知识、技能和经验。投资项目团队可以集中办公或是以线上办公的方式开展工作,这主要取决于项目特点或环境因素。有些工作需要具有高度专业性技能的人员开展,有些工作则可以由项目团队成员完成,但这些团队成员需要通过学习具备相关的知识。

此外,在组织内跨职能部门的团队成员也能够提供多种观点,比如财务部门可以向设计部门提供资金建议。这样多个部门联动工作,更有助于项目的顺利开展。而在项目开展的过程中,这种知识的传授也可以由组织内部向外部传递。比如,需要公众参与某些建设项目的设计工作,但是公众也许并不具备相关的知识储备,此时由组织内部专业的人士向公众传递必要的建设知识,能够有助于公众提出既符合实际又能满足需求的建议。

**5. 运用专业知识**

具有这一职能的人员会提供与投资项目相关的专业知识。这一职能与开展工作并传授知识职能密切相关。运用专业知识的人员会在整个组织内提供建议和支持,并为团队的学习过程和工作的有序开展作出贡献。值得注意的是,这些人员既可以是组织内部的团队成员,也可以是组织外部人员,比如:高校专家、行业专家等。这些人员不一定会在整个项目期间均参与,有些人员会在特定的时间范围内参与,比如具备设计能力的高校专家可能会在投资项目的设计与计划阶段参与讨论和提出建议。

**6. 提供工作及产品方向**

具有这一职能的人员主要是通过指导,指明团队中的工作及产品开发方向。这需要参考商业价值、依赖关系、技术或运营风险来决定工作及产品方向的优先级。这一职能的人员向团队成员提供反馈,并为待开发或交付的成果设定方向。这一职能中涉及的人员包括其他干系人、客户及团队成员。同时,三者也可以通过良好的互动,最终决定项目工作及产品的方向。实际上,开展这一管理职能的主要目的是促使投资项目可交付的价值最大化。

**7. 提供资源和职权**

具有这一职能的人员会推动投资项目的开展，并与项目团队成员和干系人沟通组织的愿景、项目的目标和期望。一般而言，他们是投资项目及其团队的领导者，可以帮助项目活动获得保障项目推进的决策及资源，并令投资项目团队成员获得相关的职权。

职权是投资项目管理过程的关键。项目职权提供了一种把完成项目所需的、不管在何处的所有组织活动集合起来所要求的思维方式。但是能够向团队成员授予多大的职权，要视项目的大小、企业的管理理念及他们与职能经理的潜在冲突的管理预判来决定。

具有提供资源和职权的人员也是团队成员与高级管理层之间的联系人。通过他们在中间的联络，可以保证投资项目的交付物与顶层设计的目标保持一致。同时，在项目团队遇到决策权范围之外的问题时，通过具有这一职能的人的及时上下沟通与联络，能够有效消除阻碍并推进项目的可持续开展。从本质上来看，具有这一职能的人员能为项目团队无法自行解决和管理的问题或风险（比如资金或其他资源的短缺、工期需要延长等）提供向上级报告的路径。此外，具有这一职权的人员还需要有效识别项目中出现的机遇并及时将这些机遇上报给高级管理层，以促进投资项目的创新与革新。

**8. 维持治理**

具有这一职能的人员可以批准项目的进行，向投资项目团队提出支持性的建议，监督项目的进展。由于投资项目的目标可能会在项目进程中随时发生变化，所以具有这一职能的人员会时刻维系项目团队与项目战略及其目标间的联系，确保项目能始终沿着目标进行。

除了以上提及的主要投资项目管理职能的内容，还有许多特殊的职能内容需要根据项目特点及管理需要开展。

## 8.3 项目管理的环境

一个项目是由内部环境、外部环境和运营三个部分共同构成的。其中内部环境是指存在于管理系统之内的、作为项目管理系统存在和发展的客观条件的总和；外部环境是指在一定条件下对项目产生重大的、决定性影响的项目管理系统外部因素。投资项目在内部环境和外部环境的共同作用下，会对项目的价值交付产生不同程度的影响。这意味着，内部环境和外部环境可能会影响计划及其他项目活动。同时，这些影响也可能会对投资项目的特征、干系人、项目团队产生有利或不利的影响。因此，本部分将对投资项目的内部环境及外部环境进行介绍。

### 8.3.1 内部环境

从图 8-1 可知，内部环境中包含了价值交付系统和其他组成部分。其他的内部环境还可能包括以下几个部分。

**1. 过程资产**

过程资产是指一个项目在操作过程中所积累的无形资产。过程资产的积累程度是衡量一个项目组织管理体系成熟度的重要指标。投资项目团队在实践中形成了自己独特的过程资产，就构成了项目组织的核心竞争力。具体的过程资产内容包括：工具、方法、方法论、模板、框架、模式或PMO资源。知识资源库、标准化的表格和风险清单等也属于过程资产的组成部分。

**2. 管理文件**

管理文件是指对投资项目管理具有指导作用的各种规章制度、内部政策、指导方针、规范标准等，同时，也包括投资项目管理过程中指导团队成员工作的操作程序、工作流程和行为准则等。

**3. 数据资产**

对于投资项目而言，能够为组织产生价值的数据资产包括以前项目的数据库、文件库、度量指标、数据和工件等。数据资产管理是对数据资产进行规划、控制和提供的一组活动职能。数据资产管理包含数据资源化和数据资产化两个环节。其中，数据资源化强调数据资源整合后形成的数据价值，而数据资产化尽管还没有一个标准的定义，但通俗地讲是将数据看作企业资产的一系列探索和尝试。

**4. 知识资产**

知识资产主要包括投资项目团队成员、专家及其他员工的隐性知识。隐性知识是与显性知识相对的一种知识类型，即在人们头脑中且未被表达的，在投资项目行动中可利用的相关知识。一般而言，在项目操作过程中所获得的尚未形成文字，但已经成为团队成员推进工作的经验和教训也属于知识资产。

**5. 安保和安全措施**

投资项目管理中的安保和安全措施是指针对设施访问、数据保护、保密级别和专有秘密的管理程序和实践方法。此外，还包括各项国家安全生产的法律法规、安全制度与安保方案等。

**6. 组织文化、结构和治理**

组织文化、结构和治理主要包括愿景、使命、价值观、信念、文化规范、领导力风格、等级制度、职权关系等，同时也包括组织风格、道德和组织的行为规范。此外，组织治理是组织内行使职权的框架，这一治理框架会影响组织目标的设定和实现方式，也会影响投资项目的风险监控和绩效优化方式等。

**7. 设施和资源的地理分布**

项目管理中的设施和资源主要包括工作地点、虚拟项目团队和共享系统。其中，虚拟项目团队是指一群跨越空间、跨越时区和组织边界的人们通过先进的通信和信息技术，为了实现共同的目标而在有限的时间范围内协同工作的团队。虚拟项目团队包括一个项目管理者和一定数量的团队成员。虚拟项目团队具有灵活的成员人数、清晰的边界、确定的消费者、技术上必备的条件和输出。团队的长期目标是非常规的，团队可以自行作出决策。虚拟项目团队和传统项目团队具有许多相似之处，这些相似点包括一般结构、团队管理方法以及为了完成团队目标而选择的工作类型。

资源的共享是指通过共有或共用的方式使资源稀缺方获得所需资源。从源头上讲，资源是社会、经济和科技发展的物质基础，因此共享是社会发展中行为主体的一种权利。资源共享系统将资源共享的各个参与方视为一个有机整体，把共享过程看成是对相互联系的网络的一种管理。通过对资源共享组织结构和模式的分析，应用系统理论的范畴和原理，从而全面分析和研究资源需求方、资源提供方及中介等其他组织的管理活动和管理过程。

在简单的共享系统中，资源需求方和资源提供方通过匹配过程实现主体对资源的共用共享状态；在复杂的共享系统中，资源提供方、中介、资源需求方需要通过相关的共享平台和技术（例如数据库技术、网络技术、通信技术与设备等），在满足资源需求方获取满意资源的基础上，有条件地共享各种实物资源、信息资源，从而实现资源共享管理的系统化和各个参与方的"互赢"。

**8. 基础设施**

基础设施是为了确保投资项目管理能够有效运行，项目部配备的必要的设备和设施。一般的基础设施包括已有的具有可用性和一定功能的设施、设备、组织和电信通道、信息技术硬件等。

**9. 信息技术软件**

项目管理的信息技术软件是一种能够科学化管理项目成本、进度、质量的管理工具，是有效帮助企业内部提升投资项目管理的方式，促进实现工作进程的严格化、高效化和信息化。同时，软件本身具有可操作性强、功能强大的特点，能够把项目管理中的财务控制、人力资源管理、风险控制、质量管理、信息技术管理（沟通管理）、采购管理等有效地进行整合，以达到高效、高质、低成本地完成企业内部各项工作或项目的目的。一般而言，信息技术软件包括进度计划软件、配置管理系统、在线自动化系统的网络接口、协作工具和工作授权系统等。

**10. 资源的可用性**

资源主要包括在签订合同和采购过程中的制约因素、获得批准的供应商和分包商及其合作协议。这些制约因素、供应商和分包商、合作协议等均需要具有可用性。

**11. 员工的能力**

员工的能力是指在完成投资项目过程中，人员所具备的通用的或是特定的专业知识、技能、技术等。这些能力在完成项目时是不可或缺的。

### 8.3.2 外部环境

投资项目管理的外部环境因素对于项目成果的影响是不确定的。正向的外部环境因素可能对项目成果具有积极的增强和优化作用，消极的外部环境因素则可能阻碍项目的完成，同时外部环境因素也可能对项目成果不产生任何影响。因此，在投资项目完成过程中既要关注外部环境的影响效果，也要根据外部环境因素的影响适时调整项目过程，以确保项目成果的顺利获得。

**1. 市场条件**

市场条件包括竞争对手、市场份额、品牌认知度、技术趋势和商标。比如在国内的房地产市场想要建设一个新的房地产项目，需要考虑宏观环境对房地产业的影响、现有地区房地产业的发展及市场饱和情况、周边的竞品情况、企业在消费者中的认知情况、房地产项目是否具有吸引消费者的新技术、项目 logo 和项目的定位等。再比如，在国内市场想要开展某类电竞游戏项目，需要了解这类游戏的市场份额、近期乃至未来一段时间内的市场走势、自己的竞争优势及其他类似电竞游戏的情况、推广的商业模式等。

**2. 社会和文化**

社会和文化一般包括政治气候、地域风俗和传统、公共假日和事件、行为规范、道德和观念等。比如在卡塔尔世界杯中国铁建以总承包的身份承建的卢赛尔球场项目，这个球场项目的设计灵感就来自当地传统珐琅灯笼纹饰和椰枣碗造型，呈现出浓郁的阿拉伯风格，符合当地的文化特色。同时，卡塔尔世界杯中使用的"974球场"项目则根据卡塔尔的国际长途电话区号作为设计灵感。根据主办方的需求，设计和修建成可重复利用的"绿色球场"，即该球场是世界上首次使用集装箱模块化建筑理念建设的大型体育场馆，也是世界杯历史上首个真正可拆卸、可移动的球场。在2022年卡塔尔世界杯结束之后将被完全拆解并回收利用。

**3. 监管环境**

监管环境是指与项目安全性、数据保护、商业行为、雇佣、许可和采购相关的全国性和地区性的法律和法规。

**4. 商业数据库**

商业数据库包括标准化的成本估算数据、行业风险研究信息和风险数据库等。商业数据库是企业花钱购买的。例如，企业在某类投资项目立项前，对于项目的市场前景和风险不知情，这时企业购买的用于分析项目成本、可能存在风险的行业信息或是资料就属于商业数据库。而如果数据来自于企业执行项目时产生的经验，那这就不属于商业数据库的范畴了。

**5. 学术研究**

学术研究包括行业研究、出版物、标杆对照成果等。

**6. 行业标准**

这些标准与产品、生产、环境、质量和工艺有关。比如我国发布的《绿色建筑评价标准》GB/T 50378—2019 就属于行业标准。《绿色建筑评价标准》中包括了对绿色建筑项目的评价技术指标体系、绿色建筑项目评价的时间节点要求、绿色建筑项目评价等级标准等。

**7. 财务因素**

财务因素主要包括汇率、利率、通货膨胀、税收和关税等。

**8. 物理环境**

物理环境是指与工作条件和天气有关的因素。

关 键 概 念

信息流；组织管理系统；内部环境；外部环境；虚拟项目团队；资源共享系统

**复习思考题**

1. 什么是价值交付系统？
2. 典型的投资项目信息流是如何流动的？
3. 简述投资项目管理职能的内容。
4. 简述投资项目管理的内部环境。
5. 简述投资项目管理的外部环境。

典 型 案 例

印尼泗水—马都拉大桥项目位于印尼东爪哇省，是连接印尼第二大城市泗水和马都拉岛的跨海大桥。大桥全长 5438m，其中主跨为 434m 的双塔斜拉桥，桥宽 30m。中国交通建设集团（以下简称"中交集团"）与印尼公共工程部 2004 年 9 月签订了以单价计量为基础的设计、施工总承包合同。然而当整个印尼处于"12·26"海啸的恐惧中时，中交集团建设团队就开始了地质勘察和资料收集工作。泗水—马都拉大桥桥址地处高温、高湿的海洋环境，水文和地质条件极为复杂，位于赤道附近紫外线强烈，海水含盐度高、蒸发量大，给大桥的耐久性及防腐设计提出更高的要求，而且当地高烈度地震频发，桥位处的主要持力层又是 200 多米厚的火山灰黏质粉土，强度极低，施工技术难度很大，参考何种标准成了一大难题。

案例分析

在对研究资料进行分析的基础上发现，印尼本国并没有建造大型桥梁的先例，更没有适用的设计规范。当地现有的中小型桥梁多为日本、欧美等国公司采用英国或其他国家规范设计的。按照惯例，印尼政府要求泗水—马都拉大桥的建设也采用英美国家的标准规范。然而实地考察和测算后，中交集团认为如果采用英美国家的规范，势必造成规范和标准本身的不一致，还需要额外配套机电设备、交通工程等附属结构，投入大量的人力、物力且建设材料只能依赖英、美等国家的产品。于是，中交集团采用中国规范和标准对主桥开展设计。

然而中国规范在印尼从未使用过，也没有相关的英文或其他外文版本。在项目设计过程中有一家第三国公司介入主桥设计，认为中交集团的设计方案有问题，并提供了另一套方案。对此，中交集团进行了周密严谨的研究工作，以翔实的数据证实了这家公司提供的方案可适用于中小桥梁建造，但在高烈度地震区域、火山灰黏质粉土地基中，这套方案无法实现，论证的结果最终令印尼政府选择了按照中国规范和标准设计的方案。

请问：

（1）在印尼泗水—马都拉大桥项目中，哪些因素对中交集团的项目设计产生了阻碍？

（2）中交集团是如何破解这些问题，并确保项目成功设计的？

### 思考感悟：价值交付是项目管理的精髓所在

实际上，早期的项目管理是产品驱动的，最初的项目管理方法也更侧重于明确的要求和详细的计划。后来，为了应对组织环境中不断增加的多变性和复杂性，人们开始关注以客户为中心的项目管理方法。以客户和干系人为中心，使价值成为管理项目的一个关键要素。

实际上，项目管理大师哈罗德·科兹纳（Harold Kerzner）博士也曾提出以价值交付为导向的项目管理理念。以价值交付为导向的管理理念认为，项目成功是在竞争性的制约因素下实现项目的预期价值，项目管理的根本是创造新增的价值。在这一观点下，如果项目没有创造新的价值，就代表着项目管理失去了意义。

然而，现如今很多投资项目并未考虑价值的重要性，尤其是创业项目、互联网产业的软件投资项目等。投资者将更多的视野放在自身如何盈利上，而没有关注项目本身的价值性，这就导致了项目的失败。丁士昭教授曾表示，项目成功与否并不在于成果是否交付、是否得到干系人验收认可，而在于项目交付时干系人对可交付成果的价值感知与价值认同，以及项目投入运营后可交付成果为组织和社会创造的价值。价值驱动型项目管理将是否创造价值作为项目成功的唯一标准，这将对国家的经济建设、对建筑业的改革产生深远影响。

综合来看，无论是项目管理者还是项目团队成员，在完成项目过程中都应当将目光放长远，更多地去关注项目的长期战略和可持续价值，而不是紧盯着短期内的时间、范围、成本和风险。更广阔和更全面的视角不仅将促进价值驱动型管理的优化，同时也将提升项目管理者和项目团队成员的能力与责任心。也许在不久的将来，我们听到更多的不再是"项目按时完成了吗？""项目成本多少，符合预算吗？"，而是"项目给我们带来了多少价值？""项目还将有多少可持续的价值？"。

# 9 项目的过程、计划及范围管理

投资项目的根本属性之一是项目的过程性。每个项目从开始到结束都可以分解为多个过程，因此了解项目的过程，对于解决项目管理问题至关重要。同时，投资项目的计划和范围管理不仅决定了项目开展的方向，还有助于更好地获得项目成果。因此，本部分将重点介绍投资项目的过程管理与项目生命周期、投资项目的计划、投资项目的范围管理等。

## 9.1 项目的过程管理与项目生命周期

### 9.1.1 项目过程与项目管理过程

每一个投资项目都具有两类过程，一类是项目业务过程（简称项目过程），另一类是项目管理过程。在一个投资项目的全过程中既包括由一系列项目阶段构成的项目过程，还包括在整个项目及项目各个阶段中存在的管理过程。总体而言，项目业务过程与项目管理过程耦合就构成了项目全过程，如图 9-1 所示。

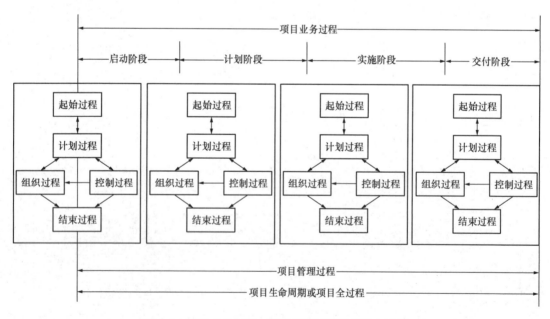

图 9-1 项目业务过程、项目管理过程及项目全过程

对于不同类型的投资项目而言，项目过程中涉及的业务内容会有所不同，但是每个项目都应该按照时间和工作任务分解成不同的项目阶段。各个项目阶段组合到一起被称为项目的全过程。项目的全过程有狭义和广义之分，狭义的项目全过程是指项目实施阶段的全过程；而广义的项目全过程还包括项目运营阶段，甚至还包括项目的拆除阶段。狭义的项

目全过程也被称为项目生命周期，而广义的项目全过程也被称为项目全生命周期。不论是狭义的项目全过程或是广义的项目全过程，各个阶段都有具体的任务活动。此外，各个阶段可交付物也有所不同。狭义的和广义的项目全过程、各个阶段及其阶段性任务活动、各阶段的可交付物，如图9-2所示。

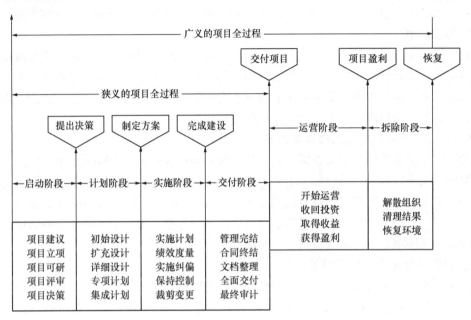

图9-2 狭义和广义的项目全过程及其任务活动与交付成果

投资项目的管理过程是由一系列项目管理子过程构成的，子过程主要包括起始过程、计划过程、组织过程、控制过程和结束过程，各个子过程及其关系见图9-1，具体内容如下。

**1. 起始过程**

在项目管理过程中，首要的管理过程就是项目及其各个阶段的起始过程。这其中主要包括决策项目或项目阶段的起始与否、决策项目或项目阶段是否能继续进行下去、定义项目或项目阶段的产出物、工作包与活动等。在项目管理过程中，只有当项目管理起始过程作出了项目或项目阶段的决策后，后续的项目过程及项目管理过程才能继续开展。

**2. 计划过程**

当项目管理起始过程决定要起始后，项目管理就进入计划过程。这一管理子过程的管理活动主要包括：拟定和编制项目或项目阶段的目标、方案、集成计划以及包括项目资源需求、时间、成本、质量、范围和预算在内的各个专项计划活动、对于项目不确定性应对的计划活动等。

**3. 组织过程**

在人们制订了项目及其各阶段的计划后，就可以开展项目管理的组织过程。这一管理子过程包括：组织和协调人力资源及其他资源、组织和协调各项项目任务与工作、激励项目团队等。这个过程担负着为项目管理的计划过程提供各种信息反馈的工作，以便项目团队能够及时修订项目计划并纠正项目偏差。

#### 4. 控制过程

在投资项目中需要开展项目管理的控制过程，这能够保证项目在开展过程中处于受控的管理状态。这一管理子过程包括：制定项目控制标准、监督和度量项目的实际绩效、分析项目绩效的偏差和问题、采取纠偏措施等。这个过程担负着为项目管理的计划过程和组织过程提供各种信息反馈的工作，以便项目团队能够修订项目计划和改进组织管理。

#### 5. 结束过程

这是关于项目及其阶段终止或结束的过程，这一管理子过程包括：确定项目或项目阶段的终结和移交条件、完成管理工作、终结合同并移交产出物等。这一过程既代表一个管理过程的结束，也代表着要为下一个阶段（若有）管理的起始过程提供已完成的工作经验和教训，为下一个阶段（若有）的起始提供支持。

### 9.1.2 项目生命周期的模型与内涵

关于项目生命周期的定义有很多种，其中最具有代表性的是PMI给出的定义："项目生命周期是由项目各个阶段按照一定顺序所构成的整体，项目生命周期有多少个阶段和各阶段的名称取决于组织开展项目管理的需要。"由此可知，PMI给出的项目生命周期定义更关注项目过程的阶段性和基于过程的项目生命周期管理。实际上，项目生命周期就是运用各种方法开展项目生命周期管理的一种简称。

**1. 投资项目生命周期管理的模型**

由于投资项目生命周期管理内涵的多样性，所以投资项目管理的特性和要求也多种多样，典型的投资项目生命周期模型如图9-3所示。根据该模型可知，在投资项目各个阶段都涉及项目资源投入、项目不确定性分析、项目可变更性分析等方面的管理内容，这些管理内容决定了投资项目管理的内涵。

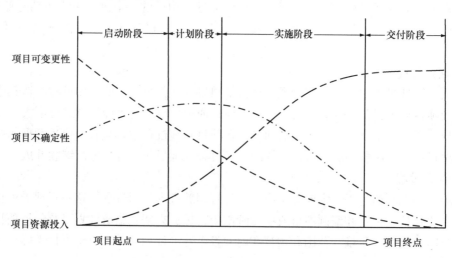

图9-3 典型的投资项目生命周期模型

**2. 投资项目生命周期管理的内涵**

投资项目生命周期管理要从整个项目全过程考虑具体的管理工作及其内涵。投资项目生命周期管理的内涵主要包括以下几个方面：

（1）项目资源投入的变化

任何投资项目的实施与管理都是建立在资源的占用与消耗之上的,所以投资项目生命周期管理中的首要内容是对项目资源投入及其变化的管理。在投资项目启动阶段,项目资源的投入水平较低;而在项目的计划和实施阶段,项目资源的投入水平会大幅度提升;而到项目交付阶段,资源的投入水平会达到一个较为平衡的状态。综合来看,在整个投资项目生命周期管理中,关键是要做好项目资源的供给与最佳配置,否则会影响项目的实施与交付。

(2) 项目不确定性的变化

在投资项目的生命周期管理中,会存在许多的不确定性,既包括机遇和挑战,也包括风险和危机。因此,投资项目生命周期管理中要注重对投资项目不确定性的管理。与资源投入不同的是,在投资项目启动阶段,项目的不确定性就很高,因为此时项目团队和干系人对项目的认知都是根据预测性的信息或数据得出的,而后续各个阶段开展过程中的环境、资源和信息条件是不断发展变化的,不确定性也会有一定趋势的上升。但是当项目实施到一定程度时,项目的不确定性会逐渐减低,这是因为此时项目的环境已逐渐平稳,项目团队和干系人对项目的认知也是根据事实性的信息或数据得出的。最终到项目的交付阶段,项目的成果及交付物已经完成,此时项目逐渐转变为确定性。综合来看,对投资项目不确定性管理的好坏将会彻底改变项目的结果和成败。

(3) 项目可变更性的变化

最后,投资项目生命周期管理的内容中对于项目变更性的管理也较为重要。在项目的初始阶段,人们有能力去改变项目工作内容、项目结果及项目可交付物。但随着项目的进行,项目工作内容、项目结果及项目可交付物的可变更性就会降低。等到项目最终完成时,所有的项目工作内容、结果及可交付物都会无法变更。实际上,人们制订的项目计划都是根据预测的数据和信息做出的,因此一旦发现项目实际情况与预测情况不一致,人们就会开展项目变更管理。同时,项目变更管理越是在项目初始阶段或项目早期开展,项目变更的成功率就越高。而到了项目生命周期的中后期,随着项目刚性的增加,项目变更及其管理就很难开展。

### 9.1.3 项目生命周期的开发方法

开发方法是项目生命周期内提供产品、服务及其他可交付物的方法。在不同的投资项目中所采用的开发方法有所不同。但是随着迭代性和增量性逐渐增加,开发方法会由"预测型方法"逐渐向"适应型方法"转变。两者之间还包括"混合型方法"。

**1. 预测型方法**

在投资项目初始阶段,项目团队在收集、分析项目及其产品需求时,预测型方法较为实用。当涉及重大、高风险、需要进行频繁审查、改变控制机制的投资时,也可以应用这种方法。应用预测型方法可以降低早期项目的不确定性,并有助于提前完成大部分计划工作。预测型方法还可以通过参考其他项目制订的计划,完成现有投资项目的计划。预测型方法与每个阶段只进行一次的投资项目较为匹配。在这类项目中,每个阶段都侧重于某一特定类型的工作。只有在某些特殊情况下,如项目范围增加、需求变化、市场变化等才会导致某些阶段重复进行。

【例 9-1】某个企业要开展信息系统开发项目,请利用预测型方法明确项目的生命周期。

【解】信息系统开发项目的生命周期主要包括以下几个阶段:

(1) 可行性分析阶段:明确开发项目的目标;通过调查和分析用户信息,识别用户需求;明确在技术和实践层面对于系统开发的可行性。

(2) 设计阶段:开展信息系统的逻辑和物理设计。

(3) 构建阶段:根据方案设计,完成信息系统程序的编制,实现信息系统的初步构建。

(4) 测试及调整阶段:对系统程序、系统功能等进行测试,并对测试不通过的程序或功能进行调整。

(5) 交付及培训阶段:将测试通过的系统交付给客户;编写系统说明书、系统用户手册;组织开展系统培训工作,以保障系统在交付结束后正式投入使用。

**2. 适应型方法**

当需求具有高度的不确定性和易变性,并且需求在整个项目期间均可能发生变化时,适应型方法就较为实用。尽管项目开始时已明确了愿景,但是最初的需求可能会根据用户反馈、环境变化或意外事件的发生而完善、变更或替换。适应型方法具体可分为迭代型方法和增量型方法。采用迭代型方法和增量型方法的投资项目生命周期如图9-4和图9-5所示。

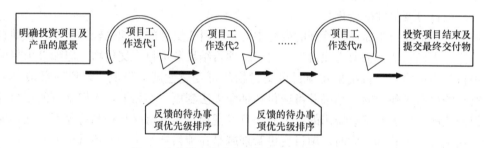

图9-4 采用迭代型方法的投资项目生命周期

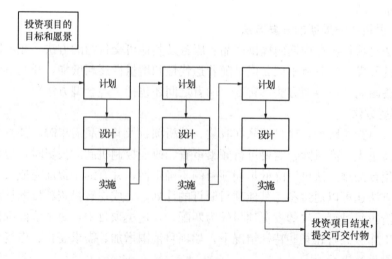

图9-5 采用增量型方法的投资项目生命周期

从图9-4可知,每次迭代结束后,用户会对项目工作及其交付物进行审查。通过审查，关键干系人会提供项目工作及其交付物的修改反馈，项目团队就需要根据反馈重新开展工作。每次工作迭代都需要考虑反馈的待办事项的优先级，即最重要的反馈内容先进行修改。从图 9-5 可知，增量型方法中每个后续的阶段都是在初始的阶段上增加功能实现的。

**3. 混合型方法**

混合型方法是预测型方法和适应型方法的结合体。这意味着，预测型方法和适应型方法中的某些要素均会使用。这种方法适用于：需求存在不确定性或风险的情况；可交付物可以模块化的情况；由不同的团队合作开发可交付物的情况。混合型方法比预测型方法更具有适应型，但不如适应型方法的适应性强。在常见的投资项目中运用混合型方法更具有普遍性。

【例 9-2】某个养老工程项目要依托老年人的意愿开展设计和施工，请采用混合型方法揭示养老工程项目的生命周期。

【解】采用混合型方法的养老工程项目生命周期如图 9-6 所示。

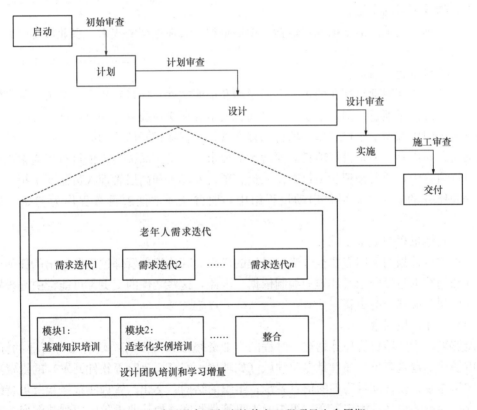

图 9-6　采用混合型方法的养老工程项目生命周期

整个养老工程项目包括启动、计划、设计、实施、交付五个阶段，这一过程采用了预测型方法。而在项目设计中，老年人的需求在不断的迭代，同时设计团队也通过不断地培训和学习了解适老化设计要点，因此在这部分运用了适应型方法中的迭代型方法及增量型方法。综合来看，养老工程项目的生命周期采用了混合型方法。

## 9.2 项目的计划

### 9.2.1 计划的概念及计划编制依据

项目的计划是指为了未来的项目决策，项目执行单位选择制订的包括项目目标、工程标准、项目预算、实施程序及实施方案等活动。在一个具体的投资项目环境中，它是预先确定的行动纲领，说明投资项目如何执行、监督和控制的一份文件。制订投资项目计划旨在消除或减少不确定性，改善经营效率，对项目目标有更好的理解及为项目监控提供依据。

项目的计划编制是指利用其他计划编制过程（如战略计划）的结果，建立一份连贯、一致的文档，用来指导项目的实施和控制。编制计划的目的是把项目计划编制用的假定编制成文档，将有关已选方案的项目计划编制决策制成文档，对有关内容、范围和时间安排的关键性管理审查作出定义，从而促进项目干系人之间的沟通，为进度测量和项目控制提供依据，指导项目的实施。

项目管理计划编制的依据主要包括：项目章程、其他过程的成果、事业环境因素和组织过程资产。

（1）项目章程

项目章程是证明项目存在的正式书面说明和证明文件。项目章程由投资项目的高级管理层签署，规定了项目范围，如质量、时间、成本和可交付成果等约束条件，并授权项目经理分派组织资源用于项目工作。项目章程通常是投资项目开始后的第一份正式文件，主要包括两方面内容：一是投资项目需要满足的要求，二是产品描述。项目章程通常也会涵盖在投资项目中，项目经理、项目工作人员、项目发起人和高层管理人员需要承担描述主要责任和任务的职责。在项目启动过程组中，项目经理常把项目章程作为初始规划的起点。

（2）其他过程的成果

投资项目计划的编制需要整合诸多过程的成果。其他规划管理过程所输出的任何子管理计划和基准都是投资项目计划的编制依据。因此，这些文件的变更都可能会引起投资项目管理计划对应部分的更新。

（3）事业环境因素

能够影响投资项目管理计划这一过程的事业环境因素主要有：政府或者行业的标准；纵向市场（如建筑市场）或者是专门领域（如环境、安全、风险等软件开发）的投资项目管理知识体系；投资项目管理的信息系统；组织的结构、文化、管理实践经验及可持续发展理念；现有的设施及固定资产；组织的人事管理制度（如从业人员的招聘与解雇、员工绩效评价规则及员工发展培训手册等）。

（4）组织过程资产

组织过程资产是指在制定项目章程及以后的投资项目文件时，所有能够影响项目成功的资产，包括：组织正式或非正式的方针、程序、计划和原则；组织以往项目的档案；历史信息与经验教训；项目管理的计划模板；变更控制程序等。

### 9.2.2 计划编制的工作与结果

投资项目计划的编制工作主要是给出投资项目的计划和安排，首先需要从分析项目章程入手，通过分解工作，确认和控制项目范围，给出满足项目目标的程序、方法和要求的计划文件，其目的是指导项目计划的实施，主要工作内容包括：

(1) 项目章程的编制。

(2) 项目管理方法和策略的描述，即来自其他知识体系的各个管理计划的综述。

(3) 范围说明，包括项目可交付成果和项目目标。

(4) 执行控制层面上的工作分解结构（WBS），作为一个基准范围文件。

(5) 在执行控制层面上的工作分解结构中，每个可交付成果的成本估算、所计划的开始时间和结束时间或进度安排和职责分配。

(6) 技术范围、进度和成本的绩效测量基准计划，即进度基准计划（项目进度计划）和成本基准计划（随时间的项目预算）。

(7) 主要的里程碑和每个主要里程碑的实现日期。

(8) 关键的或所需的人员及其预期的成本和/或工作量。

(9) 风险管理计划，包括：主要风险（包括约束条件和项目假设），以及在适当的情况下，针对各个主要风险所计划的应对措施和应急费用。

(10) 辅助管理计划，包括：范围管理计划、进度管理计划、成本管理计划、质量管理计划、人员管理计划、沟通管理计划、风险应对计划、采购管理计划等。

(11) 未解决事宜和未定的决策。

投资项目计划编制的结果记录了计划过程组各个计划子过程的全部成果，这些计划之间相互影响，计划编制结果主要包括：

(1) 投资项目章程：制订投资项目范围计划的根本依据。

(2) 投资项目范围计划：关于投资项目产出物和项目工作范围的计划文本。

(3) 投资项目集成计划：指导投资项目实施和管理的集成性、综合性、全局性、协调统一的集成计划文件。

(4) 投资项目其他专项计划：主要有任务分配计划、时间进度计划、风险计划和沟通计划等。

1) 任务分配计划：精细化任务分解，责任到人，能够估算工期和工作量；

2) 时间进度计划：根据项目任务的执行顺序、时间计划及所需资源等进行分析，制订计划；

3) 风险计划：制定风险等级评估规则、明确风险响应计划、假设所列计划中有可能出现的风险、分析执行中有可能出现的风险、回顾以往项目中曾出现的问题；

4) 沟通计划：制定好项目会议制度，如利益干系人、所需信息、频率、方法、责任人等；保证计划执行所需资源，化解冲突。

### 9.2.3 计划实施的管理工作与原则

投资项目计划的实施是指管理和运行投资项目计划中所规定的工作，其主要由项目计划、详细依据、组织的政策、预防措施和纠正措施五项工作内容组成。

(1) 项目计划

项目计划主要为项目的实施投入了具体的项目管理计划（范围管理计划、风险管理计划和采购管理计划等）和绩效测量基准。

（2）详细依据

项目计划实施的详细依据包括：法律法规及工程建设标准、建设工程勘察设计文件和建设工程监理合同及其他合同文件。

（3）组织的政策

所有组织管理政策在项目中都有正式和非正式两种形式，它们会影响项目计划的实施。因此，投资项目计划在实施过程中要遵循组织的政策。

（4）预防措施

预防措施所做的是为了应对未来项目出现的风险，保证项目按照项目计划要求的一致轨道来运转。

（5）纠正措施

纠正措施所做的是使未来项目的执行，按照人们的预期纳入与项目计划要求相一致的轨道来运转。

投资项目计划实施的原则主要有目的性原则、系统性原则、经济性原则、动态性原则、相关性原则和主导性原则。

（1）目的性原则

项目目标体系通过项目设计得以确立。而计划工作则是通过在项目各项工作任务和活动中进行人员、资源及时间的安排，促使项目目标的实现。因此，计划管理具有很强的目的性。

（2）系统性原则

项目计划是一个系统，由一系列子计划组成。各个子计划不是孤立存在的，而是彼此之间既相互独立，又紧密相关，从而使制订出的项目计划也具有"系统"的目的性、相关性、层次性、适应性和整体性等基本特征，使项目计划形成有机协调的整体。

（3）经济性原则

计划工作要讲究效率，考虑投入和产出的比例。计划的效率不仅体现在成本控制上，还需要考虑进度、质量等方面的评价。

（4）动态性原则

项目的动态性原则是由项目的生命周期决定的。一个项目的生命周期短则数月，长则数年。在这期间，项目环境常处于变化之中，使计划的实施偏离项目基准计划。因此，项目计划要随着环境和条件的变化而不断调整和修改，以保证完成项目目标。这就要求项目计划要有动态性，以适应不断变化的环境。

（5）相关性原则

项目计划是一个系统的整体。构成项目计划的任何一个子计划的变化都会影响其他子计划的制订和执行，最终影响计划的正常实施。因此，制订计划要充分考虑各个子计划间的相关性。

（6）主导性原则

计划是设计的体现，指导以后项目的工作。它在项目的执行、控制、收尾阶段之前进行，是进行其他各项管理工作的基础，并贯穿于计划执行之后的管理过程。因此，项目计划具有主导性。

#### 9.2.4 计划实施的技术与工具

项目管理计划实施的技术与工具是指为了保障项目管理计划能够顺利实施所需要运用的技术和工具，主要包括：一般管理技术、产品生产所需的技能和知识、工作授权体系、绩效检查例会、项目管理信息系统和组织程序等。

（1）一般管理技术

一般管理技术是指管理方法和管理手段的总称。投资项目中存在各类管理问题，其复杂性决定了管理技术的特殊性和综合性。现代管理技术已形成一个日臻完善的科学体系，不仅涉及一般管理方法的特点、结构、形成和发展，还探讨了各种管理方法和管理手段在管理中的特殊作用、地位及其相互关系。

一般管理技术可以从以下几个方面进行分类：

1）按管理者风格，可分为专制、民主和民主集中制管理技术。
2）按分析手段，可分为定性分析和定量分析管理技术。
3）按信息沟通的特点，可分为权威性沟通、真理性沟通和利益原则沟通管理技术。

（2）产品生产所需的技能和知识

投资项目利益相关者最终需要的是项目产品，因此投资项目计划的实施需要具备生产产品所需要的相关技能和知识，保证投资项目能完成项目目标，生产出满足项目利益相关者需要的产品。例如，某投资项目是生产口罩，那么就要具备口罩分类及各类口罩标准的知识，准备生产口罩的材料，具备口罩制作的工艺流程。

（3）工作授权体系

工作授权体系是为了确保投资项目计划实施的工作由特定的组织，在规定的时间内，按照合理的顺序进行而采取的一套项目工作正式审批程序。通常是一项具体活动或者一组工作的书面动工核准书。工作授权体系的设计应当在提供控制的价值和为其所付出的代价两者之间权衡利弊。例如，对于投资项目计划实施过程中许多较小型活动而言，一般采用口头核准就已经足够了。

（4）绩效检查例会

绩效检查例会是依据约定的惯例每隔一定期限举行一次的会议，根据进度基准，测量、对比和分析投资项目计划实施的进度绩效，如核实实际开始和预计完成的日期，核算目前已经完成的工作占计划的百分比，以及估计当前工作的剩余持续时间。

（5）项目管理信息系统

项目管理信息系统为投资项目计划的实施提供了以下工具：进度计划工具、工作授权系统、配置管理系统、信息收集与发布系统，或进入其他在线自动化系统的网络界面。项目管理信息系统还可以用于自动收集和报告项目人员关键绩效指标。

（6）组织程序

组织程序是一级组织为了投资项目计划顺利实施所进行的程序。其是根据组织运行的客观规律和设计要求，在运行过程中因组织行为的内容、形式、功能的时序变化而形成的，由资源输入、资源配置、专业工作、产品输出等既相对独立、又有机统一的不同阶段，按照其内在联系排列而成的组织运行过程的结构顺序。

#### 9.2.5 计划实施的结果

投资项目计划实施的结果主要有两个：投资项目的工作结果和投资项目的变更申请。

投资项目的工作结果分为：投资项目计划全部完成、投资项目计划主要部分完成、投资项目计划部分完成和投资项目计划未完成。

投资项目的变更申请是指在投资项目计划的实施过程中，原有的具体做法为了满足项目的实际情况而发生了改变，因此提出变更申请。投资项目的变更申请主要有补充申请和修改申请。补充申请是指在原有投资项目合同的基础上，提出增加新的内容条款的申请；修改申请是指对原有的投资项目合同条款进行修改，抛弃原有的某些条款或将原有条款更换成新的内容所提出的申请。无论是哪种变更申请，都需要投资项目合同双方协商一致后签订书面变更协议才能对合同条款进行变更，同时调整投资项目工期及工程的相关费用。

## 9.3 项目的范围管理

当一个投资项目的目标确定的时候，项目的干系人不仅要在项目的产品方面达成一致，还需要在如何完成项目上形成统一的意见，这就是投资项目范围管理所关注的核心内容。

项目范围就是为投资项目划定一个界限，规定哪些工作内容是项目应该做的，哪些工作内容不在项目工作之内。并且，需要确定项目主要的可交付成果。因此，投资项目范围管理就是为了实现投资项目的目标，在项目整个寿命周期内，对于项目主要产出物范围和必要工作范围的管理。必要工作范围只包括完成该投资项目和实现项目目标所"必需"的全部工作，既不能超出确定的项目产出物范围和实现目标所需要的工作内容，又不能低于这种需要。

项目范围管理的"范围"包含了两个方面的含义：产出物范围和工作范围，投资项目的工作范围服务于产出物范围。因此，二者既相互区别又相互联系。

产出物范围是指对投资项目所需要交付最终产品、服务或是成果的具体功能和特征的描述。根据不同投资项目的属性，管理产出物范围的过程、所使用的工具和技术都会随之改变。

工作范围是指为了交付投资项目所要求的特定功能和特征的产品、服务或成果，所需要完成的必要性工作。

为了更好地理解产出物范围和工作范围，现举例解释。如住宅铺地板是一个项目。住户原本想要红木地板，但是后来考虑成本和维护等方面的因素改变了想法，希望使用瓷砖铺地。那么铺地板项目的产品范围就发生了改变。但是，项目的工作范围是否发生了改变呢？这就取决于时间因素了，若已经购买了红木材料或者已用红木材料铺好，那么项目的工作范围就发生了改变；如果材料还未购买，那么项目的工作范围就仍未改变，依旧是购买铺地板的材料。因此，在处理范围管理变更的时候，区别产品范围和工作范围十分重要，这还将涉及后续的索赔问题。

### 9.3.1 项目范围管理的主要过程

项目范围管理的主要过程包括五个方面：

（1）启动。启动是指正式开始一个项目或阶段，并有意往下进行的过程。

（2）投资项目范围计划的编制。编制一个书面范围说明，作为将来项目决策的基本依据。

(3) 项目范围的定义。范围定义是指确定投资项目及其产品详细描述的过程。

(4) 项目范围的核实。范围核实是指项目干系人核实项目产出物和项目工作的计划安排，即对项目范围计划的批准和认定，将项目范围的接受正式化。

(5) 项目范围的变更控制。范围变更控制是指监控项目运行和产品的范围情况，管理范围基准的变更。

范围管理的五个主要过程之间是相互影响的，同时它们与项目其他方面的管理也存在相互影响的关系。一般情况下，在项目的不同阶段，都需要至少开展一次上述的五个范围管理工作。虽然，这五个主要过程看上去界限分明、互相独立，但是在实际的项目管理过程中，这些主要过程不但有上下衔接的接续关系，还存在相互交织和相互作用的关系。并且，范围管理工作与项目其他方面的管理工作，如质量管理、成本管理和时间管理等，也存在相互交织和相互影响的关系。

### 9.3.2 项目范围的启动

项目范围的启动是指投资项目启动和开始时的管理工作，它是项目范围管理的首要及核心工作。在项目范围的启动工作中，最重要的就是项目启动的决策。之后，项目管理者会根据项目启动的决策去制定投资项目的章程和项目范围计划等项目范围管理文件。投资项目决策需要建立在项目评估的基础上，因此，项目启动决策工作中还包含了项目评估方面的工作。

**1. 项目启动决策**

（1）项目启动决策的定义

项目启动决策是指投资者发现由于市场需求、市场竞争和宏观政策等变化产生的问题或机遇，作出的启动和开始投资项目的决策作为变化的回应和对策。投资项目启动决策的主要工作包括识别和确定投资项目是否能顺利开展并列出项目备选方案，随后从中选择最优方案。

（2）项目启动决策的成因

从项目启动决策的定义可知，组织遇到的问题和机遇就是投资项目启动决策的成因。组织开展项目的成因主要有以下几个方面：

1）市场需求的变化

组织或企业所处的市场需求环境发生了变化，例如疫情期间，为了应对市场上一次性医用口罩的供给短缺，医疗卫生企业决定发起一个口罩生产厂的建设项目。

2）商业机遇的出现

市场竞争中常常伴随着商业机遇的出现，例如客户因各种原因无法线下看房交易时，房地产企业就会开辟在线 AR 看房和线上交易类的业务。

3）消费结构的变化

新的消费需求会引发消费结构变化，例如当人们对穿着有了独特性的消费需求时，服装定制的项目就会出现。

4）科技进步的推动

某项技术的发展变化引起投资项目的启动。如在电子设备技术成熟之后，市场上很快就出现了许多电子设备新产品的开发和生产经营项目。

5）法律发生的变革

国家或地区的法律规定发生变化引起的项目启动。如政府颁布新的环境保护法，生产经营者不得不为解决排放污染问题开展创新项目。

6) 组织发生的变动

组织的环境与条件发生变化引起的项目启动。必须开展组织革新以适应环境的发展与变化，如调整组织所处的内外环境和改进组织规模的组织变革项目等。

（3）项目启动决策的内容

投资项目启动决策涉及多方面工作，主要包括：

1) 考察汇总和搜集资料

在投资项目启动决策中，投资项目启动决策的基础性工作包含考察汇总和搜集相关的数据与资料。被考察和搜集的范畴包括为投资项目启动决策提供支持的各种信息，如与项目相关的历史信息、对于项目未来的预测信息以及不确定性的项目信息等。

2) 了解和明确投资项目目标

确定项目要达到的目标和主要指标是项目启动决策最重要的任务，能够方便人们根据既定项目目标开展投资项目启动决策和后续管理工作。从组织发展战略角度出发，通过分析和提炼给出项目目标，然后根据项目目标进一步确定项目的具体考核指标及其指标体系。

3) 分析和明确投资项目产出物

在确定项目目标后就可以确定投资项目产出物，在分析和确定项目产出物时必须遵循"充分和必要"的基本原则。其中，"充分"是指所有为了实现投资项目目标的产出物一项也不可少，"必要"是指任何不是为实现项目目标服务的项目产出物一项也不能多。

4) 拟订可行的投资项目备选方案

实现项目目标与生成项目产出物有很多种方法和途径，这些方法和途径就是项目可行的备选方案。需要从项目产出物的特性和要求出发，拟定生成项目产出物的可行方案，以便于对项目备选方案进行论证、评估和优选。

5) 分析和评估各投资项目备选方案

这包括分析、预测与评估项目各备选方案的资源和条件、收益和成本、风险和问题，特别是对项目技术、经济、运行和环境等方面的可行性评估以及项目条件和发展变化的预测分析，这种评估的结论和信息资料方便人们作出项目起始决策。

6) 根据投资项目方案作出投资项目决策

这是指对项目备选方案的优化选择作出决策时，按照项目起始决策工作中的"满意原则"，由于难以找出绝对最优的项目备选方案，人们只能去选择一个使项目各干系人都能够满意的项目备选方案，作出项目起始决策。

（4）项目启动决策的方法

项目启动决策的制定有很多种方法，下述方法为多数项目启动决策的制定所需。

1) 组织战略分解的方法

由于投资项目是服务于组织目标的，所以必须使用组织战略分解的方法生成投资项目启动决策。根据组织的生存和发展战略，分解找出组织在既定时间内所需开展项目的方法。在根据组织战略的需要去确定应该开展的战略项目（项目组合）和具体项目前，人们需要研究组织使命、愿景、目标和战略等方面的实时变化，可以进一步使用层次性和结构化模型描述这种按照组织战略分解确定项目的方法。

一个组织能否修订好组织的使命、愿景和目标,要根据其所处环境的发展变化来决定,据此去制定组织的发展战略,才能分解得到相应的战略目标和指标,最终根据这些战略指标生成战略项目(项目组合)和一系列具体项目。战略就是由具体项目来实现的,因此组织的任何项目都应该通过这种战略分解法得到。

2) 项目评估与采用的方法

人们必须按照项目目标和要求去评估各个项目备选方案,并最终从中选择出满意的项目方案制定项目起始决策。这就是在投资项目启动决策中人们需要使用的项目评估与采用的方法。首先人们需要根据实际情况分析和找出可行的项目备选方案,然后对项目备选方案进行评估和优化选择,最终才能作出项目启动的决策。项目评估与采用的方法有四种,分别是项目成本或效益分析法,指根据项目能带来的成本或效益大小选择项目的方法;项目评分比较法,指综合项目各方面因素(不只是成本和效益)选择项目的方法;数学模型法,指选择项目时用线性、非线性、整数和多目标规划等模型选择的方法;专家法,指在作出项目启动决策时使用专家经验决策的方法。

3) 相关的方法

相关的方法包括各种管理决策分析的方法和项目管理信息系统的使用等方法。其中,用来确定项目和优化方案通常使用管理决策分析方法,如不确定性分析和风险分析。为制定项目起始决策提供信息,通常使用项目管理信息系统(Project Management Information System,PMIS),这是一套由人和计算机集成的信息系统,它可以提供各种投资项目启动决策所需的信息,以便人们选择和开展项目。

**2. 项目章程**

(1) 项目章程的作用

项目章程多数由项目发起人或项目出资人组织制定和发布,提供关于批准项目和指导项目工作的大致方针,以及项目干系人之间的职责及权利关系,它是指导项目实施和管理的根本依据。此外,项目章程同样规定了项目经理的责任与权利及其可调配的资源。因此,项目经理应该在项目章程发布时予以确定,以便相关人员随后能参与并确定项目计划和方案。

(2) 项目章程的内容

从某种意义上说,项目章程实际上就是对项目主体之间权利、责任和利益关系的规定,因此项目章程的基本内容包括如下几个方面:

1) 投资项目干系人的要求与预期以及项目的要求和目标。这是投资项目干系人责任和权利安排的依据,也是未来投资项目管理确定项目计划、质量与指标的根本依据。

2) 投资项目产出物的说明、条件和主要规定。项目所产出的实物(或服务)、功能和质量等方面的具体规定,需要根据项目所处环境与条件,以及项目干系人提出的项目最终成果的要求和预期确定。

3) 投资项目干系人的权利和义务。实际上是对项目目标和规定的进一步分解,是对项目干系人在项目中应负责任和应承担义务的规定,以及他们应有权利和利益的阐明。

4) 投资项目其他方面的章程和要求。其包括项目关键节点和进度的基本要求、项目估算和质量的要求、项目经理所享有的权利、项目环境和情况条件、项目的分析结果说明等。

(3) 制定项目章程的依据

任何项目的章程都是通过综合分析和平衡编制的。根据项目特性和具体情况，以及投资项目干系人的要求制定项目章程时，主要依据有如下几个方面：

1) 投资项目启动决策

不论是自我开发项目还是业务项目，人们都是根据项目章程作出投资项目启动决策的。投资项目启动决策包括项目启动决定、项目可行性分析、项目主要预期和指标等。

2) 投资项目的合同

投资项目的合同也是制定项目章程的根本依据。当项目是由承包商实施时，项目章程中各方面的规定都不能违背项目合同中对责任和义务的约定。

3) 投资项目工作说明书

投资项目工作说明书是对项目产出物和项目工作的具体说明，其实际上也是对投资项目的具体要求和说明。

4) 投资项目的环境因素

在编制项目章程时，人们还必须考虑项目实施者所处的组织环境以及投资项目所处的外部环境与条件。例如，组织资源整备及其管理方式、组织文化与体系、投资项目所需基础设施、政府或行业规范与章程、项目各方面风险承受能力、项目工作授权系统、各种信息和商业数据库能够提供支持的情况等。

5) 投资项目涉及的组织过程资产

人们必须使用项目组织拥有的各种信息、知识和经验等来编制项目章程，它们构成了组织过程资产（Organizational Process Assets，OPA）。这种组织过程资产有两大类，其一是组织中各种业务和管理进程、沟通的要求和方式、各种技术指标以及指导和规范、项目变更控制和风险评估控制的程序、项目财务控制的程序和方法、批准与签发工作授权的程序和组织需遵守的部门与行业标准等，即组织工作过程与程序；其二是组织的过程数据库、历史项目的信息资料整备、配置管理的知识库、积累的经验教训、问题与缺陷管理数据库、财务数据库等，即组织自主拥有的知识。

**3. 项目初步范围说明书**

投资项目初步范围说明书是根据投资项目章程并按照目标导向方法编制出的一种项目管理文件，对项目范围进行了初步界定和说明。

(1) 项目初步范围说明书的概念和内容

项目初步范围说明书就是初步界定项目范围的文件，是根据项目章程和投资项目启动决策，由项目管理者编制的一种简单的项目范围说明书。它初步描述了项目、项目产出物和项目工作的边界、特征、验收标准与控制方法等内容，具体如下：

1) 项目目标的初步规定

它简单说明了项目目标与特性。投资项目目标的初步规定和说明是项目初步范围说明书的首要与核心内容，投资项目目标是确定项目范围的根本依据。

2) 项目产出物范围的初步规定

它简单说明了对项目产出物的要求与特性、项目产出物的验收标准。由于项目产出物是为实现项目目标而服务，因此对于产出物范围的初步规定是项目初步范围说明书的核心内容之一。

3）项目工作范围的初步规定

它简单说明了为生成项目产出物所必须开展的全部工作，包含初步项目工作分解结构、项目关键节点、项目成本和项目时间要求等，是项目初步范围说明书的核心内容之一。

4）项目约束条件和项目假设前提条件

项目约束条件是指确定性的项目约束，包括项目假设前提条件是人为假定的项目约束条件（包括对项目资源、环境和工作等方面条件的描述），这些约束条件是项目初步范围说明书的核心内容之一。

(2) 编制项目初步范围说明书的主要依据

项目初步范围说明书是对于项目范围的初步界定和安排，其主要依据包括项目章程、项目环境与条件、组织过程资产等。

1）项目章程

因为项目章程中给出的项目指标和要求等内容是指导人们编制项目初步范围计划书的基础与出发点，所以投资项目章程是人们编制项目初步范围计划书的根本依据。

2）项目环境与条件因素

投资项目环境与条件因素是指在人们编制项目初步范围说明书时项目的外部环境和组织环境因素。因为投资项目的外部环境和组织环境因素是不断变化的，所以需要依据这些因素的改变对投资项目初步范围说明书进行及时更新。

3）组织过程资产

组织过程资产是指在人们开始编制项目初步范围说明书时所拥有的组织各方面的专有知识。人们需要依据组织所拥有的各种专有知识编制项目初步范围说明书。

(3) 项目初步范围说明书的编制方法

项目初步范围说明书的编制方法有很多，但是最主要的有两种，具体分述如下：

1）现有模板法

现有模板法是指在编制新的项目初步范围说明书之前，以历史上类似项目或他人所完成的类似项目的初步范围说明书作为模板的方法（这是一种"由此及彼"的方法）。例如，某地产开发商在开发住宅类项目时，利用企业过去住宅类项目的项目初步范围说明书作为模板去编制新项目的初步范围说明书。

2）逐层分解法

逐层分解法是指在没有任何可借鉴模板的情况下，使用"自上而下"逐层分解的技术编制项目初步范围说明书的方法。在编制出项目初步范围说明书前，还需要根据投资项目目标分解出项目产出物，再根据项目产出物分解出项目工作。

3）其他方法

其他方法是指使用各种其他的管理方法，如使用专家经验法去编制项目初步范围说明书。人们可以依靠专家经验去编制项目初步范围说明书，通过专家经验替代模板法和逐层分解法，常常在原始创新类投资项目中使用这种方法。

### 9.3.3 项目范围计划的编制

项目范围计划是指根据投资项目目标给出的项目产出物范围，计划安排项目工作范围的一项项目管理工作。人们需要根据投资项目目标和项目所处的约束条件与基础，分解、界定和计划项目产出物和项目工作，由此形成项目范围的计划并安排项目的工作。投资项目范围计划对于项目的成功十分重要。

**1. 项目范围计划的编制内容**

项目范围计划的结果是形成一个书面的范围说明，作为将来项目决策的基本依据。其内容是以投资项目初步范围说明书为基础，关于投资项目范围的全面计划和安排。投资项目范围计划主要是根据投资项目的目标、项目章程、投资项目的环境因素、投资项目的组织过程资产，在已有的项目初步范围说明书和项目集成计划的基础上进行编制的。其主要内容包括关于投资项目产出物范围的计划及投资项目工作范围的计划两方面。

（1）项目产出物范围的计划

项目产出物范围的计划要根据项目目标、项目章程、项目的初步范围说明书、投资项目集成计划以及投资项目所处的环境和组织过程资产，重点关注专业领域对投资项目产出物的要求和干系人要求，所作出的产出物范围的计划和安排。这项工作必须按照"目标导向"和"充分和必要"原则进行，即任何产出物都是为了投资项目目标服务的，为实现投资项目目标的产出物一样也不能少，不是为实现投资项目目标服务的产出物一样也不能多。

（2）项目工作范围的计划

项目工作范围的计划需要根据产出物的计划结果进行安排。项目工作范围计划也必须根据投资项目目标、项目章程、项目的初步范围说明书、投资项目集成计划，以及投资项目所处的环境和组织过程资产，并且重点关注投资项目产出物范围的计划和要求等进行编制。投资项目工作范围的计划原则包括"产出物导向"和"充分和必要"两项原则，即任何工作都是为投资项目产出物服务的，为得到投资项目产出物的工作一项也不能少，不是为得到投资项目产出物的工作一项也不能多。

**2. 项目范围计划编制的依据**

投资项目范围计划编制时，必须要依据投资项目已有的各类管理文件以及项目范围计划工作中所收集的各种信息，主要描述如下：

（1）项目已有的各类管理文件

这些文件主要包括投资项目目标、投资项目章程、投资项目初步范围说明书、投资项目集成计划、投资项目的约束条件和假设前提条件等。这些已有的各类管理文件是项目范围计划书编制的主要依据。在投资项目范围计划编制的过程中，若发现已有文件存在问题、错误或缺陷，要及时根据情况进行更新和修订，并对投资项目的其他文件及时进行更新和修订，尤其是项目集成计划文件。

（2）项目范围计划工作中所收集的信息

项目范围计划工作中所收集的信息主要是项目环境因素信息、组织过程资产信息、投资项目所属行业领域的技术和管理信息、环境变化导致投资项目产出物范围和工作范围变更的信息以及投资项目干系人的诉求信息等。

从以上内容可以看出，在制订投资项目范围计划之前，一定要认真核查投资项目所处的环境，明确各个条件对项目的影响和制约，充分收集和利用相关资料和信息。

**3. 项目范围计划编制的工具和技术**

项目范围计划编制的工具和技术主要有四种：产品分析、收益/成本分析、备选方案确定和专家评价法，具体描述如下：

（1）产品分析

产品分析是为了对项目产品有一个更好的理解，通过使用产品分解分析系统工程、价值工程、价值分析、功能分析、质量函数等技术对投资项目产品的产量、品种和质量进行分析。产量分析的主要内容是计划完成情况、生产进度情况和技术经济指标变动对产量的影响。品种分析是考核产品品种的完成情况和各个零部件的成套性。质量分析的主要任务是审查产品是否达到了规定的质量标准，以及寻找造成产品质量不符合标准的原因，这方面的原因牵涉设计、材料、工艺、成本。

（2）收益/成本分析

收益/成本分析涉及对各种投资项目和产品方案可见的或者潜在的成本和收益的估算，然后用财务的测量尺度，如投资回报率、投资回收期或者净现值等，来评估和确定方案的收益/成本期望。其主要步骤是：首先澄清有关的成本和收益并进行计算，继而比较项目寿命期间出现的成本和收益，最后进行投资项目方案的选择。

（3）备选方案确定

备选方案确定是一种用来制订尽可能多的潜在可选方案的技术，用于识别执行与实施项目工作的不同办法。有许多的一般管理技术常常在此使用，如头脑风暴法、横向思维法等。

（4）专家评定法

当项目投资人首次开展不确定性很高的创新型投资项目时，难以确定项目的产出物范围计划时，就需要使用专家评定法。因为这种项目的产出物难以进行产品分析和收益/成本分析，在这种情况下，投资人会选择借助专家的从业经验和敏锐判断去计划和安排投资项目的产出物范围，如平潭跨海大桥这样的建设项目产出物的范围就是邀请专家进行计划和安排的。

**4. 项目范围计划的结果**

项目范围计划的结果主要是项目的范围计划书。项目范围计划书是项目范围计划的主文件，其核心内容包括项目目标和度量指标、项目产出物的范围描述、项目可交付物的具体规定、项目所处的限制条件和假设前提条件，以及项目各方的配置关系和集成要求五个方面。

### 9.3.4 项目范围的定义

项目范围是指确定投资项目及其产品详细描述的过程。本过程的主要作用是明确投资项目的需求、服务或成果的边界。投资项目范围定义的主要工作就是编制详细的项目范围说明书，其主要依据包括：投资项目范围管理计划、项目章程、需求文件和组织过程资产等。

**1. 项目范围定义的工具和技术**

项目范围定义的工具和技术主要是工作分解结构法。工作分解结构是将投资项目的可交付成果分解成较小的且更易管理的单元。工作分解结构确定了投资项目的整个范围，并将各层组织有条理地组织在一起，每低一个层级就意味着对投资项目工作有了更详尽的说

明,提高了管理人员对投资项目成本、时间及资源估算的准确性。工作分解结构的主要作用有:

(1) 反映项目目标。在给定投资项目任务后,工作分解结构能够识别达到目标所需的主要工作,其分解得到的内容就是投资项目需要完成的工作。

(2) 列出投资项目的组织结构图。工作分解结构需要罗列出项目执行过程中需要注意的关键因素、各项子任务以及各项子任务之间的联系。

(3) 为投资项目每个部分的成本、进度以及绩效情况建立标准。工作分解结构中的所有子任务都能进行预算或制定绩效标准,有助于投资项目控制。

(4) 提供投资项目的状态信息。一旦确定了要完成的任务,就可确定每项任务执行的先后顺序并对其进行责任分配,落实任务状态负责人。

(5) 改善项目的信息交流。工作分解结构不仅展示了如何将工作分解成更小的组成单元,也显示了这些小单元如何统筹协调形成一个整体的规划方案。投资项目团队成员会关注自己的工作是否与整个投资项目相符,谁执行了他们上游的工作以及自己工作对后续工作的影响。因此,团队成员会通过内部沟通使活动能够顺利交接。

(6) 说明如何控制投资项目。投资项目的工作分解结构显示了项目控制要注意的关键因素,为投资项目控制方法提供了参考。

工作分解结构的原则主要有四条:100%原则,单元互斥原则,围绕产出物原则和明确原则。100%原则是指要100%覆盖项目目标,并且子任务要100%覆盖它的上级任务范围。单元互斥原则是指工作分解结构后的各个子单元是相互独立不交叉的。围绕产出物原则是指列举WBS工作时,要严格围绕投资项目产出物进行计划,不能只是规划行动事件。明确原则是指各项任务可分配、可交付,并且责任到人。

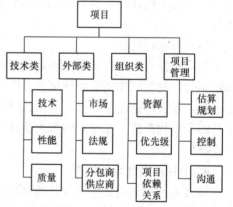

图9-7 某项目工作分解结构树状表示图

工作分解结构常用的表示方法有三种:树状图、列表图和气泡图。

(1) 树状图

用树状图来表示投资项目的工作分解十分直观,层次结构也十分清晰。但是树状图不易修改,并且在大型复杂项目中,这样的表示方法会很复杂。某项目工作分解结构树状表示图如图9-7所示。

(2) 列表图

列表图(大纲式)的层次也很清晰,并且制作简单,与现行的项目管理软件表示方式一致,因此列表法是最常用的表示项目工作分解结构的方法。某项目工作分解结构大纲式表示图如图9-8所示。

(3) 气泡图

气泡图表示投资项目工作分解时,修改比较容易,但是不够直观。大型复杂项目若采用气泡图表示,则十分复杂,因此该方法的使用存在较大的局限性。工作分解结构气泡表示图如图9-9所示。

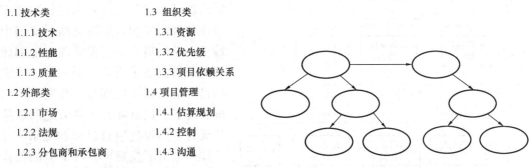

图 9-8 某项目工作分解结构大纲式表示图　　图 9-9 工作分解结构气泡表示图

工作分解结构的划分方式主要有两种：一种是基于可交付成果进行划分，另一种则是根据项目工作过程进行划分。

【例 9-3】某房地产企业准备投资一个公寓建设项目，试运用两种不同的划分方式，完成该项目的工作分解结构。

【解】某公寓建设项目基于可交付成果划分的工作分解结构如图 9-10 所示。某公寓建设项目基于工作过程划分的工作分解结构如图 9-11 所示。

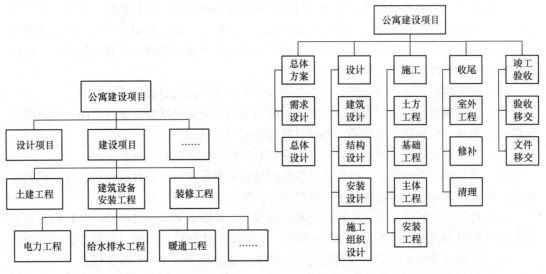

图 9-10 某公寓建设项目基于可　　图 9-11 某公寓建设项目基于工作过程
交付成果划分的工作分解结构　　　　划分的工作分解结构

工作分解结构中的每一项工作都需要进行编码，这个编码是用来确定其在投资项目工作分解中的身份，这些号码的全体称为编码系统。编码中的特定位数和数字共同代表了结构中某一层次的某项工作，最高层次不需要编码，第二层次需要在关键活动用代码的第一位数字来编辑，以此类推，如图 9-12 所示。

**2. 项目范围定义的成果**

投资项目范围定义的成果是投资项目范围详细说明书。投资项目范围详细说明书是针

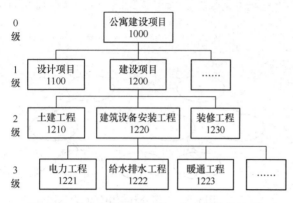

图 9-12 某公寓建设项目的工作分解结构编码图

对初步范围说明书而言的,是根据既定的投资项目范围计划而进行的详细描述和解释说明,是投资项目文档中最重要的材料之一。投资项目范围详细说明书说明了投资项目目标、投资项目产出物和投资项目工作范围,明确和规定了投资项目干系人之间希望达成共识的投资项目目标和要求,并且详细给出了投资项目可交付的具体要求和说明,给出了关于批准项目范围计划和批准项目干系人提出的变更申请的具体要求和规定。投资项目范围详细说明书主要内容如下:

(1) 投资项目目标。其是指实施投资项目所要达到的期望结果,即项目所能交付的成果或服务,并且成果或服务具有可计量的标准和指标。

(2) 产品范围说明书。产品范围说明书说明了投资项目应该创造的产品、服务或成果的特征。并且,这些产品、服务或成果的特征描述随着投资项目进行不断详细,产品范围说明书应提供足够的细节配合后来的项目范围规划。

(3) 投资项目要求说明书。投资项目要求说明书说明了投资项目合同、标准、技术规范说明书或其他强制性文件对可交付的服务或结果的要求,以及必须满足的条件和具备的能力。投资项目要求说明书还需要反映干系人对于投资项目的期望,以及项目各项工作的轻重缓急和重要性程度。

(4) 投资项目边界。投资项目边界是要厘清投资项目的内容包含哪些事项。

(5) 投资项目的可交付成果。投资项目的可交付成果既包括投资项目产品、服务或成果组成的结果,也包括附带结果,如项目管理报告和文件。

(6) 产品验收标准。产品验收标准要确定验收已完成产品的过程和原则。

(7) 投资项目制约因素。投资项目制约因素是对投资项目或项目执行过程存在影响的限制性因素,需要列出并说明同投资项目范围有关的具体制约因素。

(8) 投资项目假设。需要整理并说明与投资项目范围有关的项目假设,并且思考其不成立时可能出现的潜在后果。在制订计划时,项目团队应该经常识别、记载并验证假设。

(9) 投资项目初步组织。识别投资项目团队的成员和干系人并形成文件。

(10) 初步确定的风险。即投资项目中已经被识别出的风险。

(11) 进度里程碑。进度里程碑规定了强制性的日期,这些日期可作为投资项目的进度制约因素。

(12) 资金限制。资金限制说明了投资项目资金上的所有限制,包括投资总金额和贷款时间等。

(13) 投资项目配置管理要求。投资项目配置管理要求说明了投资项目实施过程中的配置管理和变更控制水平。

(14) 批准要求。识别适用于项目目标、可交付成果、文件和工作等事项的批准要求。

(15) 投资项目的除外责任。投资项目的除外责任要求项目团队识别出项目之外的内容，有助于管理干系人的期望。

### 9.3.5 项目范围的核实

项目范围的核实是投资项目干系人（发起人、客户和顾客等）正式接受投资项目范围，可以针对一个投资项目的整体范围进行确认，也可以针对某个阶段的范围进行确认。即接受整个投资项目产出物的范围和工作范围，或者是正式验收投资项目某个阶段已完成的可交付成果。投资项目范围核实的作用是使验收过程具有客观性，并且通过验收各个可交付成果保证投资项目的最终产品、服务或成果可被验收。

项目范围核实工作的第一步是全面核验和确认投资项目范围定义所界定的项目边界，以确保投资项目产出物范围和工作范围的充分必要性。之后需要对投资项目实施完成的项目产出物范围和项目工作范围进行检验和确认，以保证所有项目工作的结果均符合投资项目范围管理的标准和目的。

**1. 项目范围核实的依据**

项目范围核实的依据主要有项目管理计划、需求文件、需求跟踪矩阵、核实的可交付成果和工作绩效数据等。

（1）项目管理计划。项目管理计划是一个用于协调所有项目计划的文件，可以帮助指导投资项目的执行和控制，包含范围管理计划和范围基准。其中，范围管理计划定义了项目已完成可交付成果的正式验收程序；范围基准包含批准的范围说明书、工作分解结构和相应的工作分解结构词典。变更基准需要通过正式的变更控制程序来实现。

（2）需求文件。需求文件中详细说明了投资项目的全部需求、产品需求及对投资项目和产品的其他类型需求，同时还有各个需求相应的验收标准。

（3）需求跟踪矩阵。需求跟踪矩阵是一种主要用于管理需求变更和验证需求是否得到实现的有效工具，它连接了需求与需求源，并且在整个投资项目生命周期中跟踪各种需求。

（4）核实的可交付成果。核实的可交付成果是指投资项目某个阶段已经全部完成并被检查确认为正确的可交付成果。

（5）工作绩效数据。工作绩效数据是在项目管理过程中一边执行一边收集起来的未经任何加工整理的原始资料，用于真实、完整地记录工作的执行情况。它可以看出已完成工作得到的结果符合投资项目需求的程度与投资项目不一致的数量及其严重性，并确认某时间段内开展范围核实的次数。

**2. 项目范围核实的工具与技术**

项目范围核实的工具与技术主要是检查和群体决策技术。

（1）检查

检查包括测量、测试和检验等活动，以确定结果是否符合要求。在项目管理中，投资项目干系人对项目执行情况和执行结果（包括工作结果和可交付结果）等进行检查。一般在每个项目阶段收尾的时候进行检查，如果投资项目是在合同的方式下进行，则合同中一般会规定检查的时间和地点，并且根据规定及时对检查的结果进行报告。检查的结果可能是接受也可能是拒绝。如果检查的结果符合投资项目范围的规定或在干系人（客户或项目发起人）的接受范围之内，则检查的结果为"接受"；反之，则为"拒绝"。若"拒绝"，检查人员应说明拒绝的原因，执行组织根据检查的结果采取纠正措施，之后客户或项目发起人会重新对投资项目的执行情况和执行结果进行检查。

如果执行组织和客户或项目发起人就检查结果意见不一致,也可将检查委托给各方一致认可的第三方进行"独立检查"。

检查在投资项目范围核实中也可以叫作审查、产品审查、审计和巡回检查等,但在某些应用领域,这些不同的术语有更狭窄和具体的含义。

(2) 群体决策技术

群体决策技术是为了充分发挥集体的智慧,由多人共同参与决策分析并作出决策的整体过程,其中,参加决策的人组成了决策群体。在范围核实工作中,需要由项目团队和投资项目其他干系人进行确认,并达成一致结论。

**3. 项目范围核实的成果**

项目范围核实的成果应包括验收的可交付成果、变更请求、工作绩效信息和投资项目文件更新。

(1) 验收的可交付成果。验收的可交付成果是指对核实的可交付成果,经过"范围核实"过程由客户或发起人确认为满足既定验收标准的产品、结果或服务。确认范围包括客户或发起人正式签字批准并提供证明文件,记载项目干系人验收可交付成果的事实,这些文件将提交至项目结束阶段。

(2) 变更请求。对已完成但未通过验收的成果及原因进行记录,为了对这些未通过验收的成果进行缺陷补救,需要在范围核实后提出变更申请,并通过整体变更控制的审查和批准。

(3) 工作绩效信息。工作绩效信息包含了投资项目进展信息,如哪些可交付成果已经开始实施,它们进展如何;哪些可交付成果已经完成,它们是否被验收。这些信息将被记录下来并传递给投资项目的干系人。

(4) 投资项目文件更新。作为投资项目范围核实的结果,可能需要更新投资项目文件,这些文件包括定义产品或报告产品完成情况的所有文件,并且更新文件需要客户或发起人以签字等形式进行批准。

### 9.3.6 项目范围的变更控制

项目范围的变更控制是指在投资项目范围计划实施后,投资项目自身以及项目所处的环境与各种外部环境都会发生变化,这些变化必然会导致项目进度、质量、费用、资源、沟通及合同等方面发生改变,从而引起投资项目范围的变动,因此需要对投资项目范围的变更进行必要的控制。

一般来说,投资项目范围变更的主要原因有以下几个方面:

(1) 投资项目所处的市场环境发生了变化。

(2) 投资项目范围的初始工作存在错误或者遗漏。

(3) 技术革新,投资项目可选择更好的实施手段。

(4) 投资项目的客户对项目产品的要求发生了变化。

项目范围的变更会对项目产生影响,如可能导致已完成的工作结果被抛弃,导致资源和工作量的浪费。并且,投资项目所有的计划要根据变动情况进行修改,对变动结果进行及时沟通,以保证相关工作小组真正理解变更内容。这些影响都说明项目负责人需要对投资项目范围变更进行控制。

**1. 项目范围变更控制的内容**

项目范围变更控制的重点是对造成项目范围变更的因素及其影响,以及这些变更造成的后果进行控制,确保所有变更申请能够通过项目整体变更控制过程进行处理。未经控制的产品或项目范围的扩大(未对时间、成本和资源进行相应调整)被称为"范围蔓延"。在投资项目中,变更是不可避免的,因此必须强制实施某种形式的项目变更控制。

**2. 项目范围变更控制的依据**

项目范围变更控制的依据是投资项目管理计划、需求文件、需求跟踪矩阵、工作绩效数据以及组织过程资产。

(1)投资项目范围的变更和控制需要参考项目管理计划提供的信息,这些信息包括:范围基准、变更管理计划、范围管理计划、需求管理计划及配置管理计划等。项目范围说明书与对应的工作分解结构和工作分解结构词汇表是范围控制的基础,这些确定了项目的范围基准和产品范围。变更管理计划定义了管理项目变更的过程。范围管理计划中描述了如何监督和控制项目范围。需求管理计划描述了如何分析、记录和管理项目需求。配置管理计划说明了哪些是配置项,帮助项目管理人员寻找需要正式变更控制的配置项,以及针对这些配置项的变更控制过程。

(2)需求文件和需求跟踪矩阵为控制范围提供了依据,需求管理能够帮助项目管理人员发现项目工作内容或产品范围的偏离,项目变更产生的范围基准的偏离,以及偏离对项目目标造成的影响。

(3)工作绩效数据是控制范围的前提,它为控制范围提供了接收的变更请求的数量、采用的变更请求的数量,以及完成的可交付成果的数量等信息。

(4)组织过程资产涵盖了能够影响控制范围过程的现有的、正式的和非正式的政策、程序和指南,以及可用的监督和报告的方法与模板,为项目管理者进行项目范围变更控制提供参考。

**3. 项目范围变更控制的工具和技术**

项目范围变更控制的工具和技术主要有范围变更控制系统、绩效测量和补充计划编制。

(1)范围变更控制系统。范围变更控制系统定义了项目范围变更的有关程序,它包括文档工作、跟踪系统及对于授权变更所需要的批准层次等。范围变更控制系统应当与综合变更控制结合起来,并且与控制产品范围的一个或多个系统协调。当投资项目在合同形式下进行时,范围变更控制必须符合有关的合同条款。

(2)绩效测量。范围变更控制的一个重要工作就是确定引起偏差的原因。绩效测量技术能够帮助评估实际绩效与基准绩效的差异程度。根据分析出的偏差原因及偏差程度,决定是否需要采取纠正措施或预防措施。

(3)补充计划编制。在投资项目启动时,项目管理者很少能够非常精确地编制项目计划并且完全按计划实施项目。因此,在投资项目实施过程中需要补充计划编制,这可能会导致预期的项目范围变更以及工作分解结构的修改。

**4. 项目范围变更控制的成果**

(1)工作绩效信息。本过程产生的工作绩效信息是作出范围决策的基础,它是依据投资项目实施情况（对照范围基准），相互关联且综合各种项目背景的信息，包括收到的变更分类、识别的范围偏差和原因、偏差对进度和成本的影响，以及对将来项目绩效的预测。

（2）变更请求。在对项目范围绩效进行分析时，可能会对项目范围基准或项目管理计划及其他组成部分提出变更请求，变更请求包括预防措施、缺陷补救、纠正措施或改善请求。这些变更请求需要按照实施整体变更控制过程进行审查和处理。

（3）项目管理计划更新。项目管理计划更新可能包括范围基准更新和其他基准更新。范围基准更新是指如果批准的变更请求对项目范围有影响，需要重新修订和发布范围说明书、WBS 及 WBS 词典反映通过整体变更控制过程批准的变更。其他基准更新是指如果批准的变更请求会对项目范围以外的方面产生影响，需要重新修订和发布相应的成本基准和进度基准反映这些被批准的变更。

（4）项目文件更新。对需求文件和需求跟踪矩阵两个项目文件进行更新。

（5）组织过程资产更新。组织过程资产会记录以往项目选定的纠正措施的理由、偏差产生的原因，以及从项目范围控制中吸取的教训。当项目进行范围变更控制时，需要在历史数据库中进行记载，对组织过程资产进行更新。

## 关 键 概 念

项目过程；项目管理过程；项目的生命周期；项目生命周期的开发方法；项目的计划管理；项目的范围管理；项目章程；组织过程资产；项目范围的启动、计划编制、定义、核实、变更控制

### 复习思考题

1. 投资项目管理过程包含哪几部分？请简述具体的子管理过程。
2. 请简述项目管理过程的内涵。
3. 投资项目的开发方法有哪些？简述各个开发方法的应用范畴。
4. 什么是项目计划？它的作用是什么？
5. 组织标准化的指南、工作指示和绩效测量准则是组织过程资产吗？为什么？
6. 项目范围管理的主要内容是什么？需要注意什么原则？
7. 项目范围管理主要有哪些工作？
8. 根据 WBS 相关知识，思考新设备安装项目工作分解结构是怎样的。
9. 如何理解项目范围管理？

## 典 型 案 例

××信息技术有限公司原本是一家专注于企业信息化的公司，电子政务兴起的时候，公司董事决定进军电子政务行业。在电子政务市场中，接到的第一个投资项目是开发一套工商审批系统。但是，电子政务有保密要求，开发的系统要涉及两个互不联通的子网：政务内网和政务外网。政务内网中储存全部信息，包括部分机密信息；政务外网是面向公众开放的，但是开放的信息必须得到授权。开发的工商审批系统要求在这两个子网中的合法用户都可以访问被授权的信息，并且访问的信息必须一致可靠，政务内网的信息可以发布到政务外网，政务外网的信息在经过审批后可以进入政务内网系统。

该项目的项目经理李工在捕获到这个需求后认为电子政务建设与企业信息化有很大的不同，有其自身的特殊性，若照搬企业信息化原有的经验和方案必定会惨遭失败。因此采用了严格瀑布模型（该模型是通过设计一系列阶段顺序展开的，从系统需求分析开始直到产品发布和维护，每个阶段进行循环反馈），并专门招聘了熟悉网络互通互联的技术人员设

案例解析

计了解决方案，在严格评审后实施项目方案。但在项目交付时，虽然系统完全满足了保密性的要求，但系统用户界面存在较大的异议，大部分用户认为这不符合政务信息系统的风格，操作也不够便捷，要求彻底更换。由于最初设计的缺陷，系统表现层和逻辑层紧密耦合，导致70%的代码重写，而第二版的用户界面仍不能满足最终用户的要求，最终又重写的部分代码才通过验收。由于系统的反复变更，项目组成员产生了强烈的挫折感，士气低落，项目工期也超出原计划的100%。

问题1：请从投资项目计划和范围管理角度对李工的行为进行评价？

问题2：请从项目范围管理角度找出该项目实施过程中的主要管理问题？

### 思考感悟：投资项目管理实践中的全局观

全局观是指一切从系统整体及其全过程出发的思想和准则，调节系统内部个人和组织、组织和组织、上级和下级、局部和整体之间的关系并制定行为规范。全局观要关注事物各个要素之间的相互联系和相互作用。

项目管理是人们运用管理理论，将人力、材料和财务等资源组织起来，进行一项独立的、一次性的工作任务，以期达到由数量和质量指标所限定的目标。项目管理工作成功的标准是能够得到可交付的实际项目，在保证产品质量的情况下，追求产能和效率。

因此，在投资项目管理实践中，全局观要求项目管理人员首先要明确投资项目的目标，对投资项目的产出物和工作范围有大致规划。之后，将整个投资项目先分割为"启动—规划—执行—监控—收尾"五个过程组并梳理过程组中独立的工作模块。厘清各个工作模块所需要完成的工作量和工作成果交付标准，清楚其在整个环节中的位置和意义。最后，统筹各个工作模块，"由点及线，由线成面"地考虑问题，掌握项目管理的具体流程，把握投资项目的整体进度，有序地推进各项工作执行。

投资项目管理实践中的全局观不是与生俱来的，也不是仅靠学习课本上的理论知识就能培养的，这需要到实际项目中进行实践，在工作的点滴中不断积累形成。刚开始进行项目管理时，就像进入一片迷雾森林，只能看到近处。但随着项目管理经历的增加，一定能拨开迷雾、看到全局，形成投资项目管理的全局观。

# 10 项目组织管理

项目组织管理决定了干系人的组织和配置及对项目所需资源的支配权的安排,从而决定了全部资源的配置效率。因此,本章将全面讨论项目组织管理概述、项目管理的干系人、项目管理的组织结构和项目管理的团队等方面的内容。

## 10.1 概　　述

### 10.1.1 项目管理组织的内涵

组织是按照一定的宗旨和系统建立起来的集体,是构成整个社会经济系统的基本单位。组织一般有两层含义:第一,组织机构,即按照一定的领导体制、部门设置、层次划分、职责分工、规章制度和信息系统等构建的有机整体。组织可以完成一定的任务,并为此处理人和人、人和事、人和物之间的关系。第二,组织行为或组织活动,即通过一定的权力和影响力,为达到一定的目标,对所需要资源进行合理配置,处理人和人、人和事、人和物之间关系的行为。投资项目组织与第一种组织概念的表述形式更为贴近,即是以实施某一个投资项目为目的,按照一定形式组建起来的机构。在投资项目进行过程中还包括项目管理组织。项目管理组织是为进行项目管理、实现组织职能而进行的项目组织系统的设计与建立、组织运行和组织调整三方面工作的总称。

组织系统的设计与建立是指经过筹划、设计,建成一个可以完成项目管理任务的组织机构,建立必要的规章制度,划分并明确岗位、层次、部门的责任和权力,建立和形成管理信息系统及责任分工系统,并通过一定的岗位和部门内人员的规范化活动和信息流通实现组织目标。组织运行是指在组织系统形成后,按照组织要求,由各岗位和部门实施组织行为的过程。组织调整是指在组织运行过程中,对照组织目标,检验组织系统的各个环节,并对不适合组织运行和发展的各个方面进行改进和完善。

项目管理具有多种职能,其中组织职能是投资项目管理的最基本职能之一。项目管理的组织职能包括五个方面:

(1) 组织设计:选定一个合理的组织系统,划分各部门的权限和职责,确立各种基本规章制度等。

(2) 组织联系:规定组织机构中各部门或岗位的相互关系,明确信息流通和信息反馈的渠道,以及它们之间的协调原则和方法。

(3) 组织运行:按照组织分工完成各自的工作,规定各组织的工作顺序和业务管理活动的运行过程。组织运行要注重人员配置、业务接口和信息反馈。

(4) 组织行为:应用行为科学、社会学和心理学来研究和理解组织中人们的行为和语言、组织过程、管理风格及组织变更等。

(5) 组织调整:根据工作的需要、环境的变化,分析原有项目组织系统的缺陷、适应性和效率，对原组织系统进行调整和重组，包括组织形式的变化、人员的变动、规章制度的修订或废止、责任系统及信息流通系统的调整等。

### 10.1.2 项目管理组织的文化

项目管理组织的文化对于投资项目管理具有深远的影响。从广义来看，组织文化是指企业在建设和发展过程中形成的物质文明和精神文明的总和，包括组织管理中的硬件和软件，有显性文化和隐性文化两个组成部分。从狭义来看，组织文化是组织在长期生存和发展中形成的、为组织所特有的且为组织多数成员共同遵循的最高目标价值标准、基本信念、行为规范等的总和及其在组织中的反映。具体而言，组织文化是指组织全体成员共同接受的价值观念、行为准则、团队意识、思维方式、工作作风、心理预期、团体归属感等群体意识的总称。

项目管理组织的文化具有以下几个特征：

（1）系统性

组织文化是由组织成员共享的价值观、团队精神、行为规范等内容构成的一个系统，这些要素在系统中相互依存、相互联系。因此，投资项目组织文化具有系统性。同时，组织文化总是以环境为基础，是社会文化渗透的结果，并随着社会文化的进步和发展而不断地调整。比如，我国的社会主义核心价值观中就强调要敬业、诚信，而很多组织也将敬业和诚信作为文化标杆。

（2）凝聚性

组织文化影响着组织成员的处世哲学和世界观，而且也影响着成员的思维方式。在一个组织内，人们总是具有相似的世界观和价值观，因此，组织文化起到了"黏合剂"的作用，它促使组织成员凝聚在一起。同时，良好的组织文化也意味着良好的组织气氛，能够激发组织成员的士气。

（3）导向性

由于组织文化规定了人们的行为准则和价值取向，因此，它对人们的行为具有最持久、最深刻的影响力。比如组织中的领袖往往是组织价值观的人格化和组织力量的集中表现，他可以明确组织倡导什么样的行为、反对什么样的行为，使自己的行为与组织目标的要求相互匹配。

（4）可塑性

实际上组织文化并非是与生俱来的，而是在组织发展过程中逐步总结、培养和积累形成的。组织文化是可以通过人为的后天努力加以培养和塑造的，而对于已形成的组织文化也并非是一成不变的，组织文化会随着组织内外环境的变化而加以改变和调整。

（5）长期性

组织文化在形成和重塑过程中需要相当长的时间，而且是一个极其复杂的过程。组织共享的价值观、共同的精神取向和群体意识的形成不可能在短时间内完成，在这一创造过程中，涉及调节组织与其外界环境相适应的问题，也需要在组织内部的各个成员之间达成共识。

组织文化的形式根据其内容划分成显性和隐性两大类。

**1. 显性组织文化**

显性组织文化是指那些以精神物化产品和精神行为为表现形式的，人们通过直观的视听器官能感受到的、符合组织文化实质的内容。它包括组织标志、工作环境、规章制度和经营管理行为等。

(1) 组织标志：以标志性的外化形态表示组织的文化特色，并且与其他组织明显地区分开，包括厂牌、商标、组织标志性建筑物等。

(2) 工作环境：组织成员办公、生产、休息的场所，包括办公楼、厂房、俱乐部等。

(3) 规章制度：并非所有的规章制度都是组织文化的内容，只有那些能激发职工积极性和自觉性的规章制度才是组织文化的内容，其中最主要的就是民主管理制度。

(4) 经营管理行为：好的组织哲学或价值观念需要付诸实践，被组织成员接受才能成为组织文化。组织行为是组织哲学、价值观念、道德规范的具体实施，是它们的直接体现，也是精神活动取得成果的桥梁。

**2. 隐性组织文化**

这是组织文化的根本，是最重要的部分。隐性组织文化包括组织哲学、价值观念、道德规范和组织精神。

(1) 组织哲学

组织哲学是指一个组织全体职工所共有的对世界事物的一般看法。组织哲学是组织最高层次的文化，它主导和制约着组织文化其他内容的发展方向。从组织管理史的角度来看，组织哲学已经经历了"以物为中心"到"以人为中心"的转变。

(2) 价值观念

价值观念是指人们对客观事物和个人进行评价活动在头脑中的反映，是对客观事物和人是否具有价值，以及价值大小的总的看法和根本观点，包括组织存在的意义和目的，组织各项规章制度的价值和作用，组织中人的行为和组织利益关系等。

(3) 道德规范

道德规范是指组织在长期生产经营活动中形成的，人们自觉遵守的道德风气和习俗，包括是非界限、善恶标准和荣辱观念等。

(4) 组织精神

组织精神是指组织群体的共同心理定势和价值取向。它是组织哲学、价值观念、道德规范的凝练与总结，反映了全体组织成员共同的追求和共识。组织精神是在组织哲学、价值观念和道德规范的影响下形成的。

综合来看，项目管理组织的文化能够在组织中整合成员的行为和价值观念，促进组织的发展及业绩提升。同时，组织文化的自我完善也有助于组织的兴旺发达，对于项目的有序开展、按期完成项目可交付物等均具有促进作用。

### 10.1.3 项目管理组织的作用

一个优秀的项目管理组织的基本作用是避免组织内部个体力量的相互抵消，寻求个体力量汇聚和放大效应。组织内部个人往往要求从机构得到的利益或报酬大于其对机构的投入，而机构则要求个人贡献大于其对个人的投入。因此，组织的作用是促使若干人集合成的整体力量大于其组成成员个体力量的简单相加。

从组织与项目目标关系的角度来看，项目管理组织的根本作用是通过组织活动，汇聚和放大组织内部成员的力量，以保证项目目标的实现。具体包括：

(1) 项目管理组织能够提高项目团队的工作效率。

项目管理组织可以采用不同的形式。对于同一个投资项目而言，在某些特定的项目环境采取不同的管理组织结构形式，项目团队的工作效率会有不同的结果。积极、有效的管理组织结构形式更有利于调动和提高组织成员的积极性，减少不必要的决策，从而提高团队的工作效率。

(2) 项目管理组织有利于项目目标的分解与完成。

任何一个项目的目标都是由不同的子目标构成的。合理的管理组织将会使项目目标得到合理的分解，使各组织单元目标与项目总体目标之间相互协调，保障项目最终目标的实现。

(3) 项目管理组织可以优化资源配置、避免资源浪费。

项目组织是考虑项目特点、项目承担单位的情况等各方面因素后确定的。它要在保证承担单位总体效益和保证委托方利益之间作出平衡。合理的项目管理组织有利于各种资源的优化配置与利用，有利于项目目标的完成。

(4) 项目管理组织有利于组织的稳定与调整。

组织结构形式确定后，组织成员可以在项目组织结构图中找到自身的位置与工作责任，使项目团队成员对项目有一种依赖和归属感，这为项目组织带来相对的稳定，这种稳定是完成项目目标所必需的。随着项目工作的继续开展，原有的组织结构形式可能不能完全适应需要，原来的稳定需要被打破，需要进行组织调整或组织再造，使项目的组织结构更加适合项目、资源和工作环境。例如，设计阶段的组织结构形式不适合施工阶段的组织结构；可行性研究阶段的组织结构形式也不适合设计阶段的组织结构。良好的项目组织工作在项目组织的稳定与调整中发挥着重要的平衡作用。

(5) 项目管理组织有利于组织内外关系的协调。

科学合理的项目组织工作有利于项目内外关系的协调。项目组织工作要求对项目的组织结构形式、权力机构、组织层次等方面进行深入研究，对相互的责任、权利与义务进行合理的分配与衔接，为项目经理在指挥、协调等各方面工作中创造良好的组织条件，使项目保持高效的内外部信息交流，从而有利于投资项目在积极、和谐的环境中开展，保障项目目标的顺利实现。

## 10.2 项目管理的干系人

干系人可以是项目中积极的参与者、中立或被动的观望者，也可以是激烈的反对者。干系人对投资项目具有不同程度的决定权和影响力，也在很大程度上会影响项目的成败。干系人包括所有项目团队的成员，组织内部或外部与项目有利益关系的实体。为了明确项目要求和各干系人的期望，项目团队还需要识别内部和外部、正面和负面、执行工作和提供建议的干系人。为了确保项目成功，项目经理应该针对项目要求来管理各种干系人对项目的影响。本部分将重点讨论投资项目管理中干系人的分类及干系人在项目中的参与。

### 10.2.1 干系人的分类

干系人主要包括以下几类：

**1. 发起人**

发起人是项目首个执行命令的干系人，是为投资项目提供资源和支持的个人或团体，负责为项目成功创造条件。发起人可能来自项目经理所在组织的内部或外部。发起人可能是客户或第三方。例如，老旧小区改造项目的发起人一般是所在地区的城市更新专项规划负责人，而老旧小区改造项目服务的客户是小区内的居民；而既有建筑加装电梯项目的发起人则既有可能是专项规划负责人，也有可能是建筑的所有者或是使用建筑的居民。投资项目发起人负责保证项目得到合适的预算款项、决定项目的总体计划、保证达到项目结果所需要的资源。在项目启动过程中，发起人始终领导着投资项目，直到项目正式批准。发起人也承担制定项目初步范围和章程的职责。如果某些工作超出了项目经理的可控范畴，也可能会反馈给发起人。此外，发起人还会参与项目范围变更、阶段末评审、风险过程中的决策等活动。投资项目的发起人需要保证项目结束后，项目的可交付成果能够顺利移交给相关的组织或客户。

**2. 客户和用户**

客户一般是项目的委托人，是将要批准和管理产品、服务或成果的个人或组织。客户既是项目结果的需求者，也是项目实施资金的提供者。客户是项目交付成果最终的使用者，或是订购项目并支付的人。用户则是将要使用产品、服务或成果的个人或组织。客户和用户可能来自项目执行组织的内部或外部。比如，某种新药项目的客户包括开处方的医生，也包括病人和为病人付款的保险公司。有时客户和用户是同一个人或群体；但有时客户是指项目产品的购买者，用户则是指项目产品的直接使用者。

**3. 承包商、被委托人或供应商**

承包商、被委托人或供应商是根据合同协议为项目提供组件或服务的外部公司。承包商是承接项目满足客户需求的项目承建方，也是通常意义上的项目团队。承包方承接项目后，会根据新客户的需求和要求启动项目。从项目启动、规划、实施到结尾，承包商始终处在主导地位。因此，承包商的能力、素质直接决定项目质量。由于现代项目技术复杂、工程量大、客户要求较多，所以一般承包商会在承接项目后将部分子项目转包给其他的分包商。分包商的参与能够有效发挥他们的特长，使项目高质量地完成。但这对项目管理而言，需要协调分包商之间、承包商与分包商之间的关系。供应商一般是为项目承包商提供材料、资源、设备、工具的企业。为了确保项目实施进度和质量，每一个承包商一般都会有自己信赖的供应商。长期的协作关系能够促使承包商和供应商均具有良好的信誉，同时承包商能够获得有效的资源配置，供应商能够获得期望的收益。

**4. 投资人**

投资人是指为投资项目提供资金或财力资源的干系人，可能是政府，也可能是项目组织内外部的客户，或是发起人。

**5. 项目经理**

项目经理是全面负责项目的个人。项目经理需要保证项目按时完成、遵循预算、按照工作范围开展及项目可交付物要达到要求的性能和水平。实际上，项目经理的管理对项目成功与否十分关键，但项目经理往往由于职权很弱而不能完全控制项目结果。

**6. 业务伙伴**

业务伙伴是与企业存在某种特定关系的外部组织，这种关系可能会通过某个认证过程而建立。业务伙伴为项目提供专业技术或填补某种空白，例如提供安装、定制、培训或支持等特定的服务。

#### 7. 组织内的团队

组织内的团队是受到项目团队活动影响的组织内部的干系人。比如，市场营销、人力资源、法律、财务、运营、制造和客户服务等业务部门，都可能受到项目影响。他们为项目执行提供业务环境，项目活动又对他们产生影响。因此，在为实现项目目标而共同努力的过程中，组织内的团队之间通常有大量的合作。为了项目成果的顺利交付，组织内的团队可以对项目需求提出意见，并参与项目可交付物成果的验收。

#### 8. 职能经理

职能经理是在行政或职能领域（如人力资源、财务、会计和采购）承担管理角色的重要人物。他们配有固定的员工，以开展持续性的工作。他们对自己职能领域中的所有任务具有明确的指挥权。职能经理可为项目提供相关领域的专业技术或相关服务。

#### 9. 其他干系人

比如采购单位、专家、金融机构、政府机构、顾问等均可能在项目中与其他干系人具有财务利益，或给项目提供意见。他们与项目产品的取得和使用没有直接关系，但是他们却可能对项目的进展、完成施加积极或消极的影响，比如制定公众参与政策的政府部门在城市更新项目中就具有积极的影响力。

一般而言，项目发起人、项目经理、职能经理、内部客户等均属于企业边界内部的干系人，而专家、政府、金融机构、承包商或供应商、业务伙伴、外部客户等均属于企业边界外部的干系人。

### 10.2.2　管理干系人参与

由于干系人会参与投资项目中，所以，需要对干系人的参与进行有效的管理。在整个项目生命周期，管理干系人参与能够满足其期望，解决实际出现的问题，并能够促进干系人合理地参与项目活动过程中。

一般情况下，从以下方面管理干系人参与：

（1）调动干系人适时参与项目，以获取或确认他们对项目成功的持续承诺。

（2）通过协商和沟通，明确干系人对项目的期望。

（3）处理尚未成为问题的干系人关注点，预测干系人在未来可能提出的问题，并尽早评估这些问题可能带来的风险，提出解决预案。

（4）解决已经明确的问题。

通过管理干系人的参与，能够确保干系人清晰地理解项目目标、目的、风险和收益，提高项目成功的概率。这不仅能够使干系人成为项目积极的支持者，同时也能促使干系人协助完成或指导项目决策。通过预计人们对项目的反应，事先采取行动来赢得支持和降低负面影响。

#### 1. 管理干系人参与的依据

（1）干系人管理计划

干系人管理计划可为调动干系人最有效地参与项目提供指导。干系人管理计划描述了利用干系人沟通的方法和技术。干系人管理计划能够确定各个干系人之间的互动情况。

（2）沟通管理计划

沟通管理计划为管理干系人提供指导和信息，主要包括：干系人之间的沟通需求、需要沟通的信息（语言、格式、内容和详细程度）、发布信息的原因、将要接收信息的个体或群体、升级流程等。

（3）变更日志

变更日志主要用于记录项目期间发生的各项变更。应该与适当的干系人就项目中质量、进度、成本、风险等的影响导致的变更进行详细沟通。

（4）组织过程资产

能够影响管理干系人参与过程的组织过程资产包括：组织对沟通的要求、问题管理程序、变更控制程序、以往项目的历史信息等。

**2. 管理干系人参与的方法**

（1）沟通方法

在管理干系人参与时，应该使用正确的沟通方法。基于干系人的沟通需求，项目经理决定在项目中如何使用、何时使用、使用何种沟通方法。

（2）人际关系技能

应用人际关系技能来管理干系人的期望，比如建立信任、解决冲突、积极倾听、克服变更阻力等。

（3）管理技能

应用管理技能来协调各方以实现目标，比如引导人们对目标达成共识、影响人们使他们支持项目、通过谈判达成共识、调整组织行为以接受成果。

### 10.2.3 控制干系人参与

控制干系人参与是全面监督项目干系人之间的关系，调整策略和计划，以调动干系人参与的过程。本过程的主要作用在于根据项目的进展和环境变化，提升干系人参与活动的效率，优化干系人参与活动的效果。

**1. 控制干系人参与的依据**

（1）项目管理计划

项目管理计划可用于制订干系人管理计划，用于控制干系人参与的信息，包括：项目所选用的生命周期及各阶段拟采用的过程；对如何执行项目以实现项目目标的描述；对如何满足人力资源需求，如何定义和安排项目角色与职责、报告关系和人员配备管理等的描述；变更管理计划，规定将如何监控变更；干系人之间的沟通需要和沟通技术。

（2）工作绩效数据

工作绩效数据是指在执行项目工作的过程中，从每个正在执行的活动中收集到的原始观察结果和测量值。在各控制过程中收集关于项目活动和可交付成果的各种测量值。数据经常是最具体的，将由其他过程从中提炼出项目信息。工作绩效数据包括：工作完成百分比、技术绩效测量结果、进度活动的开始日期和结束日期、变更请求的数量、缺陷的数量、实际成本和实际持续时间等。

（3）项目文件

项目文件是指来自启动、规划、执行或控制过程中的诸多项目文件，可用作控制干系人参与的支持性输入。其包括：项目进度计划、干系人登记册、问题日志、变更日志、项目沟通文件等。

**2. 控制干系人参与的方法**

（1）信息管理系统

信息管理系统为项目经理获取、储存和向干系人发布有关项目成本、进度和绩效等方面的信息提供了标准工具。它可以帮助项目经理整合来自多个系统的报告，便于项目经理向项目干系人分发报告。例如，可以用报表、电子表格等形式分发报告；可以借助图表把项目绩效信息可视化。

（2）专家判断

为确保全面识别和列出新的干系人，应对当前干系人进行重新评估，应该向受过专门培训或具有专业知识的小组或个人寻求输入，例如：高级管理人员、组织中的其他部门或个人、已识别的关键干系人、在相同领域项目中工作过的项目经理、相关项目领域的专家、行业团体和顾问、专业和技术协会、立法机构和非政府组织等。专家判断的方式包括一对一会谈、访谈、小组对话等。

（3）会议

可通过开展评审会议对干系人参与的信息进行交流和分析，从而控制干系人的参与。

## 10.3 项目管理的组织结构

对于投资项目而言，组织结构的引进和发展是一场"潜在变革"。管理者们已经认识到组织在本质上是动态的，这就意味着管理者需要根据项目的外部环境及条件迅速地构建组织结构。这些外部环境及条件包括市场竞争、技术革新、多元化的企业对资源的控制等。然而，一旦投资项目确定下来，就要解决以下两个问题：第一，如何确定项目与企业之间的关系，即如何建立合理的组织结构；第二，组织内部的组成是怎样的。因此，在本部分将重点介绍不同类型的组织结构。

### 10.3.1 职能型组织

职能型组织是最典型的、面向日常运营的组织结构形式。这一组织形式是金字塔结构，高层管理者位于金字塔顶部，中层和低层的管理者则沿着塔顶向下分布。

在这种组织中，每一个部门或是员工都有自己的一个直接上级，确保组织的指挥系统能够充分发挥作用。组织中的员工都是按照专业化分工被安排在某个职能部门的。例如，一个超市项目需要有计划、采购、生产、营销、财务、人事等职能部门，那么在组织结构中就会设置相应的部门，并将相应的人员划入各自胜任的部门。

采用职能型组织在企业中开展项目活动时，各职能部门会根据项目需要承担职责，这就意味着，企业管理者能够根据项目任务需要从各自职能部门抽调人员及其他资源组成项目实施组织。如开发一个新的房地产项目，就需要从设计、营销、财务等部门抽调一定数量的人员形成开发小组。然而，这样的项目组织界限并不十分清晰，小组成员既需要完成项目中与自身职能有关的工作，还需要完成原来职能部门所安排的工作。这样的项目组织结构往往没有明确的项目主管或项目经理，项目中的各种职能协调只能由职能部门的主管或经理来完成。典型的职能型组织结构示意图如图10-1所示。

**1. 职能型组织的优点**

（1）有充足的工作人员且人员的使用可自由决定，职能纪律具有稳定性，政策、工作程序和职责规范十分明确且易于理解。人员比较容易控制，沟通渠道是垂直的，易于沟通。

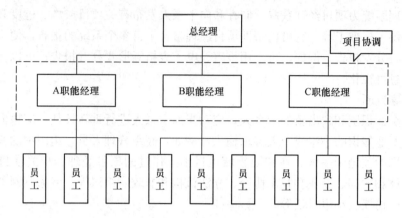

图 10-1　典型的职能型组织结构示意图

（2）由于组织是按照职能相似性划分部门，因此便于同一专业人员的交流和共享资源。在遇到困难时，能够运用最先进的技术解决问题，能更好地实现技术控制。

（3）有利于从整体上协调企业活动。主管部门对预算有绝对的控制权，预算简单。同时，当员工结束某个项目或退出某个项目时，部门主管可以安排员工去其他项目工作，可以降低人员的资源闲置及控制成本。

**2. 职能型组织的缺点**

（1）没有一个直接对整个项目负责的人员，这就导致协调难度较大。各个部门由于职能差异和倾向于本部门的局部利益，容易发生部门间的冲突，这就会影响项目进度和整体目标的实现。

（2）项目组成员责任淡化。由于项目的工作人员是从职能部门临时抽调的，因此，很难令员工树立对项目的责任心和责任意识。同时，计划倾向于如何更易于实施，而员工很少考虑正在进行项目的目标。由于这些工作是抽调人员必须完成的，所以也很难激发员工的创造力和创新力。

（3）这种组织结构缺少以客户问题为主的处理中心，容易对客户的需求反应迟钝且对需求处理的速度较慢。

综合来看，职能型组织结构适用于进行公司的内部项目，包括开发新产品、设计新的办公场所、完善制度和规章、设计公司管理信息系统等。

### 10.3.2　项目型组织

相比于职能型组织结构，项目型组织结构主要面向任务或活动展开，是一种专门为项目任务设计的组织结构。在这种组织结构中，将投资项目作为独立的单元，即每个项目都有自己的管理人员、技术人员和其他责任人员。尽管在项目型组织中也有专门的职能部门负责整个组织的职能业务管理，但是职能部门的权限十分有限。每个项目都有明确的项目经理对投资项目进行协调和管理，而项目经理则由企业领导或大项目经理直接领导，因此，项目经理具有较大的权力和权威性。从结构特征来看，项目型组织结构中每个项目均是独立存在的。典型的项目型组织结构示意图如图 10-2 所示。

**1. 项目型组织的优点**

（1）项目型组织具有完整的直线职权，投资项目目标明确，有利于统一指挥。项目参

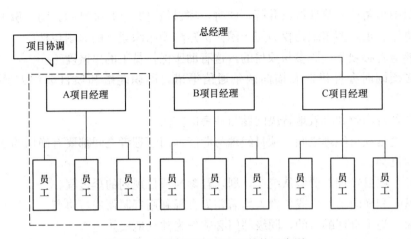

图 10-2　典型的项目型组织结构示意图

与者直接受到项目经理的管理,不会出现多头领导的现象,不适合的项目进展易于被发现,并给予调整和取消。

(2) 项目型组织按照项目来划分资源。从项目角度来讲,有利于项目进度、成本、质量等方面的控制和协调。同时,项目进度、成本和权衡绩效的执行也具有弹性。

(3) 项目型组织具有处理客户关系的中心,能够保证沟通渠道的通畅。

(4) 项目型组织有利于全面型人才的成长。项目实施涉及计划、组织、用人、指挥和控制等多种职能,因此,项目经理可以从小型项目出发,逐步成长为项目群经理或企业主管。此外,一个项目中拥有不同才能的人员也能通过相互交流提高员工能力。

**2. 项目型组织的缺点**

(1) 项目型组织按照项目来设置机构及获取相应的资源,这样就会导致机构的重复和资源的闲置。维持这种组织形式需要公司花费很高的成本。

(2) 项目型组织中没有强大的职能群体,每个职能人员各司其职,不利于专业技术人员之间的交流和学习,因此很难促进成员在技术方面的成长。尽管可以邀请专家参与技术问题的解决,但是专家往往不是项目的关键人员,因此在遇到技术瓶颈问题时,项目很容易停滞。

(3) 由于项目型组织是随着项目产生而建立的,所以也会随着项目结束而解体,这就导致了项目型组织缺少稳定性。即在项目组织内部,新成员在接到项目时,构建成新的组织,存在一定的不稳定性;通过磨合刚具有一定的稳定性,又要随着项目的结束而迎来项目解体和进入下一个项目型组织,即要迎来下一阶段的不稳定性。此外,在项目即将结束时,成员需要考虑未来自己的发展,即此时成员对未来去往哪一个项目不确定,这就说明在这类型组织中成员的工作机会存在一定的不确定性。

综合来看,项目型组织结构适用于项目规模大、项目数量少的公司。

### 10.3.3　矩阵型组织

矩阵型组织结构试图把职能型组织和项目型组织的优点结合起来,其特点是按照职能划分纵向部门、按照项目划分横向部门,从而构成类似矩阵的管理结构。当很多项目对有限资源的竞争引起对职能部门资源的广泛需求时,矩阵型组织就是一个有效的组织形式。

矩阵型组织中多条项目管理链条并行，此时，项目信息共享是强制的，同一份工作可能会由很多人协作。矩阵型组织的权力属于团体。矩阵型组织建立的原则包括：

（1）参与者必须是全职参与项目的，这有助于保持员工的忠诚度。

（2）必须同时存在纵向和横向两条通信渠道，即职能端和项目端均需要存在通信渠道。

（3）必须有高效和有效地解决问题与冲突的方法。

（4）无论是项目经理之间、项目经理与职能部门管理者之间都要有确切的通信渠道和自由交流的机会。

（5）各个项目经理都要服从统一计划，且参与项目规划的全过程。

（6）纵向和横向的经理或负责人均需要为合理利用资源而进行协商。

（7）除了为了管理的目的，同级部门必须作为独立地实体运作。

典型的矩阵型组织结构示意图如图 10-3 所示。

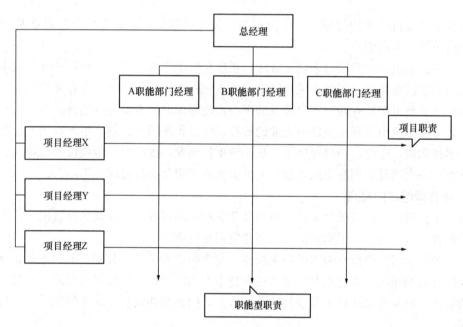

图 10-3　典型的矩阵型组织结构示意图

矩阵型组织是试图通过让项目管理者和职能管理者共同承担责任而建立的一种协作机制，然而这一过程操作起来具有挑战。因此，建立一个成功的矩阵型结构必须要解决以下问题：

第一，如何创造一个协调的环境？如果每个职能部门只能负责项目的某一个方面，而其他方面由别的部门实施，那么如何创造一个协调的环境是十分必要的。

第二，由谁来决定项目中的哪个因素最为重要？

第三，职能系统应当如何运转才能保证实现项目目标，而又不与其他项目发生矛盾？

这些问题的解决取决于项目经理和职能经理之间的相互理解，因为他们在项目中都拥有一定的职权和职责，因此，他们必须不断的协商。

**1. 矩阵型组织的优点**

（1）项目经理对项目的人力、资金等资源具有强大的控制权，每个项目都可以独立地制定自己的策略和方法。

（2）这种组织形式强调了项目组织是所有项目活动的焦点。

（3）可以为每个项目单独制定政策和程序，只要与公司的相关政策和程序不冲突即可。

（4）对于项目的变化、冲突可以快速地解决，同时可以对项目在进度、技术上的需求作出快速反应。

（5）职能部门为项目提供专家储备，对所有计划按需提供人才，因此职能组织对项目起到支持作用。

（6）在项目结束后，员工有其职能归宿。个人对激励和最终项目的鉴定都很敏感，每个人都能通过项目找到自己的发展途径。

（7）能够建立一个很强的技术基础，职能经理能有更多的时间用以解决复杂的问题。所有项目都能平等地获取信息。

（8）能够减少项目中的冲突，进度、成本和任务更好协调。

（9）通过内部的检查和平衡、项目组织与职能组织之间的经常性协商可令时间、费用以及运行得到较好的平衡。

**2. 矩阵型组织的缺点**

（1）信息流和工作流多维化，职能型组织和项目型组织之间的平衡需要持续监控，易引发双重领导。

（2）由于管理目标不同于项目目标，因此需要不断变更项目的优先顺序和解决连续不断的项目冲突。

（3）在公司范围内缺少成本效率，机构臃肿，尤其是行政人员太多。同时，每个项目独立进行，容易产生重复性劳动。

（4）在项目刚开始制定程序和政策时，需要花费更多的时间和精力。

（5）职能经理由于有一套自己的优先顺序，可能存在偏见。尽管个人问题可以快速解决，但反应时间可能变得缓慢。

（6）员工和经理容易弄不清楚自己的角色。同时，当员工向多个经理报告工作时，个人感觉不到自己对项目的控制。

**3. 矩阵型组织的分类**

矩阵型组织基本分为强矩阵型、弱矩阵型和平衡矩阵型三类组织结构。矩阵的强度主要取决于项目经理和职能部门经理谁对工作人员的日常表现具有更大的影响。如果项目经理的影响大，则属于强矩阵型组织结构；如果职能部门经理的影响大，则属于弱矩阵型组织结构。

（1）强矩阵型组织结构

在强矩阵型组织结构中，资源均由职能部门所有和控制。每个项目经理根据项目需要向职能部门借用资源。各项目组织是临时组成的，一旦项目完成后，各人员回到原有的职能部门执行其他任务。在借用资源和人力形成组织后，如果项目经理在技术上得到了职能部门经理和员工的一致认可，项目经理对技术有了指挥权，同时人员需要服从项目经理的技术指令，此时就形成了强矩阵。典型的强矩阵型组织结构示意图如图 10-4 所示。

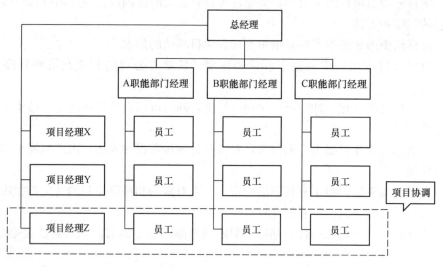

图 10-4　典型的强矩阵型组织结构示意图

（2）弱矩阵型组织结构

弱矩阵型组织结构则具有职能型组织形式的主要特征——为了更好地实施项目，建立相对明确的项目实施组织。这样的实施组织由各职能部门下的职能人员构成。与强矩阵型组织结构不同的是，职能部门经理具有项目的指挥权，即项目经理的角色更多是进行项目协调或监督，而不是真正意义上的项目管理者。综合来看，强矩阵型组织结构的项目经理比弱矩阵型组织结构的项目经理具有更多的权力。典型的弱矩阵型组织结构示意图如图 10-5 所示。

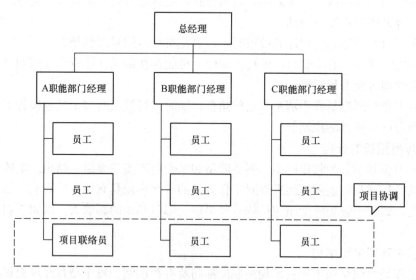

图 10-5　典型的弱矩阵型组织结构示意图

（3）平衡矩阵型组织结构

平衡矩阵型组织结构是为了加强项目管理而对弱矩阵型组织结构进行的改进。它与弱矩阵型组织结构的区别是，在项目实施过程中任命一名对项目负责且被授予完成项目所应有的职权和责任的项目经理。这说明项目经理的权力在平衡矩阵型组织结构中被放大。典型的平衡矩阵型组织结构示意图如图 10-6 所示。

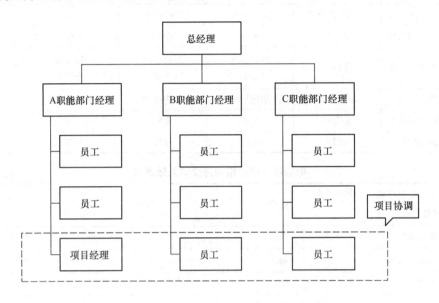

图 10-6　典型的平衡矩阵型组织结构示意图

### 10.3.4　影响项目组织结构的选择

现代项目的组织结构多种多样，哪一种组织结构更适合投资项目的开展呢？这就需要对项目组织结构进行选择。然而选择合适的组织结构是十分困难的：首先，影响项目成功的因素、衡量选择的标准有很多，即使同一类型的投资项目选择相同的组织结构形式也可能产生截然不同的结果；其次，项目内外环境的复杂性及各种组织结构具有的优缺点不同，这就导致几乎没有能够被普遍接受、步骤明确的方法来告诉人们怎样选择组织结构；最后，项目管理者的经验也是有限的，管理者缺少丰富的经验和知识储备，也很难选出最适合的项目组织结构。

在本部分我们介绍了三种投资项目的组织结构。对各个投资项目组织结构的优点和缺点进行比较，有助于开展投资项目组织结构的选择。此外，不同的投资项目组织结构对项目实施的影响各不相同。表 10-1 列出了主要的项目组织结构及其对项目实施的影响。

在具体的投资项目实践中，选择何种投资项目组织结构没有固定的标准或公式，一般综合考虑企业、项目、组织结构的特点和项目所需要的环境等来决定。因此，在选择投资项目的组织结构时，还需要明确哪些因素会制约投资项目组织结构的采用，从而综合判断哪种组织结构更适合投资项目的开展。影响项目组织结构选择的关键因素见表 10-2。

主要的项目组织结构及其对项目实施的影响　　　　　　　　　　表 10-1

| 组织结构特征 | 职能型 | 项目型 | 矩阵型 | | |
|---|---|---|---|---|---|
| | | | 强矩阵型 | 平衡矩阵型 | 弱矩阵型 |
| 项目经理的权力 | 很低或几乎没有 | 很高,甚至全权 | 较强 | 中等 | 较低 |
| 全职人员的比例(%) | 几乎没有 | 85~100 | 50~95 | 15~60 | 0~25 |
| 项目经理投入的时间 | 非全职 | 全职 | 全职 | 全职 | 非全职 |
| 项目经理的常用头衔 | 无项目经理 | 项目经理(专职) | 项目经理(专职) | 项目经理(扮演) | 项目联络员 |
| 项目预算控制者 | 职能经理 | 职能经理 | 职能经理 | 职能经理 | 职能经理 |
| 项目管理的行政人员 | 非全职 | 全职 | 全职 | 非全职 | 非全职 |
| 可利用的资源 | 很低 | 很高 | 较高 | 中等 | 较低 |

影响项目组织结构选择的关键因素　　　　　　　　　　表 10-2

| 组织结构<br>影响因素 | 职能型 | 项目型 | 矩阵型 |
|---|---|---|---|
| 项目规模 | 小 | 大 | 中等 |
| 项目历时长短 | 短 | 长 | 中等 |
| 不确定性 | 低 | 高 | 高 |
| 所应用技术 | 标准 | 新 | 复杂 |
| 复杂程度 | 低 | 高 | 中等 |
| 重要性 | 低 | 高 | 中等 |
| 客户类型 | 多样 | 单一 | 中等 |
| 时间限制 | 弱 | 强 | 中等 |
| 对内部依赖性 | 弱 | 强 | 中等 |
| 对外部依赖性 | 强 | 弱 | 中等 |

综合来看,一般规模较小、偏重技术、项目环境变化不大的投资项目适合选择职能型组织结构。当一个企业包含许多项目、项目规模较大、技术复杂、项目处于不稳定的环境时,投资项目适合选择项目型组织结构。矩阵型组织结构在充分运用企业资源方面具有巨大的优越性,因此,在进行技术复杂、规模巨大的投资项目时,适合选择矩阵型组织结构。此外,有些项目在采用了某种组织结构之后,其组织人员仍可能对组织类型判断失误,因此可根据项目组织中的项目经理特征对职能型、项目型和矩阵型组织结构加以区别。

(1)职能型组织结构中没有项目经理和项目联络员。

(2)项目型组织结构中有专职的项目经理,且资源是专用的。

(3)强矩阵型组织结构中有专职的项目经理,但资源不是专用的。

(4)弱矩阵型组织结构中没有项目经理,但有一个员工扮演项目联络员的角色。

(5)平衡矩阵型组织结构中没有专职的项目经理,但有一个员工扮演项目经理的角色。

## 10.4 项目管理的团队

### 10.4.1 项目经理的角色与职责

项目经理在投资项目组织中起着决定性作用,因为项目经理是组织的领导者和项目的主要实施者。因此,项目经理的能力、素质、理念等直接影响项目的成败。项目经理的角色和职责主要包括以下几点:

(1) 团队的领导者和管理决策者

项目经理会带领团队完成任务,包括指挥团队按照正确的方法和方向完成任务、领导团队开展项目并着手推进。在项目团队中,只有项目经理具有指挥和决策的最高权力,而其他人多属于协同工作的成员。因此,项目经理的主要职责是充分运用自己的权力去影响和带领项目团队成员为实现项目目标而努力工作。同时,其在项目实施过程中还需要制定各种管理策略,所以项目经理也是项目管理的决策者。

(2) 项目的计划者和分析人

项目经理是具体计划的主要制订者,任何项目计划都需要由项目经理主持制订。虽然项目会有专门的计划管理人员,但是项目经理是承发包项目具体计划的决定者,而项目的整体计划则需要由项目业主讨论和批准。所以,项目计划人员多数是在项目经理的领导下编制项目计划的。同时,在项目计划编制和实施过程中,项目经理必须要全面分析项目计划的可行性和项目计划实施的绩效情况,然后根据分析去制定各种具体的应对措施。因此,项目经理还需要担任项目的分析人角色。

(3) 项目的组织者和合作者

项目经理是项目的组织者,他需要组织、领导和建设团队。这包括对项目团队人员构成的设计、分配成员的角色及职责、对成员工作进行授权、组织和协调团队成员的工作等。同时,项目经理也是干系人中的合作者角色。他不但要与其他项目团队成员合作,同时也要与其他干系人合作。项目经理担负着促进整个项目合作的职责,即同项目团队和其他干系人积极合作。

(4) 项目的协调人和推进者

项目经理还是项目利益的协调人、项目价值最大化和利益合理分配的推进者。实际上,项目经理处于全体项目干系人信息沟通的中心。项目经理要协调项目客户和实施组织之间的关系,还要协调项目客户与项目团队之间的利益关系、项目团队与项目客户及其他干系人之间的利益关系。同时,因为项目是由项目经理领导实施的,所以项目经理是项目价值与利益的推进者,他要推动实现项目利益最大化,还要保障项目干系人能从项目中获得合理利益。

(5) 项目的控制者和评价者

项目经理要在项目过程中全面、及时地控制各项工作。他既要根据项目目标和项目客户要求制定出项目各项工作的控制标准,又要对着控制标准度量项目的实际绩效和确定项目出现的各种问题并采取纠正措施。因此,项目经理是项目的控制者。同时,项目经理还需要扮演项目评价者角色,客观地衡量和评价项目的进度、成本、质量和预算的实际完成情况,并要及时根据评价结果确定各种偏差对项目的影响,从而根据评价结果对各种项目进行变更或优化。

### 10.4.2 领导力技能

领导力技能对于项目经理和所有项目团队成员都很有用,无论项目团队处于何种工作环境。具体的项目领导力特征及活动如下:

**1. 建立和维护项目愿景**

每个投资项目都有明确的目的,了解项目目的能够推动人们将时间和精力都投入实现项目目的的正确方向。项目愿景是项目目的简明扼要的总结,它用简洁而有吸引力的观点描述了项目的未来成果。因此,建立和维护项目愿景也具有一定的激励意义,其是一种为项目预想目标赋予激情和意义的方法。共同的愿景有助于人们朝着同一个方向开展项目。当人们专注于日常工作细节时,明确最终目标和项目愿景有助于指导当前的决策,从而实现项目目标。

项目成员和干系人协作制定愿景时应回答如下问题:项目的目的是什么?如何界定项目成功?项目成果交付后,未来将如何变得更好?项目团队成员如何获知自己偏离了项目愿景?为此,优秀和清晰的项目愿景应具有以下特征:第一,简短表述或强有力的词语能够实现对项目的概括;第二,描述可实现的最佳成果;第三,为项目团队成员描绘一幅共同的、有凝聚力的画面;第四,语言要激发人们对实现项目目标的热情。

**2. 批判性思维**

在各个项目绩效域中,都需要识别偏见、找出问题的根本原因,并考虑具有挑战性的问题,例如模糊性、复杂性等。批判性思维有助于完成这些活动。批判性思维是指训练有素、合乎理性、遵从逻辑、基于证据的思维。它需要具备开放的思维和客观分析的能力。批判性思维可以包括概念想象力、洞察力和直觉,还可以包括反思性思维和元认知。

项目成员可利用批判性思维进行如下活动:

(1) 收集、整理和研究无偏见的、均衡的信息;

(2) 识别、分析和解决问题;

(3) 明确偏见、未说明的假设及价值观;

(4) 辨明语言的使用情况及其对自己和他人的影响;

(5) 分析数据和证据,评估观点和论点;

(6) 观察事件,识别模式和关系;

(7) 适当地运用归纳、演绎和推理;

(8) 识别并阐明错误前提、错误类比、情绪化诉求和其他错误逻辑。

**3. 激励因素**

项目团队成员的激励一般包括:明确能够促进项目团队成员获得出色绩效的激励因素;与项目团队成员合作,使他们始终致力于开展项目并取得成果。项目经理要正确选择和使用激励因素,这包括合理选用内在激励因素和外在激励因素。内在激励因素一般与成员的内心及其工作相关。内在激励因素更强调成员能在工作中获得乐趣或是得到满足,而非关注奖励。内在激励因素包括但不限于:

(1) 获得成就;

(2) 工作中充满挑战;

(3) 通过工作获得信念;

(4) 改变现状；
(5) 具有自我指导和自主权；
(6) 充满责任心和促进个人成长；
(7) 在项目中具有团队成员自豪感，并与其他成员具有和谐的关系。

外在激励因素主要以外部的奖惩为主。正向激励因素包括外部奖励，如奖金、绩效等。负向激励因素包括各种惩戒措施。然而在采取奖惩措施时要适度和适时运用，比如确定奖惩的适用情况和条件、奖励的周期和惩罚的及时性、奖惩力度与具体的实施方法等。

值得注意的是，人们不止有一个激励因素，但多数人都有一个首要的激励因素。想要有效地激励团队成员，需要了解每位成员的首要激励因素。比如，乐于挑战的成员可以适当为其提供工作中的挑战作为激励，促进其努力工作；喜欢和谐工作环境的成员可以为其提供相互合作的工作关系作为激励，促进其乐于工作。如果项目团队成员能够在不断地激励中形成自己的工作方式、工作节奏等，那么这类具有自主权的成员将在项目团队中表现得更为出色。因此，根据个人偏好来调整激励方法有助于实现个人及团队的绩效。

**4. 人际关系技能**

良好的人际关系技能能够减少投资项目开展过程中的矛盾，促进项目成员之间、项目成员与客户之间的和谐关系，从而保障投资项目的顺利实施与开展。在项目中经常使用的人际关系技能包括情商、决策和冲突管理等。

(1) 情商

情商是识别自己和他人情绪的能力，这些信息可以用于指导思维和行为。对个人感受的认可、对他人感受的同理心以及采取适当行动的能力是有效沟通、协作和领导的基石。由于项目由人来实施，也为人实施，因此，在项目团队环境中，情商（了解自己并有效维持与他人工作关系的能力）至关重要。情商主要集中在四个领域：

第一，自我意识。自我意识是进行现实的自我评估的能力，包括了解我们的情绪、目标、动机、优势和劣势。

第二，自我管理。自我管理也称为自我调节，是控制破坏性感受和冲动，并改变其方向的能力。这是在采取行动之前进行思考以及暂缓仓促判断和冲动决策的能力。

第三，社交意识。社交意识主要体现在同理心及考虑和理解他人的感受。这包括读懂非语言的暗示和肢体语言的能力。

第四，社交技能。社交技能是情商其他维度的巅峰。它涉及管理项目团队等群体、建立社交网络、寻找与各种干系人的共同基础及建立融洽的关系。

综合来看，自我意识和自我管理是团队成员对自己的理解，是在困难的项目条件下保持冷静和富有成效的必要条件；而社交意识和社交技能是团队成员与外部的联系。情商是各种形式领导力技能的基础。另一方面，自我意识和社交意识源于成员的内在心理层面，而自我管理和社交技能更偏重于外在管理层面，如图10-7所示。

(2) 决策

项目经理和团队每天都要作出许多决策，有些决策对于项目成果无关紧要，有些则可能给项目成果带来非常大的影响。我们在这里讨论的"决策"是与项目成果关系密切的决策。

决策可以由项目经理和团队单方面提出。这种方法的优点是速度快，但缺点更为明

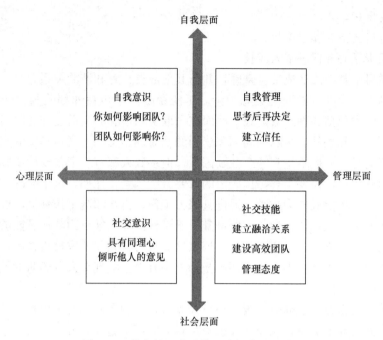

图 10-7　情商的组成及其组成部分间的关系

显,比如缺少群体智慧、容易出错;由于自己的观点和感受未被考虑而导致受决策影响的人群的积极性降低等。群体性决策则具有以下好处:第一,利用群体广泛的知识基础制定的决策,决策质量更好;第二,人们参与决策过程,能够提升人群对成果的认同感,即使最终的方案并非是每个人的首选。然而群体性决策的缺点是征求意见耗时长,且意见不一致可能会导致项目中断。

因此,项目决策通常会遵循"发散—汇聚"模式。这意味着干系人首先会根据各方意见制定一套备选的方案或方法,然后由项目团队讨论最终确定一个首选方案或方法。这样做既能保证项目决策迅速,又能保证包容和尊重多方的意见和知识,从而形成最佳的决策。一般而言,罗马式表决、德尔菲估算和举手表决等均采用了"发散—汇聚"模式。这一模式的目标是在同一时刻通过投票以充分采纳个人建议,从而最小化群体思维。此外,当项目团队难以形成决策时,也应将决策升级到拥有权力的高级管理人员手中,保证决策并不会因为各种原因而中断。

(3) 冲突管理

各个项目中都会发生冲突,这是因为项目是在动态环境中运行的,而动态的环境会给项目带来许多互相排斥的制约因素。例如,范围、成本、进度、质量等方面均会出现冲突。尽管人们都希望避免冲突,但并非所有的冲突都是负面的。处理冲突的过程中可能会造成更严重的冲突,但同时也有可能形成更好的决策或是提出更为出色的问题解决方案。因此,可在适当的冲突过程中获取更好的成果。以下方法有助于解决冲突:

第一,充分的沟通,在沟通中开诚布公并向对方表示尊重。在冲突过程中人们可能会停止交流,这就有可能导致问题难以解决。因此,应该设立一个良好的沟通环境,并在确保语言、语调和肢体不带有威胁性或攻击性的前提下进行冲突沟通。

第二，沟通过程中聚焦于存在的问题，而不是针对人。在沟通过程中应当保持时刻以问题为导向，对于问题人们可以充分发表意见并开展讨论。应做到对事不对人，重点是解决问题而不是指责他人。

第三，聚焦于当前和未来，而不是过去。在冲突解决过程中，要时刻考虑当前和未来的情况，而不是过去的情况。实际上，一味地旧事重提容易加剧当前的冲突。

第四，一起寻找备选方案。一般而言，人们发生冲突都是不能认可对方的方案，因此需要多方共同商讨，力求找到一个多方满意的并非各方最佳的备选方案，从而解决问题和冲突关系。人们共同努力所提出的创造性替代方案更容易被多方接受，冲突也能得到化解。

### 10.4.3 投资项目团队的文化

每个项目团队都有自己的团队文化。正式的团队文化可以通过制定项目团队规范来逐步形成，也可以通过项目团队成员的行为或行动形成非正式的团队文化。团队文化在项目组织文化中运作，反映了项目团队中个体的工作和互动方式。

项目经理是形成和维护团队文化的关键，项目团队在安全、尊重和无偏见的环境中更能够坦诚沟通。实现这一目标的方法是把所期望的行为树立为典范，例如：

（1）透明

在思考、作出选择和处理信息的方式上应保持透明。这能够有助于他人更好地了解项目情况，并进行自我分享。同样，对偏见也应保持透明。

（2）诚信

诚信是由诚实和职业道德行为构成的。个人会通过以下方式表现诚实：揭示风险；说明自己的假设和估算依据；尽早发布不利消息；确保状态报告能够准确描述项目状态等。职业道德行为可以包括：在产品设计中揭示潜在缺陷或负面影响；揭露潜在的利益冲突；确保公平并根据环境、干系人和财务影响作出决策。

（3）尊重

要尊重每个人及其思维方式、技能，尊重他们为团队带来的专业知识和观点。这可以为所有项目团队成员做出这种行为奠定基础。

（4）积极的讨论

在项目全过程中，将会出现各种各项的误解、意见、冲突和应对情况的不同方式，这是开展项目的正常情况。它们提供了一个对话而非辩论的机会，即人与人之间的积极讨论。积极的讨论需要他人合作解决意见分歧，这主要是为了达成一项各方都能接受的决议。

（5）支持

从技术挑战、环境影响和人际互动的角度来看，项目可能具有挑战性。通过解决问题和消除障碍因素来向项目团队成员提供支持，可以营造一种支持性的文化环境，从而形成彼此间的信任和协作。支持也可以通过提供鼓励、激励、体现同理心和积极倾听来展现。

（6）充满勇气

员工在对问题提出新的解决方法或是工作方式时，可能会由于领导的态度而产生畏惧心理。同样，与行业专家或拥有更大职权的人具有相反的意见可能也是一个挑战。因此，应当创造一个能够令员工勇于提出意见、表达异议或尝试新事物的环境，这既能够保证员工向他人提出新的想法，同时也能促进项目的创新和发展。

（7）庆祝成功

在聚焦于项目目标、问题和挑战的过程中，项目团队常常忽视一个事实，即单个项目团队成员和项目团队整体均在朝着目标稳步前进。由于优先考虑了工作，可能会延缓对项目成员的认可和关心。然而，实时认可员工和团队的贡献可以保持对团队和个人的激励。

### 10.4.4 高绩效项目团队的形成因素

有效领导的一个目标是打造高绩效的项目团队，以下是有助于打造高绩效投资项目团队的主要因素。

（1）开诚布公的沟通。在开放、自由的交流环境中，人们可以开展富有成效的会议，有效解决问题，开展头脑风暴。这也是其他打造高绩效团队因素的基石。

（2）达成共识。大家达成团队目标或各项任务的共识，能够有效推动项目，并获得收益。

（3）共享责任。在一个团队中，如果团队成员的主人翁意识越强，越会表现得突出。因此，共享责任有助于推动绩效提升。

（4）信任。在充满信任的环境中，团队成员愿意付出额外的努力取得项目成功。如果人们不信任自己的成员、经理或组织，则不太可能会付出额外的努力。

（5）协作。项目团队成员的相互协作和合作会产生更加多样化的观点，并最终获得更好的结果。

（6）适应性。项目团队能够根据环境和情况调整工作方式，促使工作更加有效。

（7）韧性。具有韧性的团队在出现问题时能够更好地适应环境和解决问题，使团队快速恢复。

（8）赋权。如果项目团队成员在某些决策上具有一定的决策权，那么团队绩效将高于那些受到事无巨细管理的项目成员构成的团队绩效。

（9）认可。项目团队在开展工作中能够获得首肯或认可将鼓舞团队士气，这将有助于取得更为出色的绩效。有时，即使是简单的表扬或赞赏都能正向强化团队的行为与士气。

## 关 键 概 念

投资项目组织；组织文化（显性组织文化、隐性组织文化）；职能型组织；项目型组织；矩阵型组织

### 复习思考题

1. 简述项目管理的组织职能。
2. 简述项目管理组织的作用。
3. 干系人具体分为哪些类别？应从哪些方面管理干系人参与项目？
4. 不同组织结构的优缺点是什么？项目经理有什么区别？
5. 哪些因素会影响项目组织结构的选择？
6. 简述领导力的特征及具体活动。
7. 哪些因素影响高绩效项目团队的打造？

## 典 型 案 例

案例解析

某企业是综合性的科研院所，主要开展某科技行业专业电子系统和设备的研制与生产工作。目前拥有员工 2000 余人，年产值约为 20 亿元。该企业的组织结构如图 10-8 所示。其中，行政部门负责企业日常的行政管理工作，技术部是项目管理和办事机关，负责项目全生命周期的实施和管理。技术部的所长及副所长负责组织制定并审核整体规划和项目实施方案、组织协调立项与可行性研究等阶段的技术工作、制定项目技术与质量保证措施等。总工程师和副总工程师、各研究部负责人制定分管专业和所在部门技术规划和项目具体方案，负责项目实施过程中的技术把关工作。计量检测中心、物资处、财务处等相关职能部门设立在事业部内。事业部的各个职能部门在技术部的组织下，负责各自工作范围内的相关子项技术论证、采购及研制生产管理工作。

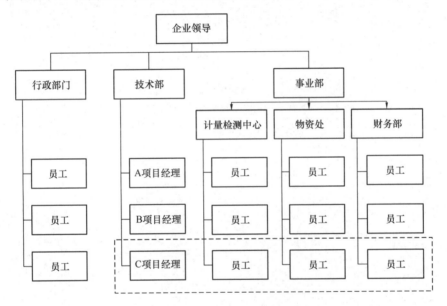

图 10-8　企业的组织结构

请问：（1）案例中的组织结构存在哪些优缺点？
（2）对于案例中的组织结构有哪些调整建议？

**思考感悟：投资项目中的职业精神——以"工匠精神"为例**

任何职业都有自己的职业精神，职业精神体现着职业的特征、成员的操守。职业精神时刻提醒每个人从事这种职业就要具备某种精神、能力和自觉。比如"工匠精神"就是一种重要的职业精神。

工匠精神既要有"匠心"，还要有"匠魂"。古语云："玉不琢，不成器"。工匠精神不仅体现了对产品的精心打造、精工制作的理念和追求，还要求不断吸收最前沿的技术，创造出新成果。工匠精神落在个人层面就是一种认真勤勉、敬业奉献的精神。工匠精神的核心是树立对职业的敬畏、对工作的执着、对产品负责的态度，注重细节，不断追求完美和极致，给客户无可挑剔的体验。然而，现在很多项目中还是有"差不多精神"，即不追求完美，能达到 90% 就可以了。如果在计划、组织、决策、实施和控制的过程中，每一个环节都打九折，那最后的项目成果将大打折扣。因此，无论是我国的制造业还是建筑业，都需要聚焦工匠精神，远离"差不多精神"，这样才能提升产品品质，将企业和行业做大做强。

综合来看，好的职业精神将推动项目的创新与发展，而不能恪守职业精神最终将导致项目的失败与不完美。因此，在投资项目管理过程中，每个人都应该坚守职业精神，在自己的岗位上发光发热。

# 11 项目进度、成本、质量及风险管理

## 11.1 项目进度管理

投资项目能否在预定的时间完成、交付使用并投产运营,在一定程度上直接关系到投资项目的经济效益。因此,对投资项目进行有效的进度管理至关重要。投资项目进度管理又称投资项目时间管理,是指在投资项目实施过程中对项目活动进度及日程安排所开展的一系列管理工作,其目的是保证在规定的时间内实现项目的预期目标。根据美国项目管理协会推出的项目管理知识体系的观点,投资项目进度管理主要包括六部分内容:活动定义、活动排序、活动资源需求估算、活动时间估算、进度计划编制和进度计划控制,如图11-1 所示。

(1) 活动定义。根据投资项目章程、范围说明书、工作分解结构、约束条件等,确认投资项目干系人为完成投资项目可交付成果所必须完成的各项具体活动。

(2) 活动排序。识别投资项目活动之间的关联和依赖关系,并据此对投资项目活动的先后次序进行安排,形成相应的文档(如文件、图、表、文字等)。

(3) 活动资源需求估算。估算完成每项活动所需要的资源种类和数量。资源通常是指人员、材料和设备等。

(4) 活动时间估算。估算出完成每项活动需要的时间。值得注意的是,估算每个投资项目活动需要多长时间只与本身的技术经济特性、使用的资源

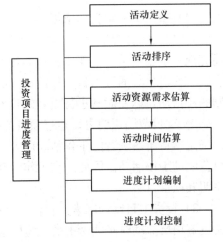

图 11-1 投资项目进度管理的主要内容

是否到位,以及能否连续使用有关,而与前后活动是否完成无关。

(5) 进度计划编制。分析活动顺序、活动时间、资源需求和时间限制,以形成项目进度计划。

(6) 进度计划控制。运用进度控制方法,对项目实际进度进行控制,并根据实际情况对项目进度计划进行调整。

因此,对投资项目开展进度管理需要在规定的时间内,通过对投资项目的分解、活动定义、排序、资源估算和时间估算,制订出合理、经济的进度计划,并在该计划的执行和实施过程中,检查实际进度是否与进度计划一致。若出现偏差,就应及时寻找原因,采取必要的补救措施;如有必要,还应调整原定进度计划,从而保证整个投资项目按时顺利

完成。

### 11.1.1 项目活动的概念及排序

**1. 项目活动的概念**

要完成一个投资项目,并实现项目的目标,就要事先确定实施项目所需要开展的活动,并拟订一份包括所有活动的活动清单。投资项目活动定义就是为了完成上述工作所进行的一项任务。具体来说,投资项目活动是指将工作分解结构中最底层的工作分解为更小、更容易控制的具体活动,并形成文档的过程。活动定义可根据投资项目的复杂程度来判断,对于相对简单的项目,工作分解结构最底层的工作包已经足够详细,不需要作进一步分解;而对于较为复杂的项目,需要在工作分解结构的基础上通过活动分解来完成。

项目活动定义的主要工作见表 11-1。

项目活动定义的主要工作　　　　　　　　　　　表 11-1

| 依据 | 工具和方法 | 结果 |
|---|---|---|
| 项目工作分解结构 | 活动分解技术 | 活动清单 |
| 项目范围说明书 | 模板法 | 活动属性 |
| 投资项目制约因素 | 滚动计划法 | 里程碑清单 |
| 组织积累的相关资料 | 专家判断法 | |

(1) 项目活动定义的依据

1) 项目工作分解结构。项目工作分解结构是项目工作活动定义最基本的依据,它描述完成一个投资项目所需要进行的各项工作活动。根据工作分解结构可以列出不同粗细程度的工作清单。通过项目工作活动分解方法,可以把一些工作活动分解成更小、更容易控制的小活动,以便对其进行更好的管理。

2) 项目范围说明书。通过项目范围说明书的信息和资料,项目团队可以正确且完整地确定项目所需进行的工作活动内容,从而不会遗漏必须开展的活动,也不会增加超过项目范围的工作活动。因此,在工作活动定义期间必须明确范围说明书中列出的项目合理性说明和项目目标。

3) 投资项目制约因素。任何一个投资项目都会受到各种因素的制约,这些因素是定义投资项目活动时必须考虑的关键因素。影响投资项目活动定义的制约因素主要包括投资项目管理信息系统与进度管理软件工具、组织的人事管理情况(如聘用与解聘政策、员工业绩评价与培训记录)、市场情况、干系人风险承受能力和商业数据库(如成本估算数据库、行业风险研究信息与风险数据库)等。

4) 组织积累的相关资料。组织积累的相关资料包括同活动规划有关的正式与非正式方针、程序及原则,这些资料都需要在活动定义中予以考虑。同时,以往类似投资项目吸取的经验教训和相关活动清单的历史信息都可以在确定投资项目活动时予以参考。

(2) 项目活动定义的主要工具和方法

1) 活动分解技术。投资项目活动分解技术是为了使投资项目更易管理,以投资项目工作分解结构为基础,按照一定的层次结构把投资项目工作逐步分解为更小、更易操作的工作单元的一种技术。这种技术有助于找出实现工作分解结构规定的可交付成果所需完成的所有活动,并且可以对这些活动进行更有效的管理。

2) 模板法。模板法是将已经完成的类似投资项目的活动清单或部分活动清单作为一个新活动定义的模板，根据新投资项目的实际情况，在模板上调整投资项目活动，从而定义出新投资项目的所有活动。模板中的信息可能包括资源需求、风险识别、预期的可交付成果以及其他文字说明资料等。已经完成的类似项目模板还可以用来确定投资项目实施过程中的里程碑。

3) 滚动计划法。滚动计划法也称为滑动计划法，是计划逐步完善的一种表现形式。它是一种动态的计划编制方法，其将计划期与会计年度脱离开，随着计划的执行，不断延伸、补充计划，逐期向后滚动，使计划期限总是保持一个恒定的长度。根据投资项目的实际特点，计划编制的时间长度单位可以灵活变化，如可分为逐月滚动、逐季滚动和混合滚动等。

4) 专家判断法。专家判断法是由专家为活动定义提供专业指导的一种方法，专家主要是指在编制详细的项目范围说明、工作分解结构和项目进度方面有经验、熟练的项目团队成员或其他专家。

(3) 项目活动定义的结果

1) 活动清单。作为工作分解结构的补充，活动清单包括投资项目所要进行的全部计划活动。在活动清单中需对每个活动作出详细的说明，从而保证投资项目团队明确投资项目需要进行的所有活动。另外，在投资项目活动清单中每项活动的工作范围一般附有实体数量，如应安装的管道长度、设计图张数、计算机程序语句行数等。

2) 活动属性。活动属性是对活动清单中活动定义的细化，每项活动通常会具有多种属性，除了包括活动检验人、活动编码、活动描述、紧前活动、紧后活动、逻辑关系、提前时间和滞后时间、资源需求、强制日期、限制条件和假设条件等，还包括工作执行负责人、实施工作的地区或地点以及计划活动的类型等。这些活动属性可以用于编制项目进度计划，并且依据活动属性的不同，还可以在投资项目文件中对投资项目活动进行排序和分类。

3) 里程碑清单。里程碑清单中会列出投资项目所有的里程碑，并指明该里程碑是合同强制性要求的，还是根据投资项目要求或历史信息来选择的。里程碑清单是项目管理计划的重要组成部分。

**2. 项目活动排序**

项目活动排序是指识别投资项目活动清单中各项活动的相互关联与依赖关系，并据此对投资项目各项活动的先后顺序予以安排和确定，从而形成文档用以指导后续投资项目的具体实施工作。

首先，投资项目活动排序首先必须识别出各项工作活动之间的依赖关系。投资项目活动的依赖关系可以分为两种：一种是项目活动之间本身存在的、无法改变的、自然的逻辑关系，不以人的意志为转移，例如设计和生产的关系，一般只有设计出来才能生产；另一种是可以人为确定的，例如两项工作可先可后，先生产 A 产品还是先生产 B 产品，可由管理人员根据实际情况加以确定。

对投资项目活动进行正确的工作顺序安排后，下一步是制订出切实可行的项目进度计划。投资项目活动排序可利用计算机项目管理软件或手工来完成，还可以将手工排序和计算机排序结合使用。

项目活动排序的主要工作见表 11-2。

项目活动排序的主要工作　　　　　　　表 11-2

| 依据 | 工具和方法 | 结果 |
|---|---|---|
| 活动清单<br>活动属性<br>里程碑清单<br>成果说明<br>约束条件和假设 | 双代号网络图法<br>单代号网络图法<br>进度网络图模板<br>确定依赖关系<br>利用时间提前量和滞后量 | 投资项目进度网络图<br>更新后的活动清单<br>活动关系列表 |

(1) 项目活动排序的依据

1) 活动清单、活动属性、里程碑清单。它们是项目活动定义的主要成果，也是项目活动排序的主要依据和基础。

2) 成果说明。成果说明描述了项目可交付成果的性质和特征。应根据成果说明对项目活动排序进行审查，以确保活动排序的准确无误。

3) 约束条件和假设。项目约束条件是投资项目所面临的资源等方面的限制因素，它会给项目活动排序带来一定的限制和约束。例如在资源无限制的情况下，可以同时进行两项工作；但如果资源受到限制，则这两项活动就要按照两者之间的逻辑关系先后依次开展工作。项目假设条件是对开展项目活动所涉及的一些不确定条件的假设，也会影响项目活动的排序。

(2) 项目活动排序的主要工具和方法

1) 双代号网络图法

双代号网络图法又称箭线图法，它是用箭线代表活动，用节点表示事件，通过节点将活动按照它们之间的逻辑关系连接在一起的网络图方法。图 11-2 即为一个双代号网络图，其中，$h—i$、$i—j$ 表示活动，节点 $h$、$i$、$j$ 表示事件。

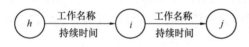

图 11-2　双代号网络示意图

根据图 11-2，双代号网络图由工作、节点、线路三个基本要素组成。

① 工作（活动、作业或工序）

在双代号网络图中，工作用一根箭线和两个圆圈来表示。工作的名称写在箭线的上面，完成工作所需要的时间写在箭线的下面，箭尾表示工作的开始，箭头表示工作的结束。在顺序关系中，当一项工作只有在另一项工作完成以后方能开始，并且中间不插入其他工作，则称另一项工作为该工作的紧前工作；反之，当一项工作只有在它完成以后，另一项工作才能开始，并且中间不插入其他工作，则称另一项工作为该工作的紧后工作。在图 11-2 中，工作 $h—i$ 即为工作 $i—j$ 的紧前工作，工作 $i—j$ 为工作 $h—i$ 的紧后工作。在双代号网络图中，紧前工作和紧后工作是同时存在的。

工作通常可以分为两种：第一种需要消耗时间和资源，用实箭线（——→）表示；第二种既不消耗时间，也不消耗资源，称为虚工作，用虚箭线（----→）表示。虚工作是人为的虚设工作，属于实际工作中并不存在的一项虚拟工作，只表示前后相邻工作之间的逻辑关系。下面将介绍引入虚工作的两种情况：一是平行作业。当从某个节点出发有两道以上的平行作业，并且在它们均完工之后才能进行下一道工作时，则必须引入虚工作。例如，在图 11-3(a) 中，选择 A、B 两项工作中时间较长的一道工作与下一道工作衔接，而其他工作则通过虚工作与下一道工作衔接。二是交叉作业。对需要较长时间完成的相邻几道工作，只要条件允许，可不必等待紧前工作全部完工后再转入下一道工作，而是分批、分期地将紧前工作完成的部分工作转入下一道工作，这种方式称为交叉作业，如图 11-3(b) 所示。

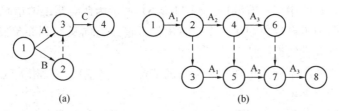

图 11-3　引入虚工作的两种情况
(a) 平行作业；(b) 交叉作业

②节点（事件）

在网络图中，在箭线的出发和交汇处画上圆圈，用以标志该圆圈前面一项或若干项工作的结束和允许后面一项或若干项工作开始的时间点称为节点。在双代号网络图中，节点不同于工作，它不需要消耗时间或资源，它只标志着工作的结束和开始的瞬间，起着连接工作的作用。

起点节点是指网络图的第一个节点，表示执行投资项目计划的开始，它只有外向箭线，没有内向箭线，表示一项任务开始。终点节点是指达到了投资项目计划的最终目标，它只有内向箭线，没有外向箭线。除起点节点和终点节点外，其余称为中间节点，它既表示完成一项或几项工作的结果，又表示一项或几项紧后工作开始的条件，它既有内向箭线，又有外向箭线。上述三种节点类型的示意图如图 11-4 所示。

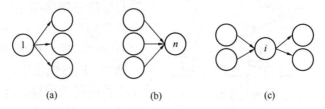

图 11-4　节点类型示意图
(a) 起点节点；(b) 终点节点；(c) 中间节点

③线路

在网络图中，从起点节点开始，沿箭线方向连续通过一系列箭线与节点，最后到达终点节点的通路称为线路。线路上所有工作的持续时间之和称为该线路的总持续时间，总持续时间最长的线路称作关键线路。在网络计划中关键线路可能不止一条，并且在网络计划执行过程中，关键线路还会发生转移。位于关键线路上的工作称为关键工作。在网络计划的实施过程中，关键工作的实际进度提前或拖后，均会对总工期产生影响。因此，关键工作的实际进度是进度控制中的重点。

双代号网络图的绘制原则如下：

第一，必须正确地表达各项工作之间的相互制约和相互依赖关系。

第二，网络图应只有一个起点节点和一个终点节点（多目标网络计划除外）。除终点节点和起点节点外，不允许出现没有内向箭线的节点和没有外向箭线的节点。图11-5(a)所示为此类错误的情况。

第三，在网络图上，除了起点节点和终点节点外，其他所有事件前后都要用箭线连接起来，不可中断，在图中不可有缺口。图11-5(b)所示为此类错误的情况。

第四，网络图中不允许出现从一个节点出发顺箭线方向又回到原出发点的循环回路。图11-5(c)所示为此类错误的情况。

第五，在网络图中不允许出现重复编号的节点。一条箭线和其相关的节点只能代表一项工作，不允许代表多项工作。

第六，网络图中的箭线应保持自左向右的方向，不应出现箭头向左或偏向左方。

第七，网络图中不允许出现没有箭尾节点的箭线和没有箭头节点的箭线。

第八，网络图中所有节点必须编号，应使箭尾节点的代号小于箭头节点的代号。

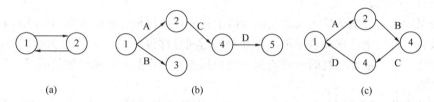

图11-5 双代号网络图错误情况示意图

2) 单代号网络图法

单代号网络图法又称为顺序图法或节点图法。单代号网络图用节点表示活动，用箭线表示各个活动之间的先后顺序，如图11-6所示。

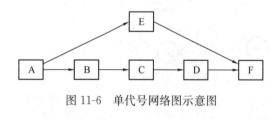

图11-6 单代号网络图示意图

与双代号网络图相比，单代号网络图具有以下特点：第一，工作之间的逻辑关系容易表达，且不用虚箭线，故绘图较简单；第二，网络图便于检查和修改；第三，由于工作的持续时间表示在节点之中，没有长度，故不够形象直观；第四，表示工作之间逻辑关系的箭线可能产生较多的纵横交叉现象。

单代号网络中，工作之间的依赖关系包括以下四种类型：

① 结束—开始：A活动必须结束（或A活动结束延迟一定时间），然后B活动才能开始，如图11-7(a)所示。例如，在装修投资项目中，地面水泥施工后（延迟1~2天水泥干透），才允许铺设木地板。

② 开始—开始：B活动开始前A活动必须开始（或A活动开始延迟一定时间），如图11-7(b)所示。例如，对于某一投资项目管理活动，时间管理活动开始时，成本管理必须开始，至少要同时开始。

③ 结束—结束：A活动结束前（或A活动需在B活动结束前一定时间先结束），B活

动必须结束,如图 11-7(c) 所示。例如,厨房装修时,热水器输水管的安装必须在厨房粉刷完毕之前结束,否则,还得打洞弄坏墙壁。

④开始—结束:B 活动在 A 活动开始之前(或 A 活动开始延迟一定时间)不能结束,如图 11-7(d) 所示。

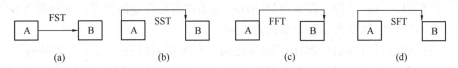

图 11-7 单代号网络的四种依赖关系示意图

3) 进度网络图模板

投资项目团队可以用一些标准的网络图或者过去完成的投资项目网络图作为新投资项目网络图的模板,根据新投资项目的实际情况来调整这些模板,可以高效、准确地画出新投资项目的网络图。网络图模板可能包括整个投资项目的网络或者子网络。子网络对于整个投资项目网络图的编制是非常有用的,一个投资项目可能包括若干个相同的或者相近的部分,它们就可以用类似的子网络加以描述。

4) 确定依赖关系

投资项目活动之间的关系包括必然的依存关系、组织关系和外部的制约关系。必然的依存关系是活动相互关系确定的基础,是活动之间存在的内在关系,通常是不可调整的。因此,确定必然的依存关系相对容易,通过技术和管理人员的交流就可完成。比如,建造一座楼,需要先打好地基,然后才能进行上部结构的施工。组织关系通常取决于投资项目管理人员的知识和经验,但由于投资项目活动具有随意性、人为性的特点,因此,组织关系的确定一般比较难。外部的制约关系是指投资项目活动和非投资项目活动之间的关系。比如,投资项目的某些活动需要政府的同意才能动工,因此,在投资项目活动计划的安排过程中也需要考虑外部活动对投资项目活动的制约作用。

5) 利用时间提前量与滞后量

"提前"是项目活动的逻辑关系中允许提前后续活动的限定词,"滞后"是项目活动的逻辑关系中推迟后续活动的限定词。利用时间提前量可以提前开始紧后活动,利用时间滞后量可以推迟后续活动。时间提前量与滞后量以及有关的假设都应形成文件。

(3) 投资项目活动排序的结果

1) 投资项目进度网络图。投资项目进度网络图是表示投资项目活动的顺序以及这些活动相互之间的逻辑关系(或依赖关系)的图形,如节点图或箭线图。它们可由计算机或手工绘制。图中既可以包括整个投资项目的全部细节,也可以仅包括投资项目的主要活动。同时,投资项目进度网络图还应附有相关说明,对一些重要的排序应作出详细的说明。

2) 更新后的活动清单。在编制项目网络图的过程中,可能会发现需要进行再分解或重新定义的一些活动,这就要求及时对项目活动清单进行更新。在大多数情况下,仍然是把原来的一项工作分解成两项工作,目的在于画出正确的顺序关系。

3) 活动关系列表。投资项目的活动关系列表包含了项目各项活动关系的详细说明,是项目活动关系的基本描述。

### 11.1.2 项目活动的资源需求估算

**1. 项目活动的资源需求估算的概念**

项目活动的资源需求估算就是要确定完成投资项目活动所需资源的种类（人员、设备或材料）、每种资源的需要量以及每种资源提供给活动使用的时间，从而为投资项目成本的估算提供信息。也就是说，投资项目活动的资源需求估算是回答投资项目活动在特定的时间需要投入何种资源以及每种资源的需要量。

在进行投资项目活动的资源需求估算之前，首先要对投资项目所需要的资源进行分类。对资源分类的方法有很多，本书仅按照投资项目中所需的资源的特点将其分为两类：可以无限使用的资源和只能有限使用的资源。其中，可以无限使用的资源对项目成本的影响不是很大，可以根据投资项目的需要任意使用；只能有限使用的资源价格比较昂贵，是投资项目实施过程中不可能完全得到或者使用数量有明确标准的资源。对于可以无限使用的资源，不必专门进行严格、全面的跟踪管理，以免导致过高的管理成本；对于只能有限使用的资源，要进行全面的跟踪管理。

**2. 项目活动的资源需求估算的影响因素**

项目活动的资源需求估算受到多方面因素的影响，只有综合考虑这些因素才能作出最恰当的资源需求估算。通常这些影响因素主要包括以下几个方面：

（1）资源的适用性

选择投资项目所需的资源时，要尽可能保证资源的适用性，这不但要考虑资源本身的质量和供给状况，还要综合权衡项目活动的需求、可以付出的成本以及使用这种资源最想达到的目的。

（2）资源的可获得性

在估算投资项目活动资源需求时，需要考虑什么资源、在什么时候、以何种方式可供项目利用。项目活动所需的资源大多无法随时随地获得，尤其是一些稀缺资源，比如具有特殊技能的专家、昂贵的设备等。在确定活动资源需求时，应当在满足项目活动顺利实施的前提下，尽量选择通用型资源，以确保项目活动资源在必要的时候可以得到。

（3）资源质量

不同的投资项目活动对资源质量水平的要求存在差异。在估算活动的资源需求时，必须保证资源的质量水平满足项目活动实施的要求。如果资源的质量水平不能满足要求，那么就要考虑增大资源数量以弥补资源质量不足可能带来的问题。

（4）资源使用的规模经济和规模不经济

在考虑规模经济的作用下，投资项目活动所需资源投入得越多，单位时间区段的成本反而有可能会减小，使得项目进度加快。但是，如果不断增加分配给某项活动的资源数量，当该资源的数量达到某种程度时，再增加该类资源常常不仅不会使该项活动的工期缩短，还可能会减少收益。比如，单位工作面上的劳动力人数达到一定的数量以后，如果再增加劳动力，其结果必然是成本增加、麻烦增多、工期延长。

（5）关键活动的资源需求

在估算投资项目活动资源需求的时候，应当分析活动在整个项目中的重要性。如果是关键路线上的活动，那么应当仔细规划该活动的资源需求，适当提高该活动的资源储备能力和质量水平，保证投资项目活动可以及时获取所需要的资源。同时，还应当为该项活动准备资源需求的替代方案、赶工时的资源需求方案等应急方案，减少资源不足带来的风险，确保活动按计划顺利完成。

(6) 活动的关键资源需求

投资项目活动所需的资源中，一些资源十分关键、稀少和不可替代，而有些资源是不重要、普遍存在和可以替代的。在估算资源需求的时候，应当着重考虑关键资源的需求问题，通过增加该项资源的储备、加大采购提前期、准备多个供方等措施来确保活动工期不会因关键资源不足的问题而受到影响。

(7) 投资项目活动的时间约束和资源成本约束

估算投资项目活动资源需求时，除了要考虑资源的使用性质以外，还应从集成管理的角度来考虑所使用资源的成本和时间。比如，完成某项活动，如果采用机械设备需要2天完成，成本是1万元；而采用人工完成需要4天，成本是2千元。此时，在确定资源需求的时候就应该运用集成的思想来作出决策。在决策的过程中要对各种活动资源组合形式进行对比分析，权衡利弊，最终选择恰当的资源组合。

(8) 资源蕴含的风险

投资项目具有一次性和独特性等特征，项目活动资源也蕴含着诸多风险。在估算投资项目活动资源需求时，应当分析资源的质量风险、可获得性风险等。此外，当项目中应用新技术、新材料以及新设备的时候，由于员工对新技术、新材料和新设备的熟悉需要一定的时间，会导致资源存在需求和工期超过预期的风险。当引入新的团队成员来完成项目活动的时候，人员增加可能会带来沟通和协调工作的难度增加，不同的工作习惯、文化背景和责任心等因素可能会在员工之间引发冲突，甚至是对抗。这些风险都会削弱资源增加所带来的项目活动绩效提升。

**3. 项目活动资源需求估算的主要方法**

(1) 专家判断法

专家判断法是由投资项目进度管理专家运用他们的经验和专业特长对投资项目活动资源的需求作出判断和估计的一种方法。在资源计划和估计中，任何拥有专业知识的人群或者个人都能提供这样的专家建议。专家判断法的主要优点是不需要过多的历史信息资料，适合于创新性强的投资项目，可以最大限度地发挥专家的能力。

(2) 多方案选择法

通常，每项活动都可利用多种方式来完成。例如，投资项目活动可以利用各种类型的资源、不同水平的技术人员或不同类型的机器设备，操作工具可以是手工操作工具或自动化工具，有关资源可以自制或直接购买等。投资项目团队可以通过编制多种资源计划，由有经验的专家或技术团队成员进行选择，获得最优的资源计划方案。

(3) 统一定额法

统一定额法是根据国家或民间统一的标准定额和工程量计算规则来进行投资项目活动资源估算的一种方法。定额是由权威部门（国家或民间的）预先规定完成单位合格产品消耗的资源数量标准。定额的测算思路是：首先根据每个投资项目的工料用量，确定该投资项目的工料合价；其次再按照不同类别（管理层次、用途、物质内容、成本性质）将它们汇总成册。这些统一的标准定额是衡量项目经济效果的尺度，套用统一标准定额去编制项目资源需求是一种很简便的方法。但是由于统一标准定额相对固定，无法适应技术装备、工艺和劳动生产率等方面的快速变化,因此,近年来许多国家正逐步放弃这种根据统一定额进行项目资源计划编制的方法。

(4) 自下而上估算法

在没有足够把握进行投资项目活动资源需求估算的情况下,需要将投资项目范围内的工作进一步分解,然后估算下层每项更具体的工作的资源需求,接着将这些估算按照活动需要的每一种资源汇集出总量。这些投资项目活动之间可能存在,也可能不存在影响资源利用的依赖关系。如果它们之间存在依赖关系,资源的这种利用方式就要反映在活动的估算中,并形成文件。

(5) 资料统计法

资料统计法是使用历史项目的统计数据资料,计算和确定项目活动资源需求的方法。利用这种方法计算和确定项目资源计划,能够得出比较准确合理和切实可行的结果,但是这种方法要求有详细的历史数据。项目资源计划指标可以分为实物量指标、劳动量指标和价值量指标。其中,实物量指标多数用来表明项目所需资源的数量;劳动量指标主要用于表明项目所需人力的数量;价值量指标主要用于表明项目所需资源的货币价值。

**4. 项目活动资源需求估算的主要工具**

(1) 投资项目管理软件

项目管理软件能够协助投资项目团队规划、组织与管理投资项目的备用资源,并作出资源估算。因投资项目管理软件的复杂程度相差悬殊,有的仅能用来确定资源日历,有的还可以用来确定资源分解结构、资源数量以及资源单价等。例如,某高速路工程投资项目中涉及的投资项目干系人很多,工程工期长,资金数目巨大且来源复杂,这时就可以使用投资项目管理软件来完成投资项目活动资源估算工作,以提高工作效率。

(2) 资源计划矩阵

资源计划矩阵是在投资项目工作分解结构的基础上,结合每项工作所需要的资源需求量绘制得出的。资源计划矩阵的样式见表 11-3,其缺点是无法囊括信息类资源。

资源计划矩阵的样式　　　　表 11-3

| 工作 | 资源需求量 | | | | | 相关说明 |
|---|---|---|---|---|---|---|
| | 资源 1 | 资源 2 | …… | 资源 $m-1$ | 资源 $m$ | |
| 工作 1 | | | | | | |
| 工作 2 | | | | | | |
| …… | | | | | | |
| 工作 $n-1$ | | | | | | |
| 工作 $n$ | | | | | | |

(3) 资源数据表

资源数据表与资源计划矩阵的区别在于:前者表示的是在投资项目进展各个阶段的资源使用和安排情况,后者表示的则是对投资项目各项工作所需资源的统计汇总说明。资源数据表的样式见表 11-4。

## 资源数据表的样式　　　　　　　　　　表 11-4

| 资源需求种类 | 资源需求总量 | 时间安排（不同时间资源需求量） | | | | | 相关说明 |
|---|---|---|---|---|---|---|---|
| | | 1 | 2 | …… | $t-1$ | $t$ | |
| 资源1 | | | | | | | |
| 资源2 | | | | | | | |
| …… | | | | | | | |
| 资源$m-1$ | | | | | | | |
| 资源$m$ | | | | | | | |

(4) 资源需求横道图

资源需求横道图直观地显示了资源在各个阶段的需求情况，它比资源数据表更为直观、简洁，该图的缺点是无法显示资源配置效率方面的信息。图11-8是两种以上资源需求横道图的示例。

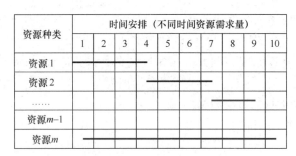

图 11-8　两种以上资源需求横道图的示例

### 5. 项目活动资源需求估算的结果

(1) 活动资源需求估算结果及其细节说明

项目活动资源需求估算的结果就是识别并说明项目每一活动所需要使用的资源种类与数量。具体来说，活动资源需求估算的细节说明文件就是对于项目所需资源的具体和详细说明，如投资项目的各项活动在何时需要何种资源，以及当投资项目的几项活动共用一种资源时，如何合理地进行资源平衡。

(2) 资源分解结构

资源分解结构是通过资源分类和资源类型来识别资源的层次结构，它是项目分解结构的一种，通过它可以在资源需求细节上制订进度计划，并可以通过汇总的方式向更高一层汇总资源需求和资源可用性。当一个项目的组织分解结构将项目的工作分别分配给了项目团队或项目组织的某个群体或个人以后，项目管理还需要使用这种项目资源分解结构去说明在实施这些工作中有权得到资源的情况，以及项目资源的整体分配情况。

(3) 资源日历

资源日历确定了项目中所有资源共同要遵守的工作日和工作时间。例如，特定的资源在工作日和非工作日是可以使用的，还是应当闲置的。项目资源日历确定了每个可能的工作时期中每项资源可获得的数量。

(4) 必要的变更

253

活动资源需求估算过程可能导致一些必要的变更，增加或者减少活动清单中计划的活动内容。这些变更必须通过变更控制过程予以评审和变动。

(5) 更新后的投资项目文档

完成投资项目活动资源估算后，活动清单、活动属性和资源日历等相关投资项目文档都需要更新。

### 11.1.3 项目活动时间估算

**1. 项目活动时间估算的概念**

项目活动时间估算也称为活动工期估计，是指依据投资项目范围、资源和相关信息，对完成投资项目已确定的各种活动可能持续时间的长度进行估算。

在对项目时间进行估算时，首先应分别估算项目中的各项活动所需的时间，然后根据投资项目活动排序来确定整个投资项目所需的时间。在进行活动时间估算时，需要考虑活动工作范围、所需资源类型及数量、资源日历等因素。在此应遵循的一项重要原则是，进行活动时间估算工作应由投资项目团队中那些熟悉投资项目活动特征的人员来承担。同时，活动时间估算既要考虑活动所消耗的实际工作时间，也要考虑间歇时间。若投资项目活动时间估算过短，则会使投资项目团队处于被动、紧张状态；若投资项目活动时间估算过长，则投资项目会延迟完成。例如，在建设一条高速公路时，铺沥青的时间为10天，等待沥青干的时间为2天，所以，该投资项目铺沥青这一活动的实际估算时间为12天。

**2. 项目活动时间估算的影响因素**

项目活动时间估算是编制项目进度计划的一项重要基础工作，对项目活动时间估算的基本要求是客观、正确。估算时间过长，会影响项目工期目标的实现；估算时间过短，会造成项目运作的被动紧张。在进行投资项目活动时间估算时，要考虑很多因素对活动时间的影响，具体如下：

(1) 各种资源的投入情况

投资项目的资源供应情况不同，即项目可用的总资源限制与资源投入强度的不同会导致项目所需时间不同。例如，施工中机械设备减少一半，投资项目活动时间可能会延长一倍。

(2) 采用的工艺技术方案、施工方案

投资项目采用的方案不同，完成项目活动所需的时间不同。如施工中采用现浇方案与装配方案所需要的时间不一样，流水施工与平行施工所需的时间也不一样。

(3) 熟练程度及工作效率

投资项目活动参与人员的熟练程度可能高于平均水平，也可能低于平均水平，这就使得活动进行的实际时间可能会比计划时间长些或短些。此外，项目活动参与人员不可能保持同样的工作效率。由于主观或客观的原因，项目成员的工作能力或效率很难保持稳定。

(4) 突发事件

突发事件会对投资项目活动的实际需要时间产生影响。在投资项目活动计划阶段将所有可能发生的事件都考虑在内是不可能的，需要对突发事件做好准备，以便其发生时项目团队具有控制和调整项目的能力。

(5) 计划调整

在投资项目活动的实践过程中，计划要随着项目环境和其他因素的变化进行一些必要的、局部的调整，而完成计划调整需要时间。

(6) 误解和错误

开展投资项目活动的过程中，如果出现误解和错误需要及时予以纠正，这也会使得投资项目实际工作所需要花费的时间比预计的时间要长，从而造成一定程度的时间延误。

**3. 项目活动时间估算的依据**

(1) 活动清单

活动清单是由活动定义获得的一份文件，是通过项目工作分解结构的细化和扩展，列出项目所需开展的全部工作和活动文档。

(2) 约束条件和假设

约束条件是指投资项目活动时间估算方面的各种约束条件，即活动持续时间所面临的各种限制性因素。假设是为活动时间估算所假定的多种可能存在的风险及可能发生的情况。

(3) 活动资源需求

大多数投资项目活动的持续时间在很大程度上受到分配给它们的人力和物力资源能力的影响，也受到项目活动所能获得的资源质量和效率的影响。例如，一般经验丰富的人员完成指定活动所用时间要比经验少的人员短。

(4) 项目管理计划

项目管理计划中已识别的风险和活动的成本估算可以作为活动时间估算的依据。其中，由于风险对活动持续时间有重要影响，因此活动时间估算需要考虑已识别的风险。具体而言，需要考虑在每一活动的基线时间估算中，以何种程度计入风险的影响。项目活动成本估算可以用于估算活动的资源需求数量，以此为基础来估算活动的时间。

(5) 组织积累的相关资料

参与投资项目的组织可能保留有以往投资项目结果的记录，而许多已经完成的类似投资项目对估算现有投资项目活动时间很有帮助。现有的投资项目组织积累的相关资料也可以用来估算活动时间，如利用投资项目日历，可以编制开展计划活动的工作日或轮流班次，以及不开展计划活动的非工作日的日历。

**4. 项目活动时间估算的主要工具和方法**

(1) 类比估算法

类比估算法是依据以前类似项目活动的实际完成时间，通过类比来推测估算当前项目活动所需时间的一种方法，此法也称为详细估算法或自上而下的估算。类比估算法是一种粗略的估算方法，通常在投资项目的资料和信息有限的情况下使用。相对于其他估算技术，类比估算法通常成本较低、耗时较少，但准确性也较低。如果以往活动是本质上而不是表面上类似，并且从事估算的投资项目团队成员具备必要的专业知识，那么类比估算法就比较可靠。

(2) 专家判断法

专家判断法是由具备专业知识或受过专门培训的人组成一个专家小组，该小组的成员凭借其专业知识和经验对所获得的信息进行分析，对投资项目活动时间进行估计、判断和评价的方法。当项目涉及新技术的运用或者某种不熟悉的业务时，就要由项目管理专家运用其知识和经验，根据历史信息资料对项目活动的时间作出权威的估算。由于投资项目活动时间估算涉及众多因素,很难找到一个通用的计算方法,在此情况下运用专家判断法将是行之有效的方法。但专家的判断主要是依赖于历史经验和信息,其估算结果也具有不确定性。

(3) 群体决策技术

选择一组与技术工作密切相关的人员参与估算过程,并基于团队的方法(如头脑风暴法、德尔菲法或名义小组技术)来进行投资项目活动时间估算。让成员参与估算,可以获取额外的信息,得到更准确的估算;同时,提高他们对项目活动时间估算结果的责任感。

(4) 参数估算法

参数估算法是一种基于历史数据和投资项目参数,使用某种算法来计算成本或时间的估算方法。把需要完成的工作量和生产率相乘,即可计算出活动时间。生产率是完成单位工作量所需的工时,可以通过经验数据进行估计。例如,对于设计投资项目,将图纸的张数乘以每张图纸所需的工时;对于电缆敷设投资项目,将电缆的长度乘以敷设每米电缆所需的工时;如果所用的资源每小时能够敷设 25m 电缆,那么敷设 1000m 电缆的持续时间是 40h(1000m 除以 25m/h)。参数估算法的准确性取决于参数模型的成熟度和基础数据的可靠性。参数估算法可以针对整个投资项目或投资项目中的某个部分,并可与其他估算方法联合使用。

(5) 模拟法

模拟法是以一定的假设条件为前提,利用数学方法、计算机模拟等对投资项目活动时间进行估算的方法,这种方法也可用来对整个项目的工期进行估算。最常用的模拟法有蒙特卡罗模拟法和三点估计法。其中,三点估计法相对比较简单。三点估计法的基本思路是,首先确定项目各个活动的三个可能时间值:①最可能时间($t_w$),是指在正常情况下完成某项活动最经常出现的时间;②最乐观时间($t_0$),是指在任何事情都进行得很顺利、没有遇到任何困难的情况下,完成某项活动所需要的时间;③最悲观时间($t_p$),是指某项活动在最不利的情况下完成活动的时间。在三个时间中,正常时间必须大于或等于最乐观时间,而最悲观时间必须大于或等于正常时间。

假设上述三个时间服从 $\beta$ 分布,然后运用概率分析的加权平均点方法,算出各项活动时间的平均值 $E$ 和方差 $\sigma^2$,则有:

$$E = (t_0 + 4t_w + t_p)/6 \tag{11-1}$$

$$\sigma^2 = (t_p - t_0)/6 \tag{11-2}$$

三点估计法常用于工程量大、涉及面广、不确定因素多的投资项目活动时间估算。通常,对项目的每项活动都给出三个时间估计是不必要的。一般来说,如果某项活动有非常相似的活动时间可以借鉴,而且完成活动的相关因素又比较确定,则对该活动的持续时间可以只作一个估计,这就是单一时间估算法。然而,在某项活动的持续时间存在高度不确定因素时,给出三个时间估计是必要的。

(6) 储备分析

在进行活动时间估算时,需考虑应急储备(有时称为时间储备或缓冲时间),并将其作为应对进度风险的措施添加到活动时间或进度计划中。应急储备可取活动时间估算值的某一百分比或者若干个单位工作时间,用来应对已经接受的已识别风险,以及已经制定应急或减轻措施的已识别风险。随着投资项目信息越来越明确，可以动用、减少或取消应急储备，这种储备时间应与其他假设一起形成文档。

**5. 项目活动时间估算的结果**

（1）估算出的活动时间

投资项目活动时间估算是对完成某项活动所需要的工作时间及其可能性进行定量估计，并且为了使表述更为科学，需要标示出投资项目活动时间的变动范围。例如：2 周±2 天（每周 5 个工作日），表示这项活动至少需要 8 天，最多不超过 12 天；超过 3 周的概率为 15%，表明这项活动在 3 周内（含 3 周）完工的概率为 85%。此外，根据投资项目各项活动的时间估算，可以进一步估算出整个项目所需的工期。

（2）更新后的活动清单

在项目活动时间估算的过程中，可能会发现活动清单中存在各种问题，例如在活动清单中遗漏了一些活动、活动时间的逻辑关系不恰当、对一些活动进行重新分解、界定和排序造成的问题等。当发现上述问题时，应及时进行纠正并更新项目活动清单，由此产生更新后的活动清单。

（3）估算依据的文档

项目活动时间估算的依据必须以文档的形式保留下来，作为项目管理的备查资料和项目活动时间估算结果的补充说明材料列入文档。

### 11.1.4 项目进度计划编制及控制

**1. 项目进度计划的概念及分类**

（1）项目进度计划的概念

项目进度计划是指根据实际条件和合同要求，将项目的总工期目标分解，确定项目各子系统、各层次单元的活动持续时间，按照活动的逻辑程序所安排的实施日程。它要对项目工作活动进行排序，明确投资项目活动必须何时开始以及完成项目活动所需要的时间。多个有机联系的进度计划构成进度计划系统。不同的参与方依据业主总体进度计划系统，构建协调一致的进度计划子系统。

（2）项目进度计划的分类

按照不同的分类方法，可分为多种进度计划。例如：按照空间范围分类，有总体进度计划、单体分部进度计划、分项进度计划；按照时间范围分类，有项目生命期总体进度计划、前期进度计划、准备期进度计划、实施阶段进度计划、经营期进度计划、拆除进度计划；按照计划期分类，有年、月、周、日进度计划；按照表达方式分类，有文字、图、表格等进度计划，图形中又有横道图、网络图等。

**2. 项目进度计划编制**

项目进度计划编制就是基于投资项目的目标定义及范围界定，在项目工作分解结构的基础上，根据活动定义、活动排序、活动时间及资源需求估算，对项目所有活动的进度安排进行系统的计划编制工作。编制项目进度计划时，项目有关干系人和主要职能部门都应该积极参加，以便了解本部门在进度计划管理中的职责并提前做好各项准备工作。同时，各职能部门还可据此拟订出本部门的项目进度子计划。无论是编制项目进度计划还是执行项目进度计划，项目经理和项目管理人员常常需要在各种方案之间作出选择。这些选择包括项目关键节点的时间安排、可交付成果的质量标准、部分工作是否外包以及外包的程度等。因此，项目进度计划编制也可以看作是项目管理人员对于各种选择所作决策的系统记录。

项目进度计划编制的主要任务是安排投资项目的时间进度、确定各项目工作活动的起始和完成时间及具体的实施方案和措施；主要目的是控制和节约项目的时间，保证项目在规定的时间内能够完成；最终目标是建立一个现实的项目进度计划，并为监控项目的进展情况提供基础。编制一个好的投资项目进度计划，不仅应考虑项目目标的高效实现，而且还应有利于项目实施过程的跟踪与控制。具体来说，项目进度计划编制的主要工作见表 11-5。

项目进度计划编制的主要工作　　　　　　　　　表 11-5

| 依据 | 工具和方法 | 结果 |
| --- | --- | --- |
| 项目进度网络图<br>活动资源需求<br>活动时间估算<br>时间提前量与滞后量<br>约束条件和假设<br>风险管理计划<br>项目活动特性 | 数学分析法（甘特图、关键路径法、图形评审技术、计划评审技术）<br>持续时间优化<br>模拟技术<br>资源优化<br>项目管理软件 | 投资项目进度计划<br>投资项目进度管理计划<br>更新后的投资项目文档 |

(1) 项目进度计划编制的依据

1) 项目进度网络图。项目进度网络图确定了项目活动的顺序以及这些活动之间的逻辑关系和依赖关系，进度计划的制订主要就是按照项目进度网络图来确定项目活动之间的关系，以有利于投资项目执行过程中各项工作之间的协调和控制。

2) 活动资源需求。项目活动对资源数量和质量的需求，会对项目进度产生影响。因此，投资项目进度计划的编制需要先判断项目的各项活动在何时需要何种资源，以及当几项活动共用一种资源时，如何进行合理的资源平衡，然后确定如何安排项目各项活动的进度。

3) 活动时间估算。项目活动时间的估算是通过类比估算法、专家判断法、模拟法等估算方法得到的，直接影响投资项目进度计划的编制。

4) 时间提前量与滞后量。项目进度计划定义项目活动的关系时，需要了解项目活动提前和滞后的时间。

5) 约束条件和假设。编制项目进度计划时必须要考虑的约束条件包括：①强制日期，项目业主或其他外部因素可能要求在某规定的日期前完成项目；②关键事件或主要里程碑，项目业主或其他利益相关者可能要求在某规定日期前完成某些可交付成果，例如什么时候完成可行性研究，什么时候完成初步设计等；③假定前提，有些假定的情况不一定会出现，因此必须特别注意资源和时间的可靠性。同时，进度计划的编制往往要依赖于一定的假设前提条件。

6) 风险管理计划。风险管理计划包括在整个投资项目周期用于管理风险的各种措施，也是项目进度计划编制的重要依据。

7) 项目活动特性。项目活动特性包括职责（由谁执行这项工作）、地理位置（执行地点）和活动类型，这些特性便于用户选择和归类所有计划中的活动。

(2) 项目进度计划编制的主要工具和方法

1) 甘特图

甘特图即条线图或横道图，是项目进度计划编制最常用的方法之一。在甘特图中，项目活动在左侧列出，表示工作内容；进度与活动时间用线段或横道的长短表示，可以依据计划的详细程度，以年、月、周、天或小时来作为度量项目进度的时间单位。另外，在图中也可以加入一些表明每项活动由谁负责等方面的信息。以现浇混凝土水池项目为例，可以按照活动之间的逻辑关系，依次将其用横道画在带有时间坐标的二维平面上，得到如图11-9所示的项目进度计划甘特图。

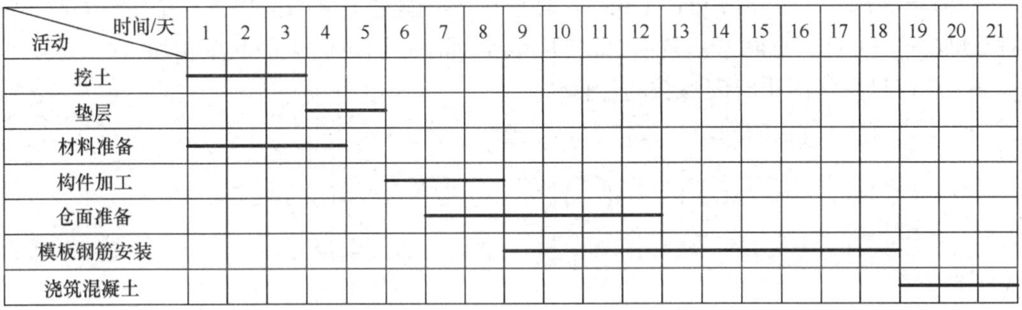

| 活动 \ 时间/天 | 1 | 2 | 3 | 4 | 5 | 6 | 7 | 8 | 9 | 10 | 11 | 12 | 13 | 14 | 15 | 16 | 17 | 18 | 19 | 20 | 21 |
|---|---|---|---|---|---|---|---|---|---|---|---|---|---|---|---|---|---|---|---|---|---|
| 挖土 | ━ | ━ | ━ | | | | | | | | | | | | | | | | | | |
| 垫层 | | | | ━ | ━ | | | | | | | | | | | | | | | | |
| 材料准备 | ━ | ━ | ━ | ━ | ━ | | | | | | | | | | | | | | | | |
| 构件加工 | | | | | | ━ | ━ | ━ | | | | | | | | | | | | | |
| 仓面准备 | | | | | | ━ | ━ | ━ | ━ | | | | | | | | | | | | |
| 模板钢筋安装 | | | | | | | | | ━ | ━ | ━ | ━ | ━ | ━ | | | | | | | |
| 浇筑混凝土 | | | | | | | | | | | | | | | ━ | ━ | ━ | ━ | ━ | ━ | ━ |

图11-9　现浇混凝土水池项目进度计划甘特图

甘特图可以明显地表示出各活动所持续的时间，横道线显示了每项活动的开始时间和结束时间，其长短代表了活动持续时间的长短。甘特图可用于WBS的任何层次，而时间单位则可从年到日，甚至到时。另外，甘特图除用于编制进度计划外，还可作为进度的控制工具。甘特图的主要作用可总结为以下三个方面：第一，通过表示活动的条形图在时间坐标轴上的点位和跨度来直观反映活动的有关时间参数；通过条形图的不同图形特征（如实线、波浪线）来反映工作包的不同状态（如反映时差、计划或实施中的进度）；通过使用箭线来反映工作之间的逻辑关系。第二，用于项目进度的控制。其原理是将实际进度状况以条形图的形式在同一项目的进度计划甘特图中表示出来，以此来直观地对比实际进度与计划进度之间的偏差，作为调整进度计划的依据。第三，可辅助项目资源优化，用于项目资源及费用计划的编制。

2) 关键路径法

关键路径法是一种最常用的数学分析技术，它是一种运用特定的、有顺序的网络逻辑来预测总体项目历时的项目网络分析技术。它可以确定项目各项活动最早、最迟的开始时间和完成时间、时差、关键线路和项目工期等时间参数；分析每一项活动相对时间的紧迫程度及活动的重要程度，以保证投资项目实施过程中能抓住主要矛盾，确保项目按期完成。

① 工作的时间参数

工作最早开始时间 $ES_{i-j}$（Earliest Start Time）：是指在其所有紧前工作全部完成后，本工作有可能开始的最早时刻。

工作最早完成时间 $EF_{i-j}$（Earliest Finish Time）：是指在其所有紧前工作全部完成

后，本工作有可能完成的最早时刻。工作最早完成时间等于本工作最早开始时间与其持续时间之和。

工作最迟完成时间 $LF_{i-j}$（Latest Finish Time）：是指在不影响整个任务按期完成的前提下，本工作必须完成的最迟时刻。

工作最迟开始时间 $LS_{i-j}$（Latest Start Time）：是指在不影响整个任务按期完成的前提下，本工作必须开始的最迟时刻。工作最迟开始时间等于本工作最迟完成时间与其持续时间之差。

自由时差 $FF_{i-j}$（Free Float Time）：是指在不影响其紧后工作最早开始时间的前提下，本工作可以利用的机动时间。

总时差 $TF_{i-j}$（Total Float Time）：是指在不影响总工期的前提下，本工作可以利用的机动时间。可见，总时差是自由时差的综合，而不是自由时差的简单相加。

② 双代号网络图中时间参数的计算

取如图 11-10 所示的网络片段作为简图进行计算。

图 11-10 计算简图

节点编号：$\begin{cases} i = 0, 1, 2, \cdots\cdots, n-1 \\ j = 1, 2, 3, \cdots\cdots, n \end{cases}$

第一，计算最早开始时间和最早完成时间。

令整个计划的开始时间为第 0 天，以网络计划的起点节点为开始点的工作最早开始时间为零，顺着箭线方向依次计算各工作点的最早完成时间和开始时间，则工作的最早完成时间等于最早开始时间加其持续时间 $D_{i-j}$，如公式（11-3）所示。

$$\text{最早时间：}\begin{cases} EF_{i-j} = ES_{i-j} + D_{i-j} \\ ES_{j-k} = EF_{i-j} \text{ 或 } = \max_{\forall j} EF_{i-j}; ES_{i-j} = \max[EF_{n-j}] \end{cases} \quad (11\text{-}3)$$

工作最早开始时间等于其紧前工作的最早完成时间的最大值。

第二，计算最迟开始时间和最迟完成时间。

由于工作最迟时间参数受到紧后工作的约束，所以其计算顺序应从终点节点起逆着箭线方向依此逐项计算。令整个项目计划的总工期为一常数，则工作最迟开始时间等于最迟完成时间减去其持续时间，如公式（11-4）所示。

$$\text{最迟时间：}\begin{cases} LS_{i-j} = LF_{i-j} - D_{i-j} \\ LF_{h-i} = LS_{i-j} \text{ 或 } = \min_{\forall j} LS_{i-j}; LF_{i-j} = \min[LS_{j-k}] \end{cases} \quad (11\text{-}4)$$

工作的最迟完成时间等于其紧后工作的最迟开始时间的最小值。

第三，确定计算工期。

计算工期等于以网络计划的终点节点为箭头节点的各项工作的最早完成时间的最大值，即：

$$T_c = \max[EF_{i-n}] \text{（若最终节点编号为 } n\text{）} \quad (11\text{-}5)$$

当已规定了要求工期 $T_r$ 时，则计划工期 $T_p$ 小于或等于要求工期 $T_r$，即 $T_p \leqslant T_r$。
当无要求工期限制时，则计划工期 $T_p$ 等于计算工期 $T_c$，即 $T_p = T_c = \max[EF_{i-n}]$。

第四，计算总时差和自由时差。

总时差等于其最迟开始时间减去最早开始时间，或等于最迟完成时间减去最早完成时间，即：

$$\text{总时差 } TF_{i-j} = \begin{cases} LS_{i-j} - ES_{i-j} \\ \text{或} \\ LF_{i-j} - EF_{i-j} \end{cases} \tag{11-6}$$

当工作 $ij$ 有紧后工作 $jk$ 时，其自由时差应等于紧后工作最早开始时间 $ES_{jk}$ 与本工作的最早完成时间 $EF_{i-j}$ 之差的最小值，即：

$$FF_{i-j} = \min[ES_{j-k} - EF_{i-j}] \tag{11-7}$$

以网络计划的终点节点（$j=n$）为箭头节点的工作，其自由时差 $FF_{i-n}$ 应按网络计划的计划工期 $T_p$ 来确定，即 $FF_{i-n} = T_p - EF_{i-n}$。也就是说，网络计划最后一个节点的自由差 $FF_{i-n}$ 等于计划工期 $T_p$ 减去最后一个节点的最早完成时间 $EF_{i-n}$。

如果项目某条线路的总时差为正值，这一正的总时差可以由该线路上所有的工作活动来共用，当该线路上的某项工作活动不能按期完成时，则可以利用该线路的总时差，而不必担心影响项目的进度；如果项目某条线路的总时差为负值，则表明该线路上的各项工作活动要加快进度，减少在该线路上花费的时间总量，否则项目就不能在规定的时间范围内顺利完成；如果项目某条线路的总时差为零，则表明该线路上的各项活动不用加速完成但是也不能拖延时间。

第五，确定关键工作和关键线路。

在网络计划中，总时差最小的工作为关键工作。特别地，当网络计划的计划工期等于计算工期时，总时差为零的工作就是关键工作。由于工作的自由时差是总时差的构成部分，因此，当工作的总时差为零时，其自由时差必然为零。即：

$$\text{关键工作} \begin{cases} TF_{i-j} = 0 \\ FF_{i-j} = 0 \end{cases} \tag{11-8}$$

关键路径法的重点是确定项目的关键线路，关键线路的确定是将项目网络图中每条线路所有工作活动的历时分别相加，最长的线路就是关键线路，关键线路上的工作活动称为关键活动，关键线路的节点称为关键节点，关键工作活动的总时差为零。如果关键线路上的某项工作活动未如期完成，所有处于其后的工作活动都要往后拖延，最终的结果是项目不能按计划完成。反之，如果关键线路上的某工作活动能够提前完成，那么整个项目也有可能提前完成。由此可知，在编制项目进度计划时，关键线路上的活动是关注的重点。

③ 单代号网络图中时间参数的计算

第一，计算最早开始时间和最早完成时间。

网络计划起点节点的最早开始时间为零。如起点节点的编号为 1，则 $ES_i = 0 (i=1)$。

工作最早完成时间等于该工作的最早开始时间加上其持续时间 $EF_i = ES_i + D_i$。

工作最早开始时间等于该工作的各个紧前工作的最早完成时间的最大值。如工作 $j$ 的紧前工作的代号为 $i$，则 $ES_j = \max[EF_i]$ 或 $ES_j = \max[ES_i + D_i]$。

第二，确定计算工期。

计算工期 $T_c$ 等于网络计划的终点 $n$ 的最早完成时间 $EF_n$，即 $T_c = EF_n$。

第三，计算相邻两项工作之间的时间间隔 $LAG_{i,j}$。

相邻两项工作 $i$ 和 $j$ 之间的时间间隔 $LAG_{i,j}$ 等于紧后工作 $j$ 的最早开始时间 $ES_j$ 和本工作的最早完成时间 $EF_i$ 之差，即 $LAG_{i,j} = ES_j - EF_i$。

第四，计算工作总时差。

工作活动 $i$ 的总时差 $TF_i$ 应从网络计划的终点节点开始，逆着箭线方向依次逐项计算。

网络计划终点节点的总时差 $TF_n$，如计划工期等于计算工期，其值为零，即 $TF_n = 0$。

其他工作 $i$ 的总时差 $TF_i$，等于该工作的各个紧后工作 $j$ 的总时差 $TF_j$ 加该工作与其紧后工作之间的时间间隔 $LAG_{i,j}$ 之和的最小值，即 $TF_i = \min[TF_j + LAG_{i,j}]$。

第五，计算工作自由时差。

当工作 $i$ 无紧后工作，其自由时差 $FF_i$ 等于计划工期 $T_p$ 减该工作的最早完成时间 $EF_n$，即 $FF_n = T_p - EF_n$。

当工作 $i$ 有紧后工作 $j$ 时，其自由时差 $FF_i$ 等于该工作与其紧后工作 $j$ 之间的时间间隔 $LAG_{i,j}$ 的最小值，即 $FF_i = \min[LAG_{i,j}]$。

第六，计算工作的最迟开始时间和最迟完成时间。

工作 $i$ 的最迟开始时间 $LS_i$ 等于该工作的最早开始时间 $ES_i$ 加上其总时差 $TF_i$ 之和，即 $LS_i = ES_i + TF_i$。

工作 $i$ 的最迟完成时间 $LF_i$ 等于该工作的最早完成时间 $EF_i$ 加上其总时差 $TF_i$ 之和，即 $LF_i = EF_i + TF_i$。

第七，确定关键工作和关键线路。

总时差最小的工作是关键工作。关键线路的确定按以下规定：从起点节点开始到终点节点均为关键工作，且所有工作的时间间隔为零的线路为关键线路。

如节点不太多，单代号网络图绘制完以后，经检查正确无误，即可在网络图上直接计算其时间参数。计算方法与双代号网络相同，最早时间是从左向右逐个节点进行计算，即从第一个节点算到最后一个节点。最迟时间则从最后一个节点算起，一直算到第一个节点。有了最早时间与最迟时间参数后，即可计算工作的总时差和自由时差，将时差为零的节点用粗黑线连接起来即为关键线路。单代号网络图增加了相邻两项工作之间的时间间隔计算，如节点数很多，时间参数的计算一般用计算机完成。

3) 图形评审技术

网络计划的目的是根据其作业的逻辑关系来模拟项目的实际执行过程。为此，在其网络模型中，通过引入一些特殊的符号表示工作逻辑关系，图形评审技术模型（Graphical Evaluation and Review Technique，GERT）有概率型节点和确定型节点，且有标志节点的特殊符号。GERT 网络不仅像其他网络方法一样允许有单向流，而且还允许由任一节点开始，再流入其任何先行节点的回路。因此，GERT 特别适合用图形表示项目实施的动态过程。

GERT 网络由节点和箭线构成。GERT 网络节点为一种逻辑节点，它由输入侧和输出侧组成。输入侧有三种逻辑关系，输出侧有两种逻辑关系。因此，根据不同的组合，可以得到 6 种节点模型，见表 11-6。

GERT 节点表   表 11-6

| 输出＼输入 | 异或型 ◁ | 或型 ◁ | 与型 ◁ |
|---|---|---|---|
| 确定型 ▷ | ◁ | ◇ | ○ |
| 概率型 ▷ | ◁ | ◇ | ◇ |

异或型输入表示几个内向活动中只有一个能够实现，当该活动完成后，节点才能实现。或型输入表示任何内向活动完成后，就可使节点实现，因此完成的内向活动的结束时刻就是该节点的实现时刻，但该节点的其他内向活动仍在进行。与型输入表示所有内向活动结束时，节点才能实现。因此，最后完成的内向活动的结束时刻就是该节点的实现时刻。此时，该节点的外向（输出）才能开始进行。

确定型输出表示节点的实现使所有的外向活动都能开始进行，即每个外向活动的实现概率都是 1。概率性输出表示节点外向活动中只有一个能进行，且有一定的实现概率，这种节点所有外向活动的概率之和为 1。

GERT 网络箭线的参数一般包含三个方面的内容：一是紧前节点 $i$ 实现的情况下该箭线 $i-j$ 发生的概率 $P_{ij}$；二是箭线 $i-j$ 所表示的活动的持续时间 $T_{ij}$；三是持续时间 $T_{ij}$ 的概率分布形式 $f_{ij}$。

4) 计划评审技术

计划评审技术（Program Evaluation and Review Technique，PERT）是投资项目进度管理的另一项技术，是指当投资项目的某些或者全部活动时间估算存在很大的不确定性时，综合运用关键路径法和加权平均时间估算法估计投资项目时间的网络分析技术。这种网络分析技术适用于不可预知因素较多、从未做过的新投资项目和复杂投资项目。PERT 经常基于三点估计法来估算时间，三点估计法在"投资项目活动时间估算的主要工具和方法"部分已进行介绍，这里不再赘述。

5) 持续时间优化

持续时间优化是运用数学分析方法达到缩短项目工期的一种特殊方法，其往往是为了达到一些特别的限制或者是某些进步目标的要求而进行时间的优化。持续时间优化的技术主要有：

① 费用交换，其目的是寻求压缩时间进度所需增加的成本费用最小，或者在确定最佳费用限额的基础上达到持续时间压缩最大。在进度和费用之间往往存在一定的转换关系，通过权衡利弊，寻求工期和费用的最佳结合点。

② 并行处理，将一般情况下顺序实施的分项工作活动改为平行进行。例如，在投资项目可行性研究报告和设计文件获得批准后可以同时进行施工队伍的组建和非标准设备研制的招标投标工作，这样可以压缩时间进度，但是也会增加一定的返工风险。

6) 模拟技术

模拟技术一般是指根据一定的假设条件和据此发生的概率，运用蒙特卡罗模拟和三点估计等方法确定出每项工作活动持续时间的统计分布和整个项目工期的统计分布，然后使用这些数据编制出项目进度计划的一种方法。还可采用计算机模拟技术模拟项目进度安排。

7) 资源优化

在投资项目实施过程中需要多种多样的人力、物力和财力等资源，如何处理安排和有效利用这些资源可采用许多方法，除了可应用较为复杂的数学模型和模拟方法之外，还可采用寻求最优解的启发式方法，主要包括两类：一是在资源限定的情况下寻求工期最短的实施方案，称为有限资源的合理分配；二是在工期限定的情况下合理有效地利用资源，以保证资源需求的均衡，称为资源的均衡利用。上述资源优化的方法主要运用于项目计划优化中。

8) 项目管理软件

在投资项目进度计划的编制过程中，已经应用了各种项目管理软件，这些软件大多数都能根据项目的资源和工作时间，自动计算和分析项目最佳工期及最佳进度计划安排，同时能以多种形式输出或打印项目的进度计划安排。

(3) 投资项目进度计划编制的结果

1) 投资项目进度计划。项目进度计划包括各项活动计划开始时间和预计完成时间。在资源配置之前，这种进度计划只是一个初步的计划，要在资源配置得到确认后，才能形成正式的项目进度计划。

2) 投资项目进度管理计划。其主要说明了进度计划的执行、检查、调整、控制等有关情况，也说明了项目团队应该如何应对项目进度的变动。根据投资项目的特点，进度管理计划可以是正式的，也可以是非正式的；可以是详细的说明，也可以是基本的框架。它是整个项目进度计划的辅助说明和附属部分。

3) 更新后的投资项目文档。根据项目进度计划对资源需求计划及工作活动列表进行修正和更新。

### 3. 项目进度计划控制

(1) 项目进度计划控制的概念及主要内容

项目进度计划控制是指项目进度计划编制完成后，在项目实施过程中，对实施进展情况进行检查、对比、分析、调整，以保证项目进度计划总目标得以实现的活动。投资项目进度计划控制的主要内容包括：对影响投资项目进度计划的因素进行控制；对投资项目进度计划完成情况的绩效进行度量；对投资项目实施中出现的偏差采取纠偏措施；对投资项目进度计划变更进行管理与控制等。

(2) 项目进度计划控制的措施

项目进度计划控制的方式主要是规划、控制和协调。规划是指确定投资项目总进度控制目标和分进度控制目标，并编制其进度计划。控制是指在项目实施的全过程中，进行实际进度与计划进度的比较，出现偏差及时采取措施调整。协调是指对与进度有关的单位、部门和工作队组之间的进度关系进行协调。

项目进度控制采取的主要措施包括以下几个方面：

1) 组织措施。组织措施主要是指落实进度控制的人员、具体任务和工作职责；建立进度控制的组织系统；按照施工项目的结构、进展的阶段或合同结构等进行项目分解，确定其进度目标，建立控制目标体系；确定进度控制工作制度，如检查时间、方法、协调会议时间、参加人等；对影响进度的因素进行分析和预测。

2) 管理措施。管理措施是指加强信息管理，不断地收集项目实际进度的有关信息资料，并对其进行整理统计；与进度计划相比较，定期提出项目进展报告，以此作为决策依据之一。

3) 合同措施。合同措施是指项目的发包方和承包方之间、总包方和分包方之间通过签订合同明确工期目标，对项目完成时间进行制约的措施。

4) 技术措施。技术措施主要是指采取加快项目进度的技术方法，包括：对实现项目进度目标有利的设计技术、施工（编程）技术、管理技术的选用；采用先进高效的设备、先进可靠的材料。不同的设计理念、设计技术路线、设计方案对工程进度会产生不同的影响，在工程进度受阻时，应分析是否存在设计技术的影响因素，从而明确进度目标有无设计变更的必要和是否可能变更。

5) 经济措施。经济措施是指实现进度计划的资金保证措施。项目进度计划控制的经济措施涉及工程资金需求计划和加快项目进度的经济激励措施等。为确保进度目标的实现，应编制与进度计划相适应的资源需求计划，通过资源需求分析，可发现所编制的进度计划实现的可能性，若不具备资源条件，则应调整进度计划。同时应考虑加快项目进度所需要的资金，其中包括为实现项目进度目标将要采取的经济激励措施及其所需费用。

6) 信息管理措施。信息管理措施是指不断地收集项目实际进度的有关资料，并与计划进度比较。应重视信息技术（包括相应的软件、局域网、互联网以及数据处理设备等）在进度计划控制中的应用。虽然信息技术对进度计划控制而言只是一种管理手段，但它的应用有利于提高进度信息的透明度与进度信息处理的效率，促进项目各参与方的协同工作。

(3) 项目进度计划控制的依据

1) 项目进度基准计划。批准后的项目进度计划在技术上和资源上都可行的就是进度基准计划，它能够为衡量进度的执行情况提供基准尺度。

2) 工作绩效数据。工作绩效数据提供了有关进度绩效的信息，例如哪些活动已经如期完成，哪些活动尚未按期完成。绩效数据还可以提醒投资项目团队注意将来可能在进度实施方面出现的问题。

3) 变更申请。变更申请就是项目团队对项目进度计划任务提出改动的要求，可以要求推迟进度或者加快进度，可采取口头的或书面的、直接的或间接的、从外部或内部提出的申请形式。

4) 投资项目进度管理计划

投资项目进度管理计划提供了如何应对项目进度计划变动的措施和安排，是进行项目进度调整和控制的主要依据之一，也是项目计划的一个附属部分。

(4) 项目进度计划控制的主要工具和方法

1) 项目进度变更控制系统。项目进度变更控制系统规定了改变项目进度计划应遵循的程序，如项目工期变动的申请程序、批准程序以及实施程序等，应作为项目整体变更控制系统的一部分，并与其有机地结合起来。

2) 绩效衡量技术。绩效衡量技术能够通过进度偏差（$SV$）与进度绩效指数（$SPI$）来估计实际发生的投资项目进度偏差的大小。进度控制的一个重要作用是判断已发生的进度偏差是否需要采取纠正措施。

3) 偏差分析技术。进行偏差分析是进度计划控制的一个关键职能。偏差分析技术就是将投资项目的实际进度和计划进度进行对比，它可以在进度滞后的情况下，为如何纠正偏差提供有用的信息。例如，某公司开发新产品时，通过"日填、周报、月总结"机制，及时发现进度偏离，然后及时处理该偏离。公司规定，投资项目经理根据实际投资项目进展情况计算偏离度，即偏离度＝(实际完成总时间－计划完成总时间)/计划完成总时间，偏离度一旦超过15%，投资项目经理必须上报公司领导，进行及时处理。

4) 补充计划的编制。在项目实施过程中，很少有项目能完全精确地按照进度计划进行。因此，需要根据实际变化的情况随时更新调整项目活动清单、活动时间估算与排序，使用补充计划或追加计划来反映多种变化。

5) 项目管理软件。项目管理软件能够跟踪和比较计划日期和实际日期，预测实际的或潜在的进度变更后果，可以绘制网络图确定项目关键线路，创建甘特图、PERT 视图等，用来报告、浏览和筛选具体的项目进度管理信息。

(5) 投资项目进度计划控制的结果

1) 更新后的投资项目进度计划。这是根据投资项目进度计划实施中的各种变化和纠偏措施，对投资项目进度计划进行修订以后所形成的新的投资项目进度计划。它是对原有投资项目进度计划进行全面修订后得出的结果。

2) 变更请求。为了把项目预计的执行情况控制在项目进度计划规定的范围之内，必须在项目实际进度偏离计划进度的差距达到一定程度时采取相应的纠偏措施。如对实际进度滞后的工作活动要采取加快速度的措施，以确保项目能按时完成或尽可能少的延误工期。

3) 可供吸取的经验教训。在投资项目实施过程中，有关投资项目进度计划控制方面的各种可供吸取的经验教训也是投资项目进度计划控制工作的结果之一。这方面的内容包括有关投资项目进度计划变动的原因、采取纠偏措施的理由以及投资项目进度计划失控的经验和教训等。

## 11.2 项目成本管理

### 11.2.1 项目资源计划

**1. 项目资源计划的概念**

项目资源计划是指通过分析和识别项目的资源需求，确定投资项目需要投入的资源种类（包括人力、设备、材料、资金等）、资源投入的数量和资源投入的时间，从而制订出投资项目资源供应计划的成本管理活动。它的意义在于确定投资项目活动在特定的时间需要投入什么样的资源以及每种资源需要的数量。

项目资源计划具有复杂性，其复杂性体现在以下五个方面：第一，设计和计划过程与资源计划具有关联性；第二，资源供应受外界影响很大；第三，资源可能受到一定的限制；第四，资源计划常常要在多项目间协调平衡；第五，资源计划对成本的影响很大。

**2. 项目资源计划的编制依据**

(1) 工作分解结构

工作分解结构是可以构成和定义项目整体工作范围的、具有导向性的、可执行的组成项目基本要素的工作模块。应用 WBS 编制项目资源计划可以保证工作的完备性,不会遗漏具体的资源要素。

(2) 投资项目范围陈述

投资项目范围陈述包括投资项目目标和投资项目工作说明。其中,投资项目目标具备的 SMART 原则如下:①S(Specific)表示目标的明确性;②M(Measurable)表示目标的可衡量性;③A(Acceptable)表示目标的可接受性;④R(Realistic)表示目标的实际性;⑤T(Timed)表示目标的时限性。投资项目工作说明则明确了投资项目要达到的最终结果、投资项目实施的具体内容以及实施投资项目的原因等。

(3) 历史信息

历史信息记录了以往类似投资项目的资源需求和使用情况,对投资项目的完成具有一定的指导和借鉴作用。因此,在条件允许的情况下,要尽可能多地了解历史上类似投资项目的详细信息。

(4) 投资项目进度计划

投资项目进度计划是控制投资项目进程的最主要的纲领性文件,也是其他投资项目计划的基础和指导性文件。投资项目进度计划如同一个用时间量度的界限,把所有投资项目需要使用的资源在不同的时间段上进行分配,以保证投资项目组能够适时、有效和有计划地安排合适的资源。

(5) 资源库信息

资源库就是投资项目团队拥有的、可供使用的资源信息资料的集合。资源库中的资源分为两类:一类是硬件上的,包括投资项目中完成任务的人员和设备物资;另一类是软件上的,包括投资项目所需的各种技术、信息。

(6) 组织策略

组织策略是指用以指导管理者利用组织特有的核心竞争力来发挥组织的竞争优势,在竞争中达到团队目标的一种策略。

(7) 资源文件

资源文件是通过资源计划最终得到的输出文件,是对投资项目实施过程中资源获得、资源分配具有约束力的文件。资源文件中应明确规定工作分解结构每个单元需要什么类型的资源和资源数量。

**3. 项目资源计划编制的方法**

投资项目资源计划编制的方法包括专家判断法、头脑风暴法、德尔菲法、意见书写法和数学模型法。其中专家判断法已在"11.1.2 节"中已介绍,头脑风暴法和德尔菲法在"6.2.2 节"中已介绍。因此,本节仅对意见书写法和数学模型法进行介绍。

(1) 意见书写法

意见书写法是以头脑风暴法为基础进行改进的一种资源计划方法。意见书写法具有以下优点:①各位参会者可以同时工作;②不存在口头批评,书写意见不受干扰;③纸面上的意见有助于他人了解问题,促进思考;④防止遗漏,保证收集的建议足够全面。

(2) 数学模型法

数学模型法是利用符号、函数关系将评价目标和内容系统规定下来,并把相互间的变化关系通过数学公式表达出来的一种方法。资源分配问题,就是将数量一定的单一资源或多种资源合理地分配给若干个使用者,使目标函数最优化。

**【例 11-1】** 设有某种原料,总数量为 $a$,用于生产 $n$ 种产品。若分配数量 $x_k$,用于生产第 $k$ 种产品,其收益为 $F_k(x_k)$,如何分配才能使生产 $n$ 种产品的总收入最大?

**【解】** 此问题可以表达为一个静态规划问题:

$$\max z = \sum_{k=1}^{n} F_k(x_k)$$

$$s.t. \begin{cases} \sum_{k=1}^{n} x_k = a \\ x_k \geq 0 \quad k=1,2,\cdots,n \end{cases}$$

$z$:生产 $n$ 种产品的总收入;

$\max z$:生产 $n$ 种产品的总收入最大值。

静态规划问题常常采用动态规划法来解决,动态规划中本阶段的状态往往是上一阶段状态和上一阶段决策的结果。决策变量是状态变量的函数,如果给定了第 $k$ 种产品的状态变量 $S_k$ 以及决策变量 $u_k$,则第 $k+1$ 种产品的状态变量 $S_{k+1}$ 也就完全确定了。决策变量 $u_k$ 的取值往往限制在一定范围内,我们称此范围为允许决策集合,以 $D_k(S_k)$ 表示,显然 $u_k \in D_k(S_k)$。

$u_k$——分配给生产第 $k$ 种产品的原料数量,即 $u_k = x_k$;

$S_k$——分配给用于生产第 $k$ 种至第 $n$ 种产品原料的数量。

状态转移方程:$S_{k+1} = S_k - u_k = S_k - x_k$;

允许决策合集:$D_k(S_k) = \{u_k \mid 0 \leq u_k = x_k \leq S_k\}$

最优值函数 $f_k(S_k)$:数量为 $S_k$ 的原料分配给第 $k$ 种产品至第 $n$ 种产品所得到的收入最大值,动态规划的递推关系为:

$$\begin{cases} f_k(S_k) = \max_{0 \leq x_k \leq S_k} \{F_k(x_k) + f_{k+1}(S_k - x_k)\} \quad k = n-1,\cdots,1 \\ f_n(S_n) = \max_{x_n = S_n} F_n(x_n) \end{cases}$$

通过逆推法可以获得本题原料分配给第 1 种产品至第 $n$ 种产品所得到的最大总收益为 $f_1(S_1)$,即 $f_1(a)$。

**4. 项目资源计划编制的工具**

(1) 资源矩阵

资源矩阵也称资源计划矩阵,它是项目工作分解结构的直接产品,即根据具体工作分解结构情况来对资源进行分析、汇总。资源矩阵能够清晰表示 WBS 的结果,解决 WBS 中无法解决的问题。

(2) 资源数据表

资源数据表不同于资源计划矩阵,其主要表示在项目进行过程中资源的使用和分配情况,而不是对投资项目所需资源进行统计说明。

(3) 资源甘特图

资源甘特图是资源数据表更加直观的表现形式,因此经常被项目管理者用作描述项目进度计划的工具。由于该图简单、明了、直观,易于编制,因此也是进行资源平衡的主要工具。该图能有效显示行动时间的规划，适用于项目计划和投资项目进度安排，在网络计划技术出现之前，甘特图是计划和控制的重要手段。

（4）资源负荷图

资源负荷图（Load chart）是一种修改后的资源甘特图，它不是在纵轴上列出活动，而是列出整个部门或者某些特定的资源，它能够帮助管理者对生产能力进行计划和控制。

（5）资源累计需求曲线

资源累计需求曲线是以线条的方式反映项目进度及其资源需求情况。在投资项目进行过程中的每个时点，投资项目组织者都应该根据资源累计需求曲线准确把握已经使用的资源总量，这有助于组织者从整体上对投资项目资源进行调控，防止由于投资项目资源的使用数量大于投资项目的实际进度，造成投资项目前期资源浪费，而项目后期资源紧缺。资源累计需求曲线可以通过项目资源数据表和资源甘特图推出，如图11-11所示。

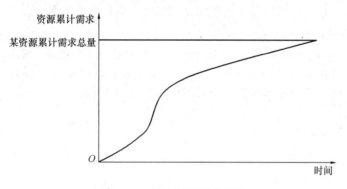

图11-11　资源累计需求曲线

### 11.2.2　项目成本估算

项目成本估算可以作为成本控制的基础，它能够判断和评估投资项目的可行性，从而获得投资、管理现金流、分配人力资源并估算工期。

**1. 项目成本的分类**

（1）按成本类型划分

1）直接成本（Direct Costs）：是指直接分配到投资项目各个方面中所产生的成本，例如人工和材料成本。

2）间接成本（Indirect Costs）：是指非直接分配到投资项目各个方面，但为项目进行所必须产生的费用，主要包括日常开支和销售管理费用。

（2）按发生频率划分

1）一次性成本（Nonrecurring Costs）：是指发生在投资项目开始或收尾阶段的一次性费用，例如市场调查人员培训。

2）经常性成本（Recurring Costs）：是指在投资项目生命周期中重复发生的费用。

（3）按成本变动机会划分

1）固定成本（Fixed Costs）：是指不随使用量变化的成本，例如租借大型设备或使用其他项目硬件。

2）变动成本（Variable Costs）：是指随使用量的变化而增加的成本，即与使用程度成正比。

(4) 按项目工作进度划分

1) 正常成本（Normal Costs）：是指按照计划进度发生在投资项目工作中的成本。

2) 加速成本（Expedited Costs）：是指在加快投资项目进度时所发生的计划外成本。赶工过程可能涉及的成本包括：员工加班、雇用临时员工等。

**2. 项目成本估算的类型**

(1) 初步估算

在投资项目的可行性研究阶段，为项目选择决策提供成本估算，估算误差为−25%～75%。

(2) 中期估算

在投资项目的设计阶段，将资金拨入预算计划，估算误差为−10%～25%。

(3) 最终估算

在投资项目实施前，为采购提供详情，实际成本估算误差为−5%～10%。

**3. 项目成本估算的工作内容**

项目成本估算的工作内容包括：识别和考虑各种成本计算方案；成本估算过程考虑预期的成本节省能否弥补额外设计工作的成本；在投资项目进程中，可对成本估算进行细化，反映额外的细节。在整个投资项目生命期内，项目成本估算的准确性随着项目的绩效提高。

对投资项目成本估算需要进行三个主要步骤：

(1) 识别并分析成本的构成科目。该部分的主要工作就是确定完成项目活动需要的物质资源的种类。

(2) 根据已识别的项目成本构成科目，估算每一科目的成本大小。

(3) 分析成本估算结果，找出各种可以相互替代的成本，协调各种成本之间的比例关系。

**4. 项目成本估算的依据**

(1) 事业环境因素（EEFs）

事业环境因素（EEFs）是指项目团队不能控制，并将对投资项目产生影响、限制或指令作用的各种条件。成本估算过程要考虑市场条件，即在市场中从哪里、在何种条件和条款下能够得到何种产品、服务和结果。

(2) 组织过程资产

在编制成本管理计划时，要考虑现存的正式和非正式的计划、方针、程序和指导原则，选择将使用的成本估算工具、监测和报告方法，包括：①成本估算方针，即某些组织已预先定义的成本估算方针；②成本估算模板，即某些组织已建立的供投资项目团队使用的模板（或格式标准）；③历史信息，即从组织内部不同的地方获得的与项目产品和服务有关的信息；④项目文档，即参与项目的一个或多个组织留存的以前项目的实施记录；⑤投资项目团队知识，即项目团队成员可能回忆起的以前的实际成本或成本估算；⑥吸取的教训，包括从以前执行的类似项目中（范围和规模类似）获得的成本估算。

(3) 项目范围说明书

它正式明确了投资项目应该产生的成果和项目可交付的特征，并在此基础上进一步明确和规定了投资项目干系人之间希望达成共识的投资项目范围，为未来项目的决策提供管理基线，包括制约因素、假设和需求。其中制约因素是限制成本估算的特定因素。

（4）工作分解结构

项目的工作分解结构说明了项目所有组成部分与投资项目交付成果之间的关系。

（5）工作分解结构词汇表

工作分解结构词汇表和相关的详细工作说明书提供了可交付成果的标识和完成每个可交付成果所需的工作分解结构组件的工作说明。

（6）项目管理计划

项目管理计划提供了执行、监控项目的总体计划，其中包括为成本管理规划和控制提供指导的从属计划。如果有其他计划成果，则应在成本估算时考虑以下内容：①进度管理计划。决定项目成本的主要因素是资源的类型和数量，以及这些资源应用到投资项目工作的时间；②人员配备管理计划。项目人员的属性和人工费率对成本估算产生影响；③风险登记册。编制成本估算时，成本估算师要考虑风险应对方面的信息。

**5. 项目成本估算的工作方法**

（1）经验估算法

进行估计的专家具有专门知识和丰富的经验，据此提出一个近似的数字。这是一种最原始的方法，属于专家评价法的一种。该方法主要适用于机会研究，可以作为提出投资项目任务以及考虑投资的参考。

（2）因素估算法

因素估算法（Factor Estimating Method）是根据客观现象内部各因素之间的联系，从已知因素的统计信息来推算未知因素指标的方法。它是比较科学的一种传统估算方法，以过去为依据，利用数学知识来预测未来。基本工具是利用规模和成本图。

（3）工作分解结构全面详细估算法

利用工作分解结构方法，先对投资项目任务进行合理的细分，然后估算每个工作分解结构要素的费用。具体步骤如下：①对投资项目需求作出一个完整的限定；②制定完成任务所必需的逻辑步骤；③编制工作分解结构表。

（4）自上而下估算法

自上而下估算法主要包括参数估计法和类比估算法。

参数估计法是一种建模统计技术，利用投资项目特性计算投资项目费用，模型可以简单（例如住宅开发可以用面积等参数估算），也可以复杂（例如软件开发成本需要考虑人工、材料、机器等多个方面的因素）。

类比估算法是指利用以前类似投资项目的实际成本作为估算当前投资项目成本的基本依据。通常在投资项目早期采用类比估算法进行投资项目成本估算。该方法的缺点是当上层的管理人员根据他们的经验进行成本估算并分解到下层时，可能会出现基层人员认为估算的成本不足以完成相应任务的情况。此时，基层人员和主管人员之间经常会存在沟通的问题。

（5）自下而上估算法

该方法是根据 WBS 体系、基本的任务以及其日程和个体预算来估算成本。使用该方法进行估算需要对任务的时间和预算进行详细考察。该方法的优点是比起高层管理人员来，直接参与投资项目的人员更为清楚投资项目涉及活动所需要的资源量，而且由于估算出直接参与具体项目任务的实际对应人员,也可以避免引起争执和不满。

(6) 比较估算法

比较估算法是假设类似项目的历史数据可作为目前投资项目成本估算的依据。这种方法依赖于以前类似投资项目和具体投资项目数据的可获得性和精确性,在进行预算时,应根据通货膨胀率适当调整成本估算。

**6. 项目成本估算中的学习曲线**

(1) 学习曲线的概念形成

学习曲线最早对实际项目实施产生显著影响的事件发生在 1925 年,当时 Wright-Patterson 空军基地的负责人发现随着飞机生产数量的增加,生产单架飞机的时间会缩短。20 世纪 60 年代,波顿咨询小组的有关研究表明每当产品的总产量翻番时,生产同样数量产品的总生产时间和成本都将下降,而且这种下降的趋势具有连续性和可预期性。

(2) 学习曲线的内容

学习曲线也可以称为经验曲线或生产时间预测曲线。美国人赖特根据对大量资料的分析研究发现,飞机生产数量的递增与单位产品的平均直接工时成反比,即当累计产量较小时,平均直接工时较大;累计产量较大时,平均直接工时较小,这种现象叫作"学习效应",也就是指当一个人或一个组织重复地生产某一产品时,生产单位产品所需的时间会随着产品数量的增加而逐渐减少,然后趋于稳定。有些研究表明,实际生产中,当产品产量翻一番时,生产效率会按照固定的比率提高。

(3) 学习曲线的影响因素

学习曲线的影响因素包括:①劳动效率;②宏观经济趋势;③工作方式的改进,例如新的生产过程、通过生产设备获取更好的工作绩效、资源配置的改变、产品标准化、产品的重新设计。

(4) 学习曲线的应用

学习曲线的应用包括两个阶段:①学习阶段,单位产品的生产时间随产品数量的增加逐渐减少;②标准阶段,学习规律不再发挥作用,生产时间稳定在一定数值,这个阶段生产同样数量的产品耗费的工作时间也相同。

通常可用公式 (11-9) 表示学习曲线的效用:

$$T_n = T_1 \times n^r \tag{11-9}$$

式中    $T_n$——第 $n$ 单位产出所需要的时间;

$T_1$——第 1 单位产出所需要的时间;

$n$——所生产的数量;

$r$——$\dfrac{\lg(b)}{\lg 2}$,$b$ 为学习率。

生产数量为 $N$ 的产品所需要的总时间为:

$$总时间 = T_1 \sum_{n=1}^{N} n^r \tag{11-10}$$

【例 11-2】某公司的学习曲线上有 85% 的学习率,若生产第一件产品的时间为 300 小时,则生产第 100 件产品所需的时间为多少?

【解】根据公式 (11-9),首先计算 $r$:已知学习率 $b=85\%=0.85$,因此,可求得 $r$

$= \lg b \div \lg 2 = \lg 0.85 \div \lg 2 = -0.234$。其次，计算时间：已知生产第一件产品的时间 $T_1 = 300$ 小时，生产第 $n = 100$ 件产品所需时间为 $T_{100} = T_1 \times n^r = 300 \times 100^{-0.234} = 102.122$ 小时。

【例 11-3】某公司承担了一个需要组装 30 件复杂电子设备的项目，该公司对电子设备有经验，但从未组装过这种设备。经验显示如果组装这种设备达到 10 件以上，则每件平均需要大约 80 小时的直接劳动。如果劳动力工资为每小时 20 元，而奖金为工资的 30%，假设所涉及的工作人员的学习率为 90%。请运用学习曲线法估算组装这 30 件电子设备的直接劳动力成本。

【解】每件 80 小时的工作速度是最终稳定下来的速度，这种速度是在工作到第 10 件时才达到的，即 $T_{10} = 80$。求最初组装第一件时的工作速度首先可以知道：$r = \lg b \div \lg 2 = \lg 0.9 \div \lg 2 = -0.152$，从而有：$T_1 \times 10^r = 80$，故 $T_1 = 80 \div 10^{-0.152} = 113.52$ 小时。

前 10 件所需要的总的工作时间为：$T = 113.52 \times \sum_{n=1}^{10} n^r = 907.54$ 小时。

最后 20 件需要的时间为 $80 \times 20 = 1600$ 小时，故组装 30 件电子设备的直接劳动力成本为：$20 \times (1+0.3) \times (907.54+1600) = 65196.04$ 元。

**7. 项目成本估算的工作成果**

（1）活动成本估算

活动成本估算是指完成计划活动所需资源的可能成本的定量估计，其表述可详可略。

（2）活动成本估算支持细节

活动成本估算支持细节的数量和类型随应用领域的不同而不同，主要包括：①计划活动工作范围的描述；②依据的文字记载，即如何编制估算；③所作假设的文字记载；④关于估算范围的记载。

（3）变更请求

成本估算过程可能产生影响成本管理计划、活动资源需求和项目管理计划的其他组成部分的变更请求。整体变更控制过程处理和审查变更请求。

（4）更新的成本管理计划

如果批准的变更请求是在成本估算过程中产生的，并且将影响成本管理，则应更新投资项目管理计划中的成本管理计划。

**8. 导致成本超支的估算问题**

导致成本超支的估算问题有以下几个方面：初始估算偏低、无法预料的技术困难、缺乏投资项目范围定义、规格变更、外部因素等。

### 11.2.3 项目成本预算

**1. 项目成本预算概述**

（1）项目成本预算的特征

1）资源的事先确定性，投资项目的内容在投资前已经被确定。

2）计划性，投资项目有时间性的计划。

3）约束性，投资项目受到人力、物力的制约。

4）控制性，投资项目的各方面都需要在可控制的范围内。

（2）项目成本预算的核心目标

项目成本预算的核心目标就是保证整体投资项目的顺利完成。成本预算过程必须将资源使用情况与组织目标的实现紧密联系起来，否则计划或控制过程就会失去其本来的意义。预算应该以实现最终投资项目的目标为基础，否则，投资项目管理人员就会忽视最终目标，资金在工作完成之前就耗用殆尽。

(3) 项目成本预算管理中的误区

1) 预算负责人认为预算工作就是体现公司投资者与经营者的想法，自上而下地推进项目预算的编制工作。

2) 预算编制工作只要在项目开始的时候做好就可以了，预算完成后就可以用来指导整个项目进行过程中的全部工作流程，而无须调整。

3) 预算编制主要是项目财务部门的工作，其他部门在必要时给予财务部门相关协助就可以了。

**2. 项目成本预算制定的原则及其重要问题**

(1) 项目成本预算制定的原则

1) 项目成本与既定的项目目标相联系。

2) 项目成本与项目进度相关。

3) 项目成本取决于项目团队成员对项目计划的理解和把握。

(2) 项目成本预算制定的重要问题

1) 预算的可信度。

2) 项目执行过程中的不可预见性考虑。

3) 充分考虑项目成本预算与项目需求之间的关系。

4) 项目周期成本。

**3. 项目成本预算的编制**

项目成本预算的编制主要涉及分摊总预算成本和制定累计预算成本两个方面。项目成本预算的编制包括：

1) 单位工程预算编制：通常采用单价扩大法、造价指标法和类比预算法。

2) 工程项目综合预算编制：综合预算书一般包括编制说明、综合预算表等。

3) 工程项目综合预算书的其他组成。

对投资项目成本预算进行调整的步骤分别为：初步调整、综合调整和提案调整。

**4. 项目成本预算的制定方法**

(1) 自上而下的预算

自上而下的预算需要组织高级管理层的直接输入，该方法需要确认高级管理层对成本管理的意见和经验。假设高级管理层具有过去项目的丰富经验，他们不仅能提供精确的反馈，还能为将来的项目风险进行正确的估算。

(2) 自下而上的预算

自下而上的预算方法通过汇总工作分解结构中各项具体活动的成本，形成投资项目活动的直接成本和间接成本。该方法的程序是首先将各个工作包的成本相加，形成可交付任务，再将每个任务的预算加总，形成更高一级的工作项估算，这样把每个活动的总成本相加，最终完成整个项目的总体成本预算。

(3) 基于活动的成本预算

基于活动的成本预算有如下四个步骤：①识别消耗资源的活动，将成本分配给这些活动；②识别与各个活动相关的成本驱动因素；③计算每单位成本驱动因素的成本率；④将成本率与成本驱动因素的单位数量相乘，把成本分配给各项目。

(4) 应急费用的预算

应急费用的预算需要考虑预留应急费用的原因、应急费用预算的作用、应急费用的计算、应急费用的管理等多个方面。

**5. 项目成本预算的输出结果**

(1) 成本基线

成本基线是成本预算的成果之一，是投资项目从开始到结束的整个生命周期内的成本累计曲线，它描述了投资项目生命周期中到某个时点为止的累计成本支出。原始的成本预算就是成本基线，也就是项目的期望成本，如图11-12所示。

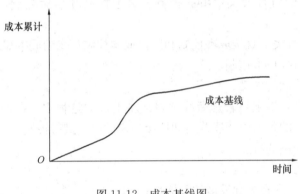

图11-12 成本基线图

(2) 成本预算表

以表格的形式列出各项成本预算并汇总，其能够清晰地反映项目的各项预算。

### 11.2.4 项目成本控制

**1. 项目成本控制概述**

(1) 控制及其要素

控制是指按照一定的条件和预定的目标，对一个进程或一系列事件施加影响，使其达到预定目标的一种有组织的行动。控制可分为前馈控制、同期控制和反馈控制三种类型。控制关系图如图11-13所示。

(2) 投资项目成本控制的意义

1) 针对目标成本本身的控制，与成本预算决策、计划密切相关。

2) 对目标成本完成的控制和过程的监控，与成本计算、分析密切相关。

3) 在过程控制的基础上，着眼未来，为今后的成本控制指明方向。

(3) 项目成本控制的发展

项目成本控制有四个发展阶段：

1) 20世纪30年代之前以产品制造成本控制为主。

2) 20世纪30年代—20世纪50年代引入责任成本控制。

3) 20世纪50年代引入综合性目标成本控制。

4) 20世纪80年代以后引入作业成本控制。

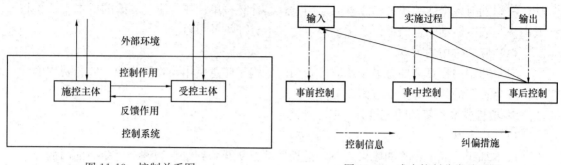

图11-13 控制关系图　　　图11-14 成本控制分类关系图

(4) 投资项目成本控制的分类

1) 按成本控制的过程分类：事前控制、事中控制和事后控制，其关系如图11-14所示。

2) 按成本习性分类：直接成本控制和间接成本控制；变动成本控制和固定成本控制；可控成本控制和不可控成本控制。

(5) 项目成本控制的含义

项目的成本控制是指项目管理者在项目成本形成的过程中，根据事先制订的成本计划，对项目日常发生的各项生产经营活动按照一定的原则进行控制。

(6) 项目成本控制的特点

项目成本控制的特点如下：

1) 被控对象一般存在多种发展的可能性；

2) 对价值运动实施直接控制，对非价值运动实施间接控制；

3) 贯穿于整个实施过程；

4) 一般是在事中进行；

5) 需要项目团队各个部门的通力协作；

6) 随着项目建设的完成而结束其使命。

(7) 项目成本控制的原则

1) 成本最低化原则；

2) 全面控制原则；

3) 动态控制原则；

4) 目标管理原则；

5) 责、权、利相结合原则；

6) 按例外管理原则。

(8) 项目成本控制流程

1) 由合同预算部门会同投资项目经理共同确立项目成本计划；

2) 项目经理编制目标（责任）成本；

3) 用目标成本来衡量项目当前的实际成本，通过及时、准确的成本核算来提供实际成本资料；

4) 比较目标成本与实际成本，分析偏差产生的原因；

5）及时采取纠偏措施。

成本控制流程图如图 11-15 所示。

**2. 项目成本控制的依据**

（1）费用基线

费用基线是费用预算的成果之一，是项目从开始到结束整个生命周期内费用累计曲线。它描述了项目生命周期某个时点为止的累计费用。

（2）绩效报告

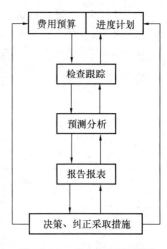

图 11-15  成本控制流程图

绩效报告提供费用执行方面的信息，关注项目资源在项目周期中是如何使用的。例如，哪些预算已经完成，哪些尚未完成等，还可以提醒项目团队注意将来可能引起麻烦的问题，使之进行改善。绩效报告通常需要包括项目范围、进度、成本和质量的绩效信息，不少项目还需要包含风险和采购信息。报告可以是全面、完整的，也可以是特殊情况下的特殊内容报告。

（3）批准的变更请求

项目的变更请求既可以是项目业主或客户提出的，也可以是项目实施者（承包者）或其他方面提出的。任何项目的变更都会造成项目成本的变动，所以在项目的实施过程中提出的任何变更都必须经过业主或客户的同意。

（4）项目成本管理计划

项目成本管理计划用来确定当项目实际成本与计划成本发生差异时如何进行管理，该计划是对整个成本控制过程的有序安排，是项目成本控制的有力保证。

**3. 项目成本控制的方法与技术**

（1）费用变更控制系统

费用变更控制系统是一套修改投资项目文件时应遵循的程序，其中包括书面文件、跟踪系统和变更审批制度。这一系统还规定了改变费用基线的程序，包括文书工作、跟踪系统和批准更改所必需的批准级别。

（2）时间—成本累计曲线

绘制时间—成本累计曲线的步骤如下：

1）建立工作分解结构，计算每一个工作包的实际成本，并将其分配到各个工作包的整个工期中；

2）根据项目实际情况，计算每单位时间内完成工作所花费的成本；

3）计算规定时间 $t$ 内完成工作量的累积成本；

4）按各规定时间内计划累计支出成本额 $Q_t$ 值，绘制 S 形曲线。

（3）香蕉曲线

"香蕉"曲线是两条 S 形曲线组合成的闭合曲线，从 S 形曲线比较法中得知，按某一时间开始的施工项目的进度计划，其计划实施过程中进行时间与累计完成任务量的关系都可以用一条 S 形曲线表示，如图 11-16 所示。

（4）挣值分析法

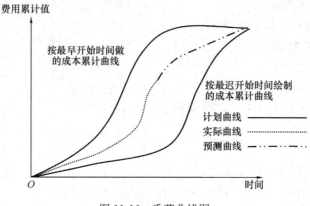

图 11-16 香蕉曲线图

挣值分析法（Earned Value）又称为偏差控制法，是对项目费用或进度综合控制的一种重要方法。挣值分析法通过测量和计算已完成工作的预算费用、已完成工作的实际费用和计划工作的预算费用得到有关计划实施的进度和费用偏差，从而达到判断项目预算和进度计划执行情况的目的。相关参数见表11-7。

挣值计算常用公式　　　　　　　　　　　表 11-7

| 与挣值有关的术语 | 公式 |
| --- | --- |
| $PV$(Planned Value)：计划值，计划完成工作预算成本 | $BCWS=\sum(\text{计划工作量}\times\text{预算单价})$ |
| $EV$(Earned Value)：挣值，已完成工作预算成本 | $BCWP=\sum(\text{已完成工作量}\times\text{预算单价})$ |
| $AC$(Actual Cost)：实际成本，已完成工作的实际成本 | $ACWP=\sum(\text{已完成工作量}\times\text{实际单价})$ |
| $CV$(Cost Variance)：成本偏差，项目的挣值与已完成工作的实际成本之间的偏差 | $CV=BCWP-ACWP$ |
| $SV$(Schedule Variance)：进度偏差，投资项目的挣值与计划完成工作预算成本之间的偏差 | $SV=BCWP-BCWS$ |
| $CPI$(Cost Performance Index)：成本绩效指数，投资项目的挣值与已完成工作的实际成本的比值 | $CPI=BCWP\div ACWP$ |
| $SPI$(Schedule Performance Index)：进度绩效指数，项目的挣值与计划完成工作预算成本之间的比值 | $SPI=BCWP\div BCWS$ |
| $BAC$(Budget At Completion)：完工预算，预计完成项目的总成本 | $BAC=$项目完成时的预算－项目预计总成本基线 |
| $EAC$(Estimate At Completion)：完工估算，指计划执行过程中根据当前的进度、费用偏差情况预测的项目完工总费用　当有 $CPI$ 时一定要用 $CPI$，除非有确切理由不使用它　$CPI$ 在进度执行到 20% 时最准确 | $EAC=BAC\div CPI$　$EAC=ACWP+(BAC-BCWP)$ |
| $ETC$(Estimate To Completion)：尚未完工部分的估算，当前剩余工作到完工时预计要花费的成本 | $ETC=EAC-ACWP$ |

续表

| 与挣值有关的术语 | 公式 |
|---|---|
| VAC(Variance at Completion)：预测项目完工时的费用偏差 | $VAC = BAC - EAC$ |
| TCPI(To Complete Performance Index)：绩效指数，为按预算完成项目，从现在开始每一元要产生的价值 | $TCPI = (BAC - BCWP) \div (BAC - ACWP)$ |
| PC(Percent Complete)：任务完成百分比，当前的进度完成程度 | $PC = BCWP \div BAC$ |
| PS(Percent Spent)：成本消耗百分比，当前的成本消耗程度 | $PS = ACWP \div BAC$ |

【例 11-4】项目进度如下：活动 A 计划成本 20000 元，实际成本 10000 元，完成 90%，活动 B 计划成本 50000 元，实际成本 60000 元，完成 90%，活动 C 计划成本 30000 元，实际成本 40000 元，完成 100%，试判断项目实际进度与计划进度之间的关系。

【解】$SPI = (20000 \times 0.9 + 50000 \times 0.9 + 30000) \div (20000 + 50000 + 30000) = 93\%$。

因此，项目实际进度比计划进度落后了 7%。

(5) 投资项目成本分析表法

项目成本分析表法是利用项目中的各种表格进行成本分析和成本控制的一种方法。应用成本分析表法可以很清晰地进行成本比较研究，它是项目管理过程中为了反映和控制项目的各种费用支出，需要定期和不定期提供的书面形式的成本开支报告，它包含各种成本信息的综合处理结果，是及时发现和预测成本超支、保证成本处于预算范围之内的有效控制工具。

(6) 价值工程

价值工程（Value Engineering，VE）又称为价值分析（Value Analysis，VA），最早可追溯到 20 世纪 40 年代，创始人是美国工程师麦尔（L. D. Miles）。价值工程是进行成本控制的一种重要工具。价值工程中的价值是指评价某一对象所具备的功能与实现它的耗费相比合理程度的尺度。这里的对象可以是产品，也可以是工艺、劳务等，对于产品，用数学比例式表达如下：价值=功能/成本。

价值工程的特征如下：

1) 价值工程的核心是从使用者的需求出发，对对象进行功能分析，可靠地实现必要功能；

2) 价值工程将产品价值、功能和成本作为一个整体同时来考虑，在确保产品功能的基础上综合考虑生产成本和使用成本，兼顾生产者和用户的利益，从而创造出总体价值最高的产品；

3) 价值工程致力于实现研究对象价值的创新，开拓新构思和新途径，获得新方案，创造新功能载体，从而简化产业结构，节约原材料，提高产品的技术经济效益；

4) 价值工程是有计划、有领导、有组织地进行一系列活动。

价值工程的程序为：①选定价值工程的对象和任务；②收集对象的相关资料，确定资料的内容和调查范围，有针对性地搜集信息；③功能分析；④方案实施。

(7) 零基预算法

零基预算法的基本做法是：

1) 要掌握准确的信息资料，对单位的人员编制、人员结构、工资水平以及工作性质、设备配备所需资金规模等都要了解清楚，在平时就要建立单位情况数据库，非经法定程序，不得随意变动；

2）要确定各项开支定额，这是编制零基预算的基本要求；

3）要根据事业需要和客观实际情况对各个预算项目逐个分析，按照效益原则分清轻重缓急，确定预算支出项目和数额。

零基预算编制有以下五个步骤：①划分和确定基层预算单位；②编制本单位的费用预算方案；③进行成本—效益分析；④审核分配资金；⑤编制并执行预算。

（8）作业成本法与作业成本管理

作业成本法（Activity Based Costing，ABC）始于20世纪40年代初，最早从理论和实践上探讨作业会计的是美国会计学家埃里克·科勒（Eric Kohler）教授。作业成本法的实质是：作业消耗资源，产品消耗作业，成本的流动过程是资源转化为作业成本，作业成本再转化为产品成本。

作业成本法的计算程序如下：①分析确定资源，辨明主要作业，确认作业中心，每一个作业中心都是生产过程的一部分，如材料整备；②确定资源动因，建立以作业为中心的成本库汇集费用；③确定作业动因，将各作业中心成本按其成本动因分配率分配到最终产品，计算产品成本。

（9）项目成本控制方法的选用

选用项目成本控制方法应考虑的因素包括市场因素、社会资源因素、技术工艺（方案）因素、气候因素、国际环境因素、汇率风险因素等。

**4. 项目成本控制的成果**

项目成本控制的成果是实施成本控制后的项目所发生的变化，包括修正成本估算、预算更新纠正措施和经验教训等。

## 11.3 项目质量管理

### 11.3.1 项目质量管理的概念及主要内容

**1. 项目质量的概念**

依照国际标准化组织ISO的定义，质量是指产品、体系或过程的一组固有特性，即满足客户和其他相关方需求的能力。质量的内涵由一组固有的特性组成，这些固有特性通过满足客户及其他相关方需求的能力来表征。这些需求既包括法律法规、技术标准、合同或者图纸等已经作出规定的明确需求，也包括被客户公认、不言而喻及约定俗成的隐含需求。质量内涵所指固有特性的含义是十分广泛的，既包括产品的安全性、适用性，又包括产品的经济性、环境性，还包括产品的美观性、耐久性等多种特性。

对于项目而言，这些固有特性与投资项目产品生产的各个环节息息相关。项目从前期策划、勘察、设计到施工、竣工验收、运营的每个阶段都会直接影响项目实体的上述特性，也就是项目产品的质量。项目质量是指项目满足业主需求，符合国家法律、法规、技术规范标准、设计文件及合同规定的特性综合。项目质量包括项目实体（即产品）质量，也包括项目过程质量及工作质量。项目的质量管理必须重视每个环节的工作质量，这样才能最终确保投资项目产品及过程的质量。

**2. 项目质量管理的概念**

随着全球经济持续发展，市场竞争日益加剧，质量已经成为项目发展的基础和保证。质量管理也被认为是项目管理最重要的任务之一，项目的质量管理决定着项目的成败。质量管理是指导和控制组织与质量有关的相互协调的管理活动。这些活动包括确定质量方针和目标、质量规划、质量控制、质量保证和质量改进等。具体而言，质量管理就是以质量体系为载体，通过建立质量方针和目标，并针对实现既定的质量目标进行质量策划、实施质量控制和质量保证、开展质量改进等活动。

对于项目而言，项目质量管理则是确立项目质量方针和目标及实施项目质量方针和目标的全部职能及工作内容，包括在项目质量体系中通过开展诸如质量规划、质量保证、质量控制及质量改进等工作，以使项目质量实现的全部管理活动，也就是为了保证项目质量满足项目合同、设计文件、规范标准所采取的一系列措施、方法和手段。

**3. 项目质量管理的主要内容**

项目质量管理的首要任务是确定项目的质量方针、目标和职责，核心是建立有效的项目质量管理体系，通过具体的四项活动，即质量管理的主要内容：质量规划、质量保证、质量控制和质量改进，确保质量方针、目标的实施和实现。根据项目质量管理的概念，本节将分别从"质量规划""质量保证""质量控制及改进"和"质量经济性与质量成本"等方面进行讨论。

### 11.3.2 项目质量规划

**1. 项目质量规划的概念**

项目质量管理活动，不论其规模大小，都需要进行项目质量规划。依照国际标准化组织ISO的定义，质量规划是质量管理的一部分，致力于设定质量目标并确定必要的运行过程和相关资源，以实现其质量目标。质量规划的正确与否将影响项目最终可交付物的质量。不同的项目在进行质量规划时，其目的都是为了实现特定项目的质量目标。因此，项目质量规划就是根据项目内外环境制定项目质量目标和计划，同时为保证这些目标的实现，规定相关资源的配置，以有效地把握未来的发展，最大限度地获得组织成功。项目质量规划过程如图11-17所示。

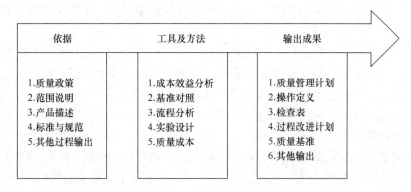

图11-17　项目质量规划过程

**2. 项目质量规划的内容和依据**

（1）项目质量规划的内容

项目质量规划一般包括：项目质量管理体系的策划、项目质量目标的策划、项目实施过程的策划以及项目质量改进的策划。

项目的质量目标是组织在质量方面为满足要求和持续改进质量管理体系有效性方面的承诺和追求。项目质量目标对于项目质量管理具有导向作用，因此，项目组织必须在各相关职能和层次上建立相应的质量目标。项目质量管理体系的策划是一种宏观的质量策划，由项目组织最高管理层负责，根据质量方针确定项目的基本方向，设定质量目标，确定质量管理体系要素，分配质量职责等。项目实施过程的策划需明确项目实现的必要过程和相关资源。这种策划既包括对项目全生命期的策划，也包括对某一具体过程的策划，如设计、开发、采购和过程运作等。在对实施过程进行策划时，应将该过程的难点和关键点作为策划重点。质量改进目标是质量目标的重要组成部分。项目质量改进通常包括对中长期质量改进的策划和对具体问题的质量改进策划两种方式。

（2）项目质量规划的依据

1）质量政策。质量政策是组织对质量整体构想的说明。它明确指出了组织对质量的态度和所采用的方法，并设定了绩效的总体成功标准，也是对总体战略目标的说明。质量政策中明确地描述了做什么而不是怎么做的原则，促使项目组织的质量方针与质量目标相一致，并对外界提供项目组织的质量观点，也为更改或更新质量政策制定了规则。质量政策中最重要的内容是质量方针。质量方针体现了组织的质量意识和质量追求，是组织内部的行为准则，也体现了客户的期望和对客户作出的承诺。

2）项目范围说明书。项目范围说明书明确了客户的要求及项目的主要目标，它理应成为项目质量规划的主要依据。项目的范围说明书主要包括项目合理性说明、项目目标、项目可交付成果清单及产品说明等内容。

3）产品说明书。产品说明书是对项目范围说明书的具体化，产品说明书中更加详细地阐述了产品技术要求和功能参数要求，这些资料有助于项目质量规划的编制。

4）标准和准则。进行质量规划时还需考虑所有可能对项目产生影响的领域的标准和规则，如相关领域的国家、地区、行业等标准、规范以及政府规定等。这些标准和规则将对质量规划产生重要的影响。例如，建筑工程项目的质量规划应依据建筑施工规范、建筑结构规范等国家、行业、地方标准和法律法规等。

5）项目管理中其他相关领域工作的输出。项目管理中其他相关领域工作的输出同样会影响项目质量目标的实现，因此，应在制定质量规划的过程中将其考虑进去。例如，项目进度计划、项目工作分解结构、项目采购计划等。

**3. 项目质量规划的主要工具和方法**

（1）基准对照法

基准对照法（Benchmarking）又称为"标杆法"，其基本思想是将自己待改进的内容与竞争者或行业领先组织的做法进行比较，将其作为新项目的质量参照体系和对照目标，进而产生质量改进的思想，并提供衡量绩效改进的目标和标准。简单而言，标杆就是榜样，这些榜样在业务流程、制造流程、设备、产品和服务方面所取得的成就就是后进者瞄准和赶超的目标。

对标的关键在于选择和确定被学习和借鉴的对象和标准。用作标杆的对象可以是组织内部的项目,也可以是其外部的项目,可以是同一个应用领域的项目,也可以是其他应用领域的项目。对标的实践鼻祖 Robert Camp 曾指出:"对标是对产生最佳效果的行业最优经营管理实践的一种探索",即在经营管理实践方面"优中选优",要求在全球范围内达到最优模式和最优标准。采用这种方法时还应充分注意标杆投资项目质量管理中实际发生的各种质量问题及教训,在制定新投资项目质量规划时要考虑相应的防范和应急措施,以尽可能地避免事故的发生。采用基准对照法有助于组织明晰质量目标,确定规划编制的优先顺序。

(2) 质量功能展开法

质量功能展开法(Quality Function Deployment,QFD)是一种立足于在产品开发过程中最大限度地满足客户需求的系统化、客户驱动式的质量保证方法。世界质量权威学者、QFD 法创始人赤尾洋二教授将之定义为:"将客户的要求转换为质量特性,通过系统地展开这些需求和特性之间的关系确保产品设计质量。这一过程从展开每一功能元件的质量开始,然后扩展到各部件的质量和工序质量,整个产品的质量通过这些相互关联的网络来实现"。QFD 法实现了把客户或市场的要求转化为设计要求、零部件特性、工艺要求、生产要求等的多层次演绎分析。

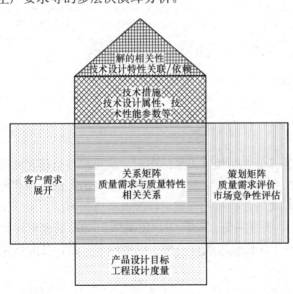

图 11-18 典型的"质量屋"组成

QFD 法是一种"客户驱动"的方法,由于质量展开的结果,即"质量展开表"类似于房子,因此它又称为"质量屋"(Quality of House,QOH)。图 11-18 是一种典型的"质量屋",它由六个部分组成,并与 QFD 的生成过程相对应。

QFD 的生成过程分为以下六个步骤:

1) 获得用户需求(Whats)。QFD 法最重要的一步就是确定客户需要,即项目产品的目标,得到客户关于产品的所有需求信息(包括对产品的直接需求和长期战略发展方向),并以结构化、层次化的形式表述,信息来源涉及项目各相关方。

2) 规划矩阵(Planning Matrix)。其工作过程是:首先,量化客户对各种需求的优先序及其对现有产品的理解;其次,依据项目发展规划及竞品的市场评估,适当调整各目标的优先序;最后得到各需求的权重,它反映了客户对各目标的关注程度或各目标的竞争性。

3) 技术措施(Hows)。确定采用适配且可测度的技术特性来满足客户的需求。通常一个技术特性可为多个需求服务,同样,一个需求也可能包含多个技术措施。

4) 关系矩阵(Relationship Matrix)。该阶段的工作是 QFD 的主体,它的作用是将客户的需求转换为技术特性。其工作过程是:首先,判断每一技术特性与客户特定需求之间是否存在因果关系；其次，评价其满足客户特定需求的程度，如果某一技术特性的变化对需求影响大，即为强相关，依此类推。其评价有定性和定量两种描述方法。

5）解的相关性。该矩阵描述了所对应技术特性之间的相关性。相关性强度可分为正相关、负相关、强正相关或强负相关。正相关表示一个方法支持另一个方法；负相关表示一个方法与另一个方法相抵触。

6）产品设计目标。它是"质量屋"的最后一部分，是对整个QFD工作的总结并得到相应的结论，反映对工程设计的度量。通常包括技术优先序及项目产品目标。

质量展开的结果即为质量展开表称为"质量屋"。其实质是建立一个矩阵来分析客户需求或产品的属性与工程特性之间的关系，体现了从客户视角策划产品，从技术视角设计质量的思路，两者的变换关系通过"质量屋"形象地表现出来。

由于QFD法在产品概念设计阶段就考虑了制造因素对产品目标的影响，尽管采用QFD法会在项目的决策和初步设计阶段花费一定的时间和费用，但是能大幅度地减少在制造过程中因技术方案更改而导致的费用增加和进度拖延，QFD法能够使产品设计和开发过程明显地改进。采用QFD法有利于提高客户满意度、提高产品质量、缩短开发周期、开发有市场竞争力的项目。该方法对产品开发成本的影响如图11-19所示。

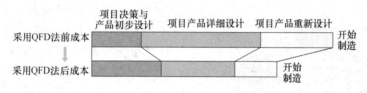

图11-19　QFD法对产品开发成本的影响

（3）流程图分析法

流程图是反映与一个系统相联系的各部分之间相互关系的图示，它将项目全部实施环节按照其内在逻辑关系通过图形符号和文字呈现出来，可针对流程中质量的关键环节和薄弱环节进行分析。流程图分析法是一种有效的分析过程现状、风险及改进的方法。流程图分析法在质量管理中的常见表现形式有系统流程图、关联图、鱼刺图、决策过程程序图等，如图11-20所示。流程图分析法有利于简化分析过程，便于识别改进机会，且能够使边界更加清晰。

（4）试验设计法

试验设计法（DOE）是对试验方案进行优化设计，以降低试验误差和生产费用，减少试验工作量，并对试验结果进行科学分析的一种方法。通常而言，影响试验结果的因素很多，试验设计法是一种研究同时存在多个输入因素对输出的影响的方法。它通过对选定的输入因素进行精确、系统的人为调整或变化，来观察输出变量的变化情况，并通过对结果的分析，最终确定影响结果的关键因素以及对结果最有利的取值方法。常用的试验设计法包括正交试验、筛选试验、中心复合试验、田口试验、均匀试验等。

（5）其他质量规划工具

1）成本效益分析。质量规划编制过程必须考虑收益与成本间的平衡。符合质量要求的关键好处在于降低返工率，这意味着较高的生产率、较低的成本和较好的项目干系人满意度。达到质量要求的主要成本即为项目质量管理相关活动所发生的成本。收益高于成本

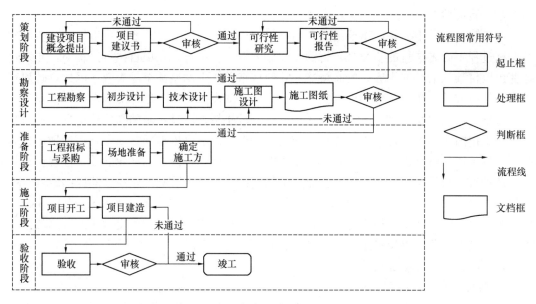

图 11-20　系统流程图图例（以建设工程项目管理流程为例）

是质量管理原则中的公理。

2）质量成本分析。质量成本是指将产品质量保持在规定的质量水平上所需要的费用，以及当未达到满意质量时所遭受的损失。组织（项目）追求质量的最终目标是为了获得利润，而利润和成本是紧密相连的，高质量的生产者也应是低成本的生产者。质量成本的高低反映了项目运作流程的能力，也体现了项目的获利能力。质量成本的相关内容详见本书 11.3.5 节。

3）失效模式与影响分析。失效模式与影响分析（FMEA）是一种可靠性设计的重要方法。FMEA 实际上是 FMA（失效模式分析）和 FEA（故障影响分析）的组合。它对各种可能的风险进行评价、分析，以便在现有技术的基础上消除这些风险或将这些风险减小到可接受的水平。及时性是成功实施 FMEA 的最重要因素之一，它是一个"事前的行为"，而不是"事后的行为"。为达到最佳效益，FMEA 必须在故障模式被纳入产品之前进行。

**4. 项目质量规划的成果**

（1）质量管理计划

投资项目质量管理计划是针对投资项目的规定由谁及何时应使用哪些程序和相关资源以实现质量目标的文件。具体而言，项目质量管理计划应明确为达到质量目标所采取的措施，明确应提供的必要条件，包括人员、设备等资源条件；明确投资项目参与各方、部门或岗位的质量责任。项目质量管理计划的格式和详细程度并无统一规定，但应与客户的要求、供方的操作方法和活动的复杂程度相适应，计划应尽可能简明。项目质量管理计划通常包括项目质量目标树、项目质量管理组织机构、项目质量控制程序、分级质量控制点设置及投资项目质量文件体系策划等内容。质量管理计划往往并不是一个单独的文件，而是由一系列文件组成。项目开始时，应从总体考虑，编制一个较粗的、规划性的质量管理计划；随着项目的进展，编制各阶段相应的较为详细的质量管理计划，如项目操作定义。

(2) 质量检查表

质量策划过程中另一个重要的成果是质量检查表。利用质量检查表可以检查、核对质量管理过程中必须执行的步骤是否得到了充分的贯彻与执行。在项目执行过程中，如果随意变更项目某项活动的内容，则有可能导致项目结果产生偏差甚至是失败。因此，必须对作业、作业方法、作业条件加以规定并使之标准化。根据这些工作标准制定的表格即为质量检查表。检查表是一种用于核实一系列要求的步骤是否已经实施的结构化工具，将需要检查的工作内容逐项整理出来，并定期或定时检查。通常可依据项目质量管理计划，从对投资项目工作分解结构和投资项目工作流程的分析中得到。采取标准化的质量检查表有利于长期投资项目经验的总结，便于作业人员的训练，也易于追溯产生质量问题的原因。投资项目的检查（检验）制度通常包括进料检验、过程检验、最终检验和质量审核。因此，质量检查表一般包括质量检查评定表、项目质量分布状态检查表、可交付成果缺陷部位检查表及影响可交付成果质量主要原因检查表等。

### 11.3.3 项目质量保证

**1. 项目质量保证的概念**

依照国际标准化组织 ISO 的定义，质量保证被定义为质量管理的一部分，致力于提供质量要求会得到满足的信任。项目质量保证是指为使投资项目质量与规定的质量要求相符合，尽力将投资项目的问题出现率降到最低，用数据和事实向客户及相关方提供足够置信度所必需的一系列有计划、系统化的活动。投资项目质量保证的目的是提供信任，其基础在于提供证实。具体而言，投资项目质量保证可以分为内部质量保证和外部质量保证两种类型。外部质量保证是向投资项目的客户和相关人员（如质量监督管理部门、行业协会等）提供的质量保证；内部质量保证是向投资项目管理组织和执行机构的管理层提供的质量保证。

项目质量保证与质量控制既有区别又有联系。它们的区别在于：项目质量保证是一种从项目质量管理组织、程序、方法和资源等方面为项目质量保驾护航的工作，而项目质量控制是直接对投资项目质量进行把关的工作；项目质量保证是一种预防性、提高性和保障性的质量管理活动，而项目质量控制是一种过程性、纠偏性和把关性的质量管理活动；虽然项目质量控制也分为事前、事中和项目完成阶段的控制，但是其中的事前控制主要是对影响项目质量因素的控制，而不是从质量保证的角度开展保障投资项目各方面要素的活动。它们的联系在于：项目质量保证与项目质量控制的目的是一致的，即两者都是确保项目质量能够达到投资项目质量目标及客户需要，因此在项目开展质量管理工作过程中，两者是存在交叉和重叠的，只是方法和工作方式不同。

**2. 项目质量保证的内容和依据**

（1）项目质量保证的内容

1）明确清晰的质量要求，制定科学可行的质量标准，确保项目质量控制方案的正常实施和有效性，以满足投资项目质量保证工作的需要。

2）建立健全投资项目质量保证体系，以保证投资项目质量体系的正常运行。

3）对上述质量体系和质量控制方案的实施过程及成果进行阶段性验证和评价，并持续开展质量活动，以保证其有效性和效率。

4）应当展示投资项目在设计、生产等各阶段的主要质量控制活动和内、外部质量保证活动的有效性，使客户及相关人员建立信心，相信该投资项目能够持续提供满足质量要求的产品。

5）配备合格和必要的资源，包括人力资源、物力资源和财力资源。若人员不熟悉投资项目对应的专业工作，无论是缺乏经验还是缺少培训，都会带来投资项目的质量问题；若缺少足够的资金和必需的设备及器具，项目质量管理人员就无法开展项目质量的控制和保证活动，从而造成项目质量问题。

(2) 项目质量保证的依据

1）项目质量管理计划。它是关于项目质量管理工作的全面计划和安排，同时还是有关项目质量保证工作的目标、任务和要求的说明文件。因此，它是投资项目质量保证的最基本的依据。

2）项目质量控制监测结果。它是有关项目质量保证和控制工作绩效的评价结果，是质量控制测试和测量的记录，其记录格式用于比较和分析，可以根据监测结果对不同的投资项目面临的不同的质量问题采取相应的措施予以解决。

3）过程改进计划。过程改进计划需要对过程的具体步骤进行详细分析，包括对过程测量标准、过程改进目标等的分析。该计划通过质量保证直接为项目过程改进提供指导，并通过经验和教训间接为组织过程改进提供指导。

4）工作绩效数据。工作绩效数据包括技术性能值、项目可交付成果状态、需要的纠正措施和绩效报告。工作绩效数据是质量保证的重要依据，可用于质量审计、质量审查和过程分析等。

5）可操作性。项目质量保证必须满足可操作性。

**3. 项目质量保证的方法**

(1) 预先规划

在编制质量计划时应预先提出针对可能出现的质量问题的纠正措施，形成单独的质量保证大纲。但需要注意：要确定适当的保证范围和等级，范围太小，等级太低，可能达不到质量管理的要求；范围太大，等级太高，会增加管理的工作量和成本。等级划分应依据有关法规及标准进行。

(2) 技术检验

通过测试、检查、试验等检验手段，可确定项目质量控制结果是否与要求相符合。这种方法主要用于：对于项目所用材料、半成品和配件的质量检验；对于项目各项工作质量的核查；对于项目产出物的质量检查；对于项目质量控制方法和工作的核查；对于项目各种管理与技术文件的核查等。

(3) 质量活动分解

对质量有关的活动进行逐层分解，直到最基本的质量活动，以实施有效管理和控制。分解有多种形式，比如可以设计、制造、采购、施工等为列，以管理活动为行，行列相交点构成各种质量管理活动，例如技术交底、施工工序控制等。

**11.3.4 项目质量控制及改进**

**1. 项目质量控制的概念**

依照国际标准化组织 ISO 的定义，质量控制是质量管理的一部分，致力于满足质量要求。项目质量控制是指为使投资项目的产品质量符合要求，在项目的实施过程中，对项目质量的实际情况进行监督，判断其是否符合相关的质量标准，并分析产生质量问题的原因，从而制定出相应的措施。

质量控制贯穿于项目实施的全过程，由项目参与各方组织实施。项目质量控制的实施者主要包括业主及其委托人（监理）、承包商、政府质量监督机构。业主是质量的切身利益者，居于质量控制的顶层，其质量控制是间接的、外部的控制。项目质量控制的主要依据是法律、法规、合同文件、设计图样以及行业规范。承包商是项目质量的直接负责人，其质量控制是自身的内部控制，是直接控制，其依据大致和业主相似。政府的质量监督机构旨在维护社会公共利益，保证有关法规和技术标准的贯彻执行，其依据是有关法律文件、法定技术标准以及维护城市规划和环保等规定，其质量控制是间接的、粗线条的，只限于对关键问题的审核和不定期检查。

**2. 项目质量控制的内容**

项目质量的形成是一个复杂的过程，项目的不同阶段对质量起着不同的作用，所以其质量控制的内容和重点也不相同，在实际工作中应该结合具体的投资项目并针对各个阶段开展质量控制工作。

（1）项目启动阶段的质量控制

项目启动阶段是项目整个生命周期的起始阶段，需要从总体上明确项目的质量方向。这一阶段工作的好坏关系到投资项目全局。该阶段围绕项目质量控制的主要工作就是项目总体方案的策划以及投资项目总体质量水平的确定。项目启动阶段主要包括项目的可行性研究和项目决策。

（2）项目规划阶段的质量控制

在项目规划过程中，应针对项目特点，根据项目启动阶段已确定的质量目标和水平，使其具体化，以满足项目生命周期内有关安全、可靠、适用等要求。为此，一方面要按照客户的要求加强对规划阶段质量管理的规划工作，另一方面要加强对规划工作本身的控制工作。

（3）项目实施阶段的质量控制

项目实施阶段是形成项目实体的重要阶段，也是形成最终项目质量的重要阶段。因此，加强项目实施阶段各环节的质量控制，是保证和提高项目质量的关键，是项目质量控制的中心环节。项目能否保证达到所要求的质量标准，在很大程度上取决于项目参与者对影响项目质量因素的控制，即人员、材料、机械设备、方法和环境等。

（4）项目收尾阶段的质量控制

项目收尾阶段是项目生命周期的最后阶段，其目的是确认项目实施的结果是否达到了预期的要求，实现项目的移交与清算。项目收尾阶段的质量控制要点是合格控制。即对项目进行全面的质量检查评定，判断项目是否达到预期的质量目标，对不合格项目提出处理办法，以保证项目产品符合质量要求。收尾阶段项目质量控制的重要手段是质量验收。项目质量验收是依据项目质量计划中的范围划分指标要求和项目相关合同中的质量条款，遵循相关的质量检验评定标准，对项目进行质量认可评定和办理验收手续的过程。

**3. 项目质量形成影响因素的控制**

全面质量管理理论中指出对产品质量产生影响的五个主要因素为"人""机""料""法"及"环"。对项目质量管理也不例外，应对这五个方面的因素进行严格的控制，以确保项目建设的质量。

（1）对"人"的因素的控制

人是工程质量的"控制者"，也是工程质量的"制造者"。工程质量的好与坏，与人的因素密不可分。控制人的因素，即调动人的积极性、避免人的失误等，是控制工程质量的关键因素。

1）领导者的素质。领导者是具有决策权力的人，其整体素质是提高投资项目质量的关键，因此，在对承包商进行资质认证和选择时一定要考核领导者的素质。

2）人的理论和技术水平。人的理论和技术水平是人综合素质的表现，它直接影响投资项目质量，尤其是技术复杂、操作难度大、要求精度高、工艺新的工程对人员素质要求更高，否则投资项目质量很难保证。

3）人的生理缺陷。根据项目作业的特点和环境，应严格控制人的生理缺陷，如患高血压、心脏病的人，不能从事高空作业和水下作业；反应迟钝、应变能力差的人，不能操作快速运行、动作复杂的机械设备等，否则，将影响项目质量，引起安全事故。

4）人的心理行为。影响人心理行为的因素很多，而人的心理因素如多疑、畏惧、抑郁等很容易使人产生愤怒、怨恨等情绪，使人的注意力转移，由此引发质量、安全事故。所以，要注意项目工作人员的凝聚力如何，人员的情绪如何，这也是项目质量管理的一条标准。

5）人的错误行为。人的错误行为是指人在工作场地或工作中吸烟、错视、错听、误判、误动等，这些都会影响项目质量或造成质量事故。所以，在存在危险隐患的工作场所应严格禁止吸烟、嬉戏等。

6）人的违纪违章。人的违纪违章是指人的粗心大意、注意力不集中、不履行安全措施等不良行为，会对项目质量造成损害，甚至引起投资项目质量事故。所以，在使用人的问题上，应从思想素质、业务素质和身体素质等方面严格控制。

（2）对"机"的因素的控制

作业机械设备是投资项目不可缺少的设施，目前项目的作业进度和作业质量都与作业机械关系密切。因此，在项目作业阶段，必须对作业机械的性能、选型和使用操作等方面进行控制。

1）机械设备的选型。机械设备的选型应因地制宜，按照技术先进、经济合理、生产适用、性能可靠、使用安全、操作和维修方便等原则来选择作业机械。

2）机械设备的主要性能参数。机械设备的性能参数是选择机械设备的主要依据，为满足作业的需要，在参数选择上可适当留有余地，但应注意合理的技术经济性。机械设备的性能参数很多，要综合各参数确定合适的作业机械设备。此方面应配合承包商，结合机械作业方案，择优选择机械设备，严格把关进场设备。

3）机械设备的使用、操作要求。合理使用机械设备，正确地进行操作，是保证投资项目作业质量的重要环节，应贯彻"人机固定"的原则，实行定机、定人、定岗位的制度。作业人员必须认真执行各项规章制度，严格遵守操作规程，防止出现安全质量事故。

（3）对"料"的因素的控制

1）材料质量的标准。材料质量的标准是用以衡量材料标准的尺度，并作为验收、检验材料质量的依据。具体的材料标准指标可参见相关材料手册。

2) 材料质量的检验、试验。材料质量的检验目的是通过一系列的检测手段，将取得的材料数据与材料的质量标准相比较，用以判断材料质量的可靠性。材料质量的检验方法主要包括书面检验、外观检验、理化检验及无损检验。对不同材料应根据材料实际情况及项目要求选取不同的材料质量检验程度，一般分为免检、抽检和全检三种。材料质量检验的取样必须具有代表性，且取样时须按规定的部位、数量及采选的操作要求进行。

3) 材料的选择和使用要求。材料选择不当或使用不正确都会影响投资项目质量或造成质量事故。因此，在项目开发过程中，必须对项目的特点和环境要求以及材料的性能、质量标准、适用范围等多方面进行综合考察，慎重选择和使用材料。

(4) 对"法"的因素的控制

对方法的控制主要是指对作业操作方案的控制，也包括对整个项目生命期内所采用的技术方案、工艺流程、组织措施、检测手段、组织设计等的控制。对一个投资项目而言，作业方案恰当与否，直接关系到项目质量和项目的成败。因此，应重视对方法的控制。在项目的不同阶段，其质量控制的侧重点也不相同，但都是围绕确保实现投资项目质量目标的。

(5) 对"环"的因素的控制

影响项目质量的环境因素有很多，有项目技术环境、项目管理环境、作业环境等。环境因素对投资项目质量的影响复杂而且多变，一般其影响难以完全避免。因此，应根据投资项目特点和具体条件，对影响项目质量的环境因素严格控制。例如，在建设项目开发过程中，对地质水文影响因素的控制可根据设计要求及基地地质资料分析，采取降水、排水、加固等技术控制方案；对天气气象影响因素的控制可制定专项施工方案，明确施工措施，落实人员、器材等，以备紧急应对，从而控制其对项目质量的不利影响。

**4. 项目质量控制的主要工具和方法**

项目质量控制是以数理统计方法作为基本手段。所谓数理统计方法就是运用统计性规律，收集、整理、分析、利用数据，并以这些数据作为判断、决策和解决质量问题的依据。项目质量控制中比较常用而有效的统计方法有频数分布直方图法、因果分析图法、帕累托图法、控制图法、分层法、相关图法和统计调查分析法等。限于篇幅，本节择要介绍因果分析图法、帕累托图法和控制图法。

(1) 因果分析图法

因果分析图也称为鱼刺图。因果分析图法的基本原理是对每一个质量特性或问题逐层深入排查可能原因，而后确定其中最主要的原因，进行有的放矢的处置和管理。利用因果分析图能够实现质量特性要因的分析。以混凝土强度不合格的原因分析为例（图11-21），第一层面从人工、机械、材料、施工方法和施工环境进行分析；第二层面、第三层面以此类推。

(2) 帕累托图法

帕累托图法又称排列图法。它是一种按频率排序的直方图，它可以显示可识别原因的种类和所造成结果的数量。等级排序可用于指导纠正措施，项目团队应采取措施首先解决造成最大数目关键缺陷的问题。帕累托图示意图如图11-22所示。

帕累托图法把影响质量的因素按影响程度大小排列起来，以分清主次。该图有两条纵轴，左侧纵轴表示不合格品的频数，右侧纵轴表示不合格品的累计频率；横轴表示各种影

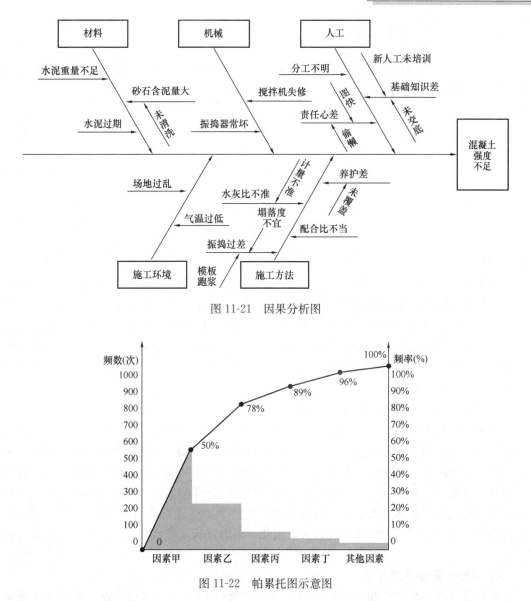

图 11-21 因果分析图

图 11-22 帕累托图示意图

响因素,这些因素按影响程度从左到右排列,每个直方形的高度表示某个因素的影响程度。根据累计频率折线可对影响因素进行分类:A——70%~80%,即"关键的少数",是主要因素;B——80%~90%,是次要因素;C——90%~100%,属于一般因素,B 和 C 构成了"次要的多数"。这样便找出了主要矛盾 A,以便组织攻关解决质量问题。图中的甲、乙两个因素是主要因素,丙为次要因素,丁与其他要素为一般因素,要素丙、丁与其他要素合起来构成"次要的多数"。

(3) 控制图法

控制图法又称管理图法,它是判断生产过程的质量状态和控制工序质量的一种有效的工具,用来区分引起质量波动的偶然原因和系统原因,可以提供系统原因存在的信息,从而判断工作过程是否处于受控状态。控制图可以用来监控任何形式的输出变量,可以用于监控质量及成本变化、范围变化的量度和频率、项目说明中的错误等。控制图示意图如

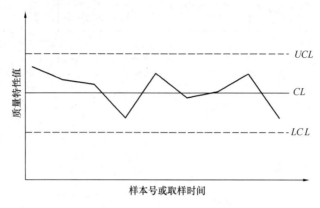

图 11-23　控制图示意图

图 11-23 所示。

图 11-24 中，上/下控制线表示变化的最终限度，分别用 $UCL$ 与 $LCL$ 表示；$CL$ 表示中心线当在连续的几个设定间隔内变化均指向同一方向时，就应分析和确认项目是否处于失控状态。当确认项目过程处于失控状态时，就必须采取纠偏措施，调整和改进项目过程，使项目过程回到受控状态。控制图法是建立在统计抽样法基础之上的，它利用原来统计的有效数据建立控制界限，如果项目过程不受异常原因的影响，从项目运行中观察得到的数据将不会超出这一界限。

**5. 项目质量改进及其与质量控制的关系**

依照国际标准化组织 ISO 的定义，质量改进亦是质量管理的一部分，致力于提高满足质量要求的能力。质量改进是指对现有的质量水平在控制和维持的基础上加以突破和提高，将质量提高到一个新的水平的过程。就项目质量改进与质量控制的关系而言，质量控制是质量改进的基础和前提，质量改进是质量控制的延伸和发展。就项目而言，用户对特定项目的质量要求是多方面的，并且希望项目组织满足质量要求的能力越高越好。因此，项目组织应动态理解与把握用户的要求，围绕不断增强满足质量要求的能力展开质量管理工作。

**6. 项目质量改进的过程**

质量改进是一个变革和突破的过程，其过程遵循 PDCA 循环的规律。项目质量改进过程主要分为"改进的识别与策划""改进的实施""改进的监控与检查"以及"改进的处理与评价"四个环节。

（1）P（PLAN）策划阶段——改进的识别与策划

该阶段的主要工作是改进机会识别，制定改进目标，确定达到改进目标的措施与方法。该阶段包括机会识别、因素分析、明确主要改进对象和制订改进计划等步骤。要持续改进项目质量就要不断确定并获取持续改进的机会。识别改进机会的途径主要包括从监测和测量中识别改进机会、从广泛的信息来源中识别改进机会及从质量改进的过程或结果中识别改进机会三个方面。改进策划主要关注如何改进的问题，涉及改进的目标、方案、措施和组织等，其中目标的改进策划最为重要，因为合理的目标是改进有效性的前提。投资项目目标改进根据范围不同，可划分为项目总体目标改进和项目具体目标改进。总体目标的改进是战略层面的，包括项目质量要求的质量水平、项目验收合格率、优良品率等，其策划时应考虑客户的需求与期望、市场竞争情况、技术发展以及组织自身资源情况等方面；项目具体目标改进是动态变化的，包括项目的过程特征引起的质量改进目标、项目的过程控制特征引起的质量改进目标等，应注意提供评价上述变化产生影响的手段和相应修改目标的方法。

(2) D（DO）实施阶段——改进的实施

项目质量改进重在实施，实施改进计划需要技术、方法、管理、资金和人员等方面的支持，故要从这些方面出发制定改进措施。质量改进实施时须注意将应急措施与防止再发生措施严格区分开；选取的质量改进措施尽量不要引起其他质量问题，如果产生了副作用，应考虑换为替代措施或消除副作用；质量改进方案可进行方案比选，确保质量改进效率，过程中的有关人员须通力合作，及时对改进方案进行调整，确保方案的可行性。

(3) C（CHECK）检查阶段——改进的监控与检查

在项目质量改进过程中，根据所制订的改进计划，及时监控并检查改进的效果和进度，判断改进是否达到预期目的，面对条件的变化和改进过程中发现的新问题应及时调整改进措施，依据检查结果进一步为改进提供机会。

(4) A（ACTION）处理阶段——改进的处理与评价

质量改进的处理阶段主要包括两项工作：一是经验总结，巩固改进成果，即将经验教训纳入有关标准、规定之中；二是将遗留问题转入下一个循环，作为下一个循环制订改进计划的资料和依据。好的测量系统应能够满足持续改进过程中机会识别和效果评价的需要，包括对客户和利益相关方的满意度、项目质量状态、过程能力、过程效率等方面的测度。对持续改进效果评价的主要方法是：首先，通过测量前后的情况来确定持续改进的效果，至少测量两次，且应当在相同条件下以相同的方法进行；然后，根据测量的结果，对持续改进的效果进行分析与评价，进而找出遗留问题，从而为下一循环提供依据。

**7. 典型的质量改进方法：六西格玛管理法**

六西格玛（$6\sigma$）是一种能够严格、集中且高效地改善组织流程管理质量的实施原则和技术。它包含了众多管理前沿成果，以追求"零缺陷"生产为核心，带动质量成本的大幅度降低，既着眼于产品质量，又关注过程的改进，最终实现财务成效的显著提升与组织竞争力的重大突破。$6\sigma$中的"$\sigma$"是一个统计术语，其含义为"标准差"，是用来表示任意一组数据或流程中离散或差异程度的指标。在质量方面，组织可以用$\sigma$的级别来衡量其在质量管理方面的表现。

$6\sigma$管理是通过对组织过程的持续改进、不断提高顾客满意度、降低成本来提升组织盈利能力和竞争力水平的。$6\sigma$质量改进方法以客户为焦点，通过提高客户满意度和降低资源成本来促使组织的业绩提升。该方法是一种有预见的积极管理，主张无边界合作，追求完美且容忍失误，过程注重数据和事实，并遵循DMAIC的改进方法，最终实现对产品和流程的突破性质量改进。$6\sigma$管理方法的重点是将所有工作作为一种流程，采用量化的方法分析流程中影响质量的因素，找出最关键的因素加以改进从而达到更高的客户满意度。$6\sigma$表示每百万个产品的不良品数量不大于3.4，意味着每一百万个产品中最多只有3.4个不合格品，即合格率是99.99966%。同传统的质量成本理论所推崇的$3\sigma$相比，$6\sigma$管理不仅使产品的合格率由99.73%提高到99.99966%，而且使组织的质量费用占销售额的比例降低。$6\sigma$的实施已经成为介绍和承诺高品质创新产品的必要战略和标志之一。

6σ管理的核心理念是以"最高的质量、最快的速度、最低的价格"向市场提供产品和服务。在6σ管理中不断寻求提高过程能力的机会，通过过程改进使其不断优化，逐步提高过程输出结果与客户要求和期望的接近程度，同时减少因缺陷引起的浪费，使组织与客户实现双赢。

#### 11.3.5 质量经济性及质量成本

**1. 质量经济性与质量成本的概念**

质量经济性的思想起源于20世纪50年代初期的美国。项目的质量经济性是指在质量水平相同的情况下，投资项目的整个生命周期内给生产组织、客户以及整个社会带来的总损失越小，其经济性越好，反之越差。根据国际标准化组织ISO的规定，确立了现代质量经济性概念的内涵，即包括质量成本和质量收益两个方面。

质量成本概念是20世纪50年代由美国质量管理专家朱兰、费根堡姆等人首先提出的，主张把质量预防费用和质量检验费用与产品不符合要求造成的厂内损失和厂外损失一起加以考虑。投资项目质量成本是指为保证投资项目符合质量要求而发生的费用以及没有达到质量要求所造成的损失。它是组织生产建设总成本的一个组成部分。

**2. 质量成本的构成**

项目的质量成本包括投资项目的运行质量成本和外部质量保证成本。其中，运行质量成本包括预防成本、鉴定成本、内部损失成本和外部损失成本。预防成本是指用于预防产生不合格品与故障所需的各项费用，一般包括质量工作费、质量培训费及质量改进措施费等。鉴定成本是指为了确保项目质量达到质量标准的要求，而对项目本身以及对材料、构配件、设备等进行试验、检验和检查所需费用，一般包括进货检验费、工序检验费及成品检验费等。内部损失成本是指项目在交付前，由于项目产出物不能满足规定的质量要求而支付的费用，一般包括返工和返修损失、复检费用及因质量问题而造成的停工损失等。外部损失成本是指项目交付后，因产品未能满足质量要求所发生的费用，一般包括索赔损失、保修费用及诉讼费用损失等。外部质量保证成本不同于外部损失成本。外部质量保证成本一般发生在合同环境下，指因客户要求而提供客观证据的演示和证明所支付的费用。

**3. 质量成本的优化**

（1）质量成本特性曲线

在质量管理工作中，最基本的一个问题是使质量和成本达到一个最佳平衡，改善质量经济性。质量成本构成比例是影响质量经济性的重要因素。即便质量总成本相同，由于质量成本各构成项的比例不同，也会带来不一样的经济效益。因此，在探讨对质量经济性的改进时，分析质量成本的构成并对之进行优化也是十分重要的。质量成本构成比例是指预防成本、鉴定成本、内部损失成本和外部损失成本四项成本在质量总成本中所占的比例。由于外部质量保证成本较为稳定，对质量成本优化的影响不大，因此在质量总成本中没有考虑该项。质量成本四项费用的多少与产品质量水平之间存在内在的联系，这种关系可以用质量成本特性曲线来反映，如图11-24所示。

在图11-24中，横坐标为以产品合格率表示的质量水平，纵坐标为达到相应的质量水平所需支付的质量成本。曲线1表示预防和鉴定成本之和，曲线2表示内部和外部损失成本之和，两条曲线之和即曲线3为质量总成本曲线。通过质量成本特性曲线可以发现质量成本的构成对质量水平的影响很大。

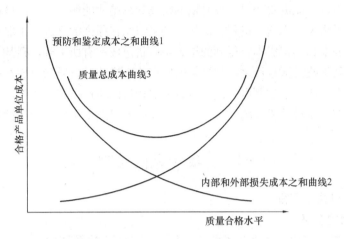

图 11-24　质量成本特性曲线

项目的质量水平越高,项目的预防和鉴定成本等就越高。随着质量水平的提高,对质量的改进变得越来越困难,当质量达到一定水平之后,如要进一步改进合格率,则预防和鉴定成本将急剧增加。而随着投资项目质量的提高,投资项目的内部和外部损失成本会下降。当预防和鉴定成本的增加速度超过了损失成本降低的速度,质量总成本增加。因此,应存在一个最低点 $M$ 对应最佳质量点 $P_0$,在这一质量水平上,质量成本达到最低。

(2) 质量成本构成的优化

质量成本构成的优化是指合理确定质量成本各构成项的比例,以使质量总成本达到最低值。为此,可以利用质量成本特性曲线进行分析。对图 11-24 中质量总成本最小的 $M$ 点附近的范围进行研究,可将其分为三个区域,如图 11-25 所示。

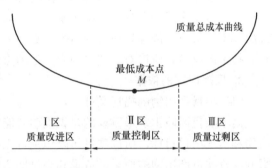

图 11-25　质量成本曲线区域划分示意图

Ⅰ区为质量改进区。当质量水平处于这一区域时,损失成本占质量总成本的比例很大,可达到 70% 以上,而预防成本比例很小,甚至不到 5%。此时,质量成本优化措施应是加强质量管理的预防性工作,提高产品质量。这样就可以用较低的预防成本的增加换取较多的损失成本的降低,从而可以降低质量总成本。

Ⅱ区为质量控制区。在此区域内,损失成本约占 50%,预防成本约占 10%。处于最佳质量水平附近,质量总成本较低,处于理想状态。这时质量管理工作的重点应是控制和维持在现有的质量水平上。

Ⅲ区为质量过剩区。此时,预防成本比例很高,一般已超过 50%,使得产品的质量水平很高,损失成本比例低于 40%。然而,这种高质量水平往往是超过客户需求的,称为质量过剩。这时相应的质量管理工作的重点应是适当放宽质量标准,使质量水平回到质量控制区,获得较低的质量总成本和合适的质量水平。

以上质量成本的优化方案是针对组织已经知道处于质量成本曲线的具体区域而进行的讨

论。在实际工作中，可能需要经过一段时期的实践和总结才能明确所处质量成本区域，此时可以采取逐步逼近法来实现这一过程。例如，如果组织在原来的基础上采取某些质量改进措施，即增加预防成本和鉴定成本，得到的结果是质量总成本有所下降，则基本可以确定组织的质量成本工作处于改进区；反之，如果采取质量改进措施后，质量总成本反而上升了，则可以确定质量成本工作处于过剩区，此时应该采取相反的质量措施；当然，如果无论采取正向措施或逆向措施，质量总成本的变化都很小，那么质量成本工作则处于控制区。

## 11.4 项目风险管理

### 11.4.1 项目风险识别

**1. 风险识别的含义**

风险识别是指在风险事故发生之前，人们运用各种方法系统地、连续地认识所面临的各种风险以及分析风险事故发生的潜在原因。要想对风险进行控制、转移或者对其进行管理，就要先识别出项目中存在的风险。风险分析和控制之前的一个必要的步骤是风险识别。风险识别是一个对项目有益的过程，使得投资项目管理者将注意力集中在探测和控制风险上，能够找到需要更加深入的进行研究的领域。

由于没有一个项目是相同的，即使有类似的项目，都不是一成不变的，因此风险识别是一个比较难的工作，对项目管理人员的经验和洞察力要求比较高。投资项目的管理者应该独立进行每个投资项目的风险识别工作。如果没有识别出关键风险，而只是考虑了非关键的风险，就有可能导致投资项目的失败。一个投资项目会面临很多内部和外部的、技术和非技术的风险，应该对这些风险发生的地点、条件、因素进行分析与判断。

**2. 风险识别的依据**

（1）项目产出物的描述文件

由于项目风险识别最重要的是识别项目能否按时、按质、按量、按预算生成项目的产出物和实现项目目标，所以项目风险识别首先要根据项目产出物的描述和要求识别出各种影响投资项目产出物的质量、数量和交付期的项目风险。

（2）项目的计划文件和信息

其包括项目的集成计划和各种专项计划以及它们之中所包含的全部信息。这些信息有两方面作用：一是作为项目风险识别的依据，二是作为项目风险识别的对象。项目最主要的风险之一是由于无法按计划完成项目而造成的损失。例如：一个项目的成本计划（预算）信息可以是分析与识别项目质量风险的重要依据，因为如果项目预算缺口比较大就会出现由于资源不足而造成的项目质量问题。同时，项目成本计划也是项目风险识别的对象，人们需要通过对项目成本计划实现的可能性进行分析，从而识别出项目超预算的风险情况。

（3）历史项目的资料和信息

以前完成类似项目的实际发生情况（或风险）的历史资料，是识别新项目风险的重要信息和依据。在项目风险识别中要全面收集各种有用的历史项目信息，特别是各种历史项目的经验与教训。这些历史项目资料中既有项目风险因素分析和各种风险事件发生过程的记录，也有项目风险带来的损失等方面的信息，其对项目风险的识别是非常有用的。

**3. 风险识别的原则**

(1) 全面周详原则

要准确识别风险，必须全面系统地考察、了解各种风险事件及其可能发生的概率、造成损失的严重程度，以及风险发生可能导致的其他问题。

(2) 综合考察原则

项目管理者面临的风险是一个复杂的系统，包括不同类型、不同性质和不同严重程度的各种风险。仅采用某种独立的分析方法难以准确识别出投资项目风险，必须综合运用多种分析方法。

(3) 量力而行原则

必须强调的是，风险识别的目的在于为风险管理提供决策依据，保证项目的管理者获得最大的安全保障，减少风险损失。因此，项目管理者必须根据实际情况和自身的财务承受能力，选择效果最佳、经费最省的识别方法对投资项目进行风险识别和衡量。

(4) 科学计算原则

通过对项目进行风险识别，能够对项目的生产经营状况及其所处环境进行量化核算。风险的识别和衡量，必须以严格的数学理论作为分析工具，在普通估计的基础上进行统计和计算，以得出比较合理的分析结果。

(5) 系统化、制度化、经常化原则

要保证风险分析的准确性，就必须进行全面系统地调查分析，对风险进行综合归类，以揭示其性质、类型及后果。否则，项目管理者就不可能对风险有一个总体的认识，就难以确定哪种风险是可能发生的，也不可能较合理地选择控制和处置的方法，这就是风险的系统化原则。风险的识别和衡量也必须是一个连续不断的、制度化的过程，这就是风险识别的制度化、经常化原则。

**4. 风险识别的方法**

风险识别的方法包括德尔菲法、头脑风暴法、情景分析法、检查表示法、流程图法、SWOT 分析法、故障树分析法。其中，德尔菲法、头脑风暴法在"6.2.3 节"中已介绍。因此，本节仅对剩余方法进行介绍。

(1) 情景分析法

情景分析法又称脚本法或者前景描述法，是假定某种现象或某种趋势将持续到未来的前提下，对预测对象可能出现的情况或引起的后果作出预测的方法。通常用来对预测对象的未来发展作出设想或预计，是一种直观的定性预测方法。

(2) 检查表法

检查表是一种常用工具，用来记录和整理项目管理中涉及的相关数据。它是将项目以后可能会发生的所有的潜在风险罗列在一张表上，风险识别人员可以根据这张表来识别类似的风险，判断检查表中列出的风险是否会在项目中发生。检查表中应包括以下几个内容：项目顺利完成或者失败的原因分析；整个项目在其他方面的规划；项目中可以利用的资源；项目的一些说明书；项目成员的技术能力等。

(3) 流程图法

项目识别人员可以通过流程图对项目风险的起因以及影响、项目具体环节及各个环节之间存在的风险等进行分析。运用流程图法，可以识别出项目风险发生的具体情况、风险可能造成的影响及其影响程度。

(4) SWOT 分析法

SWOT 分析法是关于项目优势、劣势、机会和挑战的分析方法。在对项目的特点进行了解之后，分析项目内部环境的优势和劣势，判别外部环境的机会和威胁，判断出投资项目所处的环境，然后制定项目的发展战略，为项目管理中的项目决策和系统分析提供支持。

(5) 故障树分析法

故障树分析法是对项目存在的比较大的故障进行分解，或者分析引起故障的原因的一种方法。它是利用图解的方法进行的，被广泛应用于大型的投资项目分析中。

### 11.4.2 项目风险评价

**1. 项目风险评价的含义**

项目风险评价是对投资项目的风险进行综合分析，并依据风险对项目目标的影响程度进行项目风险分级排序的过程。它是在项目风险规划、识别和估计的基础上，通过建立项目风险的系统评价模型，对项目风险因素的影响进行综合分析，并估算出各种风险发生的概率及其可能导致的损失大小，从而找到该项目的关键风险，确定项目的整体风险水平。进行项目风险评价能够为风险处置提供科学依据，从而保障项目的顺利进行。

在项目风险评价过程中，项目管理人员应详细研究决策者所作决策产生的各种可能后果，并将决策者作出的决策同自己单独预测的后果相比较，进而判断这些预测能否被决策者接受。由于各种风险的可接受或危害程度互不相同，因此对于首先应该解决哪些风险问题、是否需要采取相应的解决措施等问题需要进行明确。进行投资项目风险评价时，还要提出预防、减少、转移或消除风险损失的初步方法，并将其列入风险管理阶段要进一步考虑的各类方法之中。

**2. 项目风险评价的目的**

(1) 对项目的各类风险进行比较分析和综合评价，确定它们的先后顺序。

(2) 挖掘项目风险间的相互联系。虽然项目风险因素众多，但这些因素之间往往存在内在的联系，表面上看起来毫不相干的多个风险因素，有时是由一个共同的风险源所造成的。例如，若遇上未曾预料到的技术难题，则会造成费用超支、进度拖延、产品质量不符合要求等多种后果。风险评价就是要从项目整体出发，挖掘投资项目各风险之间的因果关系，保障项目风险的科学管理。

(3) 综合考虑各种不同风险之间相互转化的条件，研究如何才能化威胁为机会，明确投资项目风险的客观基础。

(4) 进行项目风险量化研究，进一步量化已识别风险的发生概率和后果，减少风险发生概率和后果估计中的不确定性，为风险应对提供依据，为风险控制提出相应的管理策略。

**3. 项目风险评价的内容**

(1) 项目风险发生概率的评价

项目风险发生概率的评价是投资项目风险评价中最为重要的工作之一。项目风险评价的首要任务是分析和估计投资项目风险发生概率的大小，即项目风险发生可能性的大小。对风险的控制程度根据项目风险发生的可能性而定，一个项目风险的发生概率越高，造成损失的可能性就越大,而在风险损失也很大的情况下对它的控制就应该越严格。因此,在项目风险评价中首先要分析、确定和评价项目风险发生概率的大小。

(2) 项目风险后果的评价

项目风险评价的第二项任务是分析和估计项目风险后果的严重程度,即评价投资项目风险可能带来的损失的大小。即使一个投资项目风险发生的概率并不大,但它发生后带来的后果十分严重的话,也必须对它进行严格的管理和控制,否则这种风险的发生会给整个项目带来十分严重的损失。

(3) 项目风险发生时间的评价

项目风险评价的第三项任务是分析和估计投资项目风险可能发生的时间。项目风险的管理和控制都必须根据项目风险发生的时间进行安排,一般是优先控制先发生的项目风险,而后发生的项目风险可能延后采取措施,通过监视和观察它们的发展,作进一步的风险识别和风险控制。

(4) 项目风险潜在影响的评价

项目风险评价的第四项任务是分析和估计项目风险的潜在影响,即项目风险可能会影响项目的哪些方面和哪些工作。如果项目某项风险发生的概率和后果的严重程度都不高,但该风险一旦发生就会影响项目其他方面的工作,那么也需要对该风险进行严格的管理和控制。

**4. 项目风险评价的方法**

(1) 调查和专家打分法

调查和专家打分法是一种最常用、最简单且易于应用的风险估计方法。首先通过风险识别,将投资项目所有风险列出,设计风险调查表;然后利用专家经验,对各风险因素的重要性进行评估,再综合评价整个项目的风险。具体步骤如下:

1) 确定每个风险因素的权重,以表征其对项目过程的影响程度;

2) 确定每个风险因素的等级值,例如按较小、稍大、中等、较大、很大五个等级,分别以 0.2、0.4、0.6、0.8 和 1.0 打分;

3) 将每个风险因素的权重与等级值相乘,求出该风险因素的得分,再将各风险因素的得分求和,求出工程项目整个过程风险的总分。总分越高,说明风险越大。同时,可以根据专家对所评价项目的了解程度、专家具备的经验及知识水平等,对专家评分的权威性确定一个权重值。最后的风险度值为每位专家评定的风险总分乘以各自权威性权重值,所得之积合计后再除以全部专家权威性权重值的和。该方法适用于项目决策前期,这个时期往往缺乏具体的数据资料,主要依据专家经验和决策者的意向,得出的结论也只是一个大致的程度值。

(2) 风险报酬法 (调整标准贴现率法)

从西方投资理论可以看出,资金除有时间价值外,同时还存在风险价值,即投资者因在投资中冒风险而取得的报酬,故而有风险投资和风险补偿(报酬)之说。风险越大,风险报酬越大;反之亦然。基于这一理论,风险报酬的大小应随投资项目的类型不同而有所变化,反映出"风险大,报酬也大"的一般趋势。一般来说,投资项目可根据对风险的主观估计和判断而进行粗略划分,例如,可以划分成无风险、低风险、中等风险、高风险四类。

在经济评价时，除采用标准的贴现率外，必须考虑风险的报酬问题，即考虑将各方案分为若干等级，对不同的风险方案规定一个与之对应的风险贴现率。此时，采用的标准贴现率应该是无风险贴现率和调整风险贴现率之和，以此为基准评价方案的可取性。此时投资项目的净现值（NPV）表示为：

$$NPV = \sum_{t=0}^{T} NCF_t/(1+i)^t \tag{11-11}$$

$$i = i_f + i_t \tag{11-12}$$

式中　$T$——项目工期；

$NCF_t$——第 $t$ 年度项目的净现金流量；

$i$——考虑了资金风险价值的评价贴现率；

$i_f$——无风险的标准贴现率；

$i_t$——风险补偿的调整贴现率。

按此方法计算，如果 $NPV \geqslant 0$，则此投资方案可取。计算内部收益率 IRR 也以（$i_f + i_t$）作为评价取舍的标准，即由公式（11-13）可解出内部收益率 IRR 的值：

$$\sum_{t=0}^{T} NCF_t/(1+IRR)^t = 0 \tag{11-13}$$

若 $IRR > i_f + i_t$，则投资方案可取；否则风险偏大，不可取。

风险报酬法采取的是一种保守的态度。优点是直观、易懂易算。但此方法有如下几个缺点：在各方面资料不齐全的情况下为每一种方案估算一个准确的风险补偿贴现率比较困难，且没有对每一项目的风险进行详细的辨识分析过程，没有考虑项目在整个寿命周期内风险随时间的变化；用一个大于无风险贴现率的调整风险贴现率同标准贴现率混在一起贴现，暗含着项目的风险是随时间增加的，这与实际存在差异。

（3）风险当量法

风险报酬法有如上缺点，因此可以把对贴现率的调整转化为对净现金流量的调整，即采用风险当量法。先用当量系数 $\alpha_t$ 把含风险的净现金流量化为等价的无风险净现金流量，然后计算净现值 NPV 或内部收益率 IRR，以决定投资项目的可取程度。

风险当量系数是指无风险的净现金流量占有风险的净现金流量的比例，即：

$$\alpha_t = NCF'_t / NCF_t \tag{11-14}$$

或

$$NCF'_t = \alpha_t \times NCF_t \tag{11-15}$$

式中　$NCF_t$——第 $t$ 年有风险的净现金流量；

$NCF'_t$——经过当量因子 $\alpha_t$ 调整后的无风险净现金流量；

$\alpha_t$——第 $t$ 年的风险调整因子。

风险越大，$\alpha_t$ 值越小；风险越小，$\alpha_t$ 值越大。$\alpha_t$ 的取值在 0 与 1 之间，即 $0 \leqslant \alpha_t \leqslant 1$。

$\alpha_t$ 值一般随决策者不同而有所不同，即决策者根据自己的知识、经验来判断有风险的净现金流量为多少时相当于一定量的无风险净现金流量。这里，NPV 的计算如公式（11-16）所示。

$$NPV = \sum_{t=0}^{T} NCF'_t/(1+i_f)^t = \sum_{t=0}^{T} \alpha_t \times NCF_t/(1+i_f)^t \tag{11-16}$$

同时，也可计算出内部收益率等指标。

不同的投资项目风险程度不同，不同时期的现金流量预测的精度不一样，因而每一年的风险程度也不同。当量因子 $\alpha_t$ 的值可以按照以下方式进行选择：根据不同类型的投资和每年现金流量的方差系数，对每年的现金流量乘以不同的因子，其乘积作为确定的值，等价于这年具有风险的现金流量。因为，乘以当量因子后已转化为无风险的现金流量，故贴现率采用无风险贴现率 $i_f$。

风险当量法的缺点是：不同的评价者对 $\alpha_t$ 的取值不同，随不同的投资大小、环境以及其他施工、技术设备上的差异会对 $\alpha_t$ 造成多大的影响，$\alpha_t$ 有何变化规律，都难以确定。另外，$NCF_t$（有风险的净现金流量）的确定仍取决于决策者的判断，这就给评判结果带来了随意性。

(4) 概率树法

概率树与风险辨识中的事故树有相同之处，其分析都是以树的形式为基础进行，区别在于概率树对风险事件要进行概率量化，而事故树对风险事件则是定性分析。概率树以事件分支形式表示，将所研究的风险事件作为树干，称为项事件；导致这一事件发生的主要风险因素称为中间事件；按树枝的走向继续细分，得到引起顶事件的最下层风险因素，称为底事件。事件上中下之间的逻辑关系用树形分叉表示，即构成概率树。分支可以无限细分，直至得到事件的最底层因素。在分析过程中，从概率树的末梢（即底事件）开始，按概率分布分析的基本方法，从下至上逐步确定整个事件的概率分布，最后得出事件系统的概率分析结果。

(5) 决策树法

决策树法是一种有效进行风险评价的定量方法，它根据项目风险的基本特点，在反映风险背景环境的同时，描述投资项目风险发生的概率、后果以及投资项目风险的发展动态。决策树法先找出风险的状态、风险发生的概率、风险的后果等因素，然后根据这些因素绘制出一个从左至右展开的树状图，主要有方块节点、圆形节点以及由这些节点所引出的分支组成的三角形节点。其中，方块节点是决策节点，并由此引出与方案数量相同的方案分枝，从决策节点引出的方案需要进行决策和分析，而且要在分枝上标注方案的名称；圆形节点是状态节点，又称机会节点，从状态节点可以引出状态分枝，在每一个分枝上要标注自然状态名称及其出现的主观概率。需要注意的是，状态数量与自然状态数量应该是一致的；三角形节点是结果节点，在它的右端将不同方案在各种自然状态下所取得的结果（如收益值）标注出来。决策树能够进行多级决策，并且能够使项目管理者有步骤、有层次地进行决策。但是，决策树不能把所有的因素全部考虑进去，如果分级太多，决策树就会很复杂。

(6) 层次分析法

层次分析法又称 AHP 法，是 20 世纪 70 年代美国学者 T. L. Saaty 提出的一种在经济学、管理学中广泛应用的方法。层次分析法可以将无法量化的风险按照大小排出顺序，把它们彼此区别开来。层次分析法本质上是一种决策思维方式，它把复杂的问题分解为各组成因素，将这些因素按支配关系分组，以形成有序的递阶层次结构，通过两两比较判断的方式确定每一层次中因素的相对重要性，然后在递阶层次结构内进行合成得到决策因素相对于目标重要性的总顺序。

(7) 模糊综合评价法

模糊综合评价法是模糊数学在实际工作中的一种应用方式。其中，评价是指按照指定的评价条件对评价对象的优劣进行评比、判断；综合是指评价条件包含多个因素。综合评价就是对受到多个因素影响的评价对象作出全面的评价。采用模糊综合评价法进行风险评价的基本思路是：综合考虑所有风险因素的影响程度，并设置权重区别各因素的重要性，通过构建数学模型推算出风险的各种可能性程度，其中可能性程度值高者为风险水平的最终确定值。具体步骤如下：

1) 选定评价因素构成评价因素集；
2) 根据评价的目标要求，划分等级，建立备择集；
3) 对各风险要素进行独立评价，建立判断矩阵；
4) 根据各风险要素的影响程度，确定相应的权重；
5) 运用模糊数学方法确定综合评价结果；
6) 根据计算分析结果确定投资项目风险水平。

(8) 蒙特卡罗模拟方法

该方法是通过随机变量的统计试验随机模拟求解数学、物理、工程技术问题近似解的数学方法，也称随机模拟法。其将所求解的问题同一定的概率模型相联系，用电子计算机实现统计模拟或抽样，以获得问题的近似解。借助计算机技术，蒙特卡罗模拟方法实现了两大优点：一是简单。省却了繁复的数学演算过程，使得一般人也能够理解和掌握；二是快速。简单和快速是蒙特卡罗模拟方法在现代投资项目管理中得到应用的技术基础。

蒙特卡罗模拟方法有很强的适应性，能够解决复杂的几何问题。该方法的收敛性是指概率意义下的收敛，因此问题维数的增加不会影响它的收敛速度，而且储存单元也很省，这些是用该方法处理大型复杂问题时的优势。因此，随着电子计算机的发展和科学技术问题的日益复杂，蒙特卡罗模拟方法的应用越来越广泛，它不仅较好地解决了多重积分计算、微分方程求解、积分方程求解、特征值计算和非线性方程组求解等高难度和复杂的数学计算问题，而且在统计物理、核物理、真空技术、系统科学、信息科学、公用事业、地质、医学、可靠性及计算机科学等广泛的领域都得到了成功的应用。

### 11.4.3 项目风险应对

**1. 项目风险应对的含义**

项目风险是客观存在的，必须在系统分析的基础上，采取积极的项目风险应对措施，有所准备，确保将风险后果控制在可接受的水平。风险应对是根据项目风险识别和风险评价的基本结果，在对项目风险进行综合权衡的基础上，提出项目风险的管理措施和处置方法，以有效消除或控制项目风险。

**2. 项目风险应对的依据**

(1) 项目风险管理规划

项目风险管理规划详细地说明了风险应对的过程及要求。

(2) 项目风险排序

将风险按其严重程度、发生的可能性、对项目目标的影响程度分级排序，说明要抓住的机会和要应对的威胁。

(3) 项目风险认知

管理者应该对无法承受的项目风险以及可接受的项目风险具有一定的认知，这会影响风险应对计划的制订。

(4) 项目风险的特性

项目风险存在以下特性：客观性和普遍性；具体项目风险存在偶然性，规模化项目风险存在必然性；多样性、层次性和变化性等。通常情况下，项目风险应对措施必须是根据项目风险的特性制定。

(5) 项目风险主体

项目利益相关方可以作为风险应对主体的名单，风险主体参与制订风险应对计划。

(6) 组织抗风险的能力

投资项目的组织抗风险能力也是决定项目风险应对措施的主要依据之一。通常情况下，一个项目组织或项目团队的抗风险能力是许多要素的综合表现。

(7) 一般风险应对

许多风险可能是由某一个共同的原因造成的，这种情况下可以利用一种应对方案处理两个或更多项目风险。

(8) 可供选用的应对措施

一种具体的项目风险实际上存在几种既定的可供选用的应对措施，这也是制定项目风险应对措施的另一个依据。对于一个具体的项目风险而言，有多少种可供选择的项目风险应对措施对于项目风险应对和控制都是十分重要的。

**3. 项目风险应对的主要措施**

(1) 项目风险规避措施

对于风险应对成本大大超过风险收益的投资项目，通过从根本上放弃项目或者放弃使用有风险的项目资源、项目技术、项目设计方案等，从而避开投资项目风险的一种应对措施。

(2) 项目风险遏制措施

这是从遏制投资项目风险引发原因的角度出发应对项目风险的一种措施。

(3) 项目风险转移措施

对于概率小但是损失大或项目组织很难控制的项目风险，一般用项目风险转移措施来应对，把风险转移给更有能力应对风险的机构，如保险机构等。

(4) 项目风险化解措施

这类措施从化解投资项目风险产生出发，控制和消除项目具体风险的引发原因。

(5) 项目风险消减措施

这类风险应对措施是通过从源头避免风险事件发生，进行无预警信息项目风险应对的主要措施之一。例如，当某工程建设项目因雨天无法进行室外施工时，尽可能安排各种项目团队成员与设备从事室内作业，就是一种项目风险消减的措施。

(6) 项目风险储备措施

这类风险应对措施是通过提前准备应对风险事件的方法或手段，进行无预警信息项目风险应对的主要措施之一。特别是对于具有潜在巨大损失的项目风险，应该积极采取投资项目风险储备措施。例如，储备资金和时间以应对项目风险、储备各种灭火器材以应对火灾、购买救护车以应对人身事故的救治等都属于项目风险储备措施。

(7) 项目风险容忍措施

投资项目风险容忍措施主要是针对项目风险发生概率很小而且项目风险所造成的后果较轻的风险。风险容忍措施是一种经常使用的投资项目风险应对措施，但是对于不同组织的项目风险容忍度必须合理地确定。

(8) 项目风险分担措施

这是指根据投资项目风险的大小和项目利益相关方承担风险的能力大小，分别由不同的项目干系人合理分担项目风险的一种应对措施，并且项目风险的责任分担多数采用合同或协议的方式确定。

(9) 项目风险开拓措施

如果组织希望项目风险的机会能得以利用，就采用积极的风险应对措施，以确保项目风险机会的有效利用。这种措施包括为项目分配更多和更好的资源，以便缩短完成时间或实现超过最初预期的质量。

(10) 项目风险提高措施

项目风险提高措施是指在识别投资项目风险机会的驱动因素并最大限度发挥其积极作用的基础上，强化投资项目风险机会的触发条件，从而提高风险机会的发生概率，利用风险积极影响的一种风险应对措施。

**4. 项目的消极风险应对技巧**

(1) 回避风险

回避风险是指改变投资项目计划，以排除风险；或者保护投资项目目标，使其不受影响；或对受到威胁的一些目标放松要求，例如延长进度或减少范围等。还可以通过澄清要求、取得信息、改善沟通、获取技术专长等风险回避技巧来应对出现在投资项目早期的某些风险事件。

(2) 转嫁风险

转嫁风险是指设法将风险的后果连同应对的责任转移到第三方身上。转嫁风险实际只是把风险管理责任推给另一方，而并非将其排除。对于投资项目风险而言，风险转嫁策略最有效。风险转嫁策略大多需要向承担风险者支付风险费用。转嫁工具丰富多样，包括但不限于利用合同、保险、履约保证书、担保书等。例如，可以利用合同将具体风险的责任转嫁给另一方。在多数情况下，使用成本加合同可将成本风险转嫁给买方；如果投资项目的设计是稳定的，可以用固定总价合同把风险转嫁给卖方。

(3) 减轻风险

减轻风险是指设法把不利的风险事件的概率或后果降低到一个可接受的临界值。提前采取行动减少风险发生的概率或者减少其对项目所造成的影响，比在风险发生后进行补救要有效得多。例如，采用不太复杂的工艺，进行更多的测试，或者选用比较稳定可靠的卖方，可减轻风险。如果不可能降低风险发生的概率，则采取减轻风险的应对措施，其着眼点应放在决定影响的严重程度的连接点上。例如，设计时在子系统中设置冗余组件有可能减轻原有组件故障所造成的影响。

(4) 接受风险

投资项目的所有风险几乎无法全部消除，采取该策略表明投资项目管理者已经决定不打算为处置某项风险而改变项目计划，或者表明他们无法找到任何其他应对良策。针对机会或威胁，均可采取该项策略。该策略可分为主动和被动方式。最常见的主动接受风险的方式是预留应急储备金；被动接受风险则不要求采取任何行动，将其留给项目管理者，待风险发生时再及时处理。

**5. 项目的积极风险应对技巧**

（1）开拓

如果项目管理者希望确保机会得以实现，可就具有积极影响的风险采取该技巧。该项技巧的目标在于通过确保机会肯定实现而消除与特定积极风险相关的不确定性。开拓措施包括为投资项目分配更多的有能力的资源，以便缩短完成时间或实现超过最初预期的质量。

（2）分享

分享积极风险是指将风险的责任分配给最能够为项目利益获取机会的第三方，具体方式包括建立风险分享合作关系，或专门为机会管理目的形成团队、具有特殊目的的项目公司或合作合资组织等。

（3）提高

这种风险应对技巧旨在通过识别积极风险的驱动因素并发挥其作用，提高积极风险的发生概率，进而提高投资项目成功的机会。

### 11.4.4 项目风险控制

**1. 项目风险控制的含义**

项目风险控制是指风险管理者采取各种措施和方法，消灭或减少风险事件发生的各种可能性，或风险控制者减少风险事件发生时造成的损失。总会有些事情是不能控制的，风险总是存在的。作为管理者会采取各种措施减小风险事件发生的可能性，或者把可能的损失控制在一定的范围内，以避免在风险事件发生时带来的难以承担的损失。风险控制主要涉及以下五种基本方法：风险回避、风险转移、风险分散、风险自留和损失控制。

风险管理是一个连续过程。在投资项目进展过程中，当已识别的风险快要发生时就要对它进行监控和再评估。监控早期的预警指标并对风险的损失频率和损失程度进行再评估。一个风险将要发生时，重新确定风险策略的适用性，并制订追加反应计划。当每个风险发生时，处理或规避后都要进行记录。良好的记录能保证再遇到此类风险时可以更有效地对其加以处理，并且下一个投资项目管理者将会从中得到一些经验教训。

**2. 项目风险控制的目标**

损失发生之前的风险控制目标是选择最经济合理的综合处置方式，即在保证损失降低到最低程度的前提下，使风险管理的费用尽可能减少。所以，进行投资项目风险控制，首先要开展持续的投资项目风险识别和度量工作，尽早发现投资项目存在的各种风险。然后采取各种风险应对措施，积极避免项目风险的发生，从而避免给项目造成不必要的损失。对于不能避免的风险，要采取积极行动努力削减这些风险事件的消极后果。通过对风险的识别、量化和有效的控制，可以尽量减少人们对于风险的恐惧和忧虑。损失发生之后的风险控制目标是积极采取措施，保证项目的生产和生活迅速恢复正常，并充分吸取项目风险管理中的经验与教训。

**3. 项目风险控制的过程**

(1) 建立投资项目风险监控体系

根据项目风险识别和度量报告所给出的项目风险信息，制定项目风险监控方针、项目风险控制程序以及投资项目风险控制管理体制。这包括项目风险责任制度、项目风险情况报告制度、项目风险控制决策制度、项目风险控制的沟通程序等。

(2) 确定要监控的具体项目风险

根据项目风险识别与度量报告所列出的各种具体项目风险，明确需要进行控制的投资项目风险以及可以容忍并放弃对其进行控制的风险。通常这要按照投资项目具体风险后果严重性的大小和风险的发生概率，以及项目组织的风险控制资源情况去确定。

(3) 确定项目风险的监控责任

确定项目风险的监控责任主要指分配和落实项目的具体风险监控责任。所有需要监控的项目风险都必须落实负责监控的具体人员，同时要规定他们所负的具体责任。

(4) 确定项目风险控制的行动时间

对项目风险的控制也要制订相应的时间计划和安排，同时对解决投资项目风险问题的时间限制应作出规定，因为没有时间安排与限制，多数项目风险问题是不能有效地加以控制的。许多由于投资项目风险失控所造成的损失都是因为错过了风险控制的时机，所以必须制订严格的项目风险控制时间计划。

(5) 制定各具体项目风险的控制方案

负责具体项目风险控制的人员需要根据风险的特性和时间计划，制定出各具体投资项目风险的控制方案。要找出能够控制投资项目风险的各种备选方案，然后要对方案作必要的可行性分析，以验证各个风险控制备选方案的效果，最终选定要采用的风险控制方案。同时，还要针对风险事件的不同阶段，制定出在不同阶段使用的风险事件控制方案。

(6) 实施具体项目风险控制方案

按照确定的具体项目风险控制方案，开展投资项目风险控制活动。在具体实施时，必须根据项目风险的发展与变化，不断修订项目风险控制方案与办法。

(7) 跟踪具体项目风险的控制结果

这一步的目的是要收集风险事件控制工作的信息并给出反馈，即通过跟踪去确认所采取的项目风险控制活动是否有效、项目风险的发展是否有新的变化等。通过不断地提供反馈信息，为项目风险控制方案的具体实施提供参考。跟踪具体项目风险的控制结果是与实施具体项目风险方案同步进行的。通过跟踪得到项目风险控制工作信息，根据这些信息改进具体项目风险控制方案，直到对风险事件的控制完结为止。

**4. 项目风险控制的主要技术和方法**

(1) 项目风险应对审计

在规避、转移风险的时候，风险审计员应检查和记录风险应对措施的有效性。因此，风险审计在项目整个生命周期的各个阶段中都会起到一定的作用。

(2) 对项目进行定期评估

风险等级以及处置风险的优先级可能会随项目生命周期发生变化。因此，需要对项目风险定期进行评估或量化，并作为每次项目团队会议的议程。

(3) 赢值分析

赢值分析是按基准计划费用来监控项目风险的分析工具。此方法将计划的工作与实际完成的工作进行比较，确定是否符合计划的费用和进度要求。如果偏差较大，则需要进一步对项目进行风险识别、评估和量化。

(4) 技术因素度量

技术因素度量即度量在投资项目执行过程中的技术完成情况与原定投资项目计划进度的差异，如果有一定的偏差（如没有达到某一阶段规定的要求），则可能意味着在完成项目预期目标上存在一定的风险。

(5) 附加风险应对计划

如果未曾预料到该风险，或其后果比预期的严重，则事先计划好的应对措施可能不足以应对，因此有必要重新研究应对措施。

(6) 独立风险分析

项目办公室之外的风险管理团队比来自项目组织的风险管理团队对项目风险的评估更独立、公正。

**5. 项目风险控制的成果**

(1) 随机应变措施

随机应变措施就是在消除风险事件时所采取的未事先计划的应对措施。项目人员应对这些措施进行有效的记录，并融入项目的风险计划中。

(2) 纠偏措施

纠偏措施包括实施应急计划和附加应对计划。

(3) 变更请求

实施应急计划的过程中，管理者通常需要提出应对风险的项目计划变更请求。

(4) 修改风险应对计划

当预期的风险发生或未发生，实施风险控制消减或未消减风险的潜在影响或发生概率时，必须重新对风险进行评估，对风险事件的概率和价值以及风险管理计划的其他方面作出修改，以保证重要风险得到恰当的控制。

(5) 风险数据库

该数据库的目的是整理、更新和分析收集的数据，这有助于在项目开展过程中进行风险管理，并且随着时间的推移，逐步累积有关风险的基础资料。

(6) 更新风险判别核查表

根据经验不断更新核查表，这有助于对将来的投资项目风险进行管理。

**6. 项目风险控制应对策略**

(1) 风险预防

风险预防是指采取各种预防措施以杜绝风险发生的可能。如供应商通过扩大供应渠道以避免货物滞销；承包商通过提高质量控制标准以防止因质量不合格而返工或罚款；管理人员通过加强安全教育和强化安全措施，减少事故的发生等。

(2) 减少风险

减少风险是指在风险损失已经不可挽回的情况下，采取各种措施以遏制风险势头继续恶化，或局限其扩展范围使其不再蔓延，也就是说使风险局部化。例如，承包商在业主付款误期超过合同规定期限的情况下采取停工或撤出队伍,并提出索赔要求甚至提起诉讼;业主在确信承包商无力继续实施其委托的工程后立即撤换承包商;施工事故发生后采取紧急救护等都是为了达到减少风险的目的。

(3) 风险回避

风险回避主要是中断风险源,使其不发生或遏制其发展。回避风险有时可能不得不作出一些必要的牺牲,但较之风险真正发生进而可能造成的损失要小得多,甚至微不足道。例如回避风险大的投资项目,选择风险小或适中的投资项目等。

(4) 风险分离

风险分离是指将各风险单位分离间隔,以免发生连锁反应或相牵连。这种处理可以将风险局限在一定的范围内,从而达到减少损失的目的。风险分离常用于工程中的设备采购。为了尽量减少因汇率波动而遭受的汇率风险,可在若干不同的国家采购设备,付款采用多种货币。比如,在德国采购支付欧元,在日本采购支付日元,在美国采购支付美元等。这样即使发生大幅度汇率波动,也不会全都导致损失。

(5) 风险分散

风险分散与风险分离不一样。风险分散是通过增加承担风险的单位以减轻总体风险的压力,达到共同分摊集体风险的目的。项目总体风险具有一定的范围,这些风险必须在项目参与者之间进行分配。每个参与者都必须承担一定的风险责任,这样才有管理和控制风险的积极性和创造性。

(6) 风险转移

有些风险无法通过上述手段进行有效控制,投资项目管理者只好采取转移手段以保护自己。风险转移并非损失转嫁,也不能被认为是损人利己、有损商业道德。因为,有许多风险对一些人的确会造成损失,但转移后并不一定给他人造成损失。其原因是各人的优劣势不一样,因而对风险的承受能力也不一样。风险转移的手段常用于工程承包中的分包、技术转让或财产出租、合同。技术或财产的所有人通过分包工程、转让技术或合同、出租设备或房屋等手段将应由其自身全部承担的风险部分或全部转移给他人,从而减轻自身的风险压力。

(7) 风险自留

风险自留即是将风险留给自己承担,不予转移。这种手段有时是无意识的,即当初并不曾预测到,不曾有意识地采取种种有效措施,以致最后只好由自己承受;但有时也可以是主动的即有意识,有计划地将若干风险主动留给自己,这种情况下投资项目管理者通常已做好了处理风险的准备。主动的或有计划的风险自留是否合理、明智取决于风险自留决策的有关环境。风险自留在一些情况下是唯一可能的对策。有时项目不能预防损失,回避又不可能,且没有转移的可能性,投资项目管理者别无选择,只能自留风险。决定风险自留必须符合以下条件:①自留费用低于保险公司所收取的费用;②投资项目的期望损失低于投资者的估计;③投资项目有较多的风险单位;④投资项目的最大潜在损失或最大期望损失较小;⑤短期内投资项目有承受最大潜在损失或最大期望损失的经济能力;⑥风险管理目标可以承受年度损失的重大差异;⑦投资机会很好;⑧项目内部组织的风险管理服务或非保险人的风险管理服务优良。如果实际情况与以上条件相反,无疑应放弃自留风险的决策。

(8) 损失控制

损失控制是风险管理中最积极主动地处置风险的工具。相对于其他工具和方法，损失控制更积极、合理、有效。主动预防与积极地实施抢救比单纯采用避免风险、转嫁风险和组合风险更具有积极的意义。

关 键 概 念

项目活动定义；项目活动排序；项目活动资源需求估算；项目活动时间估算；项目进度计划；项目进度计划编制；项目进度控制；资源计划；成本估算；成本预算；成本控制；质量；质量管理；质量管理活动；质量管理计划；质量控制内容；质量改进过程；质量成本；质量成本构成及优化；风险识别；风险评价；风险应对；风险控制

**复习思考题**

1. 项目活动定义及排序的主要工具和方法有哪些？
2. 项目活动资源需求估算受到哪些因素的影响？运用哪些工具和方法能够估算项目的活动资源需求？
3. 简述项目活动时间估算的影响因素，以及项目活动时间估算的主要工具和方法。
4. 简述项目进度计划编制的主要工作。
5. 简述项目进度计划控制的措施、主要工具和方法。
6. 资源计划工具主要包括哪几种？简述每种工具的具体特点。
7. 简述项目成本估算的含义和作用。
8. 一般来说，项目成本预算的编制过程中存在哪些误区？
9. 项目成本控制应该遵循哪些基本原则？
10. 什么是项目质量规划？其包括哪些内容？应遵照什么依据？
10. 什么是项目质量控制？什么是项目质量改进？二者之间存在怎样的联系？
11. 什么是项目质量成本？由哪些部分构成？如何对其构成进行优化？
13. 什么是风险识别？风险识别的过程中要遵循哪些原则？
14. 请简要概述风险评价的含义以及对投资项目进行评价时采用的风险分析方法。（列出四个方法即可）
15. 风险应对的依据有哪些？
16. 风险控制的过程有哪些？

典 型 案 例

某项目历时 11 个月，由中国某公司与美国某机构共同合作完成。美方对该项目很重视，从方案设计讨论、工程实施建设到最终现场测试，都派出国家级专家对该项目实施的每一个细节按照美方其他类似项目的标准严格要求。特别是最后的现场测试，其要求项目经理老黄带领的项目组完全脱手交给美方独立测试。项目最终受到了美方的高度评价。该项目十分注重对风险的控制，具体如下：

1. 编写风险管理计划

老黄是资深项目经理，他严格按照风险管理的要求，对于风险发生的可能性和后果严重性进行了分析，并提交了一份风险登记册，表 11-8 列出了部分风险。

风险登记册　　　　　　　　　　　　表 11-8

| | 风险类型 | 风险描述 | 识别日期 | 影响 | 可能性 | 减缓说明 | 当前状态 | 责任人 |
|---|---|---|---|---|---|---|---|---|
| | | | 风险矩阵 | | | | | |
| 1 | 政策风险 | 该项目是政府项目，政府间的合作对项目会有影响 | 2023年1月9日 | 较大 | 较大 | 做好工作状态的评估和记录 | 尽量避免 | 张×× |
| 2 | 实施风险 | 修改应用系统将导致工程量增加，影响项目及其质量 | 2023年1月9日 | 较大 | 较大 | 加强设计管理和变更管理 | 建立了变更管理制度 | 老黄 |
| 3 | 沟通障碍 | 语言交流有问题 | 2023年1月9日 | 较大 | 中等 | 尽量使用书面语言 | 建立了相关制度 | 老黄 |
| 4 | 组织协调不力 | 美方的中子管不能按期到达工厂，将严重影响项目进度 | 2023年1月9日 | 中等 | 微小 | 随时跟踪提供中子管状态 | 已经提醒美方该风险 | 赵×× |
| 5 | 土建报批报建手续延迟 | 土建工程申请材料的准备需要多部委的参与，然后才能提交申请，等候审批，因此会影响项目进度 | 2023年1月9日 | 中等 | 较小 | 多渠道协调各方关系，多途径敦促政府进行报批工作 | 正在和上海相关机构沟通 | 梁×× |
| 6 | 技术风险 | 视频流需要实时转码才能使用，必须提前评估能否满足要求 | 2023年1月9日 | 较小 | 中等 | 视测试结果，修改设计方案 | 正在进行测试工作 | 王×× |

老黄和他的领导及项目组成员反复研究，并总结出以下几条：①项目风险主要是指项目组自己可以控制的事情；②项目风险要尽量具体化；③对风险的等级划分要给出理由，这些可以敦促项目经理考虑问题更细致；④与原来的约定不符，需要说明理由；⑤要注重风险缓解计划和风险描述是否匹配。

2. 更新风险登记册

风险登记册编写好以后，老黄每两周重新评估一次风险，并更新风险计划。表 11-8 所列的风险登记册仅是第一个风险管理计划。虽然风险计划更新得很频繁，但是老黄确实从中有所收获。每隔一段时间重新审视风险，令他把很多事情都想在了前头。比如"组织协调不力，中子管不能按期到达"的风险，项目刚开始时，老黄评估该风险出现的可能性较小，且影响中等，不是项目进度的关键路径。但是随着项目发展，老黄发现中子管的进口程序非常复杂，风险发生的可能性很大，且这个部件是项目核心设备的关键部件，风险发生将导致厂验时间的推迟，进而影响整个项目进度。所以，在后来的风险计划中，将该风险的级别提高至最高，即发生的可能性大，影响大。在随后的工作中，老黄根据这个风险判断调整了计划，增加了人力办理中子管进口手续，还提前与中国海关沟通，要求协助办理中子管进口手续，并敦促美方提前发来有关向中国海关捐赠中子管的政府文件，提前办理有关手续。尽管如此，这个风险还是发生了，但因为早有准备，老黄调整了项目计划，采用了加班生产、调整工序等措施，保证了项目进度不受影响。其他情况类似，这个项目是公司多部门合作，又有5个外协单位，事情千头万绪，项目过程中不断出现新的风险，但是由于有较好的风险控制措施，这些风险都——化解了。整个项目周期11个月，风险管理计划的内容更新了二十多次。

**【案例分析】**

这是一个关于项目风险管理的成功案例，项目经理老黄本身经验丰富，甲方也对项目的过程监管严密。在风险管理活动中，首先需要一份好的风险管理计划，体现出风险管理的几个关键环节，包括识别风险、对风险进行分析、风险的应对和规避、指定风险控制的责任人等。

1. 识别风险

这是一个判断的过程，判断未来可能发生的影响项目的各种事件，从理论上来说，包括积极的影响和消极的影响两个方面。现实中，大家会更关注带来消极影响的那些风险事件。本案例也不例外，文档中的"风险类型和风险描述"两项说明了那些对进度或质量可能产生不利影响的事件。

2. 分析风险

通过分析本案例中的风险管理计划可以发现，导致风险的直接原因和现象不同，其可能的影响范围也就不同，风险发生的可能性、风险实际发生后导致的后果严重性也不同。

3. 风险的应对和规避措施

对于项目中识别出来的风险，应该有对应的风险缓解计划，考虑如何引导风险使之不要演变为威胁。根据计算出来的风险价值，可以在风险应对计划执行中提出风险的对策，通常包括回避、转移、降低、接受四种。例如，在本案例的项目风险计划里，"政策风险"只能接受；"中子管不能按期到达""沟通障碍"和"应用系统的修改"的风险，争取降低；"视频流技术风险"，通过更换技术方案回避；"土建报批报建手续延迟"的风险转移给中国海关。

4. 风险控制

根据项目实际情况的变化，定期更新和跟踪风险管理计划，评估风险发生的条件、影响，以及应对措施是否有变化，这才是一个完整的风险管理活动。

**思考感悟：中国大型工程项目建设的风险管理与责任担当**

2020年之前，10天建成一座医院是人们绝对不敢想的事情。然而，武汉火神山医院从动工到交付总计用时10天，彻底颠覆了人们的认知。"火神山"项目不仅让世界震惊于中国速度，也让我们对中国大型工程项目建设的风险管理与责任担当有了新思考。近些年，中国在一系列大规模的基础设施建设和重点工程项目中取得了瞩目的成绩，无一不展示着大型工程项目风险管理的魅力。例如，贯穿南北的公路和铁路网；装机容量达到世界级水平的葛洲坝、白鹤滩等大型水电站；自主设计和建造的大型钢铁、机械等现代化工厂；承载力、宜居性和包容度不断增强的城市建设等方面。

随着经济的高速发展，越来越多的大型工程项目在建或待建。一个大型工程项目往往涉及多方干系人，例如，政府部门、业主、总承包方、分包商、监理方等。因此，在项目实践中，容易造成责任体系不清、相互推诿等问题，从而导致项目延期或超预算。究其原因，是没有建立一体化的项目风险管理方式，无法在统一的项目管理环境中实现有效协同。

"变化是项目永远不变的主题"，项目管理最核心的内容就是对风险的管理。风险控制做到位了，就可以提高项目积极事件的概率和影响，降低项目消极事件的概率和影响。风险管理计划是风险管理最基础的一个环节，一份可跟踪、可执行的风险管理计划，应当反映风险识别、风险分析、风险应对的方方面面，这对确保风险管理过程在整个项目生命周期中的有效实施至关重要。

# 参 考 文 献

[1] 李忠富,张明媛,杨晓冬. 工程经济学[M]. 3版. 北京:科学出版社,2023.
[2] 杨晓冬. 工程经济学[M]. 北京:机械工业出版社,2021.
[3] 方勇,王璞. 技术经济学[M]. 2版. 北京:机械工业出版社,2019.
[4] 宋永发,石磊. 工程项目投资与融资[M]. 北京:机械工业出版社,2019.
[5] 全国咨询工程师(投资)职业资格考试参考教材编写委员会. 项目决策分析与评价[M]. 北京:中国统计出版社,2021.
[6] 李南. 工程经济学[M]. 5版. 北京:科学出版社,2018.
[7] 黄有亮. 工程经济学[M]. 4版. 南京:东南大学出版社,2021.
[8] 刘炳胜. 工程项目经济分析与评价[M]. 北京:中国建筑工业出版社,2020.
[9] 罗学富,周勤,蒲明书. 投资项目财务评价理论与实务[M]. 北京:清华大学出版社,2021.
[10] 刘晓君,张炜,李玲燕. 工程经济学[M]. 4版. 北京:中国建筑工业出版社,2020.
[11] 成其谦. 投资项目评价[M]. 6版. 北京:中国人民大学出版社,2021.
[12] 党耀国,米传民,胡明礼,楚岩枫. 投资项目评价[M]. 北京:电子工业出版社,2015.
[13] 高华. 项目可行性研究与评估[M]. 2版. 北京:机械工业出版社,2019.
[14] 曾淑君,缑变彩. 工程经济学[M]. 2版. 南京:东南大学出版社,2020.
[15] 周锦棠,滕晓春,尤伯军. PPP项目投资决策[M]. 北京:中国财政经济出版社,2019.
[16] 王雪青,杨秋波. 工程项目管理[M]. 2版. 北京:高等教育出版社,2022.
[17] 宋维佳,王立国,王红岩. 可行性研究与项目评估[M]. 5版. 大连:东北财经大学出版社,2020.
[18] 陈国栋. 投资决策问题模型及实证研究[M]. 北京:中国电力出版社,2014.
[19] 戚安邦. 项目管理学[M]. 3版. 北京:科学出版社,2019.
[20] 曾赛星,吕康娟,齐国友,董正英. 项目管理[M]. 2版. 北京:北京师范大学出版社,2022.
[21] Espinoza R D. Separating project risk from the time value of money:A step toward integration of risk management and valuation of infrastructure investments[J]. International Journal of Project Management,2014,32(6):1056-1072.
[22] Grzeszczyk T A,Waszkiewicz M. Sustainable investment project evaluation[J]. Entrepreneurship and Sustainability Issues,2020,7(3):2363.
[23] Mishan E J,Quah E. Cost-benefit analysis[M]. London:Routledge,2020.
[24] 辛西娅·斯塔克波尔·施耐德. PMBOK指南使用手册[M]. 北京:中国电力出版社,2014.
[25] 何清华,杨德磊. 项目管理[M]. 2版. 上海:同济大学出版社,2019.
[26] 丁荣贵,赵树宽. 项目管理[M]. 上海:上海财经大学出版社,2017.
[27] 戚聿东,肖旭. 数字经济时代的企业管理变革[J]. 管理世界,2020,36(6):135-152+250.
[28] 乐云,胡毅,陈建国,等. 从复杂项目管理到复杂系统管理:北京大兴国际机场工程进度管理实践[J]. 管理世界,2022,38(3):212-228.
[29] 王付宇,顾远东,吴刚. 基于科学计量技术的生产与质量管理研究热点及演进分析[J]. 管理评论,2019,31(4):217-227.

# 参考文献

[30] 张尧，关欣，孙杨，等. 考虑背景风险的项目投资决策[J]. 中国管理科学，2016，24(9)：71-80.

[31] 韩港，李文锐. 大数据背景下工程项目管理创新研究[J]. 经济问题，2021，(1)：81-86.

[32] 全国一级建造师执业资格考试用书编写委员会. 建设工程经济[M]. 北京：中国建筑工业出版社，2023.

[33] 全国一级建造师执业资格考试用书编写委员会. 建设工程项目管理[M]. 北京：中国建筑工业出版社，2023.

[34] 宋砚秋. 项目管理案例分析[M]. 北京：中国建筑工业出版社，2018.

[35] 刘俊颖. 工程项目风险管理[M]. 北京：中国建筑工业出版社，2021.

[36] 沈建明. 项目风险管理[M]. 3版. 北京：机械工业出版社，2018.

[37] 吴卫红. 项目管理[M]. 2版. 北京：机械工业出版社，2018.

[38] 丁齐英，魏玖长. 项目风险管理[M]. 北京：经济管理出版社，2022.

[39] Project Management Institute. 项目管理知识体系指南（PMBOK指南）[M]. 6版. 北京：电子工业出版社，2018.

[40] Project Management Institute. The standard for project management and a guide to the project management body of knowledge (PMBOK guide) [M]. 7th Edition. USA：Project Management Institute，2021.

[41] 玛丽·帕彭迪克，汤姆·帕彭迪克. 产品开发模式转型：从需求交付到价值交付[M]. 北京：人民邮电出版社，2021.

[42] 哈罗德·科兹纳. 项目管理——计划、进度和控制的系统方法[M]. 12版. 北京：电子工业出版社，2018.

[43] 杰弗里·K·宾图. 项目管理[M]. 4版. 北京：机械工业出版社，2019.